HAYMON taschenbuch 73

Auflage:
4 3 2 1
2014 2013 2012 2011

HAYMON tb **73**

Originalausgabe

www.haymonverlag.at

ISBN 978-3-85218-873-7

Umschlag- und Buchgestaltung, Satz:
hœretzeder grafische gestaltung, Scheffau/Tirol
Autorenfoto: Willy Duschka

Gedruckt auf umweltfreundlichem,
chlor- und säurefrei gebleichtem Papier.

Robert Sedlaczek

Wörterbuch der Alltagssprache Österreichs

In Zusammenarbeit mit
Melita Sedlaczek
Wissenschaftliche Betreuung:
Univ.-Prof. Heinz-Dieter Pohl

Robert & Melita Sedlaczek

Wörterbuch der Alltagssprache Österreichs

„Auf die ganz armen Wörter wird nicht vergessen!"

Schon wieder ein Wörterbuch! Wozu denn das? Es gibt ja ohnedies das Österreichische Wörterbuch, außerdem sind in letzter Zeit zahllose Mundartwörterbücher erschienen, das reicht vom Burgenländischen bis zum Alemannischen, vom Neusiedlersee bis zum Bodensee.

Melita: Wir tun uns diese Arbeit an, weil sie uns Spaß macht. Es ist wie mit einem Kreuzworträtsel. Man muss nachdenken und kombinieren, um ein Stück weiterzukommen. Nach einiger Zeit fügen sich dann die einzelnen Bedeutungen eines Wortes zusammen und aus einzelnen Wörtern entstehen ansehnliche Wortgruppen. Oft merkt man erst auf den zweiten Blick, welche Wörter zusammengehören und eine gemeinsame Geschichte haben.

Robert: Man könnte die Recherche auch mit einer Trüffelsuche vergleichen. Wir haben ganz bewusst auch das Ausgefallene gesucht. Das Ergebnis ist ein Wörterbuch der neuen Art. Hier finden die Leserinnen und Leser nur jene Wörter, die zum österreichischen Sprachgebrauch gehören – von der Standardsprache über die Umgangssprache bis zur Mundart.

Kann man das denn trennen?

Robert: Die Übergänge sind fließend, eigentlich sind diese Kategorisierungen nur eine subjektive Einschätzung. Niemand kann exakt sagen, wo die Standardsprache aufhört und die Umgangssprache anfängt. Dasselbe gilt für die Grenzen zwischen Umgangssprache und Mundart. Außerdem konzentrieren wir uns auf jene Ausdrücke, die typisch für Österreich sind, manchmal auch zusätzlich für das Bairische oder für den Süden des Sprachraums insgesamt. Wenn hingegen ein Wort gesamtdeutsch ist, also überall verwendet wird, dann hat es in diesem Taschenbuch nichts verloren. Auch hier wird es manchmal kompliziert. So ist beispielsweise „brennen“ im Sinn von „in Flammen stehen“ gesamtdeutsch, im Sinn von „viel zahlen“ jedoch eine österreichische Spezialität.

Habe ich zuvor richtig gehört: Leserinnen und Leser? Ein Wörterbuch ist ja zum Nachschlagen da! Ihr müsstet doch eher von Nutzern sprechen. Wir lesen ja auch keine Telefonbücher ...

Robert: Wer sich für die Sprache interessiert, der wird in unserem Buch schmökern, da bin ich mir sicher. Es geht ja nicht nur um die Schreibung der Wörter, wir zeigen auch, woher sie kommen, wie sie sich im Laufe der Zeit verändert haben. Wenn wir die Herkunft von Wörtern wie „Simandl“, „Piefke“ oder „siebensüß“ erklären, oder wenn wir von Wendungen wie „wo der Barthel den Most holt“ reden, dann artet das zwangsläufig in einen Lesetext aus. Etymologien sind ja immer etwas Spannendes. Freunde und Bekannte fragen uns immer wieder: Woher kommt dieses oder jenes Wort? Mit welchem anderen Wort ist es verwandt oder nicht verwandt? Oft sind das auch Gesprächsthemen an Stammtischen – landauf, landab ...

Ihr seid wirklich der Meinung, ein Wörterbuch der neuen Art vorzulegen?

Melita: Genau. Es ist ja auch nicht aufgebaut wie ein klassisches Wörterbuch. Wir orientieren uns an den Wortstämmen und zeigen, was die Sprecher daraus gemacht haben: Zum Wort „Mascherl“ gehört „sich aufmascherln“ und „aufgemascherlt“, ferner die Wendung „Geld hat kein Mascherl“. Das alles ist unter dem Buchstaben M zu finden. Unter dem Buchstaben B findet man „Bussibär“, „Zwickerbussi“, „Eskimobussi“ und „Kokosbusserl“.

Ist es da nicht schwer, ein bestimmtes Wort zu finden?

Robert: Überhaupt nicht. Man muss nur daran denken, dass man bei der Suche von Verben unter Umständen die Vorsilben weglassen muss, also „aufmascherln“ nicht nur unter A suchen, sondern auch unter M. Und „aufziegeln“ nicht nur unter A, sondern auch unter Z. Bei zusammengesetzten Wörtern gibt es zwei Möglichkeiten: das Wort kann beim Anfangsbuchstaben des 1. Bestandteils angeführt sein oder beim Anfangsbuchstaben des 2. Bestandteils. Bei umgangssprachlichen und ganz besonders bei mundartlichen Wörtern gibt es oft mehrere Schreibvarianten. Wenn wir da immer Querverweise gemacht hätten, würde das halbe Buch aus Querverweisen bestehen. Es wird also notwendig sein, ein bisschen zu blättern und gleichzeitig auch zu schmökern.

Melita: Das Wort „Safaladischmäh" ist sogar zweimal im Buch, unter „Safaladi" und unter „Schmäh", aber das ist eher die Ausnahme. Jedenfalls kommen bei beiden Eintragungen noch zusätzliche Wörter dazu, bei „Schmäh" beispielsweise „schmähhalber", „schmähstad", „Anserschmäh", „Eisenbahnerschmäh", „einen Schmäh führen", „der Schmäh rennt" und vieles mehr.

Robert: Unsere Darstellungsform zeigt, wie die Sprache funktioniert, was aus einem Wortstamm oder einem Wort alles gemacht werden kann. Manche Wörter sind da unglaublich fleißig.

Wenn ich da so blättere – eine ziemlich subjektive Auswahl ...

Robert: Jedes Wörterbuch ist eine subjektive Auswahl. Es geht immer um die persönlichen Vorstellungen des Redaktionsteams zum Thema Sprache. Aber meist sind die Teams um vieles größer und sie arbeiten jahrzehntelang an Verbesserungen. Wir stehen am Anfang, werden sicher da oder dort einen Fehler gemacht haben.

Melita: Wenn man alles in einem Taschenbuch unterbringen will, muss man ja eine Auswahl treffen, das geht gar nicht anders. Wollte man den Anspruch auf Vollständigkeit erheben, so bräuchte man viel mehr Platz. Und manche Stichwörter sind deshalb ausführlicher, weil wir darüber lange diskutiert haben, so z. B. „Geld hat kein Mascherl". Ich finde, dass man sehr wohl Geldbeträge mit einem Mascherl einem bestimmten Zweck zuordnen kann; das ist auch sinnvoll.

Robert: Finde ich nicht, aber ich verstehe, was du meinst.

Und wahrscheinlich gilt auch für dieses Buch: Was nicht unter B bzw. D zu finden ist, könnte auch unter P bzw. T stehen ...

Robert: Genau! Ob man „Depp" oder „Tepp" schreibt, ist Geschmackssache. Bei der Schreibung „Tepp" schillert die Wortherkunft, nämlich „tappen", durch, aber „Depp" ist häufiger. Wir unterscheiden in der mündlichen Alltagskommunikation ja kaum zwischen d und t, zwischen b und p. In der Schreibung gehen wir oft recht willkürlich vor, machen ein d zu einem t und ein b zu einem p. Was aus dem Wort „buttern" geworden ist, kann man unter P nachlesen.

Ihr glaubt, dass die Leser vor allem solche Wörter suchen werden?

Robert: Glauben wir nicht. Daher ein anderes Beispiel: Es wäre vielleicht besser, „Kiberer" statt „Kieberer" zu schreiben, weil das Ursprungswort „Kübbe" lautet, mit kurzem Vokal. Aber wenn wir das Wort aussprechen, dehnen wir den Vokal und schreiben daher meist „Kieberer". Diese Vokaldehnung ist typisch für unseren Sprachraum. Das Wort „Kieberer" wird übrigens in der Polizei selbst ganz anders verwendet als in der allgemeinen Umgangssprache. Im Polizeijargon ist ein „Kieberer" ein Kriminalbeamter, in der Alltagskommunikation ein Polizist jeder Art, auch ein Verkehrspolizist. Und weil wir gerade bei diesem Beispiel sind: Betonte Länge wird durch Unterstreichung signalisiert, also Kieberer, betonte Kürze durch einen daruntergesetzten Punkt, das wäre dann Kịberer. Aber das ist ja die weniger gebräuchliche Variante.

Es geht also auch um verschiedene Sprachebenen ...

Melita: Ja. Wir haben es uns zur Aufgabe gemacht, bei jedem einzelnen Wort anzugeben, ob es standardsprachlich, umgangssprachlich oder mundartlich zu verwenden ist. Die Kategorisierungen sind von unserem Sprachgefühl bestimmt; sie geben einen Hinweis, in welcher Situation man ein bestimmtes Wort gebrauchen kann und in welcher nicht. Wir haben übrigens nicht davor zurückgeschreckt, auch sogenannte unanständige Wörter aufzunehmen. Die Wörter können ja nichts dafür, entscheidend ist nur, was die Menschen im Gebrauch daraus machen. Manche Wörter, die heute als schmutzig empfunden werden, wie beispielsweise „brunzen“, waren irgendwann einmal, vor langer, langer Zeit, ganz normale, unbelastete Ausdrücke. Wenn man sich mit der Sprache beschäftigt, darf man nicht moralische Scheuklappen haben.

Robert: Uns war wichtig, dass alles selbsterklärend ist. Wir setzen beispielsweise ein Ringerl über den a-Laut, wenn dieser verdunkelt werden kann, wie in „Bånkert“ – jeder kennt dieses Zeichen aus den Mundarttexten. Wichtig ist eines: Fehlt das Ringerl, muss der a-Laut so ausgesprochen werden, wie er dasteht: „Palatschinke“ und „stad“ werden also mit hellem a gesprochen. Übrigens: Die verdunkelten a-Laute sind typisch für die meisten Mundartgebiete Österreichs.

Um zu begreifen, wo verdunkelt wird und wo nicht, muss man wohl ein in der Wolle gefärbter Österreicher sein ...

Robert: Es gibt eine Faustregel. Die bei uns so beliebten Endungen mit -(e)l, -erl, -le, -li usw. drücken einerseits Kleinheit aus, andererseits eine emotionale Beziehung: Das Glaserl Wein ist genauso groß wie ein Glas Wein, aber wer Glaserl sagt, der bringt damit zum Ausdruck, dass ihm der Wein gut schmeckt oder viel bedeutet. Und den Inhalt kann er sogar als Weinderl bezeichnen! Da wird dann zwischen -n- und -erl als sogenannter Sprosskonsonant ein d eingefügt – um die Aussprache zu erleichtern, genauso in Hendl, Dirndl und einigen anderen Wörtern. Aber jetzt bin ich abgeschweift.

Ja, ich wollte wissen, wo verdunkelt werden kann.

Robert: Die Herkunft dieser Endungen mit -l-, nämlich ein mittelhochdeutsches -elīn, verhindert die Verdunkelung. Ich kann also umgangssprachlich und mundartlich sagen: „a Glås Wein“, aber es heißt „ein Glaserl Wein“ – mit hellem a! Dasselbe gilt auch für die -l-Einschübe bei den Verben. Ist ein -l- da, wird nicht verdunkelt. Wenn zwei das Kartenspiel Schnapsen spielen (das Wort kommt von schnappen), dann sagt man: „Sie schnåpsen." Wenn sie gleichzeitig zur Schnapsflasche greifen, dann heißt es: „Sie schnapseln." – mit hellem a! Das -l- in „schnapseln" macht also den Unterschied aus. Diese Regeln müsste man auch Thomas Gottschalk und Günther Jauch erklären. Die beiden machen sich ja gern über uns Österreicher lustig, imitieren unseren Sprachgebrauch. Aber sie verdunkeln auch jene a-Laute, die auf keinen Fall verdunkelt werden dürfen.

Wie stark wird eigentlich verdunkelt?

Melita: Das ist regional verschieden. Außerdem hängt es davon ab, ob wir eher standardsprachlich oder eher mundartlich sprechen. Aber auch in der Standardsprache verdunkeln wir, allerdings nur ganz wenig. Wenn in diesem Wörterbuch ein å steht, so bedeutet das also: Hier kann verdunkelt werden. Die Betonung liegt auf kann.

Welche Eigenheiten haben wir noch?

Robert: Die Vorsilbe Ge- wird im gesamten Sprachraum dazu verwendet, um Kollektivbegriffe zu bilden: „Berg" wird zu „Gebirge". Außerdem dient diese Vorsilbe dazu, abwertende Ausdrücke zu schaffen: „Schrei" wird zu „Geschrei". Diese zweite Funktion hat es uns offensichtlich angetan. Um auszudrücken, dass etwas besonders nervt, verwenden wir die Vorsilbe Ge- bei vielen sich bietenden Gelegenheiten. Oft wird das vorangestellte Ge- zu einem G- verkürzt und das Verständnis, dass es sich um eine Vorsilbe handelt, geht manchmal sogar verloren: „Gfrast", „Gfrieß", „Gramuri".

Sollen wir also „Gwirkst" oder „Gewirkst" schreiben?

Robert: Beides ist richtig, es ist eine Geschmackssache. Etwas anderes: Charakteristisch sind auch bei den auf -e endenden Feminina die Nebenformen mit einem auslautenden -n. Da stehen im Singular, also in der Einzahl, meist zwei Varianten nebeneinander: „eine Brinze" und „eine Brinzen"; „eine Kappe" und „eine Kappen"; „eine Watsche" und „eine Watschen". Die erste Variante, das ist jene ohne n, wird gern in der Schriftform verwendet; in der mündlichen Alltagskommunikation dominiert die zweite Variante, das ist jene mit -n.

Melita: Es gibt natürlich auch Eigenheiten in der Grammatik. Darauf konnten wir nur ansatzweise eingehen. Hier ein Zitat aus dem Film „Silentium": „Der Hund is ned zum Umbringen!" Das ist ein substantivierter Infinitiv mit vorangestelltem „zum". Standardsprachlich steht der normale Infinitiv: „Der Hund ist nicht umzubringen." In gleicher Weise fragen wir: „Was gibt es heute zum Essen?"

Ich hoffe, ein Wiener Schnitzel, denn das soll ja die Leibspeise der Österreicher sein. Aber wie hat sich die Wörterbucharbeit im Konkreten abgespielt?

Robert: Man muss den Menschen zuhören – nicht nur im eigenen Heimatbundesland, sondern auch bei Erkundungsreisen in andere Bundesländer. Und dann gibt es ein oder zwei Dutzend Nachschlagwerke, wo man das eine oder andere Wort findet, manchmal auch mit Hinweisen zur Entstehungsgeschichte. Oft sind diese Hinweise ungenau oder widersprüchlich, dann muss man nach seinem Gefühl eine Entscheidung treffen oder einfach schreiben, dass es verschiedene Lehrmeinungen gibt.

Melita: Mein Mann hat ja Germanistik studiert, weiß also recht gut Bescheid. Aber dass er in letzter Zeit bei jedem Urlaub einen Sack voller Bücher mitgeschleppt hat, war schon etwas nervig.

Robert: Dabei ist es heute einfacher als früher, denn das Grimm'sche Wörterbuch muss man nicht mehr mit sich herumschleppen, das gibt es im Internet, genauso das Wörterbuch von Adelung oder das mittelhochdeutsche Wörterbuch von Lexer. Was man zusätzlich in der Fachliteratur findet, kann man ohne große Mühe in eine allgemein verständliche Sprache zurückführen. Uns war es wichtig, dass jeder die Erläuterungen versteht, auch wenn er nicht Germanistik oder eine andere Sprache studiert hat. Wir verwenden auch nur solche Abkürzungen, die sich von selbst erklären. Ein Studium des Abkürzungsverzeichnisses wird gar nicht notwendig sein. In manchen Wörterbüchern muss man ja seitenlange Listen durchackern, um sich auszukennen. Das wollten wir Ihnen ersparen. Aber ich möchte meiner Frau ein Kompliment machen: Ihr Sprachgefühl hat mich oft auf die richtige Spur gebracht.

Melita: Ganz wichtig für dieses Projekt, das muss ich ausdrücklich sagen, war die wissenschaftliche Beratung von Heinz-Dieter Pohl, ein Wiener, der nach Kärnten geheiratet hat und in Klagenfurt drei Jahrzehnte lang als Universitätsprofessor tätig war. Er hat sich in den Fachgebieten Sprachwissenschaft, Slawistik, Namenforschung und Mundartkunde einen Namen gemacht und auch selbst Mundartwörterbücher verfasst.

Robert: Es war immer eine Freude, mit ihm über strittige Etymologien zu diskutieren. Ohne seine Hilfe wäre dieses Buch nicht zustande gekommen. Ja, und für die Durchsicht des Manuskripts und für zahlreiche Hinweise zum Sprachgebrauch in ihrer Heimat danken wir Hubert Auer, Willy Duschka und Wolfgang Mayr – sie stehen gleichzeitig stellvertretend für viele andere, die uns bei einzelnen Wörtern geholfen haben.

Abschließend noch ein Wort zu den Zitaten. Nach welchen Kriterien habt ihr da eine Auswahl getroffen?

Robert: Wenn es darum geht, die Alltagssprache in einem Wörterbuch zu dokumentieren, muss man sich um mündliche Sprachdokumente bemühen, und da waren für uns Kabarettprogramme und Fernsehfilme, aber auch Schlagertexte nützliche Quellen: von Qualtinger und Bronner bis zu Niavarani, Vitasek und Gunkl, von Danzer, Fendrich, Ambros, STS bis zu Hubert von Goisern, Bluatschink und HBMC. Natürlich handelt es sich dabei um konstruierte Texte, aber sie sind ja mit der Absicht konstruiert worden, die sprachliche Wirklichkeit originalgetreu wiederzugeben. Wir haben uns bemüht, typische Zitate zu bringen. Wenn man das Wort „Tschuri" präsentiert, dann muss man einfach das Lied von Georg Danzer zitieren, wenn man über „sudern" schreibt, dann kommt man nicht darum herum, auf Alfred Gusenbauer zu verweisen, bei „Pompfüneberer" muss Wolfgang Ambros genannt werden – ja und die Wörter „Trutschen, Pritschen und Mentscher" sind ebenfalls mit einer Person verbunden, mit dem ehemaligen ORF-Generalintendanten Gerd Bacher.

Melita: Wir haben uns bemüht, Belegstellen zu finden, die vergnüglich zu lesen sind und die gleichzeitig zeigen, in welchem Zusammenhang ein Wort oder eine Wendung benützt werden kann. Wenn man nach spezifisch österreichischen Ausdrücken in der Alltagskommunikation sucht, dann erweisen sich die Klassiker des Kabaretts als wahre Fundgrube. „Der gschupfte Ferdl" gilt beispielsweise nicht nur als Ahnherr des Austropops, dort findet man auch viele Belege für Ausdrücke und Wendungen, die das österreichische Deutsch – oder in diesem Fall auch das Wienerische – ausmachen. Wer das eine oder andere im Original hören will, dem empfehlen wir das DVD-Angebot von Hoanzl auf der Website www.hoanzl.at. Dort sind viele großartige Kabarettisten mit ihren aktuellen Programmen vertreten. Und im Anhang dieses Taschenbuchs findet sich ein Quellenverzeichnis zu den von uns verwendeten Zitaten.

Robert: Auch auf den CDs der Liedermacher spielt die Mundart eine große Rolle. Wer das Lied „Drawig" des Hubert von Goisern gehört hat, der weiß, was gemeint ist, auch wenn er kein Oberösterreicher ist. Daneben haben wir auch solche Mundartausdrücke ins Buch aufgenommen, die in ganz Österreich und auch im Bairischen verwendet werden, oft aber vom Aussterben bedroht sind. Ich denke da beispielsweise an „Pfoad" oder an „Fürtuch". Da variieren manchmal die Schreibungen von Region zu Region ganz gewaltig.

Melita: Bei manchen Wörtern hat man zwar eine Lautform im Ohr, man muss aber lange nachdenken: Wie könnte man das eigentlich schreiben? Das sind sozusagen die ganz armen Wörter. Oft denkt man dann: Kann man das überhaupt schreiben?

Zum Beispiel „geschalnt“ oder „gschalnt“ oder „gschoind“? Es kommt ja wohl von „Schale“, wird aber ganz anders ausgesprochen. Schreibt man „Lanzing“, „Lassing“, „Langsing“ oder „Längsing“? Oft müssen wir verschiedene Varianten anbieten und es unseren Lesern freistellen, wie sie so ein Wort schreiben, zum Beispiel in einem SMS, wo ja das Mundartliche heute sehr beliebt ist. Vor allem junge Leute schreiben oft so, wie sie reden, also wie ihnen der Schnabel gewachsen ist. Und wenn sie einen standardsprachlichen Text verfassen, dann schwindeln sie da und dort einen Mundartausdruck hinein, um dem Geschriebenen eine zusätzliche Würze zu verleihen. In Bereichen des täglichen Lebens ist ja die Mundart variantenreicher und ausdrucksstärker als die Standardsprache.

Robert: Aufs Erste sieht es so aus, als wäre die Mundart ein Unterschichtphänomen. Es gibt aber auch Gebildete, die privat Mundart sprechen, nicht nur in Vorarlberg, wo die Sprecher zwischen zwei verschiedenen Sprachcodes hin und her wechseln, sich einmal für die Mundart entscheiden, einmal für die Standardsprache – je nachdem, wo und mit wem sie gerade kommunizieren. Wir dürfen auch eines nicht übersehen: Man kann in der Mundart zwar besonders variantenreich schimpfen und es gibt eine Unmenge an Ausdrücken für Alkoholrausch und für Ohrfeige, die Mundart bietet uns aber auch unzählige Möglichkeiten, positive Gefühle auszudrücken – man denke nur an die Liebesgedichte von H. C. Artmann oder an die Liebeslieder des Austropops.

Melita: Es ist auch eine Tatsache, dass sich Menschen mit hoher Bildung für den Würstelstandjargon oder für Gaunersprachliches besonders interessieren – also für Sprachcodes, die ihnen an sich fremd sind. Das erklärt den seinerzeitigen Erfolg von Herwig Seeböcks „Häfenelegie“ – im Grunde auch von Ernst Hinterbergers „Ein echter Wiener geht nicht unter“.

Robert: Auch Kabarettisten befriedigen diese Art von Wissensbegierde. Wenn auf der Bühne Wörter wie „ausgreifen“, „Schas“, „Fut“ oder „Beidl“ fallen, dann ist Gelächter garantiert. Auch wenn in einer Fernsehserie eine runzlige, aber agile Alte zu einem Strizzi sagt: „Jetzt kriegst eine in die Gågerln!" In diesen Fällen geht es auch um Tabubruch – Freud schau åba!

Als Allerletztes: Für wen ist dieses Buch?

Robert: Es ist für sprachinteressierte Österreicher, besonders für jene, die mit der Sprache zu tun haben, von Journalisten bis zu Lehrern; aber auch für Touristen aus anderen deutschsprachigen Ländern. Nicht zuletzt auch für jene, die eine andere Sprache als Muttersprache haben und bei uns leben. Deshalb finden sich im Anhang auch einige Ausdrücke der Amtssprache, sofern sie für einen Österreichurlauber oder für einen frisch Zuagrasten von Nutzen sein könnten.

Dann bleibt mir wohl nur noch für das Gespräch zu danken ...

Melita: Nichts zu danken. Die Fragen waren ja von uns. Wir wollten kein klassisches Vorwort diesem Buch voranstellen. Die Einleitung soll auf jener Sprachebene angesiedelt sein, um die es hier hauptsächlich geht: die mündliche Alltagskommunikation. Da ist uns ein Frage-und-Antwort-Spiel als die ideale Form erschienen.

Robert: Übrigens: Weiterführende Informationen zu diesem Buch und zum österreichischen Deutsch mit all seinen Facetten gibt es auf www.das-österreichische-deutsch.at. Besuchen Sie uns! Sie sind herzlich willkommen!

åba, åwa, åwe [eigtl. ein mundartl. abher, wo standardsprl. herab steht, doch ist das Verständnis für die Schriftform abher verloren gegangen; als Vorsilbe mit zahlreichen Verben kombinierbar, wobei die Bewegungsrichtung zum Sprecher und abwärts ist; oft wird zwischen åbi (= hinab, hinunter) und åba (= herab, herunter) nicht mehr unterschieden, åwe wird zur Einheitsform für beides] (mundartl.): *herab, herunter:* Kraxl åwa von da Lata! ❖ **åba|klet|zeln**: *herunterkletzeln* ❖ **viel åba|neh|men**: *viel verdienen* ❖ **jemandem 's Wüde åba|ra|ma** (= jemandem das Wilde herunterräumen): *jemanden gefügig machen* ❖ **sich einen åba|rei|ßen** (= herunterreißen): *onanieren* (vom Mann).

åbend|es|sen ⟨nur Infinitiv und Partizip 2⟩ (standardsprl.): *zu Abend essen:* Komm, wir gehen abendessen!

ab|ge|dreht, ådraht [ˈɒːdrad] ⟨Adj.⟩ [Partizip 2 zu abdrehen; viell. wegen der gesamtdt. Bed.: einen Film fertig drehen, eine Aktion abwürgen; genaue Herk. unklar]: **1.** (umgangssprl.): *raffiniert, gewieft, durchtrieben* **2.** (jugendsprl.): *ausgeflippt, verrückt:* „Was meine Hobbys sind? Lachen, Musik hearn und alles machen, was ein bisschen abgedreht ist." (Internet) **3.** ⟨intensivierend bei Adj. und Verben⟩ (jugendsprl.): *sehr:* „Dieses Album is noch ned so abgedreht geil wie Kid A und Amnesiac, aber trotzdem auch noch weit weg vom Mainstream." (Intern.).

åb|ge|hen ⟨ging ab, ist abgegangen; mit Dativ⟩: (standardsprl., auch bair.): *fehlen* (oft inkludiert abgehen im Unterschied zu fehlen das Gewahrwerden des Fehlens und eine damit verbundene starke Empfindung): Mir gehen die Ausweispapiere ab, ich werde sie doch nicht verloren haben? – Helmut Qualtinger in „Der Herr Karl": „Nå – dadurch, dass i Tschechisch kånn, – a bissel håb i immer Zugång g'funden zu der Mentalität von de Russen ... Russki ... Slawen ... Asiaten ... mir is nix å'gånga ..."

åbi, åwi, åwe [eigtl. ein mundartl. abhin, wo standardsprl. hinab steht, doch ist das Verständnis für die Schriftform abhin verloren gegangen; als Vorsilbe mit zahlreichen Verben kombinierbar, wobei die Bewegungsrichtung vom Sprecher weg und abwärts ist; oft wird zwischen åbi (= hinab, hinunter) und åba (= herab, herunter) nicht mehr unterschieden, åwe wird zur Einheitsform für beides] (mundartl.): *hinab, hinunter:* Geh, hol einen Wein aus'n Keller! – I geh eh glei' åbi! ❖ **ạ̊bi|buch|sen:** *rasch hinuntertrinken* ❖ **ạ̊bi|stes|sen:** *rasch hinuntertrinken:* Helmut Qualtinger in „Der Herr Karl" „... san mir g'sessen mit de Madln ... Ribiselwein åbig'stessen ..." ❖ **ạ̊bi|hau|en:** *hinunterhauen, hastig essen* ❖ **jemanden åbi|hau|en:** *jemanden in betrügerischer Absicht aus einer Position verdrängen* ❖ **ạ̊bi|zahn:** *absichtlich langsam arbeiten* ❖ **Ạ̊bi|zah|rer,** der; -s, -: *fauler, arbeitsscheuer Mensch.*

ạb|kra|geln, ạ̊kra|geln [ˈɒːkragl̩n] ⟨hat⟩ [zu Kragen in der früheren Bed. Hals] (umgangssprl., auch bair.): **1.** (bes. von Geflügel): *den Hals umdrehen, den Hals abschneiden, schlachten:* das Hendl abkrageln **2.** (derb von Menschen): *umbringen:* „Im wilden Kurdistan hätte man ihn ohne Weiteres abkrageln können, wen hätte es schon gestört?" (Die Presse, 11. 10. 2009).

ạ̊b|plan|ken ⟨hat⟩ [eigtl.: mit Planken einzäunen, abgrenzen] (umgangssprl.): *ablehnen, abwimmeln, bei einer Frage nicht mehr mitkommen:* Ich habe ihn um einen Gefallen gebeten, aber er hat abgeplankt. ❖ **ạ̊b|plan|ken, sich** ⟨hat⟩: *sich auf etwas nicht einlassen, sich abschotten.*

Ạb|ra|hams Wụrst|kes|sel, der: [Judentum, Christentum und der Islam berufen sich auf Abraham als Stammvater; darum bezeichnet man alle drei auch als abrahamitische Religionen] (umgangssprl., bes. ostösterr., scherzh.): *Abrahams Schoß* ❖ **damals bist du noch in Abrahams Wurstkessel geschwommen / damals warst du noch in Abrahams Wurstkessel:** *damals warst du noch nicht auf der Welt.*

ạ̊b|schas|seln ⟨hat⟩ [zu franz. chasser = jagen] (umgangssprl., ostösterr.): *brüsk abweisen, fortjagen, abwimmeln:* „Die ÖVP hat mich abschasseln wollen." (Justizministerin Karin Gastinger in den VN vom 27. 9. 2006 über Vorhaben, die sie gegen den Widerstand der ÖVP nicht durchsetzen konnte.)

ạb|trei|ben ⟨trieb ab, hat abgetrieben⟩ [gesamtdt. sind heute die anderen Bed. von abtreiben, z. B.: eine Schwangerschaft abbrechen]: (Küchenspr., auch süddt.): ***etwas zu Schaum rühren:*** den Teig abtreiben ❖ **Åb|trieb**, der; -(e)s, -e: ***zu Schaum Gerührtes:*** geriebene Nüsse unter den Abtrieb mischen; einen Abtrieb machen.

Ạch|ter, der; -s, - [Zahlsubstantive werden in Ö und im Süddt. traditionell als Mask. mit der Endung -er gebildet; wie Einser] (standardsprl., auch süddt.): **1.** ***Ziffer Acht*** **2.** (umgangssprl., auch süddt.): ***verbogenes Rad am Fahrrad:*** Maxi Böhm (gem. mit Karl Farkas) in „Föhn": „Ich håb immer ein Pech im Leben: Wenn ein ånderer einen Zwölfer im Toto håt, håb ich an Åchter im Fåhrradl." **3.** (umgangssprl., auch süddt.; auch: Achtereisen): ***Handschellen:*** Polycarp Trautmann (Wolfgang Böck) in „Trautmann – Lebenslänglich": „Kollege, bist liab und nimmst ihr die Åchtereisen åb?"

Ạch|terl, das; -s, -n, **Ạch|te|le**, das; -s, -n [Vkl. von Achtel, womit ein emotionaler Bezug ausgedrückt wird; ahd. ahto teila = der achte Teil] (umgangssprl.): ***ein Achtelliter*** (als Bestellmenge im Gasthaus, beim Heurigen etc.): Herr Ober! Bitte noch ein Achterl Rot (= Rotwein)! – Ein Achterl leid't 's euch schon noch! (= ein Achterl könnt ihr schon noch trinken) ❖ **Flụcht|ach|terl, Rei|se|ach|terl, Pfiat-di-Gọtt-Ach|terl** etc.: ***letztes Glas Wein vor dem Verabschieden*** ❖ **Steh|ach|terl:** ***Achterl, das im Stehen getrunken wird*** ❖ **ạch|terl|wei|se** ⟨Adv.⟩ ***in der Bestellmenge von einem Achtelliter glasweise trinken:*** er trinkt den Rotwein achterlweise.

Ada|bei, der; -s, -s [aus mundartl. aa dabei = auch dabei] (umgangssprl., auch bair.): ***jemand, der überall dabei sein will.***

Ådel, der; -s, kein Pl. [mhd. adel = Jauche; geht zurück auf ein germanisches adelōn = Jauche, das aber nur erschlossen, nicht belegt ist; hat sich vermutl. früher im Konsonanten von Adel = edles Geschlecht unterschieden] (umgangssprl., auch bair.): ***Jauche, flüssiger Dünger*** ❖ **ådeln** ⟨hat⟩ (umgangssprl.): ***mit Jauche düngen.***

ad|jus|tie|ren ⟨hat⟩ [franz. ajuster, zu: juste = genau, richtig, dieses zu lat. iustus = gerecht, richtig, ordentlich; gesamtdt. ist heute die Bed. aus dem Bereich der Technik] (standardsprl.): **1.** *jemanden dienstmäßig kleiden, sich dienstmäßig kleiden* **2.** (scherzh.): *auf eine bestimmte, eher sonderbare Art gekleidet sein:* „Obwohl ich Bälle hasse, war ich mehrmals in meinem Leben gezwungen, einen Ball zu besuchen. (...) Erst muss man sich, unbequemst adjustiert, in einer mürrischen Menschentraube an der Garderobe anstellen, ehe man lustlos in den Ballsaal vordringt." (Christoph Winder, Der Standard, 23./24. 1. 2010) ❖ **adjustiert wie ein Kokssackl** (umgangssprl., scherzh.): *schlecht und nachlässig gekleidet* ❖ **Ad|jus|tie|rung**, die; -, -en: **1.** *dienstmäßige Kleidung, Uniform* **2.** (umgangssprl.): *Aufmachung:* in sonderbarer Adjustierung auftreten.

ạft, ạf|ten, ạf|tad ⟨Adv.⟩ [zu ahd. after = hinter, hinten, nachfolgend; vermutl. gleichlautend im German.; verw. mit engl. after; später hat sich daraus das Substantiv After entwickelt] (mundartl., auch bair.): *nachher:* aftad danåch is' kloa (= im Nachhinein ist es klar) (verdeutlichende Verdoppelung).

ạf|ter ⟨Adj.⟩ [verw. mit After; zu ahd. after = hinter, hinten, nachfolgend] (mundartl., auch bair.): *minderwertig* ❖ **Ạf|ter- als 1. Bestandteil** (meist mundartl.): *drückt aus, dass es sich um eine minderwertige Variante einer Sache handelt:* **Ạf|ter|grum|met:** *dritte Mahd* (meist nur noch im Weidebetrieb verwertet) ❖ **Ạf|ter|klee:** *Klee der letzten Mahd* ❖ **Ạf|ter|most:** *der zweite (schlechte) aus dem Trebernstock gepresste Most.*

Agi|o|ta|ge [aʒi̯oˈtaːʃ], die; - [franz. agiotage; gesamtdt. ist heute die Bed. aus dem Bereich der Börsenspekulation] (standardsprl.): *unerlaubter Handel mit Eintrittskarten zu überhöhten Preisen* ❖ **Agio|teur** [aʒi̯oˈtøːə]: *jemand, der mit Eintrittskarten spekuliert.*

Ạg|rå|sel, die; -, -n [mhd. agraz, altprovenzalisch agras = unreife Weintraube; zu lat. acer = sauer] (mundartl., ostösterr.): *Ribes uva-crispa, Stachelbeere* ❖ **Ạg|rå|sel als 1. Bestandteil** (mundartl., ostösterr.): *drückt in Bildungen mit Substantiven aus,* *dass etwas bes. schlecht oder minderwertig ist* ❖ **Ag|rå|sel|mann|schaft**, die; -, en: *schlechte Mannschaft* ❖ **Ag|rå|sel|schmäh**, der; -s, -(s): *schlechter Schmäh* ❖ **Ag|rå|sel|ver|ein**, der; -s, -e: *mieser Verein etc.*

ål|ler|weil, ål|le|weil, åll|weil ⟨Adv.⟩ (umgangssprl.): *immer, stets, wiederholt:* allerweil lustig sein; jemanden allerweil ärgern ❖ **na ål|ler|weil:** *na immerhin:* „Der ÖGB hat nur noch 1,22 Millionen Mitglieder? Na allerweil! Mögen die Verfasser dieser dümmlichen Zeile uns bitte eine Vereinigung nennen, welche mehr Mitglieder hat ..." (Intern.) ❖ **ål|ler|weil, ...** ⟨am Anfang einer Feststellung mit Werturteil⟩: *schön wär's, wenn ...:* Allerweil, das Essen in unserer Werksküche wäre so gut wie in diesem Gasthaus hier!

Ålm, die; -, -en [aus mhd. alben, gebeugte Form von mhd. albe, ahd. alba, urspr. Bed. wahrscheinlich Berg, frühe volksetymologische Anlehnung an lat. albus = weiß] (standardsprl., auch süddt.): *der sommerlichen Weidenutzung dienende Wiese im Gebirge, Hochweide* ❖ **ål|men** ⟨hat⟩: *(Vieh) auf der Alm halten* ❖ **Ål|mer**, der; -s, - (standardsprl., auch süddt.): *Senn; Almhirt* ❖ **Ålm|auf|trieb**, der; -s, -e: *Hinauftreiben des Viehs auf die Almen im Frühsommer* ❖ **Ålm|ab|trieb**, der; -s, -e: *Abtreiben des Viehs von der Alm in die Winterställe* ❖ **Ålm|(en)|rausch**, der; -(e)s [2. Bestandteil wohl zu lat. ruscus = Mäusedorn] (standardsprl., auch süddt.): *behaarte, rostrote Alpenrose* ❖ **Ålm|dudler®**, der; -s, - [auf der Alm dudeln]: *eine Kräuterlimonade.*

Al|pe, die; -, -n; vor allem alemannisch auch: **Alp**, die; -, -en [Herk.: wie Alm] (standardsprl., westösterr.; auch CH): *der sommerlichen Weidenutzung dienende Wiese im Gebirge, Hochweide* ❖ **al|pen** ⟨hat⟩: *(Vieh) auf der Alpe halten* ❖ **Äl|pung**, die; -, -en: *sommerliche Betreuung des Viehs auf der Alpe durch den Sennen.*

åls|dann, åls|dern ⟨Adv.; als auffordernder Ausruf oder als Einleitung einer abschließenden Bemerkung⟩ (umgangssprl., auch süddt.): *also dann; nun denn:* Alsdann, machen wir uns auf den

Weg! ❖ **na ạls|dann:** *jetzt hätten wir's; endlich hat er's verstanden* (auch als immer wiederkehrende Floskel in „Wir sind Kaiser“ mit Robert Palfrader als Kaiser Robert Heinrich I.).

Ạ̊l|te, der; -n, -n; ein Alter [zu alt; gesamtdt. sind heute die Bed.: alter Mann, Vater, Ehemann etc.] (standardsprl.): *Wein aus einem vergangenen Jahr* (im Gegensatz zum heurigen Wein) ❖ **Ạ̊l|ter …** **1.** 〈Anrede〉 (umgangssprl.): *Freund … Kamerad …* **2.** 〈Diskussionsmarker〉 *signalisiert den Beginn eines Redebeitrags* (in manchen Szenesprachen der Jugendlichen auch gegenüber weiblichen Personen): Hörst, Alter …

Ạl|zerl [ˈaltsəl, ˈaitsəl], das; -s, -n [Vkl. von Alz = Lederauflage auf den Schuhleisten, kleines Stück, dieses zu ital. alzo = Stück Leder, das den Schuh ausfüllt] (umgangssprl.): *kleines Stück:* ein Alzerl hat zum Sieg gefehlt.

ạm [in D nur Verkürzung für: an dem, in Ö auch Verkürzung für: auf dem] (standardsprl.): *auf dem:* das Buch liegt am Tisch (statt: auf dem Tisch); Urlaub am Bauernhof (statt: auf dem Bauernhof).

ạ̊n|drucken 〈hat〉 (mundartl.): *jemanden für sich einnehmen wollen, sich um jemanden oder um etwas übertrieben bemühen:* Dialog in „Kaisermühlenblues – Undank ist der Welten Lohn“: René (Adi Hirschall) flirtet beim Heurigen mit der Kellnerin; sein Freund Joschi Täubler (Roland Düringer) meint, dass das nichts bringen wird: „Bei der brauchst ned åndrucken. Des is die Tochter vom Chef. Schwer verliebt.“ ❖ **auf etwas ạn|drucken** 〈hat〉 (mundartl.): *es mit einer bestimmten Rolle versuchen:* er druckt an auf Charmeur.

ạ̊n|ga|sen [zu Gas = Treibstoff] 〈hat〉 (umgangssprl.): **1.** *Gas geben* (z. B. auf das Gaspedal eines Autos treten) **2.** *sich beeilen:* wir müssen angasen, sonst kommen wir zu spät.

ạn|ge|spitzt, ạ̊n|gspitzt [verwandt mit Spitz = leichter Rausch] 〈Adj., eigtl. Partizip 2 von anspitzen〉 (umgangssprl.): *leicht betrunken.*

ạn|ge|sto|chen, ạ̊n|gsto|chen ⟨Adj., eigtl. Partizip 2 von anstechen⟩ (umgangssprl.): ***betrunken.***

ạn|hie|seln, ạ̊n|hia|seln ⟨hat⟩ [zu rotwelsch Hiesel = Schminke] (mundartl.): **1.** ***bunt bemalen*** **2.** ***geschmacklos schminken*** **3.** ***fehlerhaft anstreichen.***

Ạni|mo, das; -s, kein Pl. [ital. animo, dieses zu lat. animus = Seele, Wunsch, Verlangen] (standardsprl.): **1.** ***Schwung, Lust:*** mit (viel) Animo bei der Sache sein **2.** ***Vorliebe:*** ein Animo für kräftige Rotweine haben.

Ạnis|bo|gen, der; -s, ...bögen ⟨meist Pl.⟩, auch: **Ạnis|schạr|te**, die; -, -n ⟨meist Pl.⟩ (Küchenspr.): ***mit Anis bestreutes Gebäck in gebogener Form.***

ạ̊n|ken|nen ⟨kannte an, hat angekannt; in den Mundarten flektiert das Partizip 2 schwach: an(ge)kennt⟩ [zu kennen mit der Vorsilbe an- (vermutl. in Analogie zu: jemandem etwas ansehen etc.)] (umgangssprl., auch bair.): ***eine versteckte Eigenschaft erkennen, bemerken:*** es geht eam ned guad, åber ma kennts eam ned ån.

ạ̊n|las|sig [mhd. an(e)lāʒ = Ort, von dem das Rennen ausgeht] (umgangssprl.): ***sexuell zudringlich*** (für ein zudringliches Verhalten eines Mannes gegenüber einer Frau sowie umgekehrt): Dialog in „Trautmann – Die Hanno-Herz-Story“: „Wås gfällt Ihna denn so, Herr Inspektor?“ – (Die Dame hinter der Schank mischt sich ein.): „Auf kaan Fåll a ånlassige Kaffeesiaderin, die auf Hanno Herz steht.“ – „Hålts zsamm, bist eh nur eifersüchtig.“

Ạ̊n|rand, der, -s, kein Pl. [zu Rand = Anlauf; Substantivierung von anrennen] (mundartl., auch bair.): ***Anlauf*** ❖ **einen Anrand nehmen** (mundartl., auch bair.) **1.** ***mit Energie losrennen (und zuvor das Gewicht nach hinten verlagern, um Schwung zu holen)*** **2.** ***etwas mit Überwindung in Angriff nehmen, sich aufraffen: er nimmt sich einen Anrand und ordnet die Belege für die Steuererklärung.***

Ạn|raum, der; -s, kein Pl. [zu ahd. rām = Schmutz] (mundartl., auch bair., CH): *fester Niederschlag an Bäumen, Freileitungen etc., der sich bei Frost, Nebel und Wind gegen die Windrichtung aufbaut* (ob es sich um Raureif, Raufrost, Reif oder Eis handelt, ist egal).

ạn|schåf|fen ‹hat› [zu schaffen, gesamtdt. ist heute die Bed.: etwas erwerben, Geld verdienen, Prostitution betreiben etc.] (standardsprl., auch süddt.): **1.** *anordnen, befehlen:* Wer zahlt, schafft an! – Wer hat dir denn das angeschafft? **2.** *bestellen* (in einem Gasthaus) ❖ **Ạn|schåf|fer**, der; -s, - (standardsprl., auch süddt.): *jemand, der Arbeiten anordnet und beaufsichtigt, Vorarbeiter* ❖ **Ạn|schåf|fe|rei**, die; -, -en (standardsprl., auch süddt.): *unangenehmes Anschaffen.*

ạn|schie|ben ‹schob an, hat angeschoben› [zu schieben; gesamtdt. mit der Bed.: ein Fahrzeug durch Schieben in Bewegung setzen] (umgangssprl.): **1.** *ein Verfahren durch Intervention beschleunigen; jemanden protegieren* **2.** *sich beeilen* **3.** *koitieren* ❖ **jemandem eine anschieben** (mundartl.): *jemanden ohrfeigen:* Roland Düringer in „Die Benzinbrüder": „... und der Våter håt mir eine ångschoben – die hear i heit no scheppern ..." ❖ **Ạn|schie|ber**, der; -s, - (umgangssprl.): *jemand, der seine guten Beziehungen ausnützt, um eine Person zu protegieren.*

Ạn|sitz, der; -es, -e [zu Sitz; gesamtdt. ist heute die Bed. der Jägerspr.] (standardsprl., westösterr.): *großer, repräsentativer Wohnsitz.*

ạn|tau|chen ‹hat› [zu mhd. diuhen, tiuhen, dūhen, douhen = drücken, schieben, eindrücken, niederdrücken; nicht verw. mit tauchen (= unter der Wasseroberfläche schwimmen), das auf mhd. tūchen zurückgeht] (standardsprl.): **1.** *anschieben:* Tauch an, bis der Motor anspringt! **2.** *sich bes. anstrengen:* Jetzt müssen wir alle antauchen! **3.** *ein Verfahren durch Intervention beschleunigen; jemanden protegieren:* Er kriegt nur dann den Posten, wenn jemand antaucht.

ạn|tö|nen ‹hat› (standardsprl., auch CH): *andeuten.*

Ạn|wert, der; -s, kein Pl. (standardsprl., auch bair.): ***Wertschätzung, Geltung*** (oft negativ gebraucht): keinen Anwert haben (= nichts gelten).

ạper 〈Adj.〉 [zu ahd. ābar, eigtl.: nicht (Schnee) tragend] (standardsprl.; auch süddt., CH): ***ganz oder größtenteils schneefrei:*** apere Skipisten; die Hänge sind schon aper ❖ **ạpern** 〈hat〉: es apert (= es taut); die Skipisten apern ❖ **he|r|aus|apern, aus|apern:** ***durch die Schneeschmelze zum Vorschein kommen:*** die Felsen apern heraus ❖ **Ạper|schnal|zen**, das; -s, kein Pl.: ***Volksbrauch des Winteraustreibens.***

ap|pla|nie|ren [von franz. aplanir = ausgleichen, beheben, ebnen] 〈hat〉 (standardsprl.): ***einen Streit schlichten, ein Problem beseitigen, einen Fehler ausbügeln:*** Helmut Qualtinger in „Der Papa wird's schon richten": „... er applaniert mir jeglichen Fauxpas, mein Papa."

Ap|pọr|tel, das; -s, -n [franz. apport, eigtl.: das Herbeibringen, zu apporter; apportieren]: (umgangssprl.): ***Gegenstand, den ein Hund apportieren soll*** (z. B. ein Stück Holz): Bring 's Apportel!

Aran|zi|ni 〈Pl.〉 [ital. arancini = kleine Orange, zu arancia = Orange; dieses zu arabisch nārandž] (Küchenspr.): ***überzuckerte oder mit Schokolade überzogene Orangenschalen.***

Ạr|mutsch|kerl, Ar|mụtsch|kerl, Ạr|mitsch|kerl, Ar|mịtsch|kerl, das; -s, -n [zu Armut, mit tschech. Endung] (umgangssprl.): ***bedauernswertes Wesen:*** Georg Danzer in „Hupf in Gatsch": „So an Armutschkerl wie dir schenk I kaan Schülling, / oder na, i gib da zwaa, du bist a Zwülling, / weil aaner allaan kånn doch ned so deppert sein ..."

Ạrsch, der ❖ **Ạrsch-auf-der-Erd**, der (mundartl., derb): ***kleiner Mensch*** ❖ **Ạrsch|kappl**, das; -s, -n [verdeutlichende Verdoppelung, 2. Bestandteil von ital. chiappa = die Arschbacke; lautliche Angleichung an Kappl, zur Verdeutlichung wird die deutsche Übersetzung vorangestellt] (mundartl., derb): ***Arsch*** (als Schimpfwort) ❖ **Ạrsch|kap|pel|muster**, das; -s, - (mundartl., derb): *besonderer Arsch* (eigtl.: das Muster von einem Arsch): „Du abgehobenes, pockennarbiges, fetthaariges Oaschkappelmuster: Ja, was bildest Du Dir eigentlich ein, so einen Mist (...) über all jene, die die FPÖ gewählt haben, öffentlich von Dir zu geben.?" (Leserbrief an die Profil-Redaktion, abgedruckt im Leitartikel Christian Rainers, Profil Nr. 42, 18. 10. 2010) ❖ **ạ̊rsch|lings** ⟨Adv.⟩ *rückwärts, rücklings.*

Aschạn|ti, die; -, -(s) [die Ashanti sind eine der großen Ethnien Afrikas, und zwar im Süden Ghanas, wo Erdnüsse angebaut werden] (umgangssprl.): *Arachis hypogaea, Erdnuss* ❖ **Aschạn|ti|nuss**, die, -, ...nüsse: *Erdnuss.*

auf|dre|hen ⟨hat⟩ [gesamtdt. sind heute die Bed.: durch Drehen einen Verschluss öffnen, das Radio lauter stellen etc.] (standardsprl., auch süddt.): **1.** *die Zimmerbeleuchtung einschalten* **2.** (umgangssprl.): *zu schimpfen anfangen, aufbegehren, wütend werden.*

auf|fa, auf|fe [eigtl. ein mundartl. aufher, wo standardsprl. herauf steht, doch ist das Verständnis für die Schriftform aufher verloren gegangen; als Vorsilbe mit zahlreichen Verben kombinierbar, wobei die Bewegungsrichtung zum Sprecher und aufwärts ist] (mundartl.): *herauf:* Bist du no' drunten im Keller? Kumm gschwind auffa! ❖ **auf|fa|kräu(l)n** (= heraufkräueln): *heraufkriechen.*

auf|fi, auf|fe [eigtl. ein mundartl. aufhin, wo standardsprl. hinauf steht, doch ist das Verständnis für die Schriftform aufhin verloren gegangen; als Vorsilbe mit zahlreichen Verben kombinierbar, wobei die Bewegungsrichtung vom Sprecher weg und aufwärts ist; oft wird zwischen auffi (= hinauf) und auffa (= herauf) nicht mehr unterschieden, auffe wird zur Einheitsform für beides] (mundartl.): *hinauf:* Schau, der Bua kraxelt auffi auf d' Leita! ❖ **Warst ned auf|fi|gstiegn, warst ned ạ̊bagflogn / ạ̊bagfalln!** *Du bist selber Schuld!* ❖ **des is auffe wia åbe (auffi wia åba)**: *das ist einerlei* ❖ **die Preise schnålzen auffi**: *die Preise gehen stark in die Höhe* ❖ **ane auf|fi|kriagn** (= eine hinaufkriegen): *einen Schlag abbekommen.*

auf|ko|chen ⟨hat⟩ [gesamtdt. sind heute die Bed.: etwas erhitzen, bis es kocht etc.] (standardsprl.) *zu einem besonderen Anlass gut und in großer Menge kochen:* zum Geburtstag der Oma groß aufkochen.

auf|le|gen ⟨hat⟩ **jemandem eine auflegen** (umgangssprl.): *jemandem eine Ohrfeige geben:* In „Gefühlsecht“ von Michael Niavarani und Viktor Gernot kritisiert letzterer die automatischen Wasserhähne in den Toiletten der Autobahnstationen: „Sollte der Erfinder des Lichtschrånkenwåsserspenders hier im Såål sein, bitte kommen Sie zu uns auf die Bühne – ich leg Ihnen eine auf! Nicht mit der flåchen Hånd, mit der Faust!“

auf|schmei|ßen ⟨schmiss auf, hat aufgeschmissen⟩ (umgangssprl.): *bloßstellen, blamieren:* er hat ihn aufgeschmissen.

auf|zah|len ⟨hat⟩ (standardsprl., auch süddt.): *einen Mehrpreis zuzahlen.*

Au|gen|gläser, die (Pl.): (standardsprl.): *Brille:* ich suche meine Augengläser (= meine Brille); diese Augengläser stehen dir gut (daneben wird Brille unter dem Einfluss von Augengläser auch als Mehrzahlwort mit Einzahlbed. verwendet: ich suche meine Brillen = eine ganz bestimmte Brille).

aus|fas|sen ⟨hat⟩ (umgangssprl.): *bekommen:* eine empfindliche Strafe ausfassen.

aus|ge|hen, sich ⟨ging sich aus, ist sich ausgegangen⟩ [gesamtdt. sind heute alle anderen Bed.: ein Lokal aufsuchen etc.] (standardsprl. nur in Ö, wird in D nicht verstanden): *gerade ausreichen* (z. B. das verfügbare Geld, die verfügbares Zeit): Dialog in „Komm süßer Tod“: Munz (Reinhard Nowak) ist Beifahrer von Gross (Bernd Michael Lade) in einem Rettungswagen; der Deutsche Gross fährt wie wild und Munz fordert ihn auf, langsamer zu fahren; Munz: „Es geht si sowieso nimma aus.“ Gross gibt noch mehr Gas; am Ende der abenteuerlichen Autofahrt meint er zu Munz: „Sag nie wieder zu einem Piefke: Es geht sich nicht aus!“

aus|grei|fen ‹griff aus, hat ausgegriffen› (mundartl., derb): **1.** *eine Frau im Genitalbereich plump betasten:* Dialog in „Muttertag – Die härtere Komödie“: Der als Eisbär verkleidete Hausdetektiv Übleis (Herwig Seeböck) hat die Mutter (Andrea Händler) bei einem Ladendiebstahl erwischt und sagt: „Dårf ich Sie ausgreifen? Geståtten: Übleis, Hausdetektiv. Legen Sie åb!“ **2.** *im Petting den Genitalbereich stimulieren:* Roland Düringer in „Die Benzinbrüder“: „I kånn jå ned hergehn und die Astrid frågen, ob sie mit mir a klaane Spritztour måchen mecht auf die Jubiläumswarten ... Aber nåch ned amoi zwaa Minuten peinlichster Small Talk woa eh ålles vorbei. Weil die Astrid håt nur mehr gånz cool gfrågt, ob i mit ihr auffefåhrat auf die Jubiläumswarten, sie a bissl ausgreifat und dånn hambringat ... – Du? Pfff ... Ja ... Pfff ... Jaaaaa!“

aus|kom|men ‹kam aus, ist ausgekommen› [mhd. ūʒkomen, ahd. ūʒqueman, eigtl.: aus etwas herauskommen, bis zum Ende kommen, gesamtdt. sind heute die Bed.: mit dem Geld auskommen, mit einer Person auskommen] (umgangssprl.): *entkommen, entfliehen, entwischen* (z. B. ein Schwerverbrecher aus einem Gefängnis, ein Hamster aus einem Käfig etc.): Josef Hader in „Aufschneider“: Als er einen Patienten im Rollstuhl kurz alleine lässt, macht sich der Rollstuhl selbständig, rollt bergab in einen Saal, wo gerade eine Veranstaltung stattfindet, und kracht mit voller Wucht in die Podiumstische. Josef Hader kann dem Rollstuhl nur nachlaufen und sagt entschuldigend: „Guten Abend. Jetzt is’ ea ma auskumman.“ ❖ **es ist ihm einer ausgekommen**: *er hat eine Darmblähung entweichen lassen.*

aus|ras|ten, sich ‹hat; reflexiv› [ausrasten mit der Bed. die Nerven verlieren ist gesamtdt.] (standardsprl., auch süddt.): *sich ausruhen:* keine Zeit zum Ausrasten haben; sich hin und wieder ausrasten.

aus|rich|ten ‹hat› [gesamtdt. ist heute die Bed.: im Auftrag eines anderen etwas mitteilen oder bestellen; etwas erreichen; in eine bestimmte Richtung bringen etc.] (standardsprl., auch bair.): *jemanden schlecht machen:* Der Hausmeister soll nicht immer die Hausparteien ausrichten!

außa, auße [eigtl. ein mundartl. ausher, wo standardsprl. heraus steht, doch ist das Verständnis für die Schriftform ausher verloren gegangen; als Vorsilbe mit zahlreichen Verben kombinierbar, wobei die Bewegungsrichtung zum Sprecher hin und von innen nach außen ist; oft wird zwischen außa (= heraus) und außi (= hinaus) nicht mehr unterschieden, auße wird zur Einheitsform für beides] (mundartl.): ***heraus:*** Kumm außa! – Schnitzeln aus'm Schmålz außabåchen (= herausbacken) – außarucken (= herausrücken).

äu|ßerln ⟨nur Infinitiv⟩ [zu außen, das früher auch draußen bedeutet hat] (umgangssprl.): ***einen Hund nach draußen führen, damit er dort seine Notdurft verrichtet:*** Er geht / führt den Hund äußerln. Ich geh jetzt mit meinem Hund äußerln. Warst du schon mit dem Hund äußerln?

au|ßer|tour|lich ⟨Adj.⟩ (standardsprl.): ***außerhalb des normalen Verlaufs, zusätzlich eingesetzt, extra:*** eine außertourliche Vorstellung.

außi, auße [eigtl. ein mundartl. aushin, wo standardsprl. hinaus steht, doch ist das Verständnis für die Schriftform aushin verloren gegangen; als Vorsilbe mit zahlreichen Verben kombinierbar, wobei die Bewegungsrichtung vom Sprecher weg und von innen nach außen ist; oft wird zwischen außi (= hinaus) und außa (= heraus) nicht mehr unterschieden, auße wird zur Einheitsform für beides] (mundartl.): ***hinaus:*** außihaun (= hinauswerfen); außistampern (= hinausjagen).

aus|stän|dig ⟨Adj.⟩ (standardsprl., auch süddt.): ***noch ausstehend, fehlend.***

aus|ste|cken ⟨hat⟩ [gesamtdt. ist heute die Bed.: eine Skipiste, eine Langlaufloipe etc. mit kleinen Fahnen markieren] (standardsprl.): ***einen Föhrenbuschen oder einen Kranz aus Nadelreisig über die Eingangstür des Heurigen hängen, zum Zeichen, dass geöffnet ist:*** Der Heurige hat wieder ausgesteckt! ❖ **es ist ausgesteckt** (umgangssprl.): ***der Heurige hat geöffnet:*** Montag heißt es wieder: „Ausg'steckt is'!"

Aus|wärts, der; –, kein Pl., **Aus|wart**, der; -s, kein Pl. [das Jahr geht auswärts, dem Sommer zu] (mundartl.): ***Winterende, Frühling*** (Gegenstück zu Einwärts).

Auto|metz|ker, der; -s, - [nach dem Betreiber einer Autoverwertung mit dem Namen Metzger (mit g!), südl. von Wien; in der Schreibung an Metzker (= Fleischhauer) angeglichen] (umgangssprl., ostösterr.): ***Autoverwertung:*** Gerhard Bronner und Helmut Qualtinger lesen in „Travnicek hat Vorrang“ Zeitungsinserate: „‚Direktionswågen. Pråchtstück. Gut erhålten. 12.000 Schilling.‘“ – „So a Wågen kummt ma vor wie die Stråßenbåhn: fürs technische Museum is’ er z’ jung, für’n Verkehr is’ er z’ ålt, für’n Betrieb is’ er zu g’fährlich und zum Wegschmeißen is’ er zu groß.“ – „Då! ‚Notverkauf. Preiswert.‘“ – „ Notverkauf – dås kommt ma immer vor wie a Notschlåchtung. Natürlich Autometzker ...“ ❖ **das Auto ist reif für den Autometzker:** ***das Auto ist schrottreif.***

B

Wörter, die nicht unter B zu finden sind, könnten unter P stehen.

ba|ba, ba|bat|schi <Grußwort> [urspr. Lallwort der Kindersprache] (umgangssprl.): ***Abschiedsgruß gegenüber Kindern oder Freunden*** ❖ **Baba und fall net!** ***Baba und lebe wohl!*** Wolfgang Ambros in „Baba – und foi ned“: „Baba und foi ned und kumm guat z’haus / låss ålle scheen griaßen und måch da nix draus. / Baba und foi ned, wir håm a Chance vergebn, / a Nåcht umsonst auf’bliebn, åba so is des Leben.“

bå|cken <backte, gebacken; früher: buk, gebacken> (Küchenspr.): ***bedeutet in Ö nicht nur Kuchen backen, sondern auch ein paniertes Schnitzel, einen panierten Fisch oder Ähnliches in einer Pfanne mit Fett langsam garen*** ❖ **Båck|erb|se**, die; -, -n (meist Pl.) (Küchenspr., reg. auch in D): ***Suppeneinlage in Form von kleinen Teigkugeln*** ❖ **båchen** <Adj.> [eigtl.: ältere mundartl. Form des Partizips 2 von backen = gebacken; das Verb backen hatte früher in der Sprache der Friseure die Bed.: Haare ondulieren] (mundartl.): **1.** *ungeschickt, schwächlich* **2.** *tuntenhaft* ❖ **bachene Schmäh**, der: *flacher, einfach gestrickter Witz:* Dialog in „Poppitz" zwischen Gerry Schartl (Roland Düringer), Beruf Autoverkäufer, und seiner Frau Lena (Marie Bäumer), eine Deutsche: „Also wånnst mi frågst, håt der (gemeint ist ein deutscher Urlauber) an båchenen Schmäh, sunst goa nix." – „Was ist das denn nu' wieder?" – „Des is wieder so a typischer ..." – „... Autoverkäufer." – „Des woa zum Beispü a extrem båchener Schmäh, jå?" **2.** *schwul* ❖ **Bachene**, der; -n, -n, ein Bachener (mundartl.): *Schwuler.*

bag|schie̲r|lich[1] ⟨Adj.⟩ [viell. Ableitung von Patsch, also urspr. patschierlich, oder Weiterentwicklung zu beigeschirrig = zweites kleines Zugtier im Geschirr eines Wagens] **1.** (umgangssprl. ostösterr.): *herzig, entzückend, niedlich, drollig* (von einem Kind) **2.** (umgangssprl., ostösterr.): *auf eine natürliche Weise hübsch, possierlich* (von einer Frau): „Als Hermann Leopoldi einmal (...) durch den Wurschtelprater flanierte, sah er, wie das Rockerl einer feschen, jungen Frauensperson (damals sagte man noch: bagschierlich) vom Fahrtwind eines Ringelspiels emporgewirbelt wurde ... Genau in dieser Sekunde entstand (...) ‚Schön ist so ein Ringelspiel'." (Kronen Zeitung vom 11. 7. 2009)

bag|schie̲r|lich[2] ⟨Adj.⟩ [viell. zu mhd. bagesgiric = streitsüchtig, allerdings nicht belegt; vgl. mhd. bagen = laut schreien, streiten] (umgangssprl., steir.): *streitsüchtig, grob, unzugänglich.*

bä̲|hen ⟨hat⟩ [ahd. bäen = wärmen, rösten; verw. mit backen] (standardsprl., auch süddt., CH): *Brotschnitten oder Gebäck leicht rösten* ❖ **au̲f|bähen** ⟨hat⟩: *aufbacken:* eine aufgebähte Semmel.

Ba|hö̲l [baˈhœː], der; -s, kein Pl. [zu mhd. behellen = über etwas hinaus tönen, zu: hellen, ahd. hellan = tönen; vgl. auch jidd. beholo = Schrecken, Lärm] (umgangssprl.): *Wirbel, Krawall:* Pirron & Knapp in „Im Tröpferlbad": „Am vergångenen Freitåg wår'n wir zwa im Tröpferlbåd, / dass sie net dabei wår'n des is schåd, schåd ... / Druntn beim Kassier då håt a Frau g'måcht an Bahöl. / Wås? Se såg'n i bin a ålte Fee, Fee ..."

bal|do|wern ‹hat› [zu gaunersprachl. baldower = Auskundschafter, zu jidd. / hebr. baldówer = Herr der Sache] (umgangssprl., auch reg. in D, bes. berlinerisch): ***auskundschaften, nachforschen*** ❖ **aus|bal|do|wern** ‹hat› (umgangssprl.): ***auskundschaften, mit Geschick ausfindig machen.***

Bal|les|te|rer, der; -s, - [ital. balestra, mittellat. balestrum = Wurfmaschine; aufgrund des Gleichklangs mit Ball später auf den Fußballsport übertragen] (umgangssprl.): **1.** ***Fußballspieler;*** **2.** (umgangssprl., abw.): ***Vergnügungsfußballer*** ❖ **bal|les|tern** ‹hat› (umgangssprl.: ***(zum Vergnügen) Fußball spielen.***

Bam Oida! [Diskussionsmarker am Beginn eines Redebeitrags, keine inhaltl. Bed.]: (jugendsprl., Szenejargon der Krocha): ***Hör zu! Pass auf!*** (auch gegenüber weiblichen Personen; außerdem wird Oida auch am Satzende oft verwendet).

Ban|del, Bandl, das; -s, -n [Vkl. von Band] (umgangssprl., auch bair.): **1.** ***kleines Band*** **2.** ***Schuhband:*** Kann er sich schon selber die Bandln / Schuhbandeln binden? **3.** ***Liebschaft, Flirt*** **4.** (Bikerspr., abw.): ***Autobahn:*** das 23er Bandl (= die A 23); „Anreise übers Bandl gibt's bei uns ned. Zwischen Wien und Lienz werden alle Berg gschnupft, die so im Weg herumstehen." (Internet) ❖ **mit jemandem an|ban|deln** ‹hat› (umgangssprl., auch süddt. und CH; ansonsten: anbändeln): **1.** ***mit jemanden flirten, um ihn für sich zu gewinnen*** **2.** ***mit jemandem einen Streit suchen*** ❖ **mit jemanden im Bandl sein:** ***mit jemandem unter einer Decke stecken*** ❖ **jemanden am Bandl haben:** ***jemanden völlig beherrschen*** ❖ **am Bandl hängen:** ***abhängig sein*** ❖ **Bandl|kra|mer**, der; -s, - **1.** (historisch): ***Kurzwarenhändler*** **2.** (umgangssprl.): ***umständlicher, ungeschickter Mensch*** ❖ **Bandl|kra|mer|landl**, das; -s, -n [in der Monarchie kamen Wanderhändler aus dem Waldviertel nach Wien und verkauften Kurzwaren] (scherzh.): ***Waldviertel*** ❖ **Scheib|bandl**, das; -s, -n [1. Bestandteil: scheiben = durch einen Stoß rollend bewegen, wälzen, drehen]: ***Achselgurt zum Tragen von Möbeln.***

Bankl, Ban|kerl, das; -s, -n [Vkl. von Bank im Sinn von Sitzbank] (umgangssprl.): ***kleine Bank*** ❖ **ein Bankl reißen:** ***sterben.***

Ba|ra|ber, Ba|ra|be|rer, der; -s, - [vielleicht zu oberital. barabba = Landstreicher, Unterstandsloser; nach der biblischen Figur des Barabas] (umgangssprl., auch bair.): **1.** *Bauarbeiter* **2.** *Schwerarbeiter* **3.** *ungehobelter Mensch* ❖ **ba|ra|bern** ⟨hat⟩: **1.** *als Hilfsarbeiter am Bau oder im Straßenbau arbeiten* **2.** *(körperlich) schwer arbeiten:* Mundl Sackbauer (Karl Merkatz) in „Ein echter Wiener – Auf und ab“: „Då kånnst a poa Wochen barabern, dånn kriegst a poa Netsch und dånn kånnst di aufhängen! (...) Kånnst stempeln gehen. Stempeln!“

Bar|ren, der; -s, -; auch: **Barn**, der; -s, -e; auch: **Fress|bar|ren, Fut|ter|bar|ren** [mhd. barn, barne; ahd. parno] (standardsprl., auch süddt.): *großer Futtertrog für Rinder oder Schweine.*

Bårt, der; -(e)s, Bärte ❖ **einen Bårt schleifen**; mundartl. Aussprache [bɔe̯d] (umgangssprl.): *mit verärgertem Gesichtsausdruck herumgehen* ❖ **Bar|terl**, das; -s, -n [Vkl. von Bart]: *Vorbindelatz für kleine Kinder* ❖ **Bårt|wisch**, -es, -e, mundartl. Aussprache [bɔe̯d–], der (umgangssprl., auch bair.): *Handbesen.*

Bas|se|na, die; -, -s [zu franz. bassin = Wasserbecken, dort allerdings Mask.; wie daraus ein Fem. mit Endung -a werden konnte, ist ungeklärt] (standardsprl., bes. ostösterr.): *Wasserbecken am Gang (= im Hausflur) eines Wohnhauses, von dem mehrere Parteien das Wasser holen* ❖ **Bas|se|na|woh|nung**, die; -, -en: *Substandardwohnung, Altbauwohnung ohne eigene Wasserleitung und Toilette* ❖ **Bas|se|na|gerücht**, das; -s, -e: *völlig unglaubwürdiges Gerücht* ❖ **Bas|se|na|niveau**, das; -s, -s: *niedrigstes Niveau* ❖ **Bas|se|na|streit**, der; -s, -e: *kleinlicher Streit* ❖ **Bas|se|na|tratsch**, der; -es: *niveauloses Gerede, übler Tratsch* ❖ **Da hast du bei der Bassena gehört!** *Das ist nur Tratscherei!*

Bat|te|rie, die ❖ **jemandem die Batterie anhauen** [Batterie bedeutet hier: Kopf] (gaunersprl.): *jemanden kräftig verprügeln:* „dem selbsternannten Tiroler Rauchersheriff haben s' heuer eh schon einmal gscheit die Batterie anghaut“ (Internet) – Lukas Resetarits in „Zu bunt“ (1992) (in der Rolle einer Wiener Zuhälters, der für den EU-Beitritt wirbt): „Es ist uns auch völlig blunzen, ob zu uns einer Strizzi oder Lude sågt, er kiegt in jedem Fåll die Batterie ång'haut."

Bau|cherl, das; -s, -n (umgangssprl.): **1.** *kleiner, lieber Bauch* **2.** (mundl.): *Schweinsbraten* **3.** (jugendsprl.): *Cola mit Weinbrand* ❖ **Bau|cherl|wär|mer**, der; -s, - (umgangssprl.): *heiße Suppe, heißer Tee etc.*

Bau|er, der; -n, -n [mhd. (ge)būre, ahd. gibūro, zu: būr = Wohnung, eigtl.: einer, der im selben būr = Wohnort lebt; die Verw. als Berufs- und Standesbezeichnung ist jüngeren Datums und gesamtdt., genauso die abw. Bed.: ungehobelter, grober, sturer Mensch] ❖ **Bau|ern|schmaus**, der; -es, ...schmäuse (Küchenspr.): *Gericht aus Schweinsbraten, Geselchtem, Würstln, Kraut und einem Semmelknödl* ❖ **Bau|ern|schnapsen**, das; -s, kein Pl.: *Schnapsen zu viert* (ein Kartenspiel) ❖ **der Bauer jodelt beim Heimgehen** (umgangssprl.): *freu dich nicht zu früh* ❖ **die dümmsten Bauern haben die größten Erdäpfel**: *darauf brauchst du dir nichts einbilden* ❖ **Bauern- als 1. Bestandteil** (mundartl., derb): *drückt in Bildungen mit Substantiven die Verstärkung des abwertenden Charakters aus:* **Bauerntrampel, Bauerngfrieß** etc. ❖ **kalter Bauer** [zu būr im Sinn von: Ort des Wohnens, der Wonne, der Wollust; früher galt: warmer Bauer = Koitus, kalter Bauer = Onanie] (mundartl., derb): *Spermaflecken nach einem unwillkürlichen, nächtlichen Samenerguss.*

Baun|zerl, das; -s, -n [Vkl. von mundartl. Baunzen = etwas Kleines, Knolliges; verw. mit Punze] (umgangssprl.): *kleines, längliches Weißbrot, mürbes Milchbrot.*

Bau|xerl, Pau|xerl, das; -s, -n [vermutl. zu Bausch = kleiner weicher Knäuel] (umgangssprl.): *kleines, herziges Kind:* Sabine Leitner (Claudia Androsch) erzählt Gitti Schimek (Marianne Mendt) in „Kaisermühlen – Immer die Asiaten", dass sie schwanger ist, nicht von ihrem Freund Robert, sondern von einem Surflehrer. Gitti Schimek: „Im Prinzip is es jå fåst wurscht, wer dås Kind g'måcht håt. Hauptsåch' des Kind håt im Leben an Våtern. Dås is des Wichtige. Also krieg dei' Bauxerl und sei glücklich!"

B

Ba|zi, der; -, - [Kurzform von Lumpazius; die ungekürzte Form ist Ende des 16. Jhs. in der Studentenspr. entstanden, indem Lump mit einer lat. Endung versehen wurde; die Ableitung von Johann Nestroys „Lumpazivagabundus" ist falsch, denn dieses Stück wurde mehr als 200 Jahre später geschrieben und uraufgeführt] (auch süddt., meist scherzh.): *durchtriebener Mensch, Schlingel, Früchterl:* Du bist mir vielleicht ein Bazi! ❖ **Weana Bazi, Wiener Bazi** (umgangssprl., abw.): *arroganter Wiener* (Schimpfwort der Leute vom Land für einen unangenehmen Wiener).

Be|am|ten|fo|rel|le, die; -, -n, **-fo|rel|len**, die; -, - [Analogie zwischen der Form des Fisches und einem billigen Lebensmittel; urspr. Salzstangerl, später Knackwurst; durch Bundeskanzler Julius Raab (1891–1964) populär geworden] (umgangssprl., scherzh.): *Knacker, Knackwurst:* Dialog in „Ein echter Wiener – Alles anders": Antonia Sackbauer (Ingrid Burkhard): „A kåltes Büffet kånn i euch ånbieten, a Beamtenforelln!" – Mundl Sackbauer (Karl Merkatz): „Hau ma uns eine a Knacker!"

Bei|la|ge, die; -, -n [zu beilegen; gesamtdt. ist heute die Bed.: etwas, das einer Zeitung, einem Magazin beigelegt ist; Erdäpfel, Gemüse etc., das zusammen mit einem Hauptgericht serviert wird] (standardsprl., auch CH; in D: Anlage): *beigelegte Informationen zu einem Brief, zu einem Schriftsatz.*

Bein, das; -(e)s, -e, (mundartl. Pl.: Beiner) [ahd. bein] (standardsprl., auch süddt., CH; ansonsten in D nur in med. Ausdrücken wie Beinhautentzündung und in alten Komposita wie Beinhaus): *Knochen* ❖ **Bein|fleisch**, das; -es, kein Pl. (Küchenspr.): *durchzogenes Rindfleisch mit Knochen* ❖ **aus|bei|neln, aus|beindeln, aus|ba|neln** ⟨hat⟩ (mundartl.): **1.** *von den Knochen lösen* **2.** *verwertbare Teile aus einem Schrottauto ausbauen* ❖ **Aus|bein|ler, Aus|beind|ler, Aus|ban|ler** (mundartl.): *Autoverwerter.*

Bein|vo|gel, der; -s, ...vögel [1. Bestandteil zu mhd. bīe, bin, bīn = Biene; eigtl.: Bienenvogel] (mundartl.): *Biene* ❖ **Bein|stock**, der; -s, ...stöcke (mundartl.): *Bienenstock.*

Bei|ried, das; -s; urspr.: die; - [früher Pälried; 1. Bestandteil: Pal- wie in Palisade, also: dasjenige Stück vom Rindfleisch, in dem die Rippenbeine stecken; 2. Bestandteil: zu mhd. riebe, eine Nebenform von mhd. rippe] (Fleischhauer- / Metzkersprache): *Rippenstück vom Rind;* in der Küchenspr. je nach Verw.: Roastbeef (im Ganzen gebraten), Contre-Filet (im Ganzen gebraten, ausgelöst und ev. allseitig gespickt, Rumpsteak (in 2–3 cm dicke Scheiben gebraten), Entrecôte (in 3–5 cm dicke Scheiben gebraten oder gedünstet und Côte de bœuf (in 4–6 cm dicke Scheiben gebraten oder gedünstet, mit Knochen).

Bei|sel, Beisl, das; -s, -n [wurde früher von jidd. bájiss = Haus abgeleitet, heute meist von böhmisch hampejz = Hundehütte, Kegelbahn, Bordell, weil lautlich plausibler; das sächliche Geschlecht im Vergleich zu Beiz(e) ergibt sich aus der Vkl.] (umgangssprl., früher nur abw.; auch bair.; in Westösterr. und ansonsten in D: Kneipe): *einfaches Gasthaus, Wirtshaus:* Karl Hodina in „I waß a klan's Wirtshaus": „I waaß a uraltes Häuserl, darin is a gånz a klaan's Beiserl. Der Wirt is a kreuzfidel's Manderl, serviert den Wein mit'n zittrigen Handerl." ❖ **No|bel|bei|sel**, das; -s, -n: *Restaurant mit gehobener Küche und noblen Gästen* ❖ **Sze|ne|bei|sel**, das; -s, -n: *Lokal, in dem vor allem jene verkehren, die zu einer bestimmten Szene gehören* ❖ **Stamm|bei|sel**, das; -s, -n: *Gasthaus, das jemand oft besucht; Gasthaus, wo jemand Stammgast ist* ❖ **Steh|bei|sel**, das; -s, -n: *Lokal, wo man Getränke und Imbisse im Stehen einnimmt.*

bei|ten, bei|den ⟨bit, hat (ge-)biten⟩ [mhd. biten = verziehen, warten; ahd. pītan, gotisch beidan] (mundartl., auch bair.): **1.** *warten:* „Hålt a weng, beit a weng, bleib a weng stehn." (Volkslied) **2.** *stunden, etwas zuwarten* (mit einer Forderung).

Bei|ze, Beiz, die; -, -en [Herk.: wie Beisel] (westösterr., auch CH): *einfaches Gasthaus, Wirtshaus.*

Bem|merl, das; -s, -n [Vkl. von Bemmer; zu mundartl. Poppe(n), die = etwas Kleines; Puppe] (umgangssprl.): *kugelföriger Kot* (z. B. von Ziegen oder Schafen) ❖ **das ist kein Bemmerl** (umgangssprl.): *das ist keine Kleinigkeit.*

bẹn|zen, pẹn|zen ⟨hat⟩ [zu mundartl. beengetzen = in die Enge treiben] (umgangssprl., auch bair.): ***ständig drängen, aufdringlich bitten*** ❖ **Bẹn|ze|rei, Pẹn|ze|rei**, die; -, -en (umgangssprl.): ***andauerndes Benzen*** ❖ **Ich bin doch nicht der Pfarrer / der Hufschmied / der Schmied von Penzing!** [Gleichklang mit Penzing, früherer Vorort von Wien, jetzt 14. Gemeindebezirk] (umgangssprl., ostösterr.): ***Hör auf, mich mit deinen Bitten zu belästigen!***

Ben|zi̱n|kut|scher, der; -s, - (umgangssprachlich, scherzhaft): ***Chauffeur:*** Dialog in „Kaisermühlenblues – Undank ist der Welten Lohn": René (Adi Hirschall) arbeitet als Heurigensänger und trifft auf seinen alten Freund Joschi Täubler (Roland Düringer): René: „Vielleicht hau i eh in Huat auf die Singerei. Chauffeur oder wåṣ ..." Joschi Täubler: „Aber sicher nicht. Du bist a Künstler, du bist ka Bezinkutscher, außerdem håṣt eh mi, der wåṣ die managt."

Be̱|serl, das; -s, -n [Vkl. von Besen, dieses zu mhd. bes(e)me, besem, ahd. bes(a)mo] **1.** (standardsprl.): ***kleiner Besen*** **2.** (umgangssprl.): ***leichtfertige, junge Frau*** **3.** (gaunersprachl.): ***Geheimprostituierte*** ❖ **Be̱|serl|park**, der; -s, -s [urspr.: Park mit Geheimprostituierten] (umgangssprl., ostösterr.): ***kümmerlicher Park*** ❖ **be̱|seln** ⟨ist⟩ (mundartl.): ***emsig herumtippeln, geschäftig sein.***

Bẹst, das; -s, -e (standardsprl., auch süddt.): ***höchster ausgesetzter Preis*** (bei einem Wettbewerb oder bei einer Tombola).

be|tạ|keln ⟨hat, ich betakle⟩ [zu einem älteren teigeln, beteigeln: jemanden mit Teig beschmieren, betrügen; spätere Angleichung an Takelage = Takelwerk, das einen anderen Wortursprung hat] (umgangssprl.): ***betrügen.***

be|trọp|pezt ⟨Adj.⟩ [zu mhd. tropfezen = tröpfeln] (umgangssprl.): ***bestürzt, betroffen, überrascht:*** „Dass er den törichten Sager zehn Minuten später betroppezt per Aussendung zurücknehmen musste, entspricht dem gegenwärtigen Schleuderkurs." (Herbert Lackner, Profil, 18. 6. 2009).

Bett|hup|ferl, das; -s, -n (umgangssprl., auch reg. in D): *kleine Süßigkeit vor dem Zubettgehen:* Peter Alexander in der Parodie „Hans Moser bei Papst Pius XII., 1972“: „Herr Pius, i håb Ihna wås mit'bråcht, a Betthupferl fürn Heiligen Våter. A Flascherl Gumpoldskirchen, dås Beste vom Besten. Südhang. Naturzucker. I såg Ihna, Herr Pius: Då håms niix, niix am nächsten Tåg, niix, kaa Schädelweh (= Kopfschmerzen), kaan Kåtzenjåmmer, goa nix.“

Beu|gel, das; -s, -n, **Beu|gerl**, das; -s, -n [Vkl. von mundartl. Baug = Spange, Ring; dieses zu biegen] (standardsprl., ostösterr.): *hornförmig gebogenes Backwerk mit süßer Fülle.*

Beu|schel, das; -s, -n [Vkl. von Bausch; in der Küchenspr. oft zusätzliche Vkl.: Beuscherl]: **1.** (standardsprl., auch bair.; in D: Lungenhaschee): *Speise aus Innereien, bes. Lunge und Herz* **2.** (umgangssprl., salopp): *Lunge; menschliche Eingeweide* ❖ **jemandem das Beuschel aus dem Leib reißen** (umgangssprl., oft scherzh.): *jemandem (im Zorn) den Kopf abreißen* ❖ **sich das Beuschel aus dem Leib reden** (umgangssprl.): *sich den Mund fusselig reden* ❖ **Beu|schel|rei|ßer**, der; -s, - (umgangssprl.): **1.** *starke Zigarette:* „Die Austria C hatten keinen Filter und waren sehr stark ... sie wurden auch als Beuschelreißer bezeichnet – so wie die 3er.“ (Intern.) **2.** *starker Schnaps* **3.** *jemand, der einem Mitmenschen das letzte Geld abnimmt, Nepper, Betrüger, Bauernfänger* **4.** *etwas, das einem alles abverlangt:* „Jo der Plabutsch ... der Beuschelreißer, der elendige!“ (Intern., Website für Mountainbiker) – „Als Eisläuferin hatte ich eine Vier-Minuten-Kür zu laufen, und das war ein Beuschelreißer – so haben wir das genannt.“ (Ingrid Wendl am 1. 3. 2006 im Nationalrat) ❖ **Beu|schel|rei|ße|rei**, die; -, -en (umgangssprl.): *Betrügerei.*

Beu|tel, Beidl, der; -s, -(n) [ahd. būtil, eigtl.: Aufgeschwollenes; gesamtdt. sind heute die Bed.: sackähnliches Behältnis und Geldbörse] (mundartl., derb, auch bair.): **1.** *Hodensack, Hoden* **2.** *Penis:* Andreas Vitasek erzählt in „My Generation“, dass es ihn manchmal drängt, in einer steifen Gesellschaft anrüchige Witze zu erzählen: „... håb ich den Ameisenwitz erzählt: ‚Wås is klaaner ois a Ameisenfut? Ein Ameisenbeutel! Weu dea muass eine ...

(Gelächter, Applaus) Furchtbar! Die Leute håb'n nicht so gut reagiert wie Sie ..." **3.** *Trottel* ❖ **-beutel als 2. Bestandteil von Schimpfwörtern** (derb): **Floh|beu|tel, Hunds|beu|tel, Kren-beu|tel** (= hochnäsiger Mensch), **Sau|beu|tel**, auch: **Beu|tel-viech** etc.) ❖ **beu|teln** ⟨hat⟩ [mhd. biuteln = durch einen Mehlbeutel sieben] (standardsprl., auch süddt.): *durchschütteln* ❖ **ab|beu|teln** ⟨hat⟩ (standardsprl., auch süddt.): *abschütteln.*

Bie|gel, das; -s, -n; **Bie|gerl**, das; -s, -n [mhd. büeglîn, dieses zu Bug] (mundartl., ostösterr.): *Schenkel eines Geflügels, z. B. eines Huhnes* (meist Ober- und Unterschenkel gemeinsam).

Bild|stock, der; -s, ...stöcke (standardsprl., auch süddt.): *kleines Heiligendenkmal im Freien.*

Bil|le|teur [bijɛˈtøːə, bilɛˈtøːə], der; -s, -e [zu Billet (= Einlasskarte, Briefkarte)] (standardsprl.; in der CH früher für Schaffner): *Platzanweiser, Kartenabreisser* (im Theater, im Kino etc.): Helmut Qualtinger in „Der Herr Karl": „Mir wårn in an Kino ång'stellt. I wår Billeteur, net? Sie wår Billeteurin --- a guate Billeteurin, wirklich ..."

Bil|ligs|dor|fer, der; -s, - [vielleicht zu einem früheren Pillichsdorfer Weinhaus in Wien (Ecke Alser Straße / Spitalgasse), benannt nach Pillichsdorf, NÖ; dann volksetymologische Angleichung an billig und Dorf] (umgangssprl., ostösterr.): *billig, aber nicht den Erwartungen entsprechend:* Schuhe Marke Billigsdorfer (= billige Schuhe, die nichts wert sind); ein Billigsdorfer-Sakko.

Bim|bam, das; -s, kein Pl. [lautmalend für das Glockenläuten, gesamtdt.] ❖ **Heiliger Bim|bam** [scherzh. Bimbam als Heiligenname] (umgangssprl., auch süddt.): *Ausdruck des Erschreckens oder um eine Aussage zu unterstreichen:* ach, du heiliger Bimbam ❖ **Bim**, die; - [lautmalend für das Klingeln der Warnglocke einer Straßenbahn; dieses pars pro toto für die Straßenbahn selbst; ausgehend von Wien, verstärkt durch eine Werbekampagne der „Wiener Linien": „Bim unterwegs", „Bim beim Heurigen" etc.; inzwischen wird das Wort auch in einigen Landeshauptstädten verwendet] (umgangssprl.): *Straßenbahn.*

Bịn|kel, Bịnkl, der; -s, -(n) [geht vermutl. auf ein nicht belegtes Bünkel zurück, mit der Bed. etwas Aufgeblähtes, etwas Dickes; verw. mit bunkert = rundlich; Bed. 3: vgl. norddeutsch Pinkel = Mann; ferner norddeutsch feiner Pinkel = jemand, der vorgibt, fein und vornehm zu sein] (umgangssprl., auch bair.): **1.** ***Bündel, persönliche Habseligkeiten:*** Hilde Grünsteidl (Beatrice Frey) zu ihrem Mann, Nationalrat Ferdinand Grünsteidl (Erwin Steinhauer), in „Trautmann – Das letzte Hemd hat keine Taschen": „Wenn hinter dem Autodiebståhl schon wieder a Weibergschicht steckt, dånn sind wir g'schiedene Leut'! Dånn kånnst dein' Binkl påcken und entweder zu deiner Schlåmpen oder ins Parlament ziehen, (...) Hurenbeutl!" **2.** ***große Menge:*** einen Binkel Schulden haben **3.** ***unangenehmer Mensch:*** ein aufgeblasener Binkel (= ein eingebildeter, überheblicher Mensch); ein feiner Binkel (= jemand der vorgibt, fein und vornehm zu sein): Maxi Böhm (gem. mit Karl Farkas) in „Föhn": „Und mich låssen Sie in Ruhe!" – „Ein nervöser Binkel ..." ❖ **Zọrn|bin|kel**, der; -s, -(n): ***jähzorniger Mensch*** ❖ **Rọtz|bin|kel**, der; -s, -(n): ***schmutziger, unerzogener Mensch*** ❖ **Bịn|kerl**, das; -s, -n [Vkl. von Binkel] (umgangssprl., auch bair.): **1.** ***kleines Bündel*** **2.** ***in ein Tuch verpackte Habseligkeiten:*** Nimm dein Binkerl und geh! **3.** ***was einem Menschen im Leben zugewiesen ist:*** jeder tragt sein Binkerl **4.** ***liebenswertes, kleines Kind*** ❖ **Hẹrz|bin|kerl**, das; -s, -n: ***liebenswerte Person.***

Bị|schofs|brot, das; -s, -e (Küchenspr.): ***feiner Kuchen mit Mandeln und Rosinen.***

Bis|kọt|te, die; -, -n [ital. biscotto, aus lat. bis = zweimal, und coctum = gebacken, gekocht, also: zweimal Gebackenes] (Küchenspr.; in D: Löffelbiskuit): ***Biskuit in länglicher Form, an den Enden gerundet.***

bịs|sel, bịs|serl 〈indeklinables Indefinitpronomen; oft adverbial gebraucht〉 [Vkl. von Biss, also: ein kleiner Bissen von etwas] (umgangssprl., auch süddt.): ***bisschen:*** ein bisserl tanzen, ein bisserl schmusen; Kaiser Robert Heinrich I. (Robert Palfrader) bei der Verabschiedung seiner Audienzgäste: „Åber er / sie muss ein bisserl brav sein!"

Biss|gurn, die; -, - [vermutl. zu tschech. piskoř = Schlammbeißer, ein Fisch, der beim Ergreifen einen pfeifenden Laut ausstößt, in Anlehnung an Biss und an mundartl. Gurre = schlechte Stute] (umgangssprl., auch bair.): ***zänkische, tyrannische Frau.***

B

blad ⟨Adj.⟩ [Partizip 2 von blan = blähen, eigtl.: aufgebläht] (umgangssprl., abw.): ***dick*** ❖ **Bla|de**, der; -n, -n; ein Blader (umgangssprl., abw.): ***dicker, unförmiger Mensch.***

Blå|dern, die; -, - [zu mhd. blātere = Blase, Blatter, Pocke, Wasserblase, Harnblase; ahd. blāt(a)ra; verwandt mit blähen; eigtl: Mittel zum Aufblasen (z. B. einer Schweinsblase), dann übertragen auf Blasen auf der Haut] (mundartlich): **1.** ***Blatter, Blase*** **2.** (abw.) ***Gruppe befreundeter Personen.***

Blån|gen, Blån|ger, der, -, - [aus der Vorsilbe be- und dem Wortstamm -langen gebildet; genauso wie Verlangen] (mundartl., auch bair.): ***Lust, Begierde, Verlangen nach etwas*** (Essen, Sex etc.) ❖ **blan|gig** ⟨Adj.⟩ ***begierig, lüstern auf etwas.***

blå|sen, sich ån|blå|sen [gesamtdt. sind: den Atem ausstoßen, ein Blasinstrument spielen, fellationieren] (mundartl.): ***trinken*** ❖ **zu|ge|blå|sen** (mundartlich): ***betrunken*** ❖ **Blås|hüt|te**, die; -, -n, **-hüt|ten**, die; -, - [aufgrund der Bed. fellationieren auch: Lokal mit Prostituierten; so wiederholt in „Trautmann"] (gaunersprachl.): **1.** ***Branntweinstube*** **2.** ***Lokal mit Prostituierten.***

blat|teln ⟨hat⟩ [zu mhd. bleteren = blättern unter Einfluss von Blattl = kleines Blatt; gesamtdt.: blättern, umblättern, vorblättern, zurückblättern etc.] ❖ **auf|blat|teln** ⟨hat⟩ (umgangssprl.): **1.** ***aufblättern*** (eine Zeitung, ein Buch) **2.** ***die Schwächen von jemandem aufdecken:*** Sie werden dich bei der Prüfung aufblatteln, wenn du nicht lernst! ❖ **es hat ihn aufgeblattelt:** ***er ist gestürzt*** ❖ **ver|blat|teln** ⟨hat⟩ (umgangssprl.): ***eine aufgeschlagene Seite verschlagen*** (z. B. in einem Buch).

Blau|kraut, das; -s, kein Pl. [im Norden des dt. Sprachraums wird statt -kraut die Bezeichnung -kohl und statt Blau- die Bezeichnung Rot- verwendet; entgegen dieser Regel ist in Ostösterr.

auch Rotkraut gängig; die Namensgebung fällt in eine Zeit, als der Begriff violett noch nicht existiert hat, weshalb auf blau oder rot zurückgegriffen werden musste; welche Farbe gewählt wurde, hängt auch mit der jeweils vorherrschenden Zubereitungsart zusammen; diese lässt das gekochte Gemüse eher blau oder eher rot erscheinen] (Küchenspr., auch süddt.): ***Brassica oleracea convar. capitata var. rubra; ein Gemüse mit violetten Blättern (meist als Beilage zu Wildgerichten).***

bla|zen, pla|zen ⟨hat⟩ [zu mhd. bläretzen, das jedoch nicht belegt ist; verw. mit mhd. blēren, blerren = blöken, schreien; dieses verw. mit plärren] (mundartl.): ***(laut) weinen, schreien.***

ble|dern, ple|dern ⟨hat⟩ [zu mhd. bleteren = blättern; vielleicht auch zu rotwelsch plettern] (mundartl., ostösterr.): ***sich schnell und gräuschvoll fortbewegen*** (mit dem Auto, dem Motorrad etc.): auf der Autobahn dahinbledern.

bloß|ha|pert [2. Bestandteil: mundartl. häup(t)echt = häuptig; urspr. nur mit bloßem Haupt; heute meist bloßfüßig, vermutl. auf Grund der Lautähnlichkeit zu happen = springen; das Verständnis für die urspr. Bed. von hapert, nämlich barhäuptig, geht verloren] (mundartl.): **1.** ***barhäuptig, ohne Kopfbedeckung*** **2.** ***bloßfüßig, barfuß:*** Gunkl (Günther Paal) in „Glück – Eine Vermutung“: „Der hl. Basilius (...) ist nicht nur im Winter, sondern des gånze Jåhr über, und ned nur bloßhapert, sondern grundsätzlich nåckert ’gången. Der hl. Basilius hatte dås gånze Jahr über keinen Fåden am Leib. (...) Nicht in Sizilien, wo er sich die Sonne aufs Spatzi håt scheinen låssen, nein, der hl. Basilius woa daham in Moskau! Im Winter – ned amoi Seckeln! Is ned sehr vernünftig. Aber was rausgekommen is, is die Basiliumkathedrale am Roten Plåtz. Des war’ mit Goiserern ned drin gewesen.“

Blüh, die ❖ **in die Blüh gehen** [bliːə] [Herk. unklar; Verbindung mit dem Verb blühen wenig wahrscheinlich; eher zu blü = pleite; vgl.: er ist blü gegangen = er ist bankrott geworden; vgl. auch die urspr. Bed. von Pleite: Flucht vor den Gläubigern] (mundartl.): ***sich davonmachen, verschwinden.***

Blụn|ze, die; -, -n, **Blụn|zen**, die; -, - [zu mhd. blunsen = aufblähen; eigtl.: Blähwurst] (umgangssprl., reg. auch in D): **1.** ***Blutwurst:*** Helmut Qualtinger in „Der Herr Karl“: „Neilich håb i a Schlåchtplåtten ’gessen: Schweinsbråten, Blunzen, Bråtwürstl, Leberwurst, Kraut, Knödl. A Bier dazu – es war leider wårm, denn es wår furchtbar haaß.“ **2.** (umgangssprl., abw.): ***dicke, unbewegliche, dumme Frau*** ❖ **blụn|zen** 〈Adj.〉 [Analogiebildung zu: das ist mir wurst (= eine Wendung, die vom deutschen Reichskanzler Otto von Bismarck populär gemacht worden ist; wurst ist also kein Austriazismus)] (umgangssprl.): ***egal, gleichgültig:*** Das ist mir blunzen! ❖ **blụn|zen|wurscht** [auch ein Wortspiel mit: Blunzenwurst (= Blutwurst)] 〈Adj.〉 ***völlig egal:*** das ist mir blunzenwurscht ❖ **Blụn|zen|häu|tel**, das; -s, -n (mundartl.) **1.** ***Haut einer Blutwurst*** **2.** (Mechanikerspr.): ***total abgefahrene Reifen.***

Bọck, der; -s , Böck(e) (mundartl. Pl.: Beck, Beg) [mhd. boc, …ckes = Bock (urspr. nur Ziegenbock), hölzernes Gestell; gesamtdt. heute mit der Bed.: männliches Tier von Hirsch, Reh, Ziege etc., Gestell zum Aufbocken eines Autos, ein sturer Bock (= Mann) etc.]: **1.** (mundartl.): ***Schuh*** **2.** (Mechanikerspr.): ***Autoreifen*** **3.** (Bikersprache): ***Motorrad*** ❖ **die Bock aufstellen** [zu Bed. 1] (mundartlich): sterben ❖ **Rẹnn|bock**, der; -s, ...böcke [zu Bed. 3] (Bikerspr.): ***Rennmaschine*** ❖ **Radl|bock**, der; -s, ... böcke [eigtl.: Gestell mit Radeln] (mundartl.): ***Schubkarren*** ❖ **Bọ|ckerl**, das; -s, -n [Vkl. von Bock = männliches Tier verschiedener Arten; die Koniferenzapfen versinnbildlichen im Kinderspiel Tiere] (standardsprl., ostösterr.): ***Föhrenzapfen*** ❖ **die Bock aufstellen** [zu Bed: 1] (mundartlich): ***sterben:***

Bọ|ckerl, der; -s, -n [zu ungar. póka = Truthahn] (mundartl., ostösterr.): ***Truthahn.***

Bö̱h|men ❖ **da geht in Böhmen ein Viertel ein** [Herk. unklar; nach einer Deutung ist Böhmen im Dreißigjährigen Krieg so stark verwüstet worden, dass ein Viertel der Ackerfläche unbrauchbar wurde – daher die leicht abweichende Variante: da geht eher in Böhmen ein Viertel unter; andere vermuten, dass ein Vierteljahr gemeint ist – daher die abweichende Variante: eher vergeht in Böhmen ein Viertel] (standardsprl.): **1.** *mein Gott, wie lange das schon dauert:* Ich warte noch immer auf den Kaffee – da geht in Böhmen ein Viertel ein. **2.** *darauf kannst du ewig warten:* „Bevor der Häupl mit den Freiheitlichen zusammenarbeitet, geht in Böhmen ein Viertel ein." (Intern.) ❖ **Böh|mak**, der; -s, -en [Böhme mit slawischer Endung versehen; gehört zu einer Reihe fremdenfeindlicher Ausdrücke, die aus Zeiten der Monarchie stammen] (umgangssprl., abw.): *Böhme, Tscheche* ❖ **böh|ma|keln** ⟨hat⟩ [zu Böhmak] (umgangssprl., abw.): *schlechtes Deutsch (mit tschech. Akzent) sprechen* ❖ **böh|misch ein|kau|fen** [fremdenfeindliche Wendung, mit welcher der Eindruck erweckt wird, dass alle Böhmen stehlen] (umgangssprl.): *einen Ladendiebstahl verüben* ❖ **das kommt einem böhmisch vor** (umgangssprl.): *das ist seltsam, das ist schwer zu begreifen* ❖ **böhmische Dörfer** (umgangssprl.): *etwas Unverstandenes; etwas, das nicht zu begreifen ist.*

Boh|ne, die; -, -n; **grü|ne Boh|ne** ❖ **Boh|nen|scho|te**, die; -, -n (umgangssprl., ostösterr.): *Phaseolus vulgaris; grüne Bohne in Schotenform* ❖ **Bohn|schei|del**, das; -s, -n [2. Bestandteil wohl zu österr. und süddt. Scheit = Span] (mundartl.): *grüne Bohne* (in Schotenform) ❖ **Bohn|scharl**, das; -s, -n (mundartl.): *grüne Bohne* (in Schotenform).

Bör|se, die; -, -n; meist in der Vkl. **Bör|sel**, das, -s, -n, **Bör|serl**, das; -s, -n [niederländisch beurs zu spätlat. bursa = Geldbeutel, zu griech. býrsa] (umgangssprl.): *Geldbörse, Portemonnaie:* „Weil die Menschen weniger im Börsel haben, gehen sie seit eineinhalb Jahren vermehrt zu Fuß, fahren seltener mit dem Auto und öfter mit öffentlichen Verkehrsmitteln." (Kurier, 16. 6. 2010).

Bos|ni|ak, der; -en, -en [zu kroat. und serb. bosnjak] (früher umgangssprl. und abw. statt Bosnier; heute offiziell für eine Ethnie in Bosnien und Herzogowina, Serbien und Montenegro; als Bosnier werden heute die Angehörigen des Staates Bosnien und Herzogowina unabhängig von ihrer Zugehörigkeit zu einer Ethnie bezeichnet) ❖ **Bos|ni|akerl**, das; -s, -n (Küchenspr.): *längliches Kümmelgebäck aus dunklem Mehl.*

bra̢ch|ten ⟨hat⟩ [mhd. brahten = lärmen] (mundartl.): ***viel reden*** ❖ **Bra̢cht**, der; -s [mhd. braht = Lärm, Geschrei] (mundartl.): ***Lärm, Geschrei.***

B

Bra̢nd, der; -(e)s, kein Pl. [ahd. brant; zu brennen; gesamtdt. mit der Bed.: Feuer] (umgangssprl.): ***Durst nach einem Rausch*** (in D: Durst im allgemeinen): Ulli Bäer in „Der Durscht": „I steh in da Fruah auf mit an Mordstrumm Brand, / i geh zum Kühlschrånk, sonst kumm i umman Verstånd." ❖ **bra̢ndig** ⟨Adj.⟩ (umgangssprl.): ***durstig infolge eines Rausches:*** ich bin brandig.

bra̢n|deln ⟨hat⟩ [zu Brand mit dem in der Alltagssprache häufigen -l-Einschub] (umgangssprl., auch bair.): **1.** ***nach Brand riechen:*** Es brandelt – habt ihr gezündelt? **2.** ***(unfreiwillig) einen größeren Betrag zahlen:*** „Alles, was gratis ist, muss letztlich doch irgendwie gebrandelt werden." (Intern.) ❖ **es brandelt**: ***du bist nahe dran*** (z. B. bei einer Quizfrage): Karl Farkas & Maxi Böhm in „Die Unfallversicherung": „Wånn sind Sie geboren?" – „Ån einem Freitag." (...) „In welchem Monat Sie geboren sind!" (...) „Råten S' amål! Sie können sich höchstens elf Mål irren." (...) „Jänner?" – „Wåsser, Wåsser!" – „Feber?" – „Wåsser." – „März, April?" – „Es brandelt ..." – „Mai?" – „Feuer!" – „Juni?" – „September! Im neunten Monat bin ich geboren worden, gånz normales Kind, im neunten Monat!"

Brån|di|ne̲|ser, der; -s, - [zu Branntwein] (mundartlich): ***Inhaber einer Branntweinstube.***

Bra̲t, Brä̲t, das, -s, kein Pl. [mhd. brāt, ahd. prāt; die Grundbed. ist Fleisch (im Gegensatz zu Speck, Haut und Knochen), verw. mit dem Substantiv Braten] (standardsprl., auch bair., in D ansonsten Brät): ***Wurstfülle*** (Fleisch wird fein gehackt und gewürzt, dann in Saitlinge gefüllt) ❖ **Bra̲t|wurst, Brå̲t|wurst**, die, -, ...würste [gehört wortgeschichtlich zu Brat = Wurstfülle, nicht zum Verb bräten; aufgrund des Gleichklanges mit bråten wird jedoch auch bei Bratwurst der Vokal heute meist verdunkelt] (standardsprl., auch bair.): **1.** ***spezielle Wurst mit Fleischfülle*** (im Gegensatz zur Blutwurst) **2.** ***Wurst, die zum Braten geeignet ist.***

brå|ten ‹briet, hat gebraten› [ahd. brātan, urspr. = (auf)wallen, sieden; nicht verw. mit dem Substantiv Braten und mit dem Substantiv Brat; typisch für die Alltagssprache sind übertragene Bed., die daran anknüpfen, dass Muße und Sorgfalt notwendig sind, um ein Stück Fleisch gut zu braten] (umgangssprl., meist: bei jemandem braten): ***durch seinen Charme bezaubern wollen, betören:*** Wolfgang Ambros in „Lokalverbot": „Wånn i bei aner Oidn bråt / und die wo einegeh wü, werd i rot, / weu i håb Lokalverbot ..." ❖ **ån|bra|ten, ein|bra|ten** ‹briet an / ein, hat angebraten / eingebraten› (umgangssprl.): ***durch seinen Charme bezaubern wollen, betören:*** In „MA 2412 – Meisterschaft" sagt Michael Weber (Alfred Dorfer) zu Ing. Engelbert Breitfuß (Roland Düringer): „Wås Herr Ingenieur? Tun wir scho wieder a bissi die Frau Knackal ånbråten, ha?" – Breitfuß: „Herr Weber! Punkt eins, jå? ... brate ich hier nix und niemanden ån, weu dazu bin i nämlich dånk meiner Kinderstube goa ned fähig." ❖ **quer|brå|ten** ‹briet quer, hat quergebraten› (umgangssprl.): **1.** ***intrigieren, hintertreiben*** **2.** ***eine fremde sexuelle Beziehung stören*** ❖ **Bråt|hendl**, das; -s, -n [2. Bestandteil: Vkl. von Henne] (Küchenspr., auch bair.; in D ansonsten: Brathähnchen, d. h. Vkl. von Hahn): ***gebratenes Huhn.***

Brå|ten, der; -s, - [mhd. brāt, brāte, ahd. brāto = schieres Fleisch; nicht verw. mit dem Verb braten; gesamtdt. ist heute die Bed.: größeres gebratenes Stück Fleisch] (Küchenspr.): kurz für: ***Schweinsbraten*** ❖ **fa|schier|ter Brå|ten** [eigtl.: Faschiertes in Form eines Bratens, also nicht: Braten, der faschiert wurde] (Küchenspr.): ***faschiertes Fleisch in Bratenform, das vor dem Anrichten in Scheiben geschnitten wird*** (nicht wie das klassische Faschierte in Form eines Laberls) ❖ **Bratl**, das; -s, -n [Vkl. von Braten] (Küchenspr.): kurz für: ***Schweinsbraten*** ❖ **Bratl|fett**, das; -s, kein Pl., **Bratl|fet|ten**, die; -, kein Pl. [2. Bestandteil: in der Alltagssprache ist die von der Mundart beeinflusste fem. Form recht häufig: die Fetten statt das Fett] (Küchenspr.): ***Fett, das sich bei der Zubereitung eines Schweinsbratens am Boden der Pfanne ansammelt und danach abgeschöpft und abgekühlt wird; beliebter Brotaufstrich:*** In „Indien" sagt Kurt Fellner (Alfred Dorfer) zu Heinz Bösel (Josef Hader): „Åber månchmal überkommt mi so ein Verlången. Wenn so a Bratlfettn an Tåg lång herumsteht – mit'm Finger rein, då brauch i goa ka Brot dazu!" ❖ **Bratl|gei|ger**, der; -s, - [eigtl.: ein Musikant, der spielt, während andere Schweinsbraten o. Ähnl. essen] (umgangssprl.): *(schlechter) Heurigenmusiker.*

B

Brau|ne, der; -n, -n; ein Brauner: (standardsprl.): *Mocca mit Milch:* ein großer Brauner; ein kleiner Brauner.

Brein, die; -, kein Pl. [genauso wie Brei zu mhd. brī(e) = Brei, ahd. brīo, urspr. = Sud, Gekochtes] (Küchenspr., auch bair.): **1.** *Hirse, Hirsekorn, Gerstenkorn* **2.** *Hirsebrei, Brei aus gebrochener Gerste* ❖ **Brein|fleisch**, das; -(e)s, kein Pl. (vor allem K): *Speise aus Hirse und Fleisch* ❖ **Brein|wurst**, die; -, ...würste (vor allem ST): *eine Art Blutwurst oder Weißwurst mit Brein* (als Bestandteil des Bräts).

bren|nen ‹brannte, hat gebrannt; mundartl. Partizip 2: hat (ge-) brennt› [ahd. brennan = anzünden; dieses zu brinnan = brennen; gesamtdt. heute mit der Bed.: in Flammen stehen, Schmerzen verursachen etc.] (umgangssprl.): *(viel) Geld zahlen:* Roland Neuwirth in „D' ord'ntlichen Leut": „Åber liaber Hausherr, håm S' nur Geduld, / i werd scho brenna amoi meine Schuld, / bis dass die Zeit'n amoi besser wer'n, / dånn peck ich meine Schuld'n gern." ❖ **brennen wie ein Luster**: *horrende Beträge zahlen* ❖ **jemandem eine aufbrennen** (umgangssprl., derb): *jemandem eine Ohrfeige geben, einen schmerzhaften Schlag versetzen* ❖ **brennt** [mundartl. Partizip 2] (mundartl.): *gewitzt, erfahren:* der ist aber brennt ❖ **ein brennter Hund** (mundartl.): *ein gerissener Kerl* ❖ **brennen, sich** (umgangssprachl., auch bair.): *sich täuschen, verrechnen* ❖ **åb|bren|nen, sich** (umgangssprl.): *bräunen:* sich abbrennen lassen; von der Sonne abgebrannt aus dem Urlaub zurückkommen.

Brenn|sup|pe, die; -, -n; **Brenn|sup|pen**, die; -, - [1. Bestandteil zu brennen] (Küchenspr., auch bair.): *Mehlsuppe, Einbrennsuppe* ❖ **nicht auf der Brennsuppe(n) dahergeschwommen sein** (umgangssprl.): *nicht naiv sein, sich gut auskennen, Bescheid wissen.*

Brẹt|tel, Brẹttl, das; -s, -n [Vkl. von Brett] (umgangssprl., auch süddt.): **1.** *kleines Brett* (z. B. zum Servieren einer Jause) **2.** *Ski:* „Zwoa Brettln, a gführiger Schnee juchee, / des is hoid mei greeßte Gaudee ...“ (Liedtext) **3.** *Kleinkunstbühne, Kabarett* [viell. Verkürzung des Wortes Kabarett mit -l als Vkl.] ❖ **Brẹt|tel-jau|se,** die; -, -n: *kleine kalte Mahlzeit aus Speck, Trockenwürstel, Salami, Braten, Käse etc. auf einem Brett angerichtet* ❖ **brẹt|tel|eben** **1.** *flach wie ein Brett* **2.** *flachbrüstig* ❖ **vorn wie ein Brettl, hint wie ein Laden:** *kein Busen, aber ein großer Hintern* ❖ **brẹt|teln** ‹ist› *schnell fahren* (mit den Skiern, mit dem Snowboard, mit dem Auto etc.): er ist die Abfahrt hinuntergebrettelt; auf der Autobahn dahinbretteln.

Bre|ze, die; -n, -n, **Bre|zen,** die; -, -, **Bre|zel,** das; -s, -n (standardsprl., auch bair.; in V auch: **Bre|zel,** der; -s, -n; CH **Brẹt|zel,** die; -, -n) [mhd. preze, klosterlat. brachitum = Gebäck in Form verschlungener Arme, Vkl.: brachiatellum; zu lat. brachium = Arm; das Wort aufbrezeln (= sich oder jemand übertrieben herrichten) ist gesamtdt.]: *salziges oder süßes Gebäck in verschlungener Form* ❖ **eine Brezen reißen** (umgangssprl.): *stürzen* ❖ **Bre|zel|kä|fer,** der; -s, - [wegen der Form des Heckfensters] (Autofahrerspr., historisch): *VW-Käfer mit ovalem Heckfenster, das senkrecht zweigeteilt ist* (Bauserie 1946–1953).

Brịm|sen, der; -s, - [slowak. bryndza; dieses zu rumän. brânză] (standardsprl.): *Schafskäse aus den Karpaten bzw. aus der heutigen Slowakei* (Bestandteil des echten Liptauers).

Brịn|ze, die; -, -n, **Brịn|zen,** die; -, -, **Prịn|ze,** die; -, -n, **Prịn|zen,** die; -, -, **Brün|se,** die; -, -n etc. [zu brinzen, brinzeln = nach Brand riechen, verw. mit brenzeln und brennen] (mundartl.): *leicht angebrannter Teigrest am Boden oder am Rand eines Kochgeschirrs; Kruste einer Speise.*

brọ|cken, auch: **ạb|bro|cken** (von Bäumen, Sträuchern etc.) ‹hat› [ahd. brocchōn, zu brechen; gesamtdt. heute mit der Bed.: in Brocken zerteilen, brechen] (umgangssprl., auch süddt.): *pflücken, ernten (Äpfel, Beeren, Blumen, Pilze etc.):* Nationalrat Ferdinand Grünsteidl (Erwin Steinhauer) in „Trautmann – Lebenslänglich“: „Und jetzt pass auf, jetzt brock i da die Ohrwaschln ab!“ ❖ **Schwạm|merl|bro|cker**, der; -s, - (umgangssprl.): **1.** *Pilzesammler* **2.** *kleinkarierter Mensch.*

B

Brọ̈|ckerl, das; -, -n [Vkl. von Brocken, der; -s, -; ahd. brocc(h)o, eigtl.: Abgebrochenes, zu brechen] (mundartl.): **1.** *kleiner Brocken* **2.** *stattlicher Mann; übergewichtiger Mann:* ein richtiges Bröckerl **3.** (mundartl., derb, nur Pl.): *Erbrochenes, schleimige Absonderung aus den Atemwegen, Auswurf:* Michael Niavarani und Viktor Gernot in „Gefühlsecht“: „Morgendlicher Raucherhusten mit Auswurf ...“ – „Von wås redest du schon wieder?“ – „Von de Bröckerln in der Früh!“ ❖ **brọ̈|ckeln** [gesamtdt. mit den Bed.: in kleine Stücke zerfallen, in kleine Stücke zerteilen] ‹hat› (mundartl., derb): *erbrechen* ❖ **sich etwas e̲in|bro|cken** [zu Brocken, der; -s, -] ‹hat› (standardsprl.): **1.** *in kleinen Brocken etwas in eine Flüssigkeit geben* **2.** *sich bewusst in eine missliche Lage begeben, sich etwas antun:* Ostbahnkurti in „57er Chevy“ (Text: Ostbahnkurti): „Då is jetzt Sperrstund, / fia uns wirds långsåm Zeit. / Wånnst wasst, wås da einbrockst, / I wissat an Plåtz fia uns heit.“

bro̲|deln, he|r|ụm|bro|deln ‹hat› [mhd. brodelen, vermutl. zu Brühe; gesamtdt. heute mit der Bed. aufwallen; die Vorsilbe herum dient der Verstärkung] (umgangssprl., auch bair.): *Zeit vertrödeln, eine Tätigkeit sehr langsam verrichten und deshalb nicht vorankommen* ❖ **Bro̲d|ler**, der; -s, - (umgangssprl.): *jemand, der Zeit vertrödelt.*

Brö̲|sel, das; -s, -(n) [eine Vkl. von Brosame, dieses zu mhd. brösemlīn] (Küchenspr., auch bair.): **1.** *Krume* **2.** *Semmelmehl* (durch Reiben von trockenem Brot) **3.** (umgangssprl., nur Pl.): *Schwierigkeiten:* Da gibt’s Bröseln! – Mach keine Bröseln! ❖ **brö̲|seln** ‹hat; ich brösle› [gesamtdt. heute mit der Bed.: zu Brösel zerfallen, zu Brösel zerreiben etc.] ❖ **zer|brö̲|seln** (umgangssprl.): *stürzen, hinfallen:* es hat ihn in der Kurve zerbröselt ❖ **zer|brö̲|seln, sich** (umgangssprl.): *sich zu Tode lachen:* Maxi Böhm (gem. mit Karl Farkas) in „Föhn“: „Die verkaufen Juxartikel, Scherzartikel (...), Sie, ich låch mich deppert! Die håben zum Beispiel ein Buch in der Auslage, ein harmloses Buch, man muss es nur so måchen (zieht das Buch aus dem Schuber, eine Papierschlange springt heraus) ... Ich könnt mich zerbröseln!" ❖ **Brö|sel|gei|er**, der; -s, - (umgangssprl., scherzh.): *gebackenes Huhn* ❖ **Brö|sel|tep|pich**, der; -s, -e; **Brö|sel|fetzen**, der; -s, - (umgangssprl., scherzh. oder abw.): *Wiener Schnitzel* (vor allem, wenn die Scheibe Fleisch bes. dünn ist und das Schnitzel bes. viel Panier hat).

Brül|ler, der; -s, - [wie franz. brillant, aber in Aussprache und Schreibung an das Substantiv Brüller, zu brüllen, angepasst] (umgangssprl.): **1.** *Brillantring, Edelstein* **2.** *protzerischer Schmuck:* Reinhard Fendrich in „Ich bin ein Negerant": „Der Brüller von mei'm Handerl, / der glitzert jetzt im Pfanderl (= Pfandhaus)."

brun|zen ⟨hat⟩ [von mhd. brunnezen, Intensivbildung zu brunnen = hervorquellen; verw. mit dem Substantiv Brunnen; das Verb brunzen ist bereits im 18. Jh. als „grob und verächtlich" eingestuft worden] (mundartl., derb, reg. auch in D): *urinieren:* Georg Danzer in „Der Strandbrunzer": „Ich pisch ins Meer und denke mir dabei nicht viel / auf einmal kommt då so ein Guardia Civil, / der sågt zu mir ‚aqui prohibido mear' / was sovü heißt, dass brunzen dort verboten wår." ❖ **eine Linie, wie wenn der Bär brunzt** (mundartl. derb): *eine unregelmäßige Linie* ❖ **brun|zeln** ⟨hat⟩ (mundartl., derb): *nach Harn riechen:* in der Toilette hat es gebrunzelt ❖ **Al|lee|brun|zer**, der; -s, - (mundartl., derb): **1.** *Mann, der sein Wasser an einem Baum abschlägt* **2.** *seniler Mann, der den Harn nicht halten kann* **3.** *vertrottelter Greis* ❖ **Bett|brun|zer**, der; -s, - (mundartl., derb): **1.** *Bettnässer* **2.** *vertrottelter Mann:* Mundl Sackbauer (Karl Merkatz) in „Ein echter Wiener – Abgründe": „I låss mi net gern von so an Bettbrunzer am Schmäh hålten." ❖ **Schnee|brun|zer**, der; -s, - (mundartl., derb): **1.** *Mann, der sein Wasser im Schnee (also im Freien) abschlägt* **2.** *seniler Mann, der den Harn nicht halten kann* **3.** *vertrottelter Greis* ❖ **Sitz-brun|zer**, der; -s, - **1.** (mundartl., derb): *Mann, der sitzend und nicht stehend uriniert* **2.** (mundartl., abw.): *Schwächling, Weichei:* „Wollte dir nur sagen, dass du nit bei Sachen mitreden solltest, von de du keine Ahnung hast, du dummer Sitzbrunzer.“ (Intern.) ❖ **Brụnz|lert**, das; -s, kein Pl.; ein Brunzlertes (mundartl., derb): ***Harn*** ❖ **Brụnz|win|kel**, der; -s, - (mundartl., derb, auch scherzh.): ***Pissoir.***

B

Bschoad, der oder das; -s; auch: **Bsch<u>oa</u>d|pa|ckerl**, das; -s, -n: [urspr. jener Teil eines Hochzeits- oder Taufessen, der für die Zuhausegebliebenen bestimmt war und zum Mitnehmen eingepackt wurde; vermutl. mundartl. Lautform zu Bescheid (= das, was einem beschieden ist)] (mundartl.): ***Rest einer Gasthausmahlzeit, den sich ein Gast zum Mitnehmen einpacken lässt.***

Bụb, mundartl. Aussprache, Sg. [buə], der; -en, -en; mundartl. Aussprache, Pl. [buəm, ˈbuəmɐ] [mhd. buobe; früher nicht nur männliches Kind, sondern auch Trossbube, Knecht, unverheirateter Mann (egal welchen Alters), Schelm etc.; die Bed. Schelm lebt noch in einigen Verwendungen weiter, die gesamtdt. sind, z. B. Bubenstück, spitzbübisch etc.] (standardsprl.; auch süddt., CH): **1.** ***männliches Kind*** (bis zum Alter von 14 oder 15 Jahren), in D: Junge (allerdings bis etwa 17 Jahre): ein aufgeweckter Bub; sie haben drei Buben und zwei Mädchen **2.** (abw., oft Bube, statt Bub): ***Schelm:*** Bube! Was bildest du dir ein? ❖ **B<u>u</u>|berl**, das; -s, -n (standardsprl.): ***kleiner, schwacher Bub*** ❖ **B<u>u</u>|berl|par|tie**, die; -, -n (standardsprl., abw.): ***Gruppe junger Männer, die im Umkreis eines Politikers Karriere machen (urspr. auf Mitarbeiter Jörg Haiders bezogen)*** ❖ **B<u>u</u>|bi**, das; auch: der; -s, -s (standardsprl.): ***kleiner Bub; unreif wirkender junger Mann*** ❖ **B<u>u</u>|bi|kopf**, der; -s ...köpfe: ***Kurzhaarschnitt für Damen*** ❖ **B<u>au</u>|ern|bub**, der; -en, -en: **1.** ***Sohn von Bauern*** **2.** ***junger Mann vom Land*** ❖ **Lehr|bub**, der; -en, -en: ***junger Mann, der die Lehre absolviert*** ❖ **jemanden wie einen Lehrbuben behandeln**: jemanden nicht für voll nehmen ❖ **Rọtz|bub**, der; -en, -en (umgangssprl., derb): ***unerzogener, ungepflegter, frecher Bub*** ❖ **jemanden wie einen Schulbuben behandeln**: ***jemanden nicht für voll nehmen*** ❖ **P<u>ei</u>t|scherl|bub**, der; -en, -en (mundartl.): ***Zuhälter:*** Dialog in „Kaisermühlenblues – Undank ist der Welten Lohn“: Polycarp Trautmann (Wolfgang Böck): „Alle Peitscherlbuam können si’ schleichen, weu von denan wüll i nix. (...)“ (...) Peter „Pipsi“ Tröger (Hanno Pöschl): „I bin a ehrlicher Peitscherlbua, i håb doch mit dem Bruch (= Einbruch) von de da drinnen absolut nix zum Tuan!“ ❖ **Bụr|li** [ˈbuəli], der; -s, -s: **1.** *liebenswerter Bub* **2.** (abw.) *bemitleidenswerter, hilfloser Bub* ❖ **Schlọs|ser-bu|ben**, die (Pl.): *Süßspeise aus gedörrten Zwetschken in Back- oder Brandteig; auch eine Art Krapfen mit Powidlfülle.*

Bụch|tel, die; -, -n [tschech. buchta; verw. mit Wuchtel] (Küchenspr., teilweise bair.; ansonsten in D: Dampfnudel): *eine Süßspeise aus Germteig, gefüllt mit Powidl oder Marmelade.*

Bụ|ckel, der; -s, -(n) [mhd. buckel; zu altfranz. bo(u)cle; gesamtdt. ist heute die Bed.: Rücken, höckerartige Verkrümmung der Wirbelsäule etc.] **1.** (gaunersprachlich): *Leibwächter* (der jemandem den Rücken deckt) **2.** (mundartl.): *Brotanschnitt (wegen der buckelartigen Form)* ❖ **Hit|ler|bu|ckel**, der; -s, -(n) (Autofahrerspr., historisch, abw.): *VW-Käfer* ❖ **Bu|ckel|krạ|xe**, die; -, -n; **-krạ|xen**, die; -, -; (umgangssprl.): *Rückentraggestell* ❖ **jemanden bụ|ckel|kra|xen nehmen / tragen** (umgangssprl.): *jemanden auf den Rücken nehmen / am Rücken tragen* ❖ **du kannst mich bu|ckel|fü̲n|ferln!** [eigtl.: mit den fünf Fingern die Wirbelsäule bis zum Gesäß hinunterfahren] (mundartl.): *Du kannst mich gern haben!* ❖ **Rutsch mir den Buckel runter!** (mundartl., derb): *Leck mich am Arsch!* ❖ **Bụ|ckerl**, das; -s, -n (umgangssprl.): *Verbeugung:* mit einem Buckerl bei der Tür hereinkommen ❖ **Bu̲|ckerln ma|chen** (umgangssprl.): *sich unterwürfig verhalten* ❖ **bụ|ckeln** [gesamtdt. mit der Bed.: einen Buckel machen, auf dem Buckel tragen etc.] (umgangssprl., westösterr.) **1.** *(hart) arbeiten* **2.** *sich unterwürfig verhalten.*

Bu̲|del, die; -, -n [vermutl. zu mhd. budeln = wälzen, rollen] (umgangssprl., auch bair.): *Verkaufstisch, Ladentisch* ❖ **unter der Budel verkaufen**: *versteckt oder verbotenerweise verkaufen* (z. B. das Exemplar eines beschlagnahmten Magazins): Lukas Resetarits in „XXII“: „Es sind auch gute Såchen von den Arabern gekommen, die Zåhlen – und das Öl auch. (...) Ich håb ja nie begriffen, wie die Römer ein Weltreich regieren konnten ... Mit dem Zahlensystem! Rechnen S’ einmal an Rabatt aus: Drei Prozent Skonto – då werden S’ ålt! (...) Ich glaub jå, dass die Römer dåmåls hamlich unter der Budel arabisch g’rechnet håben.“

Bu|derl, das; -s, -n: [zu ital. bottiglia, friulanisch butiglie] (umgangssprl. in versch. reg. Varianten, z. B. W: Buderl, K: Pudale) **1.** ***Schnapsglas*** (meist flaschenförmig) **2.** ***kleine Flasche mit Schnaps, Öl, Essig etc.***

B

Bum|merl, das; -s, -n [Nebenform zu dem norddt. Ausdruck Pummel, Pummelchen = kleine, dicke Person] (umgangssprl.): **1.** ***großer, dicker Punkt als Zeichen des Verlustes beim Kartenspiel oder beim Kegeln:*** ein Bummerl ausschnapsen **2.** ***Verlustpunkt beim Sport, z. B. Tor im Fußball*** ❖ **immer das Bummerl haben**: ***auf der Verliererstraße sein:*** Horst Chmela singt: „Ana håt imma des Bummerl / aner muaß immer verliern ...“ ❖ **Bum|merl-sa|lat**, der; -s, -e [wegen der Kugelform] (Küchenspr.): ***verschiedene Sorten des Gartensalats (Lactuca sativa) mit fest geschlossenen Köpfen*** (in D: Eissalat, Eisbergsalat etc.).

Bun|kel, der; -s, -(n) [zu einem Substantiv mit der Bed.: etwas Dickes, Rundes; verwandt mit mhd. bunge = Knolle] (Küchenspr., vor allem OÖ): **1.** ***ein Germkuchen*** **2.** ***jede Art von Kuchen*** ❖ **bun|kert** (mundartl., auch bair.): ***dicklich und gedrungen:*** er ist bunkert; ein bunkerts Madl.

Bu|ren|wurst, die; -, ...würste [1. Bestandteil: Herk. unklar] (Küchenspr.): ***eine grobe Brühwurst*** (gleichbed. mit Klobassa) ❖ **Bu|ren|häu|tel**, das; -s, -n [Vkl. von Burenhaut, dieses pars pro toto, Haut für die ganze Wurst] (mundartl.): ***Burenwurst*** ❖ **Bu|ren|haxn**, die; -, - (mundartl.): ***Burenwurst.***

bur|ren [mhd. burren = sausen] (mundartl.): **1.** ⟨hat⟩ ***brummen, surren, dröhnen:*** der Kachelofen hat geburrt **2.** ⟨ist⟩ ***schnell rennen:*** er ist aus dem Haus geburrt.

Bursch, der; -en, -en; auch: **Bur|sche** (dann eher abw.) [zu spätmhd. burse, also eigtl. Angehöriger einer Gemeinschaft, die sich aus einer Gemeinschaftskassa finanziert, zu mittellat. bursa = Geldbeutel; daher auch: vollberechtigtes Mitglied einer studentischen Verbindung] (standardsprl., auch in D, aber dort stattdessen meist Junge): ***männliches Kind bzw. junger Mann*** (im Alter von 14/15 bis 17/18 Jahren): die Burschen und Mädchen der Maturaklasse; ein toller Bursch; ein klasser Bursch, ein übler Bursche ❖ **einen Burschen haben** (mundartl.): *alkoholisiert sein* ❖ **Bụ̈r|scherl**, das; -s, -n (standardsprl., meist abw. oder drohend): *kleiner Bursche (mit fragwürdigem Charakter):* Warte nur, Bürscherl, du kommst noch in meine Gassen (Sg.)! ❖ **Bụr|schi**, der; -s, -s: **1.** *liebenswerter Bursch* **2.** (abw.): *kecker und vorlauter Bursch.*

Bụr|zel|tåg, der; -s, -e (umgangssprl., scherzh. Verballhornung, auch reg. in D): *Geburtstag:* „Alles Gute zum Burzeltag! Feier schön!" (Intern.).

Bụ|schen, der; -s, - [zu Busch, der] (umgangssprl., auch süddt.): **1.** *Strauß von Blumen oder Zweigen:* ein Buschen Margeriten **2.** *Hauerzeichen, das über dem Tor eines Heurigen ausgesteckt wird, zum Zeichen, dass der Heurige geöffnet hat* ❖ **Bụ|schen-schank**, die; -, -en; **Bụ|schen|schänke, Bụ|schen|schen|ke**, die; -, -n (standardsprl., bes. ST; in D: Straußwirtschaft = Strauß von Zweigen, als Zeichen, dass geöffnet ist): *Heurigenlokal* ❖ **Pålm|bu|schen**, der; -s, - (standardsprl., auch süddt.): *geschmücktes Gebinde aus Zweigen, das am Palmsonntag in der Kirche gesegnet wird.*

b<u>ü</u>|seln 〈hat〉 [Herk. unklar, vielleicht zu mhd. pūsen = sich aufhalten, rasten] (umgangssprl., ostösterr.): *einnicken, schlummern, schlafen:* Ostbahnkurti in „Chili con carne": „A schleißige Bar in aana scheißlichen Stådt. / Da Rest dea Wöd büselt, nur mir san no wåch."

B<u>u</u>|se|rer, der; -s, - [zu franz. pousser = stoßen, vorwärtstreiben, und pousserie = Stoßerei] (umgangssprl., ostösterr.): **1.** *Bandenstoß beim Billard* **2.** *Zusammenstoß mit Blechschaden:* Reinhard Fendrich in „Es lebe der Sport": „Es wirkt a jede Sportårt mit der Zeit a bisserl öd, wenn es an Härte föht / Autorennen sind då sehr gefrågt, weil hie und då sich einer überschlågt. / Gespannt mit einem Doppler sitzt man då / und hofft auf einen gscheiten Busera ..." ❖ **bu|se|r<u>ie</u>|ren** 〈hat〉 (umgangssprl.): *ständig drängen, aufdringlich bitten:* er hat mich tagelang buseriert, dass ich mit ihm ins Konzert gehe.

Bụs|serl, das; -s, -n [Vkl. von älter Buss] (umgangssprl., auch süddt.; in D ansonsten nur Kuss): *Kuss* ❖ **Bụs|si**, das; -(s), -(s) (eigtl. Kinderspr., wird aber auch von Erwachsenen verwendet): *Kuss* ❖ **bụs|seln** ⟨hat⟩ (umgangssprl., auch süddt.): *küssen* ❖ **ạb|bus|seln** ⟨hat⟩ (umgangssprl., auch süddt.): *abküssen* ❖ **Bụs|si|bär**, der; -en, -en (umgangssprl.): *Kosewort für einen Mann:* Ostbahnkurti (Willi Resetarits) in „Zuckagoschal“: „Und du war’st mei Zuckergoscherl / und i’ war’ dei Bussibär / mia tatn gmiadlich oid und blad wern / heast wås braucht ma mehr.“ ❖ **Zwị|cker|bus|se(r)l**, das; -s, -n, **Zwị|cker|bus|si**, das; -s, -s: [1. Bestandteil zwicken = leicht und liebevoll kneifen]: jemandem einen Kuss geben und ihn dabei liebevoll in die Wange (= in D: Backe) kneifen. Ernst Waldbrunn, in der Rolle eines Gondoliere in Venedig, erzählt Karl Farkas in der Doppelconference „Gondoliere“: „Då håb ich eine Fuhre gehåbt, då håb ich zwei Herren aus Wien aufgenommen (...), ein gewisser Klaus [Bundeskanzler Josef Klaus, ÖVP] und ein gewisser Pittermann [Vizekanzler Bruno Pittermann, SPÖ], håben eine Gondel gemeinsam gemietet (...) die wåren miteinander zärtlich (...) Zwickerbussi (...)“ – „Und dånn?“ – „Dånn bin ich aufg’wåcht.“ ❖ **Ẹs|ki|mo|bus|se(r)l**, das; -s, -n (umgangssprl.): *Aneinanderreiben der Nasen bei der Begrüßung* ❖ **Ko|kos|bus|serl**, das; -s, -n (Küchenspr.): *in Häufchen gebackene Kokosflocken.* ❖ **Bụs|si aufs Bau|chi, Bụs|si am Schnitt** (Schnitt = weibliches Genital): *scherzhafte Grußformeln.*

Bụt|ter, der; kein Genitiv, kein Pl.; manchmal auch: das (standardsprl.: Butter, die; -, kein Pl.) [mhd. buter, ahd. butera, zu lat. butyrum und griech. boútyron, dieses zu boũs = Kuh, Rind; noch im Mhd. standen Mask. und Fem. nebeneinander; Butter gehört neben Knödel, Schokolad(e), Teller und Zwiefel / Zwiebel zu den auffälligsten Genusabweichungen der Mundart gegenüber dem Standard] (mundartl. Mask., so auch bair.): *Butter, die* ❖ **Butter am Kopf haben** [nach dem Sprichwort: Wer Butter am Kopf hat, soll nicht in die Sonne gehen – die Butter wurde früher von den Bäuerinnen in einem Korb am Kopf zum Markt getragen] (umgangssprl.): *etwas angestellt haben, ein schlechtes Gewissen haben* ❖ **dastehen wie Butter in der Sonne** (umgangssprl.): *sich nicht zu helfen wissen.*

Bụtz, der; -en, -en, **Bụt|zen**, der; -s, - [mhd. butze = Kobold; nach einer alten abergläubischen Vorstellung sitzt im Inneren von Früchten ein Kobold] (standardsprl., reg. auch in D): **1.** *Kerngehäuse* **2.** *Kobold* ❖ **Ạpfelbut|zen**, der; -s, - (standardsprl.): *Kerngehäuse des Apfels* ❖ **mit Butz und Stingel**: *ganz und gar* ❖ **Bụt|zerl, Pụt|zerl**, das; -s, -n [urspr. Vkl. von Butz] (umgangssprl.): *Kleinkind.*

C

Chrịst|baum, der; -s, ...bäume; **Chrịst|kind**, das; -s, kein Pl.; **Chrịst-kindl|mårkt**, -s, ...märkte; **Chrịsttåg**, der; -s, -e (25. Dezember) etc. (standardsprl., meist auch bair.; in D ansonsten eher; Weihnachtsbaum, Weihnachtsmann, Weihnachtsmarkt, Weihnachtsfeiertag (25. Dezember) etc. ❖ **Chrịst|baum**, der; -s, ...bäume: **1.** (standardsprl.) *Weihnachtsbaum* **2.** (umgangssprl.) *Scheinwerferbatterie am Auto* ❖ **aufgeputzt wie ein Christbaum** (standardsprl.): *übertrieben geschminkt, schrill gekleidet* ❖ **jemanden abräumen wie einen Christbaum** (standardsprl.): *sich in schamloser Weise an jemandem bereichern, jemanden ausnützen* ❖ **Chrịst|kindl**, das; -s, -n: **1.** (standardsprl.): *Jesuskind in der Krippe* **2.** (standardsprl.): *Überbringer der Geschenke* **3.** (umgangssprl.): *Weihnachtsgeschenk:* Das war mein schönstes Christkindl! – Das bekommt unsere Tochter als Christkindl! **4.** (umgangssprl.): *naiver Mensch:* Polycarp Trautmann (Wolfgang Böck) in „Trautmann – Lebenslänglich“: „Die is vor hundert Jåhr mit mir in die Schul gången. Sie is a bissl a Christkindl. Und behindert.“

Chvọs|tek-Drei|eck, das; -s, -e [Herk. ungeklärt] (umgangssprl.): *durch schlampiges Schließen des Hemdes über dem Hosenbund entstehendes Dreieck, das den Blick auf den Bauch oder auf die Unterwäsche freigibt.*

Co|lo̱|nia|kü|bel, der; -s, -(n) [zu Colonia = früherer Name der Stadt Köln; nach dem 1. Weltkrieg führte die Wr. Stadtverwaltung Abfallsammelbehälter mit Deckel nach Kölner Vorbild ein] (umgangssprl., ostösterr.): *Abfalleimer:* Dialog in „Kottan ermittelt – Hartlgasse 16a“: „Wånn S' schon so vü aufpassen, dånn wissen S' wahrscheinlich auch, wo der Plumosus von der Frau Kucharik hin'kumman is', der då immer auf dem Fensterbrettl g'stånden is' ...“ – „Der is' in den Hof übersiedelt, in die Coloniakübeln ...“

C

D

con|fe|rie|ren ‹hat› (standardsprl.): ***(bei etwas) als Conférencier fungieren:*** Michael Niavarani in „Gefühlsecht“ (gem. mit Viktor Gernot): „Dass du mich då åber verårscht, wie ich conferiere vorm roten Vorhång, dås geht zu weit!“

D

Wörter, die nicht unter D zu finden sind, könnten unter T stehen.

da|heim ‹Adv.› [ahd. dār heime] (standardsprl., auch süddt.): ***zuhause:*** Wie geht's daheim? – Sie ist in Neulengbach daheim. – STS in „Irgendwann bleib i dann durt“: „Du sitzt bei an Olivenbaam / und du spüst di' mit an Staan. / Es ist so ånders als dahaam. Und irgendwånn bleib i dann durt / låss ålles lieg'n und steh'n / geh von dahaam fia immer furt ...“ ❖ **Wo samma dahaam?** ***Was soll das?*** Wolfgang Ambros in „Zwickts mi“: „Zwickts mi, i maan i draam / des derf ned wåhr sei, wo samma dahaam ...“ ❖ **Da|heim**, das; -s, kein Pl.: ***das Zuhause.***

Dål̥k, der; -(e)s, -e [eigtl.: teigige Masse; vgl. mhd. talke mit derselben Bed.; übertragen zur Bezeichnung von etwas Unfertigem] (umgangssprl., auch süddt.): ***ungeschickter Mensch, Dummkopf*** ❖ **dål̥|ken** ‹hat› (umgangssprl.): ***kindisch, dumm reden*** ❖ **Dål|ke|rei**, die; -, -en (umgangssprl., auch süddt.): ***sinnloses Getue*** ❖ **dål̥|kert** ‹Adj.› (mundartl., auch süddt.): ***ungeschickt, dumm, unbeholfen; einfältig:*** ein dalkerter Kerl.

Dål̥|ken, die; ‹Pl.› meist: böhmische Dalken [aus tschech. vdolky (Pl.); zu tschech. vdolek (Pl. vdolky) = kleine Mulde, wohl wegen der Pfannenform] (Küchenspr.): ***eine Germ- bzw. Hefeteigmehlspeise, die in einer eigenen Pfanne herausgebacken wird.***

Dal|les, der; -, kein Pl. [rotwelsch dalles = Armut, aus jidd. bedallus = Armut, vgl. hebr. dalút = Armut, Elend] (umgangssprl., W): *Armut, Geldverlegenheit* ❖ **Hast einen Dalles?** *Hast du einen finanziellen Engpass? Hast du kein Geld? Bist du pleite?*

Dam, der; -s, kein Pl. [jidd. tam = Schick, Geschmack] (umgangssprl., W): *Geschmack, Charme* ❖ **dam** ⟨Adv.⟩ (umgangssprl., W): *geschickt* ❖ **Dås is' dam g'macht:** *Das ist geschickt gemacht.* ❖ **Un|tam**, der; -s, - (umgangssprl., W): *ungehobelter Kerl.*

da|misch ⟨Adj.⟩ [eigtl. täumisch; zu ahd. toum = Dampf, Dunst, Rauch; bzw. zu taumeln, ahd. tūmilōn, Iterativbildung zu tūmōn = sich im Kreise drehen] (umgangssprl., auch süddt.): **1.** *betäubt, benommen, schwindelig:* der Wein hat mich ganz damisch gemacht **2.** *dumm, verrückt:* ein damischer Kerl **3.** ⟨intensivierend bei Adjektiven und Verben⟩ (mundartl.): *sehr:* es ist damisch heiß; wir haben damisch geschwitzt ❖ **Da|mian**, der; -s, -e [zu damisch, aber auch zum Vornamen Damianus; Wortbildung mit lat. Endung wie Blödian, Grobian etc.; der hl. Damian galt als Patron gegen Schwindelanfälle, wohl auch wegen des Gleichklangs mit taumeln] (umgangssprl.): *ungeschickter, dummer Mensch.*

Dampfl, das; -s, -n (Küchenspr., auch süddt.): **1.** *Vorteig* (für Teige aus Sauerteig oder Germteig) **2.** *Gärprobe bei der Bereitung von Sauerteig oder Germteig* **3.** (mundartl.): *Lockerungsmittel für Brot- bzw. Germteig.*

Dampf|nu|del, die; -, -n (Küchenspr., auch süddt.): *kleinere ungefüllte Buchtel, meist mit Vanillecremesauce* ❖ **aufgehen wie eine Dampfnudel** (umgangssprl.): *innerhalb kurzer Zeit korpulent werden.*

Dampf|plau|de|rer, der; -s, - (umgangssprl., auch bair.): *jemand, der viel redet, aber wenig zu sagen hat; Schwätzer.*

da|sig ⟨Adj.⟩ [zu da; wie hiesig zu hier] (mundartl.): *ortsansässig, hier beheimatet.*

da|sig ⟨Adj.⟩ [mhd. dæsic = still, in sich gekehrt, dumm] (mundartl., auch süddt.): ***verwirrt, schüchtern, benommen:*** er war ganz dasig; er schaut dasig drein; er ist leicht dasig zu machen (= einzuschüchtern).

Da|ta, Dä|ta, Da|ti, der; -s, -s [kindersprachl. Lall- und Kosewort] (mundartl.): ***Vater.***

D

dau|na, dau|ne, då|ne [eigtl. ein mundartl. danher, wo standardsprl. herdan steht, doch ist in diesem Fall sogar das Verständnis für standardsprl. herdan / herdann verloren gegangen, weil der 2. Bestandteil auf eine alte Bed. von dann zurückgeht, die räumlich zu verstehen ist; als Vorsilbe mit Verben kombinierbar, wobei die Bewegungsrichtung zum Sprecher und von der Seite ist] (mundartl.): ***herdan, herzu:*** Setz di' dauna zu mir! Aber: geh dauna = geh zur Seite (aus der Perspektive des Angesprochenen).

dau|ni, dau|ne, då|ne [eigtl. ein mundartl. danhin, wo standardsprl. hindan steht, doch ist in diesem Fall sogar das Verständnis für standardsprl. hindan / hindann verloren gegangen, weil der 2. Bestandteil auf eine alte Bed. von dann zurückgeht, die räumlich zu verstehen ist; als Vorsilbe mit Verben kombinierbar, wobei die Bewegungsrichtung weg vom Sprecher und zur Seite ist] (mundartl.): ***hindan, fort von hinnen:*** Geh dauni! (= Geh zur Seite!) – „Dåni (Toni), geh dåni! Geht da Dåni ned dåni, nimm i' 'n Dåni, hau ihn dåni, bis da Dåni dånigeht." (Scherzspruch) ❖ **Hau's dauni!** ***Wirf es weg!***

De|ckel, der; -s, -(n) [zu decken mit -l-Endung; gesamtdt. sind: Verschluss, Kopfbedeckung sowie Buchdeckel; ferner: eins auf den Deckel geben etc.]: **1.** (Gaunerspr.): ***Ausweisdokument für Prostituierte*** **2.** (vor allem Bikerspr.): ***Führerschein.***

def|ten ⟨hat⟩ [Herk. unklar] (umgangssprl.): ***einschüchtern, demütigen, entmutigen, durch Tadel oder Schaden niederdrücken*** ❖ **ge|def|tet** ⟨Adj.⟩ [eigtl. Partizip 2 von deften] (umgangssprl.): ***entmutigt, niedergedrückt:*** „Nun ist das FPÖ-Anti-Temelin-Volksbegehren vorbei. Es war für die Initiatoren kein rauschender Erfolg, wie selbst Krone-Herausgeber Hans Dichand ein wenig gedeftet in seiner Zeitung feststellte." (SN, 23. 1. 2002)

deich|seln ‹hat; ich deichsle› [urspr.: mit einer Deichsel versehen, fahrbar machen; die heutige Bed. stammt aus der Studentenspr., urspr.: einen Wagen mit der Deichsel rückwärts lenken, was ein hohes Geschick erfordert] (umgangssprl., auch süddt.): *eine Sache meistern, eine Sache mit Geschick zu einem guten Ende bringen:* Wir werden das schon deichseln!

Deix|fi|gur, -, -en [nach den Zeichnungen des Karikaturisten Manfred Deix] (umgangssprl.): *dicker, hässlicher Mensch.*

de|lo|gie|ren [delo'ʒiːrən] ‹hat› [franz. déloger = ausquartieren] (Amtsspr.): *jemanden durch Beschluss einer Behörde zum Ausziehen aus einer Wohnung zwingen* ❖ **De|lo|gie|rung**, die; -, -en: *das Delogieren.*

Depp, Tepp, der; -en (auch: -s), -en (auch: -e) [verw. mit tappen, also jemand der schwerfällig geht oder ungeschickt zugreift, sich täppisch verhält] (umgangssprl., auch süddt., CH): *ungeschickter, einfältiger Mensch, Tölpel* ❖ **Na|tur|depp**, der: *hartnäckiger Idiot, der unbelehrbar ist* ❖ **dep|pert** ‹Adj.› (umgangssprl., auch süddt., CH): *dumm, blöd, ungeschickt:* Dialog in „Ein echter Wiener – Der Enkel" zwischen Toni Sackbauer (Ingrid Burkhard) und Mundl Sackbauer (Karl Merkatz): „Amoi håst dei deppates Bier ned, und scho' måchst a Theater!" – „Mei Bier is' ned deppert!" – „Na, åber grauslich!" – „Was?" ❖ **sau|dep|pert** ‹Adj.› : *bes. deppert* ❖ **dep|pen|si|cher** ‹Adj.›: *auch für schlichte Gemüter verständlich* ❖ **jemanden deppert sterben lassen**: *jemanden in einem Irrglauben lassen* ❖ **Dep|pen|steu|er**, die; -, -n (umgangssprachlich, scherzhaft): **1.** *Einsatz beim Lotto oder Toto* **2.** *Steuer für Raucher, Autofahrer etc.* „Raucher sind viel bescheuerter: sie jammern über teuere Zigaretten und rauchen fröhlich weiter. Niemand muss (!) rauchen, jeder zahlt die Deppensteuer (Tabaksteuer) freiwillig! Jeder kann aufhören, wenn er will. Behaupten ja die meisten Raucher." (Intern.) **3.** *eine Investition, die sich später als dumm herausstellt:* „Die investierten 150.000 Euro hat der 54-Jährige ‚als Deppensteuer abgeschrieben'. Heute sieht er seine Berufung darin, öffentlich vor Scientology zu warnen." (Die Furche, 47/2008) ❖ **Deppensteuer zahlen:** *Lehrgeld zahlen.*

D

Dẹp|scher, Tẹp|scher, der; -s, - [zu tappen; die Schreibung Täpscher wäre wortgeschichtlich richtig, ist aber nicht häufig] (umgangssprl.): **1.** *durch einen Schlag oder Stoß verursachte Eintiefung, Einbeulung, Delle:* Mundl Sackbauer (Karl Merkatz) in „Ein echter Wiener – Die Karrieren": „Den Depscher, den zåhl i dir, dånn kumm i net ins Malus! (...) Scheiss ma auf die Versicherung!" **2.** *seelische Erschütterung:* die Kündigung war für ihn ein arger Depscher ❖ **ein|dep|schen** ⟨hat⟩ (umgangssprl.): *etwas eindrücken, sodass eine Delle entsteht* ❖ **ein|ge|depscht** Adj., eigtl. Partizip 2 von eindepschen⟩ (umgangssprl.): *eine Delle haben* ❖ **ver|dẹp|schen** ⟨hat⟩ (umgangssprl.): *verbeulen* ❖ **zer|dẹp|schen** ⟨hat⟩ (umgangssprl.): *völlig verbeulen:* Dialog in „Trautmann – Das letzte Hemd hat keine Taschen": Nationalrat Ferdinand Grünsteidl (Erwin Steinhauer): „Wo is' mei' Auto jetzt?" – Oberst Brandner (Wolfram Berger): „In unserer Garage, åber völlig zerdepscht."

der- ⟨Vorsilbe bei Verben⟩ [der- statt er- ist schon im 12. Jh. nachweisbar, ab dem 14. Jh. häufig; ev. um zu vermeiden, dass zwei Vokale zusammenstoßen: i dertrink statt i ertrink; vielleicht auch Herübernahme eines auslautenden d oder t aus vorhergehendem ist, hat, wird etc.: er is dertrunken statt er ist ertrunken] (umgangssprl. und mundartl., auch bair.): *er-:* derfangen, derheizen, derpacken, derrappeln, derschleppen, derwischen usw.: In „Der Herr Karl" beginnt Helmut Qualtinger den Monolog mit folgendem Satz: „Mir brauchen Se går nix derzählen, weil i kenn des ..."

d'ere, dere [Kurzform von Habe die Ehre, früher gegenüber höhergestellten Personen]: *Grußformel unter Freunden.*

de̲|risch, dea̲|risch, tö̲|risch, mundartl. Ausspr.: [ˈdeːɐ̯riʃ] ⟨Adj.⟩ [von mhd. tœrisch = töricht; zu Tor = Narr] (mundartl., in K: Kurzform tēr; im Bair.: torert und törert): *schwerhörig, taub* ❖

eine derische Kapelle(n) (mundartl.): *einer, der nicht hören kann oder nicht hören will.*

der|weil, der|wei|len [mhd. der wīle(n) = (ich habe) der Weilen (Genitiv)] (umgangssprl. und mundartl. sehr häufig, in D nur noch selten und gehoben): **1.** ⟨Adv., temporal⟩ *in der Zwischenzeit, inzwischen:* Rudi geht jetzt in die Trafik eine Zeitung kaufen, wir warten derweil heraußen **2.** ⟨Adv. adversativ⟩ *indessen, dabei:* er tut so, wie wenn er viel Geld hätte, derweil pfeift er aus dem letzten Loch **3.** ⟨Konjunktion⟩ *während:* Er soll, derweil ich meine Sachen zusammenpacke, ein Bier trinken.

de|s|pe|rat [-ʃp-] ⟨Adj.⟩ [ital. disperato, desperato] (umgangssprl.): *verzweifelt:* Gerhard Bronner in „Der g'schupfte Ferdl": „... drum beißt er nur den Ferdl in de Nåsn hinein. / Der is gånz deschparat, er waaß si kan Råt / weu er's Messa blödaweis in der Gadarob' liegn håt."

Deu|ter, der; -s, -: (umgangssprl.; gesamtdt. ist die Bed.: Erklärer, Interpret einer Sache): *Kopf- oder Handbewegung, um auf etwas hinzuweisen* **2.** *leichter Stoß* ❖ **jemandem einen Deuter geben** (umgangssprl.): **1.** *jemandem einen Wink geben* **2.** *jemandem einen leichen Stoß versetzen.*

Dịrn, die; -, -en [ahd. thiorna = Mädchen, Jungfrau; gesamtdt. ist bei Dirne die Bed.: Mädchen; Prostituierte] ❖ (mundartl.): *Bauernmagd* ❖ **Bau|ern|dirn**, die; -, -en: **1.** *Magd bei einem Bauern* **2.** *Bauernmädchen* ❖ **Dịrndl**, das; -s, -n [das d ist ein Sprosskonsonant zwischen n und l zur Erleichterung derAusspr., wie in Hendl] **1.** (mundartl., auch bair.): *junges Mädchen* **2.** *kurz für Dirndlkleid* **3.** ⟨nur Pl.⟩ (standardsprl.): *Cornus mas; Kornelkirsche; Früchte des Dirndlstrauchs* ❖ **Dịrndl|schnaps**, der; -es, ...schnäpse (standardsprl.): *Schnaps aus Dirndeln* ❖ **ạn|dirn|deln** ⟨hat⟩ (umgangssprl., ostösterr.): *sich anziehen:* „... angedirndelt wie das Michelin-Manderl ..." (Intern.) ❖ **aus-dirn|deln** ⟨hat⟩ (umgangssprl., ostösterr.): **1.** *einen Pullover, eine Jacke ausziehen* **2.** *sich entkleiden:* „Jetzt gibt's ein Heftl, wo sich die ganzen Prominenten ausdirndeln und sagen, wo ihre Problemzonen sind, hehe ..." (Intern.)

DKT® [Abkürzung von: Das kaufmännische Talent; österr. Äquivalent zu Monopoly]: ***ein Brettspiel*** (Piatnik): in einer Folge der ORF-Satire-Serie „echt fett" (3. Staffel) sagt Alex Scheurer: „Weil ma gråd gånz neu reinbekommen håben: unsere neuen Brettspiele! Der Nachfolger jetzt von DKT, KHG (...) Då geht's darum, ein bisschen zu tricksen, zu zaubern (...) sich möglichst nach oben zu årbeiten und trotzdem das Saubermann-Image zu bewahren (...) KHG heißt das Spiel."

D

Dọ|cker, Tọ|cker, der; -s, -(n) [vielleicht zu furlanisch tuc = Schlag, Prügel] (mundartl., vor allem K und T): ***dummer, einfältiger Mensch.***

Do̲|del, der; -s, -(n) [zu mhd. todern = undeutlich reden, stottern, und toderer = Stotterer, Schwätzer; lautmalend] (umgangssprl.): ***dummer Mensch, Trottel*** ❖ **do̲|del|si|cher** ⟨Adj.⟩ (umgangssprl.): ***idiotensicher*** ❖ **do̲|dern** ⟨hat⟩ (mundartl.): ***stottern.***

Dọlm, der; -s, -e [vermutl. zu Dolp = ein Fisch; eigtl.: dumm dreinschauen wie dieser Fisch; ein Volksspruch in T stützt die Ableitung: Dolm isch a Fisch, / wie du oana bisch!] (mundartl.): ***dummer, unbeholfener Mensch:*** Dialog in „Ein echter Wiener – Der Besuch": Ein stolzer Kärntner: „Der Franz Klammer ist ein Kärtner!" – Vitus Egger (Kurt Weinzierl): „Und wo håt er's g'lernt? In Stams! Und wo liegt Stams? In Tirol, du Dolm!"

dọp|peln ⟨hat; ich dopple⟩: (standardsprl., auch süddt.): ***Schuhe mit einer neuen Sohle versehen:*** die Schuhe doppeln lassen ❖ **Dọpp|ler**, der; -s, -: **1.** ***erneuerte Schuhsohle*** **2.** ***Zweiliterflasche.***

Dọstel, der; -s, -(n) [Herk. unklar] (mundartl.): ***schwerfälliger, phlegmatischer Mensch*** ❖ **dọs|tig** ⟨Adj.⟩ (mundartl.): ***aufgedunsen, schwammig:*** ein dostiges Gesicht; dostige Finger; er sieht dostig aus.

dra̲|big, dra̲|wig ⟨Adj.⟩ [zu drehen, also eigtl. dreherisch] (mundartl., auch bair.): **1.** ***umtriebig, geschäftig*** **2.** ***benommen, wirr im Kopf*** ❖ **mir wird's schon drabig** [zu drabig mit der Bed. 1] (mundartl.): ***ich habe es eilig:*** Hubert von Goisern in „Drawig":

„Nur drawig, drawig, drawig / drawig håm ma's heut' / weit drawiger wie gestern nu / und morgen håb i no' weniger Zeit."

drahn ⟨hat⟩ [eigtl.: drehen; dieses zu mhd. dræjen = sich drehend bewegen, wirbeln; etwas drehen, etwas drechseln] (mundartl.): *bis spät in die Nacht hinein feiern* ❖ **Drah|rer**, der; -s, - (mundartl.): *jemand, der sich bis spät in die Nacht hinein vergnügt* ❖ **durch|drahn** (mundartl.; gesamtdt. sind die Bed.: Räder drehen sich durch; kopflos werden, außer Rand und Band geraten etc.): *sich die Nacht hindurch bis in den Morgen hinein vergnügen* ❖ **sich drahn** (mundartl.): *kehrtmachen, weggehen:* i drah mi = ich gehe ❖ **Drah di!** *Verschwinde!* ❖ **eine|drahn** (mundartl.): *angeben* ❖ **Eine|drah|rer**, der; -s, - (mundartl.): *Angeber* ❖ **auf|drahn** [gesamtdt. ist die Bed.: einen Hahn aufdrehen; sich die Haare aufdrehen etc.] (mundartl.): *zu schimpfen anfangen, wütend werden* ❖ **Aufdrahte**, -n; kein Pl.; ein Aufdrahter (mundartl.): *Zorn, Schelte, Schwierigkeiten* ❖ **einen Aufdrahten haben**: *Schelte kriegen, in Schwierigkeiten geraten:* In „Hinterholz 8" diskutieren die Häuslbauer, den Bauschutt irgendwo in der Landschaft abzuladen; da sagt Frau Meier: „Wenn's euch då derwischen, håbts den Aufdrahten!" ❖ **jemandem einen Hund einedrahn** (mundartl.): *jemanden absichtlich schädigen, jemanden bewusst in Schwierigkeiten bringen* ❖ **jemanden ham|drahn** (mundartl.): *jemanden umbringen* ❖ **sich ham|drahn** (mundartl.): *sich umbringen:* Wolfgang Ambros in „Heite drah i mi ham": „Heite drah i mi ham, / schneid ma d' Pulsådern auf. / Lieg im wårmen Wåsser drin / und låss mein årmen Bluat sein Lauf ..." ❖ **Drah|di|wa|berl**, das;-s, -n [2. Bestandteil: Koseform des weiblichen Vornamens Barbara, lautlicher Zusammenfall mit (oide) Wabm = alte Frau] (umgangssprl., ostösterr.): **1.** *Kreisel* **2.** *wirre Person* **3.** *verzwickte Angelegenheit.*

drapp, drapp|far|ben, drapp|far|big ⟨Adj.⟩ [zu franz. drap = Tuch] (standardsprl.): *sandfarben.*

Drauf|ga|be, die; -, -n [1. Bestandteil: Kurzform von darauf; gesamtdt. ist heute die Bed.: Draufgabe bei einem Kaufabschluss] (standardsprl.): *zusätzliches Stück am Ende eines Kon-*

zerts, einer Lesung etc; Zugabe ❖ **draufǀgeǀben** ⟨gab drauf, hat draufgegebn⟩: *ein zusätzliches Stück darbieten.*

draus ⟨Pronominaladv.⟩ (umgangssprl.): *daraus* ❖ **drausǀbrinǀgen** ⟨brachte draus, hat drausgebracht⟩ (umgangssprl., auch süddt.): *aus dem Konzept bringen:* mit seinem Grimassenschneiden hat er mich ganz drausgebracht ❖ **drausǀkomǀmen** ⟨kam draus; ist drausgekommen⟩ (umgangssprl., auch süddt.): *aus etwas herausgerissen werden; sich ablenken, verwirren lassen:* dann bin ich ganz drausgekommen und habe den Faden verloren.

Drẹck, der; -s, kein Pl. [ahd. drec, urspr.: Mist, Kot] (umgangssprl. in Ö häufiger als Schmutz; gesamtdt. ist Dreckschleuder mit der Bed.: loses Mundwerk; Kraftfahrzeug oder Fabrik mit großem Schadstoffausstoß) ❖ **dem Dreck eine Watschen geben** (umgangssprl., auch bair.): *etwas Unangenehmes noch peinlicher, unlösbarer machen* ❖ **ein aufg'stellter Mausdreck** [2. Bestandteil: Dreck in der urspr. Bed.: Kot] (mundartl., abw.): *kleiner Mensch mit Geltungsdrang, Wichtigtuer.*

dreiǀern ⟨hat⟩ (umgangssprl., T): *eine Zwischenmahlzeit um 15 Uhr einnehmen.*

drẹnǀten, drẹnt ⟨Adv.; gleichbedeutend mit enten, ent; Gegenstück: herenten, herent⟩ (mundartl.): *auf der anderen Seite, jenseits, drüben* ❖ **ent und drent, enten und drenten**: *hüben und drüben.*

drịnǀnen, drịn ⟨Pronominaladv.; kann nur verwendet werden, um eine Lage innerhalb eines Raumes zu bezeichnen, in der sich der Sprecher nicht (!) befindet; demnach heißt es richtig: dort drin(nen), nicht: hier drin(nen) oder da drin(nen); befindet sich der Sprecher in dem Raum, heißt es: da herin(nen)⟩ (umgangssprl.): *drin, darin, darinnen:* die Tür wurde von drin(nen) zugesperrt und der Schlüssel steckt noch im Schloss ❖ **drịn(nen) sein** (umgangssprl.): *möglich sein, Chancen haben:* ein Unentschieden wird noch drin(nen) sein; nach der schwachen ersten Halbzeit war nichts mehr drin(nen) ❖ **drịnǀhänǀgen** ⟨hing drin, ist dringehangen⟩ (umgangssprl.): in einer schwierigen, peinlichen Lage sein: er hängt voll drin, ihm droht eine Anklage ❖ **drin|sit|zen** ⟨saß, ist gesessen⟩ (umgangssprl.): *in einer schwierigen, peinlichen Lage sein:* er sitzt ganz schön drin.

drü|ber ⟨Pronominaladv.⟩ [Kurzform von darüber, und so auch gesamtdt.]: **1.** *jenseits:* drüber der Donau **2.** *jenseitig:* am drüberen Ufer ❖ **über jemanden drü|ber|fah|ren** (umgangssprl.): *gegen jemanden eine Entscheidung treffen, ohne ihn anzuhören* ❖ **da fährt die Eisenbahn drüber** [verstärkend zu: über jemanden drüberfahren] (umgangssprl.): *es wird so geschehen, komme, was wolle* ❖ **zum Drü|ber|strahn** (eigtl.: Drüberstreuen, umgangssprl.): *als kleiner Genuss zum Abschluss, als Krönung:* ein Glas Süßwein zum Drüberstrahn ❖ **Drü|berstrah|rer** (eigtl.: Drüberstreuer, umgangssprl.): *ein abschließender kleiner Genuss, eine nette Draufgabe* ❖ **Drü|ber|stei|ger**, der, -s, - (Fußballerspr., mundartl.): *das Über-den-Ball-Steigen, um den Gegner in die falsche Richtung zu locken.*

drun|ten, drunt ⟨Pronominaladv.; wird verwendet, wenn sich der Sprecher nicht (!) unten befindet; es heißt also: dort drunten, nicht: hier drunten oder da drunten; befindet sich der Sprecher unten, heißt es: da herunten oder hier herunten⟩ (umgangssprl., auch süddt.): *dort unten:* drunt im Tal (wenn sich der Sprecher am Berg befindet).

drut|zeln ⟨hat⟩ [ital. druzzolare = den Faden um die Spindel drehen] (mundartl., K, T): **1.** *beim Spinnen die Fäden drehen* **2.** *rollen* ❖ **Drut|zel**, der; -s, - (mundartl., K, T): **1.** *runde, weichliche Masse* **2.** *dicke Person* **3.** (Küchenspr., T): *längliche Teignudel.*

du|deln ⟨hat⟩ [vermutl. lautmalend; der Stamm vergleicht sich mit Dudelsack, zu poln., tschech. dudy = Dudelsack, dieses zu türkisch düdük = Pfeife; gesamtdt. ist die Bed.: schrille und eintönige Klänge auf einem Instrument spielen; außerdem gesamtdt.: Gedudel und Dudelei] (standardsprl., ostösterr., vor allem Wien): *eine kunstvolle Ausdrucksform der Wiener Heurigensänger, vergleichbar mit jodeln* (oft musikalisch von Klarinette, Gitarre oder Harmonika untermalt; 2010 von der UNESCO zu einem immateriellen Weltkulturerbe erklärt) ❖ **Dud|ler**, der; -s, - (standardsprl.): **1.** *jemand, der dudelt* **2.** *das Dudeln* ❖ **sich ạn|du|deln lassen**: *eine schrille und eintönige Musik über sich ergehen lassen* ❖ **ạn|ge|du|delt sein** (umgangssprl., reg. auch in D): *betrunken sein* ❖ **Ạlm|dud|ler**®, der; -s, -: *eine Kräuterlimonade.*

Dụl|le, Tụl|le, der; -n, -n [zu mhd. tul = grob] (mundartl., vor allem K): **1.** *Ochs, Stier* **2.** *ungeschickter, missmutiger Mensch.*

dul|li|äh, dul|li|öh ‹Adj.› [eigtl. ein beim Jodeln ausgestoßener Freudenschrei] (umgangssprl., ostösterr.): **1.** *ausgelassen, fröhlich, lustig* **2.** *leicht alkoholisiert* ❖ **Dul|li|äh, Dul|li|öh**, der; -, -s: **1.** *ausgelassene Stimmung:* mit Dulliäh den Geburtstag feiern **2.** *leichter Rausch:* heute hat er wieder seinen Dulliäh ❖ **Dul|li|äh|stim|mung, Dul|li|öh|stim|mung**, die; -, -en: *ausgelassene Stimmung (meist infolge Alkoholkonsums).*

Dụlt, die; -, -en [mhd. tult = kirchl. Fest, Jahrmarkt, ahd. tult, urspr.: Ruhezeit] (standardsprl., vor allem OÖ, S, ansonsten Kir(ch)-tag; auch bair.): *Kirchtag, Jahrmarkt, Volksfest.*

Dụm|mi|an, der; -s, -e [Wortbildung mit lat. Endung wie Blödian, Grobian etc.] (umgangssprl., auch bair.): *dummer Mensch.*

dụm|per ‹Adj.› [mhd. timber, timmer = finster, dunkel, trüb, dumpf, leise erklingend] (mundartl.) **1.** *dämmrig, dunkel:* „Es wird scho glei dumper, es wird scho glei Nåcht ...“ (Weihnachtslied) **2.** *dumpf, benommen.*

dụ̈ns|ten, dụns|ten ‹hat› [mhd. dünsten, dunsten; gesamtdt. bei dünsten ist heute die Bed.: vor Feuchtigkeit dampfen etc.] ❖ **dụ̈ns|ten** ‹hat› (Küchenspr.): *in möglichst wenig Flüssigkeit oder im eigenen Saft bei Siedetemperatur garen, meist mit Deckel* (unterscheidet sich von dämpfen = in einem geschlossenen Topf über siedendem Wasser garen) ❖ **Ge|dụ̈ns|te|te**, das; -n, kein Pl., ein Gedünstetes (Küchenspr.): *gedünstetes Fleisch, Gemüse* ❖ **jemanden dunsten lassen** (umgangssprl.): *jemanden hinhalten, im Ungewissen lassen.*

Dụrch|haus, das; -es, ...häuser (standardsprl.): *Haus mit einem Durchgang, der zwei Straßen verbindet* ❖ **wir sind kein Durchhaus** (umgangssprl.): *bei uns kann man nicht kommen und gehen wie man will.*

du̲|seln ⟨hat⟩ [Herk. unklar; viell. verw. mit dösen = halb schlafen, vielleicht auch zu mhd. duseln = taumeln] (umgangssprl.): *schlummern* ❖ **Du̲|sel**, der; -s, kein Pl. (umgangssprl.; auch bair.; in D auch mit völlig anderer Bed.: unverdientes Glück): 1. *Halbschlaf* 2. *leichter Rausch* ❖ **Dus|le|re̲i**, die; -, -en: *Schlaftrunkenheit; Neigung, immer wieder einzuschlafen.*

E

Ẹck, das; -s, -en [Nebenform von Ecke, die; -, -n; schon im Mhd. neutr. und fem. Form nebeneinander] (standardsprl., auch süddt.): *Ecke:* gleich ums Eck wohnen; „'s beschte Eck vom Käs" (Werbespruch der Käserei Rupp) ❖ **jetzt bin ich im Eck**: *jetzt bin ich im Hintertreffen* ❖ **übers Eck** (standardsprl., auch süddt.): *diagonal, sodass zwei Ecken aufeinander treffen:* ein Halstuch übers Eck legen ❖ **Bruder ums Eck** (umgangssprl.): *Ausdruck der Überraschung und des Unwillens:* In „Ein echter Wiener – Jahreswechsel" betritt Edmund Sackbauer (Karl Merkatz) einen überfüllten Frisiersalon und sagt: „Nå servas, Bruada ums Eck. Des håb i ma jå glei denkt. Ausgerechnet heit wern ålle zum Hoarschneider g'schickt ..." ❖ **Ẹck|haus**, das; -es, ...häuser (standardsprl.): *großes Mietwohnhaus an einer Straßenecke* (früher Inbegriff des Wohlstands eines Besitzers) ❖ **es kostet kein Eckhaus** (umgangssprl.): *es ist nicht teuer.*

e̲h ⟨Adv.⟩ [ahd. ēr = eher, früher; also ein Komparativ; als bei ēr das r abgefallen ist, entstand durch Zerdehnung ehe und eh mit semantischer Differenzierung; daneben zwei Wendungen mit gesamtdt. Verbreitung: seit eh und je, wie eh und je; eh galt lange als österr. / süddt. und umgangssprl., breitet sich allerdings zurzeit von der Umgangsspr. in die Standardspr. und von Süden in den Norden aus] (standardsprl., auch süddt.): *ohne-*

hin, ohnedies, sowieso: das Thema der Pressekonferenz war eh klar ❖ **eh scho wissen** (umgangssprl.): *wie ja bekannt ist:* Gerhard Bronner in „Der g'schupfte Ferdl": „... und mit Elastizität, die sich von selber versteht, / schleift der Ferdinand die Mizzi aufs Parket. / Dås ist ziemlich übervölkert schon, / weil beim Thumser is' heut – eh scho wissen – Perfektion." ❖ **ehe|bal|dig, ehe|bal|digst** 〈Adj.〉 (Amtsspr.): *so bald wie möglich* ❖ **ehest, ehes|tens** 〈Adv.〉: (standardsprl.: gesamtdt. ist bei ehestens die Bed.: frühestens): *baldigst, so bald wie möglich* ❖ **ehest|mög|lich** 〈Adj.〉 (standardsprl.): *so bald wie möglich.*

ehen|der, ehn|der (eigentl. 1. Steigerungsstufe von ehe) (mundartl.): *eher, früher:* „Erst wann's aus wird sein / mit aner Musi und an Wein, / dann pack ma die sieben Zwetschken ein, / ehnder ned." (Wienerlied).

Eh|re, die; -, -n ❖ **(ich) habe die Ehre:** *alte Grußformel gegenüber höhergestellten Personen, mit denen der Sprecher per Sie ist* ❖ **d'ere** [die alte Grußformel wird von Jugendlichen in verkürzter Form und in verfremdeter Schreibung wiederbelebt] (jugendsprl.): *Grußformel unter Du-Freunden.*

Ei, -s, -er ❖ **Ei|klar**, -s, - (standardsprl.): *das Weiße im Ei* ❖ **Ei|er|schwamm**, der; -s, ...schwämme (standardsprl., auch CH, reg. auch in D, dort meist Pfifferling); **Ei|er|schwam|merl**, das; -s, -n; **Ei|er|schwamml**, das; -s, -an, **Ei|er|schwämmle**, das; -s, - (standardsprl., auch CH, reg. auch in D): *Cantharellus cibarius* ❖ **Ei|er|speis**, die; -, -en; -spei|se, die; -, -n; (standardsprl., in D Rührei): *Gericht aus Eiern; diese werden mit Wasser oder Milch verquirlt und in der Pfanne leicht gebraten* ❖ **Ei|er|pe|cken**, das; -s, kein Pl. (volkskundlich für einen Osterbrauch): *das Aneinanderschlagen von zwei hart gekochten Eiern; wem die Eierschale zerspringt, der hat verloren* ❖ **Ei|er|tut|schen, -turt|schen**, das; -s, kein Pl. (bes. ostösterr.): *wie: Eierpecken.*

Eich|katzl|schweif, Oach|katzl|schwoaf [ˈo̜axkadslʃvo̜af], **Ach-katzl|schwaf** der; -s, -e (umgangssprl.): *Schweif des Eichhörnchens* (ein beliebtes Wort, um die Sprechgewandtheit von Touristen zu testen).

Eicht, auch: **Neicht**, die, -, kein Pl.; **Eichtl**, **Eich|terl**, das; -s, kein Pl. [mhd. uhte = Zeit der Morgendämmerung; das umgelautet zu Äucht(e) wird, doch ist diese Schreibung nicht üblich; Neicht entsteht bei einem vorangestellten unbestimmten Artikel durch Herübernahme des auslautenden n: aus ein Eicht wird ein Neicht] (mundartl.): **1.** *kleine Weile, kurze Zeitspanne:* Wart ein Eicht(l)! **2.** *ein guter Gedanke:* a liachte Eicht **3.** *eine gemütliche Stunde:* „A lustige Eicht håt der Herrgott selm g'weicht (= geweiht), selm g'weicht und selm g'segnt." (Text eines Liedes von Franz Stelzhamer) **4.** *Flausen:* er hat wieder seine Eichtn.

ei-ei ⟨Ausruf⟩ [lautmalend nach den ei-ei-Lauten eines kleinen Kindes, wenn es gekost wird] (mundartl.): *kosender Ausspruch, der das Streicheln der Wange eines Kindes begleitet* ❖ **ei-ei machen** ⟨hat⟩ (mundartl.): **1.** *Aufforderung an ein gekostes kleines Kind, die Freude über das Kosen durch ei-ei auszudrücken:* Mach schön ei-ei! **2.** *schmusen, zärtlich sein* ❖ **Ei-ei**, das; -s, -s (mundartl.): **1.** *Wangenberührung als Liebkosung* **2.** *Kuss auf die Wange:* Gib der Godn a schens Ei-ei! = Gib der Patin einen Kuss auf die Wange!

ei|na, **ei|ne** [eigtl. ein mundartl. einher, wo standardsprl. herein steht, doch ist das Verständnis für diese Schriftform verloren gegangen; als Vorsilbe mit zahlreichen Verben der Bewegung kombinierbar, wobei die Bewegungsrichtung zum Sprecher hin und nach innen ist; oft wird zwischen eini (= hinein) und eina (= herein) nicht mehr unterschieden, so entsteht eine neue Einheitsform: eine](mundartl.): *herein:* Draußen regnet's, kumm / kimm eina, sunst wirst waschlnåss! ❖ **Du kummst / kimmst ma nimma eina!** *Du kommst mir nicht mehr ins Haus!* ❖ **ei|na|bo|feln** (= hereinpofeln): *sich in dichter Menge durch ein Tor in einen Raum hineindrängen:* Schau, wieviele Leut da einabofeln – guat, dass ma so zeitig då wårn!

Ein|brenn, die; -, -en (Küchenspr., auch bair., aber dort neutr.: Einbrenn, das; süddt. mit der Form Einbrenne; ansonsten in D Mehlschwitze): *in Fett geröstetes (= angebräuntes) Mehl* (für Saucen und Suppen, eventuell mit Zwiebeln) ❖ **ein|bren|nen** ⟨brannte ein, hat eingebrannt; mundartl.: hat einbrennt⟩

(Küchenspr., auch süddt.; gesamtdt. sind die Bed.: ein Zeichen einbrennen etc.) **1.** *Mehl in Fett rösten und dieses bräunen* **2.** *mit einer Einbrenn zubereiten* ❖ **Ein|brenn|sup|pe, Brennsup|pe**, die; -, -n (Küchenspr.): *mit einer Einbrenn zubereitete Suppe.* ❖ **nicht auf der Brennsuppe(n) dahergeschwommen sein** (umgangssprl.): *nicht naiv sein, sich gut auskennen.*

E

Ein|ge|tropf|te, das; -n, kein Pl.; ein Eingetropftes (Küchenspr.): *flüssiger Teig, der als Einlage in eine kochende Suppe getropft wird (mit dem Löffel oder durch ein Sieb)* ❖ **Ein|tropf|sup|pe**, die; -e, -n: *Suppe mit einer Einlage aus Eingetropftem.*

ei|ni, ei|ne [eigtl. einhin (= hinein), doch ist das Verständnis für die Schriftform einhin verloren gegangen; als Vorsilbe mit zahlreichen Verben der Bewegung kombinierbar, wobei die Bewegungsrichtung vom Sprecher weg und nach innen ist; oft wird zwischen eini (= hinein) und eina (= herein) nicht mehr unterschieden, so entsteht eine neue Einheitsform: eine] (mundartl.): *hinein:* es fångt an zum Regnen, I kumm / kimm glei' eini zu dir ins Haus ❖ **ei|ni|drahn** (= hineindrehen): *angeben, prahlen* ❖ **Ei|ni|drah|rer**, der; -s, -: *Angeber* ❖ **jemandem ein Gschichtl ei|ni|druckn**: *jemanden eine Lügengeschichte auftischen:* er hat ihm des Gschichtl einidruckt ❖ **ei|ni|raun|zen, sich**: *sich hineinraunzen, sich auf schleimige Weise einschmeicheln:* er wird sich bei ihr wieder einiraunzen ❖ **Ei|ni|raun|zer**, der; -s, -: *Schmeichler.*

ein|lan|gen ⟨ist⟩ (standardsprl.): *ankommen, eintreffen* (nur von Briefen, Paketen etc., nicht von Personen).

Ein|mach, die; -, kein Pl. (Küchenspr., eher westösterr.): *(helle) Einbrenn* (wo Einmach und Einbrenn nebeneinander verwendet werden, ist Einmach eher dunkel und mit Schmalz gemacht, Einbrenn eher hell und mit Butter gemacht; oder die Einbrenn enthält Zwiebeln, die Einmach keine).

ein|sa|gen ⟨hat⟩ (standardsprl., auch süddt.): *heimlich eine Lösung zuflüstern* (vor allem in der Schule) ❖ **Ein|sa|ger**, der; -s, - (standardsprl., auch süddt.): *jemand, der einsagt.*

Ein|schicht, die; -, kein Pl. (standardsprl., auch süddt.): *Einöde, Einsamkeit:* in der Einschicht leben ❖ **Ein|schicht|hof**, der; -es, ...höfe (standardsprl. auch süddt.): *Bauernhof in einer entlegenen Region, Einödhof* ❖ **ein|schich|tig** [gesamtdt. ist die Bed.: aus einer Schicht bestehend] ‹Adj.› (standardsprl., auch süddt.): *entlegen, einsam:* ein einschichtiges Haus.

Ein|ser, An|ser, der; -s, - [Zahlsubstantive werden in Ö und im Süddt. traditionell als Mask. mit der Endung -er gebildet; ansonsten in D meist endunglsose Fem.: die Eins; jugendsprl. setzen sich allerdings auch in Ö die Fem. durch, bes. im städtischen Bereich] (standardsprl., auch bair.): **1.** *Ziffer Eins* **2.** *Schulnote Eins;* römischer Einser: beste Note in römischen Zahlen geschrieben, heute meist übertragen für eine herausragende Leistung **3.** *Straßenbahn, Autobus der Linie Eins* ❖ **Ein|ser- als 1. Bestandteil** (umgangssprl., auch süddt.): *drückt in Bildungen mit Substantiven aus, dass es sich um ein herausragendes Exemplar / eine herausragende Person handelt:* **Ein|ser|goa|lie**, der; -s, -s (umgangssprl.): *erster Tormann einer Mannschaft* ❖ **Ein|ser|pa|nier, An|ser|pa|nier**, die; -, kein Pl. [2. Bestandteil Panier = Backhülle aus Mehl, Ei und Semmelbröseln; Gewand] (mundartl.): *bestes Gewand, Sonntagskleidung* ❖ **Ein|ser|schmäh**, der; -s, -(s): [ein Trick, der so oft angewendet wird, dass ihn bereits jeder kennt] (umgangssprl.): *leicht durchschaubarer Trick:* „Haken nach innen, Schuss mit links und Tor – heute gegen Uruguay wird Robbens Einserschmäh noch einmal aufgehen, aber im Finale ist Schluss." (www.kleinezeitung.at, Juli 2010).

Ein|spän|ner, der; -s, - [zu Gespann = das paar Zugtiere, das vor einen Wagen gespannt ist; dieses zu mhd. spannen für jede Tätigkeit, die mit einem Ziehen verbunden ist]: **1.** *Wagen, der von nur einem Pferd gezogen wird* **2.** *ein Glas Mocca mit Schlagobers* **3.** *ein einzelnes Frankfurter Würstchen* (normalerweise ein Paar).

ein|tre|ten, sich (etwas) ‹Verb; trat sich etwas ein, hat sich etwas eingetreten› [gesamtdt. mit der Verw.: sich ein Nagel, ein spitzen Stein in den Schuh eintreten] (mundartl., ostösterr.): *sich* *etwas kaufen, was man unbedingt haben muss, wobei sich der Kauf später als teures Vergnügen herausstellt:* Ich hab mir einen Mercedes 280 CE, Baujahr 1982, eingetreten, die Reparaturen kosten ein Vermögen.

Ein|wärts, der; -, kein Pl. [das Jahr geht einwärts, dem Winter zu] (mundartl.): *Herbst* (Gegenstück zu Auswärts).

E

Eis|stoß, der; -es, ...stöße (standardsprl., auch süddt., ansonsten in D: Eisstau): *aufgestautes Eis in Flüssen, das aneinanderstößt.*

Ei|tri|ge, die; -n, -n [zu eitrig = mit Eiter gefüllt; weil beim Anschneiden aus der heißen Wurst der Käse herausfließt] (Würstelstandjargon; scherzh.): *Käsekrainer* (= eine Wurst, deren Brät Käsestücke enthält) ❖ **a Eitrige mit an Gschissenen / Tüpflerten; a Buckl / Bugl, a Krokodü und a 16er-Blech®**: *eine Käsekrainer mit (süßem) Kremser Senf; ein Endstück des Brotes, ein Pfefferoni und ein Ottakringer Bier* (viel zitierter Standardsatz des Wiener Würstelstandjargons).

El|fer, der; -s, - [Zahlsubstantive werden in Ö und im Südddt. traditionell als Mask. mit der Endung -er gebildet; wie Einser] (standardsprl., auch süddt.): **1.** *Zahl Elf* **2.** *Elfmeter im Fußball* ❖ **El|fer|fra|ge**, die, -, -n [aus der ORF-Sendung Quiz 21 mit Rudolf Hornegg] (umgangssprl.): *sehr schwierige Frage, fast nicht zu beantwortende Frage.*

En|del, das; -s, -n [Vkl. von Ende], (umgangssprl., auch bair.): **1.** *Endabschnitt einer Handarbeit* **2.** *verstärkter Stoffrand* ❖ **en|deln** <hat>: *die Ränder eines Stoffes einfassen, säumen.*

en|ten, ent <Adv.; gleichbedeutend mit drenten, drent; Gegenstück: herenten, herent> (mundartl.): *auf der anderen Seite, jenseits, drüben* ❖ **ent und drent, enten und drenten**: *hüben und drüben.*

ent|risch <Adj.> [ahd. entrisc, antrisc = fremd] (umgangssprl., auch bair.): *unheimlich, gespenstisch, gruselig:* mir wird ganz entrisch.

ẹp|pes, ẹp|pis, ẹp|pas, ẹb|bes, ẹb|bis, ẹb|bas, ẹbs ⟨Indefinitpronomen⟩ [zu mhd. ete(s)war und ete(s)wā = irgendwo (1. Bestandteil zu ahd. eddes = irgend; 2. Bestandteil zu ahd. hwar = wo); daraus sind zwei Wörter mit identer Bed. entstanden: etwas und eppes] (mundartl., westösterr., auch süddt.): *etwas:* Wolle mer a Häppche esse und eppes trinke? ❖ **ẹp|per, ẹp|pa, ẹb|ber, ẹb|ba** ⟨Indefinitpronomen⟩ [eigtl.: et-wer als Gegenstück zu et-was] (mundartl., westösterr., auch süddt.): *irgendwer:* Bluatschink in „Funka fliaga“: „Wenn epper so total verruckt isch, wenn epper so ausgezuckt isch / då muaß es schnölla, muaß es kråcha, / då wera wieder Funka fliaga.“ ❖ **ẹp|pe, ẹp|pa, ẹb|be, ẹb|ba,** ⟨Adv.⟩ (mundartl., westösterr., auch süddt.): *etwa, vielleicht:* Du bisch groß wia sie? Bisch eppa gwåchsa?

Ẹrd|äp|fel, der; -s, - [umgangssprl. auch in der Einzahl mit Umlaut] (das dominierende Wort in der Alltagsspr., regional auch Grundbirne, Erdbirne, Erdbohne, Erdkästen etc.; angesichts dieser Vielfalt hat das Wort Kartoffel den Charakter einer amtlichen Bezeichnung): *Solanum tuberosum; Kartoffel* ❖ **Ẹrdäpfel in der Montur:** *Erdäpfel mit Schale* ❖ **Ẹrd|äp|fel|knö|del**, der; -s, - (standardsprl.): *Knödel aus Erdäpfelteig* ❖ **Ẹrd|äp|fel|nu|deln**, die ⟨Pl.⟩: *gebackene oder gekochte längliche Stücke aus Erdäpfelteig* ❖ **Ẹrd|äp|fel|pü|ree**, das; -s, -s: *Brei aus Erdäpfeln* ❖ **Ẹrd|äp|fel|rieb|ler**, der; -s, - (T): *Riebler aus Erdäpfeln* ❖ **Ẹrd|äp|fel|rie|bel**, der; -s, - (V): *Riebel aus Erdäpfeln* ❖ **Ẹrd|äp|fel|sa|lat**, der; -s, -e: *Salat aus Erdäpfeln* ❖ **Ẹrd|äp|fel|schmar|ren**, der; -s, -: *in Fett gebratene, zerkleinerte Erdäpfel* ❖ **Ẹrd|äp|fel|sterz**, der, -es, -e: *Sterz aus Erdäpfelbrei.*

Ẹr|ge|tåg, Ẹrtåg, mundartl. Aussprache [ˈirtɐg, ˈirtɐ, ˈiɐ̯tə], der; -s, -e [gotisch areinsdags, aber nur erschlossen, nicht belegt; zu kirchengriech. áreōs hēmérā = Tag des Kriegsgottes Ares] (mundartl., auch bair.): *Dienstag.*

er|schie|ßen ⟨erschoss, hat erschossen⟩ ❖ **er|schọs|sen sein** [gesamtdt. : am Ende seiner Kräfte sein] (standardsprl.): *sich in einer schwierigen Lage befinden:* Wenn du in dieser entlegenen Gegend Urlaub machst, bist du ohne Auto erschossen.

Ẹrst|klass|ler (standardsprl.; westösterr., süddt. und CH: Erstklässler): *Schüler der ersten Klasse.*

Ẹx|tra|wurst, die, -, ...würste [gesamtdt. in der Wendung: jemandem / für jemanden eine Extrawurst braten] (standardsprl.): *eine Aufschnittwurst.*

F

fad ⟨Adj.⟩ [franz. fade = reizlos, schal, seicht, unschmackhaft; zu lat. fatuus = albern, blödsinnig] (standardsprl., auch süddt., das Wort breitet sich gegen Norden aus): **1.** *nach nichts schmeckend; schlecht gewürzt, schal:* ein fades Gericht, die fad schmeckende Speise **2.** *langweilig, ohne jeglichen Reiz:* ein fader Zipf (= ein langweiliger Mensch), eine fade Nocken (= eine langweilige Frau) ❖ **Sei nicht so fad! Sei nicht so ein fader Zipf!** *Zier dich nicht so! Los, trau dich! Komm, mach mit!* ❖ **mir ist fad:** *ich langweile mich* ❖ **dabei wird mir nicht fad:** *da kommt keine Langeweile auf* ❖ **ein fades Auge haben:** *sich langweilen, schläfrig sein* ❖ **Fa|dẹs|se**, die; - kein Pl. [zu fad mit französisierender Endung; franz. fadaise hat eine etwas andere Bed.: dummes Zeug, Belanglosigkeit, Unsinn]: *das Langweiligsein, langweiliges Benehmen* ❖ **Fa|di|an**, der; -s, -e [zu fad mit lat. Endung; wie Blödian, Grobian]: *langweiliger Mensch* ❖ **fa|di|sie|ren, sich** ⟨hat⟩: *sich langweilen.*

Få|den, der; -s, kein Pl. [das Wort war auch ein Maß der Tiefe, Höhe, Länge; so viel wie ein Mann mit ausgestreckten Armen umfassen kann; wie die Übertragung auf Temperaturangaben zustande kam, ist unklar; die Bed. ist reg. unterschiedlich, z. B. bedeutet das Wort im Burgenland – entgegen der Hauptbed. – soviel wie große Wärme] (mundartl., reg.): *große Kälte* ❖ **Heute hat es aber einen Faden!** *Heute ist es aber kalt!* ❖ **Fäden ziehen** (mundartl., V): *verschwinden:* Zieh Fäden! Komm, wir ziehen Fäden! – HMBC in „Vo Mello bis ge Schoppernau“: „Guni seit: Iatz züad Fäda / i dor nämle zu mi Läda.“ (Guni, der Wirt, sagt: Jetzt zieh Fäden! / Ich mach nämlich meinen Laden zu.)

Fåh|rer, der; -s, - [zu fahren] (mundartl.): **1.** *hastige Bewegung* **2.** *Ritzer* (z. B. mit einem scharfen Messer) **3.** *Koitus:* Georg Danzer in „Jo da Foi wiad imma glora!“: „Jo da Foi wiad imma glora, heite Åbend gibt’s kaan Fåhrer mehr“.

Fakl|sau, die; -, ...säue [zu mhd. varch, varke = Schwein; (mit Ausfall des r; bei Ferkel ist das r hingegen erhalten geblieben)] (mundartl., auch süddt.): *(tragendes) Mutterschwein.*

Fa|lott, der; -en, -en [vielleicht zu franz. falot = schnurriger Mensch; ev. in Anlehnung an ital. fa lotto = er spielt Lotto (statt zu arbeiten)] (umgangssprl.): *Lump, Gauner, Schelm.*

Fan|kerl, der; -s, -n [zu Gankerl = Teufel, Tod, lebhaftes Kind, mit verändertem Anlaut] (umgangssprl.): **1.** *Teufel, Tod* **2.** *(allzu) lebhaftes Kind* ❖ **Spa|ri|fan|kerl, Spa|di|fan|kerl, Spa|ni|fan|kerl, Spi|ri|fan|kerl**, das; -s, -n [1. Bestandteil: Herk. unklar] (umgangssprl.): *Teufel* (bes. im Kasperltheater).

Fa|sche, die; -, -n [ital. fascia, dieses zu lat. fascia] (standardsprl.): **1.** *Binde zum Umwickeln verletzter Gliedmaßen* **2.** *weiße Umrandung an Fenstern und Türen* (bei bunt verputzten Häusern) **3.** *Eisenband zum Befestigen von Angeln an einer Tür* ❖ **fat|schen, fat|schen, fa|schen, fa|schen** ‹hat›: *mit einer Binde umwickeln* ❖ **ein|fat|schen**: *einbinden, einwickeln.*

fa|schie|ren ‹hat› [zu franz. farce, eigtl.: Einlage; über das Vulgärlat. zu lat. farcire = hineinstopfen; urspr. also die Bezeichnung für eine Fülle] (Küchenspr.): **1.** *ein Fleisch durch die Faschiermaschine (= durch den Fleischwolf) drehen* **2.** *jemanden durch die Faschiermaschine drehen: jemanden misshandeln.* ❖ **Fa|schier|te**, das; -n, kein Pl.; ein Faschiertes: **1.** *faschiertes Fleisch als Grundprodukt* **2.** *Speise aus faschiertem Fleisch* ❖ **fa|schier|tes La|berl**, das, -s, -n [die Verschriftlichung in der Form Laibchen ist auf Speisekarten nicht zu empfehlen, weil die Endung nicht unserem Sprachgebrauch entspricht]: *gebratenes Laberl aus faschiertem Fleisch, eingeweichtem Weißbrot, Ei und Gewürzen* ❖ **fa|schier|ter Bra|ten**, der, -s, -: *dasselbe in Form eines Bratens.*

Fạ̊|sching, der; -s, -e und -s [mhd. vaschanc, vaschang, 1. Bestandteil: zu fasten; später mit -ing-Endung versehen; 2. Bestandteil: Gang zu gehen; Fasching entspricht der Fastnacht und dem Karneval, diese werden allerdings zeitlich anders eingegrenzt und sind mit leicht divergierenden Bräuchen verbunden] (standardsprl., auch bair.): ***Zeitraum vom Dreikönigstag bis Aschermittwoch*** ❖ **Få|schings|diens|tag**, der; -s; -e: ***Tag vor dem Aschermittwoch*** (letzter Tag des närrischen Treibens) ❖ **Fạ̊|schings|krap|fen**, der; -s, - (Küchenspr., auch bair.): ***rundes Hefegebäck, das im Fett schwimmend gebacken und mit Marmelade oder Vaniellesauce gefüllt wird*** ❖ **Kị̈n|der|få|sching**, der; -s, -e: ***ein für Kinder veranstaltetes Faschingsfest.***

fäu|len ⟨hat⟩ [zu mhd. viulen = faulen machen; außerdem mhd. viule = Fäule] (umgangssprl.): **1.** ***verfaulen*** **2.** ***stinken*** **3.** ***verärgert sein, verdrossen sein:*** Kurt Sowinetz in „Alle Menschen san ma zwider": „Is doch eh leicht zum Gneißen / schmierts euch die Gmiatlichkeit in d' Hoar / bei mia werdts ös ka Leiberl reißen, / wegen den fäuln s' auf mi, is kloar." ❖ **her|ụm|fäu|len** (umgangssprl.): ***für eine schlechte Stimmung sorgen*** ❖ **jemanden ạn|fäu|len** (umgangssprl.): ***jemanden arg beschimpfen, zurechtweisen.***

Fau|teuil [foˈtœː], der; -s, -s; selten auch: das ⟨in Verbindung mit sitzen und setzen wird meist die Präposition in verwendet⟩ [zu franz. fauteuil, älter faldestueil, faldestoel = Faltstuhl; das Wort ist also aus dem Germanischen ins Franz. entlehnt worden, im 18. Jh. erfolgte eine Rückentlehnung ins Deutsche] (standardsprl., auch CH): ***gepolstertes Sitzmöbel für eine Person, es hat eine Rückenlehne und Armlehnen:*** Sie hat sich in den Fauteuil gesetzt, nicht auf den Sessel. Sie sitzt in dem Fauteuil, nicht auf dem Sessel.

fean|zen [zu mhd. vanz = Schalk, Betrug, mit der Verkleinerungsform venzelīn = junger Schalk, Bastard] (mundartl.): ***hämisch grinsen, sich über jemanden lustig machen, verspotten*** ❖ **Gfeanz|te**, der; -n, -n; ein Gfeanzter: ***jemand, der oft andere verspottet:*** „Die ‚Alltagsgeschichten', die uns Elizabeth T. Spira erzählt, können auf den ersten Blick todtraurig sein (obwohl ich der Meinung bin, dass bei Spira, der Gfeanzt'n, immer auch ein bisschen Humor durchschimmert)." (Gert Korentschnig im Kurier, 7. 7. 2003) ❖ **Fean|zer**, der, -s, - (mundartl.): ***jemand, der oft andere verspottet*** ❖ **fean|zer|isch** 〈Adj.〉 (mundartl.): ***mit hämischem Grinsen, spöttisch:*** jemandem feanzarisch eine Frage stellen.

Fe|ber, der; -s, - [Analogiebildung zu Jänner; in Kalendern ist Feber der Standard] (Amtsspr.): ***2. Monat des Kalenderjahres.***

fei|geln 〈hat〉 [zu mhd. veigen = Feige machen, töten, verderben, verwünschen (Feige machen: geballte Faust, aus welcher der Daumen zwischen Zeigefinger und Mittelfinger dem anderen entgegengestreckt wird – Penis und Vulva verschränkt als Geste der Geringschätzung und Beleidigung)] (mundartl.): ***nicht funktionieren:*** der Motor feigelt; es feigelt (= es klappt nicht) ❖ **es feigelt mich** (mundartl.): ***es bereitet mir Schwierigkeiten, es ärgert mich:*** „Jetzt feigelt's ihn ..." (= jetzt ist er in Schwierigkeiten) (Armin Assinger in zahlreichen Sportübertragungen des ORF). ❖ **Ja, Feigen**: ***ablehnender oder verhöhnender Zuruf.***

Feim, mundartl. Aussprache [foɔm], der; -s, kein Pl. [ahd. feim = Schaum, verw. mit engl. foam = Schaum] (umgangssprl., auch bair.): ***Schaum*** (auf dem Bier): Wilfried in „Ziwui, ziwui" (Neuinterpretation eines Innsbrucker Vogelfängerliedes): „Und a frische Hoib' Bier / und an Foam an weißen / und heit gemmas ned hoam / bis uns aussischmeißen".

Fei|tel, Feidl, der; -s, - [Herk. unklar, zu feideln = mit einem stumpfen Messer schneiden, zu falten im Sinn von zusammenklappen oder zu Veitl, Koseform des Vornamens Veit] (umgangssprl., auch süddt.): ***einfaches Taschenmesser*** ❖ **Tå|schen|fei|tel** [1. Bestandteil Tasche, um die Kleinheit zu betonen]: ***einfaches Taschenmesser:*** Gerhard Bronner in „Der g'schupfte Ferdl": „Bei der Gaderobe sehen sie ein großes Schild: / ‚Die p. t. Gäste werden höflichst gebeten / die Tånzlokalität ohne Messer zu betreten!' / Då legt da g'schupfte Ferdl ohne långe zu reden / sein' Tåschnfeidl hin ..." ❖ **jemanden springt der**

Feitel in der Tạ̊sche(n) auf (umgangssprl.): ***jemand gerät blitzartig in Rage*** (das Springmesser geht auf, ehe er es aus der Hosentasche genommen hat) ❖ **da möchte ich Feitl / Veitl heißen** (umgangssprl.): ***das darf nicht wahr sein, das kann nicht stimmen.***

fẹns|terln ⟨hat; ich fensterl, du fensterlst, er fensterlt; er hat gefensterlt⟩ (umgangssprl., auch süddt. und CH): ***die Geliebte nachts besuchen, indem man durch das Fenster in ihr Zimmer einsteigt.***

Fẹns|ter|tag, der; -s, -e (standardsprl.; daneben in Ö auch Zwickeltag; in D: Brückentag): ***der Freitag oder der Montag zwischen einem Feiertag und dem Wochenende;*** (wird oft zu einem viertägigen Urlaub mit einem einzigen Urlaubstag genützt).

Fẹr|ner, der; -s, - [zu mundartl. fern = firn; eigtl.: Schnee vom vorigen Jahr] (standardsprl. in T; in S, K und OstT: Kees): ***Gletscher*** (vor allem in Namen, z. B. Gepatschferner).

Fẹr|se, die (gesamtdt.; norddeutsch und mitteldt.: Hacke) ❖ **fẹr|seln, fẹr|serln, fẹr|scheln, fẹr|scherln** ⟨hat⟩ (Fußballerspr.): ***den Ball mit der Ferse spielen*** ❖ **Fẹr|sler**, der; -s, - (Fußballerspr.): ***Ballweitergabe oder Schuss mit der Ferse.***

fẹr|ten, fẹrn, fẹrd ⟨Adv.⟩ [mhd. vërne, vërn, vërnent, vërnt = im vorigen Jahr] (mundartl., auch bair.): ***im letzten Jahr, voriges Jahr*** ❖ **vo̲r|fer|ten** ⟨Adv.⟩ ***im vorletzten Jahr:*** Ich kann mich nicht erinnern, dass es ferten oder vorferten so viel geregnet hätt' wie heuer.

fẹsch, fe̲sch [Einsilber werden mundartnah und mundartl. oft gedehnt] ⟨Adj.⟩ [gekürzt aus engl. fashionable] **1.** (umgangssprl., auch bair.): ***hübsch, flott, sportlich aussehend, attraktiv, modisch*** **2.** (umgangssprl.): ***nett, freundlich, entgegenkommend:*** Sei so fesch und bring mir den Aschenbecher! ❖ **Fẹ|schak** [ˈfeʃak], der; -s, -s [zu fesch mit tschech. Endung -ak] (umgangssprl., ostösterr.): **1.** ***fescher Mann*** **2.** (abw.): ***eitler Mann, der sich übertrieben modisch kleidet; Modegeck.***

fe̩tt 〈Adj.〉 [aus dem älteren norddeutschen Ausdruck vet, eigtl. Partizip 2 von feist; gesamtdt. mit den Bed.: fettreich, dick, üppig; ferner fachsprachlich in der Typografie; als der Ausdruck fett von Norden nach Süden gewandert ist, hat sich das nach seiner Herk. kurze und geschlossene e geöffnet und wurde gedehnt; jugendsprachl. (auch in D) bedeutet fett: großartig, toll; in dieser Bed. zu amerik.-engl. phat (vgl. auch Titel der ORF-Sendung „echt fett");] (umgangssprl., reg. auch in D): *völlig betrunken* ❖ **blunzenfett; fett wie ein Radierer etc.**: *völlig betrunken* (vgl. Georg Danzer: „Fett wie ein Radierer") ❖ **Fe̩t|ten**, die; -, kein Pl. (umgangssprachl.): *Rausch:* in der Fetten.

Fe̩t|ten, die; -, kein Pl. [zu franz. effet = Auswirkung, Effekt, Seitwärtsdrall] (mundartl.): *Seitwärtsdrall* (z. B. eines Balles).

Fe̩t|zen, der; -s, - [mhd. vetze, zu vassen = fassen, gesamtdt. heute mit den Bed.: abgerissenes Stück Stoff, Papier etc., billiges Kleidungsstück] (umgangssprl.): **1.** *kleines Stück Stoff zum Säubern, Aufwischen, Polieren etc.* **2.** *Fünfer im Zeugnis* **3.** *Alkoholrausch* **4.** *Führerschein:* Joe (Tobias Moretti) im Fernsehfilm „Die Piefkesaga" von Felix Mitterer: „Sie håben mir den Fetzen åbg'nommen, dabei bin i doch in dei'm Auftrag so schnöll gfoahrn." **5.** *hässliche Frau, Frau mit fragwürdigem Ruf* ❖ **Fe̩t|zen|mårkt**, der; -s, ...märkte (umgangssprl.): *Markt, auf dem gebrauchte Kleider zum Kauf angeboten werden* ❖ **Fe̩t|zen-schä|del**, der; -s, - (umgangssprl., derb): *einfältige, wirre Person.*

Fe̩x, der; -en, -en [gekürzt aus spätmhd. narrifex = Narr, scherzh. nach lat. pontifex] (standardsprl., auch süddt.): *jemand, der etw. leidenschaftlich betreibt, von etw. sehr begeistert ist* ❖ **-fex als 2. Bestandteil** (umgangssprl.): *drückt in Bildungen mit Substantiven aus, dass jemand ein Fex ist:* **Be̩rg|fex**: *leidenschaftlicher Bergsteiger* ❖ **Ski̩|fex**: *leidenschaftlicher Skifahrer.*

Fi|a̩|ker, der; -s, - [nach dem Pariser Hotel St.-Fiacre, wo im 17. Jh. Kutschen vermietet wurden] (standardsprl.): **1.** *zweispännige Pferdekutsche* **2.** *deren Kutscher* ❖ **Fi|a̩|ker|zeugl**, das; -s, -n: *Fiakergespann* ❖ **Fi|a̩|ker|gu|lasch** (Küchenspr.): *Gulasch mit Frankfurter, Spiegelei und einem Gurkerl.*

fie|seln ‹hat› [mhd. viselen = nagen, mit spitzen Fingern an etwas herumarbeiten; dieses zu mhd. visel = Faser] (umgangssprl., auch bair.): *etwas in feine Fasern zerlegen* ❖ **ạb|fie|seln** ‹hat› (umgangssprl., auch bair.): *abnagen* (z. B. Fleisch von einem Knochen) ❖ **aus|ein|ạnder|fie|seln** ‹hat› (umgangssprl., auch bair.): *mit großer Genauigkeit auseinandernehmen* (z. B. ein verwickeltes Goldketterl) ❖ **Fieselarbeit**, die; -, -en (umgangssprl., auch bair.): *Arbeit, bei der es auf besondere Genauigkeit ankommt* ❖ **Fieselei**, die; -, -en: *langwierige, penible Fieselarbeit.*

fie|zeln ‹hat; ich fiezle› [Herk. unklar, viell. so wie fieseln zu mhd. visel, Pl.: viseln = die Fasern, die Fransen; offensichtlich eine Nebenform zu fuzeln und gleichbedeutend mit diesem] (umgangssprl.): *sehr klein schreiben oder zeichnen.*

fi|geln ‹ist; ich figle› [aus den Anfangsbuchstaben der Bestandteile Firn- und -gleiter gebildet] (Sportlerspr.): *firngleiten* ❖ **Figl**, der; -s, -: *Firngleiter* (eine Art Kurzski für firnigen Schnee) ❖ **Fi|gler**, der; -s, - (Sportlerspr.): *jemand, der Firngleiten betreibt.*

Fịn|ger, der ❖ **sich etwas aus den Fingern zuzeln**: *etwas frei erfinden* ❖ **sich alle zehn Finger abschlecken können**: *über eine günstige (und unverhoffte) Entwicklung froh sein müssen* ❖ **fịn|gerln** ‹hat› [Ableitung von Finger mit dem für den österr.-bair. Sprachraum typischen -l-Einschub] (mundartlich): *eine Frau mit den Fingern befriedigen.*

Fịsch, der; -es, -e; mundartl.: Sgl.: **Fisch** [fiːʃ] Pl.: **Fịsch** [fiʃ] [gesamtdt. mit der Bed.: schuppiges Meerestier mit Kiemenatmung; da in der Mundart im Pl. die -e-Endung ausfällt, wird Sgl. und Pl. oft nur durch die Vokallänge unterschieden; dabei gilt das Prinzip, dass die einsilbige Singularform der Vokaldehnung unterliegt, die urspr. zweisilbige Pluralform hingegen nicht]: **1.** (gaunersprl., bes. Wienerisch): Messer **2.** (umgangssprl.): *Fehler, Schaden, etwas Unangenehmes* ❖ **Da ist ein Fisch drinnen!** (umgangssprl.): *Da ist irgendwo ein Fehler, da stimmt etwas nicht!* ❖ **jemandem geht der Fisch auf** (gaunersprachlich, bes. Wienerisch): *jemand gerät in Rage* (wörtlich: das Springmesser geht auf) ❖ **fi|scheln** ⟨hat⟩ (standardsprl.): ***nach Fisch riechen:*** hier fischelt es.

Fi|so|le, die; -, -n [mhd. visōl; zu furlanisch fasul, dieses zu lat. phaseolus] (standardsprl.): ***Phaseolus vulgaris; grüne Bohne in Schotenform.***

fix[1] ⟨Adj.⟩ [lat. fixus = angeheftet, befestigt, fest, Partizip 2 von figere = anheften; gesamtdt. heute nur mit einigen Bed.: eine fixe Summe, das geht ganz fix, fix und fertig] (standardsprl.): **1.** ***ständig, dauernd:*** fix angestellt sein **2.** ***fest, verlässlich, definitiv:*** ich kann das im Moment noch nicht fix zusagen ❖ **Fix|platz**, der; -es, ...plätze, **Fix|lei|berl**, das; -s, -n (umgangssprl.): ***sicherer Platz in einer Mannschaft*** ❖ **Fix|star|ter**, der; -s, - (standardsprl.): ***Sportler, der bei einem Wettkampf definitiv startberechtigt ist*** (im Gegensatz zu einem Sportler, der sich erst in einer Qualifikation behaupten muss) ❖ **Fix|man|dat**, das; -s, -e (standardsprl.): ***vorderer Listenplatz bei einer Wahl, womit der Einzug ins Parlament so gut wie sicher ist*** (im Gegensatz zu einem Kampfmandat).

fix[2], **fix|e** ⟨Ausruf⟩ [verkürzt aus Kruzifixus] (umgangssprl.): ***verflucht*** ❖ **Fix|lau|don** ⟨Ausruf⟩ [2. Bestandteil der Phrase nach dem österr. Feldmarschall Gideon Ernst Freiherr von Laudon (1716–1790)] (umgangssprl.): ***verflucht.***

flåch ⟨Adj.⟩ [mhd. vlach, flach = flach, gerade, schlicht; ahd. flah; gesamtdt. sind heute die Verw.: ein flaches Gelände, ein flacher Teller, eine flache Unterhaltung etc.]: **1.** (umgangssprl.): ***pleite:*** Gunkl (Günther Paal) in „Grundsätzliche Betrachtungen" (in der Rolle des Installateurs Ferdinand Nachwatal): „Då wird er åber den Scherm aufhåben, wenn er sich ans intellektuelle Publikum wendet. Weu die Intellektuellen san ålle flåch, de håm ka Göd. Weu fürs Gscheitsein alaanich zåhlt kaaner wås, außer vielleicht die Intellektuellen, åber de san hoid neger." **2.** (umgangssprl.): ***flachbrüstig:*** sie ist flach wie ein Bügelbrett / wie ein Brett ❖ **flå|chen** ⟨hat⟩ (mundartl.) **1.** ***festnehmen, verhaften:*** den haben sie geflacht **2.** ***ohrfeigen:*** er hat ihm eine geflacht ❖ **Frisch|gflåch|te**, der; -n, -n, ein Frischgflachter:

Neuling: Dialog in „Trautmann – Nichts ist so fein gesponnen“: „Mei Frischgflåchter håt a poa (Ohrfeigen) kriagt und deiner aa.“ ❖ **flå|cheln** ⟨hat⟩ (mundartl.): ***flache Steine auf die Oberfläche eines Sees oder eines Flusses werfen, sodass sie einige Male aufspringen*** ❖ **flå|ch|lie|gen** [gesamtdt. mit der Bed.: erschöpft sein, krank sein] (umgangssprl.): ***sich vor Lachen, vor Begeisterung etc. nicht halten können:*** seine Witze sind einmalig, ich bin flachgelegen ❖ **Flåch|lånd|tiro|ler**, der; -s, - (umgangssprl., abw.): ***Person aus dem Flachland, die in den Alpen Urlaub macht oder sich als erfahrener Bergwanderer ausgibt.***

fla|cken ⟨ist⟩ [geht so wie flachen auf flach zurück, das früher auch faul bedeutet hat] (mundartl.): ***faul herumsitzen, faul herumliegen:*** „Ja, is Schifahren war ja voll geil, dann sei ma im Gasthaus geflackt.“ (= sind wir im Gasthaus faul herumgesessen) (Intern.) ❖ **sich hinfla|cken** ⟨hat⟩ (mundartl.): ***sich hinsetzen oder hinlegen, um zu faulenzen:*** Flack dich hin, du Faulenzer! ❖ **jemandem eine flacken** [viell. Nebenform zu flachen = ohrfeigen, ev. auch zu Fleck] (mundartl.): ***jemanden ohrfeigen.***

fla|dern ⟨hat⟩ [vielleicht zu rotwelsch fladern = waschen, fleddern] (umgangssprl.): ***(eine Kleinigkeit) stehlen:*** Herwig Seeböck schildert in „Die große Häfenelegie“, wie ein Mithäftling, dem eben die Seife gestohlen worden ist, in Rage gerät: „Mei Saaf, mei Saaf håms ma gfladert! Fladern solln s' draußt, åber net im Häfen! Wo kumma denn då hin, wånn s' jetzt im Häfen aa scho fladern!“ – Bernhard Ludwig in „Anleitung zur sexuellen Unzufriedenheit“: „Wir håm scho wås g'hört von an Vorspiel, bei der Gerti Senger in der gfladerten Sonntagkrone, jå?“

Flan|kerl, das; -s, -n [Vkl. von älterem Flank, Flanken = Stück (z. B. ein Flanken Land = ein Stück Land, ein Flanken Fleisch = ein Stück Fleisch); dieses zu mhd. vlanc mit der Grundbed. Funke] (umgangssprl.): ***ein leichtes, winziges Stück:*** **Rußflankerl, Schneeflankerl, Staubflankerl, Wollflankerl** etc.: ein Staubflankerl im Aug haben; „A Schneeflockerl und a Ruaßflankerl“ (Titel eines Wienerlieds) ❖ **flan|kerln** ⟨hat⟩ (umgangssprl.): **1.** ***Flankerln abgeben:*** das neue Handtuch flankerlt **2.** ***leicht***

schneien: „Heute hat es geflankerlt ... Und dann wurde so richtig Schnee draus ...“ (Intern.)

flau|chen [Herk. unklar; der Schweizer Mundartforscher F. J. Stalder vermerkt **flöchen** mit der Bed.: Haushaltsgeräte bei einem Brand in Sicherheit bringen, etwas wegschaffen, Kleinigkeiten stehlen; dieses zu fliehen] ‹hat› (umgangssprl.): *(eine Kleinigkeit) stehlen:* Wer hat mir den Bleistift geflaucht?

Fleck, der; -s, -(e); älter und umgangssprl.: **Flecken**, der; -s, - [mhd. ein starkes Mask. vlëc und ein schwaches Mask. vlëcke, die sich vermischt haben; eigtl.: flaches, breit geschlagenes Stück; gesamtdt. sind die Bed.: verschmutzte Stelle; bestimmte Stelle, bestimmter Punkt (vom Fleck weg)] **1.** (Küchenspr.): *flacher Hefeteigkuchen, belegt z. B. mit Erdbeeren, Marillen oder Zwetschken:* Erdbeerfleck, Marillenfleck, Zwetschkenfleck **2.** (Küchenspr.): kurz für: *Kuttelfleck:* Flecksuppe **3.** (umgangssprl.): *Fünfer im Zeugnis* (schlechteste Schulnote in Ö) **4.** (umgangssprl.): *Geldtasche des Servicepersonals in der Gastronomie* ❖ **Bauch|fleck**, der; -s, kein Pl. (umgangssprl., auch bair.): **1.** *Sprung ins Wasser, wobei der Springende mit dem Bauch auf der Wasseroberfläche aufklatscht:* ins Becken springen und einen Bauchfleck machen **2.** *katastrophales Scheitern:* der Politiker hat mit seiner überzogenen Forderung einen Bauchfleck gemacht ❖ **Wet|ter|fleck**, der; -s, -e (standardsprl.): *weiter Regenmantel ohne Ärmel* ❖ **ein|fle|cken** (jugendsprl.): *einen Fünfer schreiben:* in Mathe einflecken ❖ **Fle|ckerl**, das; -s, -n [Vkl. von Fleck] (umgangssprl.): *kleines Stück von etwas:* ein Fleckerl Stoff ❖ **Lo|bau|fle|ckerl**, das, -s, -n [1. Bestandteil: Augebiet im 22. Wiener Gemeindebezirk mit einem FKK-Gelände] (umgangssprl., ostösterr.): *String-Tanga oder ganz knappe Badehose* (wenn das Mitglied eines Naturistenklubs kurz die FKK-Zone verlässt) ❖ **Fle|ckerl|tep|pich**, der; -s, -e (standardsprl., auch bair.): **1.** *aus Stoffresten genähter Teppich* **2.** *unvollkommene und daher unbefriedigende Lösung, Stückwerk:* Peter Cornelius in „Fleckerlteppich“: „Ah, weil i a Fleckerlteppich bin, / mit nix als Fleckerln in mir drin (...) Fleckerlteppich zu sein is' goa ka Schånd, / jeder von uns håt Fleckerln unterm Gwånd.“ ❖ **Fle|ckerl|wål|zer**, der; -s, -

(umgangssprl.): *auf dem Platz getanzter Walzer* ❖ **Flẹ|ckerln**, die (Pl.) (Küchenspr.): *quadratisch oder rautenförmig geschnittenes Stück aus dünnem Nudelteig* (dient als Suppeneinlage, als Beilage oder als eigenständige Speise) ❖ **Kraut|fle|ckerln**, die (Pl.): *Gericht aus Fleckerln und Kraut* ❖ **Schịn|ken|fle|ckerln**, die (Pl.): *Gericht aus Fleckerln und Schinken.*

Fleisch|hau|er, der; -s, - (standardsprl.; außer westösterr., dort: Metzger): jemand, der Vieh schlachtet, zerlegt, zu Fleisch- und Wurstwaren verarbeitet und diese verkauft ❖ **Fleisch|hau|e|rei**, die; -, -en (standardsprl.; außer westösterr., dort: Metzgerei): *Geschäft oder Betrieb eines Fleischhauers* ❖ **Fleisch|ha|cker**, der; -s, - (mundartl., ostösterr.): *Fleischhauer.*

Fleisch|kä|se, der; -s, - (Küchenspr., T): *wie: Leberkäse.*

flẹs|seln ‹hat› [Herk. unklar, vielleicht zu mhd. vliezen = fließen, herausströmen, sich ergießen] (mundartl.): *stark regnen.*

Flẹs|serl, das; -s, -n [urspr. Flösserl = ein Brauchtumsgebäck der Flößer an der Donau] (Küchenspr.): *mit Mohn oder Kümmel (sowie mit Salz) bestreutes Gebäck in Zopfform.*

Flịn|serl, das; -s, -n [zu mhd. vlinsen = zittern; schimmern] (standardsprl.): **1.** *Ohrstecker, Ohrschräubchen* (als Schmuck bei Männern) **2.** (bes. im Ausseerland): *Faschingsfigur in einem Kostüm mit buntem Flitterwerk* ❖ **flịn|seln** ‹hat› (mundartl.): *flimmern, glitzern.*

Flit|schen, die; -, -, **Flịt|scherl**, **Flit|scherl**, das; -s, -n [wohl zu mhd. vlittern, vlettern = kichern, schmeicheln, kosen; im Wort Flitterwochen mit einer aufwertenden Bed.] (mundartl., abw.): *leichtlebige, junge Frau:* Dialog zwischen dem Gendarmen Simon Polt (Erwin Steinhauer) und der Greißlerin Aloisia Habesam (Monica Bleibtreu) in „Polt – Himmel, Polt und Hölle“: „Wås woa eigentlich die Pröstler Amalie für aane, friahrer?“ – „De? A Flitschen! (...) Die Männer vom Wiesbåchtål håt s’ am Schnürl g’håbt, wie Marionetten.(...) Kennen S’ die Teufelsbuche, am Grünberg oben? Då müssen a Menge Herzerln und Ånfangsbuchstaben eing'ritzt sein. Jeder, der es g'schåfft håt, dås saubere Fräulein nur einmal auszuführen, håt sich dort ein'trågen!" ❖ **Dol|lar|flit|schen**, die; -, -, (histor., umgangssprl., abw.): ***Österreicherin, die während der Besatzungszeit mit einem amerikanischen Besatzungssoldaten ein Verhältnis hatte.***

Floh|press, die; -, -en (mundartl., scherzh.): ***Zieharmonika.***

Flü|gerl, das; -s, -n [Vkl. von Flügel; Bezeichnung aufgrund des Werbeslogans: „Red Bull verleiht Flügel!"] (umgangssprl.): ***Red Bull mit Wodka:*** Im Film „Komm, süßer Tod" von Wolf Haas fragt Simon Brenner (Josef Hader) Angelika Lanz (Nina Proll): „A Jacky is a Rüscherl?" – „Jacky is Cola Whisky. Rüscherl is Cola Rum. Flügerl is Red Bull mit Wodka. Und? Hüft da des?" Brenner Richtung Schank: „A Krügerl." – „Krügerl oder Flügerl?" – „A Krügerl!"

Fluh, die; -, Flühe [mhd. vluo = hervorstehende und jäh abfallende Felswand, Fels; ahd. fluoh, flueh, fluoch, fluech; weitere Herk. unklar] (standardsprl., westösterr., CH): ***Fels, Felswand*** (in vielen Orts- und Bergnamen).

Fo|gosch, der, -(e)s, -e [ungar. fogas, eigtl.: gezahnt (nach seinen langen, spitzen Zähnen)] (standardsprl., ostösterr.): ***Zander*** (ein Speisefisch).

Föh|re, die; -, -n [mhd. vorhe, ahd. forha] (standardsprl., auch süddt. und CH, ansonsten in D: Kiefer): ***ein Nadelbaum*** ❖ **Föh|ren-bu|schen**, der; -s, - (standardsprl.): ***Weinanzeiger*** (zum Zeichen, dass ein Heuriger geöffnet hat): wo der Föhrenbuschen winkt, herrscht urige Gemütlichkeit.

Fo|lio, das; -s, ...lien [Buchformat in der Größe eines halben Bogens (gewöhnl. mehr als 35 cm)] ❖ **in Folio als 2. Bestandteil** (umgangssprachlich, derb): ***verstärkend zu einem Schimpfwort:*** **Arsch in Folio, Idiot in Folio etc.**

Fotz, Fotz [Einsilber werden mundartl. oft gedehnt], der; -, kein Pl. [Herk. unklar; ähnlich wie Fotze(n), wobei der Fotz und die

Fotze(n) oft vermengt werden] (umgangssprl.): *(verdrießlich) verzogener Mund* ❖ **einen Fotz ziehen** (umgangssprl.): *beleidigt dreinschauen* ❖ **den Fotz hängen lassen** (umgangssprl.): *einen resignierten Eindruck machen.*

Fọt|ze, die; -, -n, **Fọt|zen**, die; -, - [Herk. unklar; eine Verbindung zu Fotze (= Vagina) erscheint evident, wobei eine Bedeutungsentwicklung von dicke Lippe und Kussmund hin zu Schamlippen, Vagina angenommen wird; gesamtdt. sind die Bed.: Vagina, Hure]: **1.** (umgangssprl., derb, auch bair.): *Mund* **2.** (umgangssprl., derb auch bair.): *Ohrfeige:* Gerry Schartl (Roland Düringer) in „Poppitz": „Hände weg von meiner Frau! Aus!" – Der Deutsche: „Jetzt ist es zu spät, du hättest dich früher um deine Frau kümmern sollen (...)." – Schartl: „Såg amoi, wüst a Fotzen?" – Der Deutsche: „Wieso, um die Fotze hab ich mich ja noch gar nich' gekümmert." (Da gibt Frau Schartl dem Deutschen eine Fotzen.) ❖ **fọt|zen** ‹hat› (umgangssprl., derb, auch bair.): *ohrfeigen* ❖ **jemanden ạbfot|zen** [Vorsilbe dient der Verstärkung]: *jemanden links und rechts ohrfeigen* ❖ **Fọtz|ho|bel**, der; -s, - [aus Fotz(e) und Hobel, weil das Instrument am Mund hin und her geschoben wird)] (umgangssprl., auch bair.): *Mundharmonika.*

Fọxl, der; -s, -n (umgangssprl.): *kurz für: Foxterrier* (eine Hunderasse) ❖ **das kann auch der Foxl vom Nachbarn** (umgangssprl.): *das kann auch jemand, der völlig ungeschickt ist; das ist keine große Kunst.*

Frai|sen, die ‹Pl.› [mhd. vreise = Gefährdung, Gefahr, Verderben, Not, Angst, Furcht, Schrecken] (mundartl., auch bair.): *Krämpfe* (bei kleinen Kindern) ❖ **in die Fraisen fallen** (mundartl.): *erschrecken* ❖ **die Fraisen kriegen** (mundartl.): *sich erregen, außer Kontrolle geraten.*

Frạ|ka|le, Frạ|ke|le, das; -s, ...lan [zu ital. flacone (= kleine Flasche); Lautwechsels von fl- zu fr- auch in anderen Sprachen; vgl. ladinisch fracla (= altes Viertelmaß; Weinkrug) und furlanisch frachil (= altes Maß)] (umgangssprl., vor allem K): *kleines Schnapsglas, Schnapsglas in Flaschenform.*

frank ⟨Adj.⟩ [franz. frank = frei; dieses zum Stammesnamen Franken; diese galten als freie Herren; gesamtdt. mit den Bed.: frei, offen; auch in der Wendung: frank und frei] **1.** (gaunersprachlich): *anständig, ehrlich, unbescholten* **2.** (jugendsprl.): *fürwahr* (oft als Frage im Sinn von: Stimmt das wirklich?) ❖ **Fran|kist**, der; -s, -en (gaunersprachlich): *ehrlicher Mensch, Unbescholtener.*

Frank|fur|ter, die; (Pl.) [das Rezept dieser Würstel wurde 1805 in Wien von Johann Georg Lahner kreiert, einem aus Frankfurt am Main stammenden Fleischergesellen; deshalb hat sich in Ö größtenteils die Bez. Frankfurter durchgesetzt, in D, vor allem im Süden, meist die Bez. Wiener; bes. große Frankfurter heißen Sacherwürstel, bes. kleine nennt man Teewürstel oder Cocktailwürstel] (Küchenspr., ost- und südösterr.; westösterr.: Wiener oder Wienerle): *aus Schweine- und Rindfleisch hergestellte, leicht geräucherte Brühwurst:* ein paar Frankfurter.

frat|scheln ⟨hat⟩ [Intensivbildung zu fragen] (umgangssprl.): *indiskrete Fragen stellen* ❖ **aus|frat|scheln** (umgangssprl.): *aushorchen:* Lass dich ja nicht ausfratscheln!

fret|ten, sich; gfret|ten, sich ⟨hat⟩ [mhd. vreten = quälen] (umgangssprl., auch süddt.): **1.** *sich mühsam durchbringen* **2.** *sich mit etwas abmühen, sich plagen* ❖ **ab(g)fret|ten, sich** [Vorsilbe dient der Verstärkung]: *sich mit etwas furchtbar abmühen* ❖ **durch(g)fret|ten, sich** [Vorsilbe dient der Verstärkung]: *sich bes. mühsam durchbringen:* Im Film „Komm, süßer Tod" von Wolf Haas sagt der Erzähler: „Vielleicht ist es nicht ganz normal, wenn ein Mensch zwei Stunden grübelt, ob er noch auf ein Bier ins Kellerstüberl hinuntergehen soll oder nicht. Aber interessant. Jetzt wo er sich endlich nicht mehr als Detektiv durchgfretten hat müssen, hat er sich das Grübeln immer noch nicht abgewöhnen können." ❖ **Fret|ter**, der; -s, - (umgangssprl.): *Hungerleider, armer Schlucker* ❖ **Fret|te|rei**, die; -, -en (umgangssprl.): *mühsames Leben; mühevolle Arbeit, die nicht zügig vorangeht* ❖ **Gfrett, Ge|frett**, das; -s, kein Pl. (umgangssprl., auch süddt.): *Unannehmlichkeit, Ärger, Plage.*

Freud schau åba [åba = abher (vom Himmel herab); in Anspielung auf den Wiener Psychoanalytiker Sigmund Freud (1856–1939)] **1.** ***das war ein Versprecher nach dem Muster einer Freud'schen Fehlleistung*** **2.** ***das steht mit den Lehren von Freud in einem Zusammenhang.***

Freun|derl, das; -s, -n [Vkl. von Freund]: (umgangssprl., abw., meist Pl.): ***Freunde, die zu einem schlechten Lebenswandel verleiten:*** mit solchen Freunderln wird er es nicht weit bringen ❖ **Freun|derl|wirt|schaft**, die, -, kein Pl. (umgangssprl., abw.): ***Begünstigung von Freunden:*** Erwin Steinhauer (Vater) und Rupert Henning (Sohn) in „Freundschaft": Sohn: „Aha, deshålb steht auf der Schleife auch ‚Freundschaft' drauf, gö, weil ‚Freunderlwirtschaft' wär einfach z' lång." (...) Vater: „Kånnst ma vielleicht irgendwås im Leben nennen, wås wichtiger und wertvoller wäre als Freundschaft?" Sohn: „Kloa, kånn i, Gerechtigkeit, zum Beispiel ... ‚Gerechtigkeit', des hättets åls Gruß nehmen sollen, weil Freundschaft gibts nämlich goa net (...) es gibt maximal temporärflexible Interessensgemeinschaften!"

F

frie|seln ⟨hat⟩ [Intensivbildung mit -l-Einschub zu friesen = frieren] (mundartl., auch bair..): **1.** ***frösteln*** **2.** ***eine Gänsehaut bekommen*** ❖ **Frie|seln**, das; -s, kein Pl. (mundartl., auch bair.): **1.** ***Frostgefühl*** **2.** ***Gänsehaut:*** mir läuft ein Frieseln über den Rücken.

Frig|ga, die; -, -s [frulanisch frìco] (Küchenspr., vor allem K): ***Holzknechtspeise*** (aus Speck, Käse, Schmalz und Eiern).

Frisch|gfång|te, der; -n, -n, ein Frischgfangter (umgangssprl.): ***Neuling; jemand, der erst seit kurzem in einer Firma arbeitet oder in einer Organisation tätig ist.***

Frit|ta|te, die; -, -n [ital. frittata, zu fritto, Partizip 2 von friggere, dieses zu lat. frigere = rösten, braten; verw. mit frittieren, das auf franz. frit zurückgeht, Partizip 2 von frire = backen, braten; in V: Flädlesuppe, auch Südwestdt.]: ***in dünne Steifen geschnittene Omelette als Suppeneinlage*** ❖ **Frit|ta|ten|sup|pe**, die; -, -n (Küchenspr.): ***Suppe mit Frittaten.***

Frit|ze|la|cke: ***Produktbezeichnung eines Lackherstellers*** ❖ **einen Fritzelacke machen** [nach dem Firmenzeichen von Fritzelacke, das einen Lehrbuben zeigt, der mit einer offenen Lackdose in der Hand hinfällt] (umgangssprl.): ***der Länge nach hinfallen:*** auf dem Glatteis hätt' ich beinah' einen Fritzelacke g'mächt.

Frosch, der; -(e)s, Frösche [früher waren die Polizeiwägen für Gefangenentransporte grün lackiert] (Polizeijargon): ***Arrestantenwagen; Polizeiwagen zum Gefangenentransport:*** In „Kaisermühlenblues – Undank ist der Welten Lohn" bestellt der Kriminalpolizist Gustl Schimek (Christian Spatzek) über Funk einen Arrestantenwagen: „Mia håm a poa Såchen zum Verlåden, schickts uns an Frosch vuabei!"

Frucht, die; -, Früchte [mhd. vruht, ahd. fruht; dieses zu lat. fructus (Partizip 2 zu frui = genießen] (Fußballerspr., mundartl.): ***Fußball:*** Der Platzwart (Lukas Resetarits) im Film „Der schwarze Löwe" zeigt Fotos von seiner früheren Karriere als Fußballer: „Ein Tor sogar mit Fallrückzieher! Drei Wochen håb i ned grad geh'n können, åber die Frucht wår im Netz." ❖ **Früch|terl**, das; -s, -n (umgangssprl., auch bair.; in D ansonsten: Früchtchen): ***missratener, frecher Jugendlicher.***

Früh, die; -, kein Pl. (standardsprl., auch süddt.): ***in der Früh (= am Morgen):*** gestern, heute, morgen in der Früh (= gestern, heute, morgen am Morgen) ❖ **Früh|stücks|pen|si|on**, die; -, en (standardsprl.): ***Pension, in der es nur Frühstück gibt*** (kein Mittag- oder Abendessen).

Fuch|se|rer, der; -s, - [Fuchspunzierung und Fuchskopfpunze sind zwei Ausdrücke aus der Fachsprache der Juweliere; die Punze in Form eines Fuchskopfes ist von 1867 bis 1922 für kleine 14-karätige Goldgegenstände verwendet worden] (mundartl.): ***Juwelier.***

Füd|la, das; -s, - [verw. mit Fut, das früher sowohl Vagina als auch Hintern bedeutet hat, wobei Hintern die urspr. Bed. war] (alemannisch): ***Arsch:*** Reinhold Bilgeri und Michael Köhlmeier singen in „Füdlafetischist": „He Psychiater, säg, wie nennt man des /

die Luscht nach einem Frauengesäß? / Sie sind ein Füdla..., Sie sind ein Füdla... Sie sind ein Füdlafetischist.“ ❖ **kasch mr am Füdla blåsa:** *Götzzitat.*

füh|ren ‹hat› [mhd. vüeren, ahd. fuoren = in Bewegung setzen, fahren machen; gesamtdt. mit der Bed.: jemandem den Weg zeigen und ihn geleiten etc.] (standardsprl.): *jemanden mit einem Fahrzeug befördern:* ich kann Sie mit dem Auto zum Bahnhof führen (in D: fahren statt führen) ❖ **ein gführiger Schnee** ❖ *ein Schnee, der gut zum Skifahren ist.*

Fụm|mel, die; -, -n [zu fummeln = hin und her reiben] (mundartl., derb): **1.** *Vagina* **2.** *dumme Frau.*

Fụn|ke, der; -ns, -n, **Fụn|ken,** der; -s, - [mhd. vunke, ahd. funko; aus demselben Stamm wie Feuer; gesamtdt. heute mit der Bed.: glühendes Teilchen; in der CH hat Funke(n) auch die Bed. Freudenfeuer] (V, Volkskunde): *Faschingskehraus am Sonntag nach Aschermittwoch* (es wird ein großer Scheiterhaufen abgebrannt) ❖ **Fun|ken|sọnn|tag,** der; -s, -e (V, Volkskunde): *Sonntag nach Aschermittwoch* ❖ **Fụn|ken|zunft,** die; -, ...zünfte: *Brauchtumsverein, der für den Funkenzuständig ist* ❖ **Fụn|ken|schus|ter,** der, -s, - (mundartl., scherzh.): *Elektriker.*

Fụn|sel, Fụn|zel, die; -, -n [Ableitung von Funken mit -sel; gesamtdt. heute mit der Bed.: schwaches Licht, schlechte Lampe] ❖ **Fụn|sen, Fụn|zen,** die; -, - (mundartl.): *eingebildete, hochnäsige Frau.*

Fụr|chen|gän|ger, Fụr|chen|schei|ßer, der; -s, - (umgangssprl., abw., derb): **1.** *Landwirt* **2.** *einfältiger Mensch.*

Für|tuch, das; -s, ...tücher; nach der jew. mundartl. Aussprache auch mit den Schreibungen **Fụ̈r|ter, Fụ̈r|der, Fụ̈r|ta, Fị|r|der, Fịr|da, Fia|ta** etc. [mhd. vortouch; im älteren Deutsch das geläufigste Wort für Schurz] (mundartl., auch süddt. und CH): **1.** *Umlegetuch, Schal, Brusttuch* **2.** *Vorbindschurz, Arbeitsschurz:* Adi Hirschal und Wolfgang Böck in „Die letzten 2 Pülcher“: „... mir san die ehrlichsten Leut, / drum håmma mit der Årbeit goa kaaner a Freud. / Mir trågen a blau's Fiata, san ållerweil fix / åber tuan tan ma, wenn ma täten, / aber tuan tan mir nix."

Fuß, der; -es, Füße [ahd. fuoȝ, gesamtdt. mit der Bed.: vorderer Teil der unteren Gliedmaßen von den Zehen bis zur Ferse] (umgangssprl.): *die gesamten unteren Gliedmaßen von der Hüfte bis zur Zehe:* er hat sich den Fuß gebrochen, und zwar den Unterschenkel; in D: Bein. (Da die österr. Terminologie zu Verwechslungen führt – die Bezeichnung Vorfuß für den Bereich von den Zehen bis zur Ferse ist kaum verbreitet – wird immer öfter gesamtdt. Bein statt Fuß verwendet.) ❖ **jemanden am falschen Fuß erwischen**: **1.** (Sportlerspr.): *einen Angriff so durchführen, dass der Gegner das Gewicht am falschen Fuß hat und nicht reagieren kann* **2.** (standardsprl.): *jemanden in einer für ihn ungünstigen Situation angreifen* ❖ **sich die Füße in den Bauch stehen** (umgangssprl.): *so lange stehen, bis einem die Füße weh tun* ❖ **Füße kriegen** (mundartl.): *gestohlen werden:* mein Kugelschreiber hat Füße gekriegt ❖ **wie eingeschlafene Füße schmecken** (mundartl.): *schal, fad schmecken* ❖ **erste Reihe fußfrei** (standardsprl.): **1.** *Sitzplatz im Theater, ohne andere Besucher unmittelbar vor sich zu haben* **2.** *bei einer Entwicklung bequem zuschauen können, ohne eingreifen zu müssen* (oft mit der Erwartung, dass die Angelegenheit für die handelnden Personen kein gutes Ende nimmt): „Sparpläne: Familienbeihilfe im Ausland entzweit die ÖVP ... Die SPÖ verfolgt den ÖVP-Konflikt erste Reihe fußfrei." (Die Presse, 5. 5. 2010)

Fut, die, -, - (älterer Pl.: -ner) [mhd. vut, das früher auch Hintern bedeutet hat, daher verw. mit alemannisch Füdla = Arsch; da heimische Mundartausdrücke aus dem sexuellen Bereich als belastet und unanständig gelten, werden sie in der Alltagssprache oft durch Mundartausdrücke aus anderen Regionen des deutschen Sprachraums ersetzt] (mundartl., derb): **1.** *weibliches Genital:* „A Fut und a Fliagn / san sehr schwar zum Kriagn / und hättat die Fut die Fliagln von da Fliagn, / warats no schwara zum Kriagn." (Weana Heurigeng'stanzeln, neu interpretiert von Adi Hirschal und Wolfgang Böck) **2.** (abw.) *Frau* **3.** *Schlampe, Miststück* ❖ **Fut|lap|perl**, das; -s, -n (mundartl., derb): *Scham-*

lippe ❖ **mit den Futlapperln påschen** (mundartl., derb): *sexbesessen sein, mit sexuellen Reizen einen Mann gewinnen wollen* ❖ **Klemm|fut**, die; -, - (mundartl., derb): *verklemmte Frau* ❖ **um ein Fut|haar** (mundartl., derb): *knapp daneben* ❖ **Fut|schle|cker**, der; -s, - (mundartl., derb): *Schoßhund:* Andreas Vitasek in „Der Doppelgänger“: „Die gånz kleinen Hunde (...) heißen Futschlecker. Dås ist ein passender Name, er kommt aus dem Englischen ... weil sie so klein sind, dass sie nur die Füße, the foot ... Nicht dås, wås Sie jetzt denken! ❖ **Bä|ren|fut**, die; -, - (umgangssprachlich): **1.** *Winterkopfbedeckung beim Bundesheer* **2.** *Pelzhaube* (die Ohrlappen der Haube können entweder oben am Kopf oder unten am Kinn zusammengebunden werden) ❖ **fut|nar|risch** 〈Adj.〉 (mundartl., derb): *auf sexuellen Kontakt mit Frauen versessen* ❖ **Ja, Fut!** [wie: Ja, Feigen!, dieses verwandt mit feigeln] 〈Ausruf der Verärgerung〉 (meist jugendsprl.; derb): *verdammt:* Ja, Fut! Jetzt fahrt uns die Bim vor der Nasen davon!

Fu|zel, der; -s, -(n) [Herk. unklar, viell. so wie fieseln zu mhd. visel, Pl.: viseln = die Fasern, die Fransen; Verwandtschaft mit Fussel wahrscheinlich] (umgangssprl.): *ein winziges Stück* ❖ **Fu|zerl**, das; -s, -n [Vkl. von Fuzel] (umgangssprl.): *ein winziges Stück* ❖ **fu|zeln** 〈hat; ich fuzle〉 (umgangssprl.): **1.** *sehr klein schreiben oder zeichnen* **2.** *sehr kleine Stücke abschneiden* ❖ **Fuzlerei**, die; -, -en (umgangssprl.): **1.** *etwas sehr klein Geschriebenes oder Gezeichnetes* **2.** *sehr klein Schreiben oder Zeichnen.*

G

Wörter mit der Vorsilbe Ge- können entweder unter Ge- oder G- zu finden sein (je nachdem, ob es üblich ist, dass der Vokal e ausfällt).

Gå|bel, die ❖ **Gå|bel|früh|stück**, das; -s, ...stücke [1. Bestandteil: urspr. Gerichte, die man nur mit der Gabel (ohne Messer) essen kann] (standardsprl.): *zweites Frühstück am späten Vormittag, aber vor dem Mittagessen, z. B. Salonbeuschel, kleines Gulasch* ❖ **Gå|bel|bis|sen**, der; -s, - [vom Wiener Fleischhauer Josef Wojnar 1930 kreiert] (standardsprl.): *kleiner Imbiss in* *einem Becher* (enthält entweder eine Scheibe von einem hart gekochten Ei oder ein Stück von einem Russen (= marinierter Hering), jedenfalls Gemüsemayonnaise und einen Überzug mit Gelee) ❖ **Gå|bel|kraut**, das; -s, kein Pl. (Küchenspr.): *Sauerkraut, das mit Zwiebeln, Knoblauch, Wacholderbeeren und Lorbeerblatt gedünstetet wurde* ❖ **ga|berln** ⟨hat⟩ [zu Gabel mit -l-Einschub] (Fußballerspr.; in D: den Ball hochhalten, tanteln): *den Ball möglichst oft mit dem Fuß in die Höhe schlagen, ohne dass er zu Boden fällt:* im Gaberln ist er Meister ❖ **auf|ga|berln** ⟨hat⟩ **1.** (umgangssprl.) *Heu mit der Heugabel aufnehmen* **2.** (Fußballerspr.): *mit dem Fuß unter den Ball fahren und den Ball in die Höhe schlagen* ❖ **die Gabel machen** (umgangssprl., derb): *die Beine breit machen, die Beine spreizen, koitieren.*

gach ⟨Adj.⟩ [ahd. gāho = jäh] (umgangssprl., auch in D, allerdings nur mit der Bed.: heftig, ungestüm): **1.** *jäh* **2.** *schnell hereinbrechend:* Andre Heller in „Und dann bin i ka Liliputaner mehr“: „Und du kummst so über mi / wie r a gacher Regen ån an haaßn Tåg“ ❖ **Ga|che**, der; -n, -n, ein Gacher (umgangssprl.): *Jähzorn* ❖ **einen Ga|chen kriegen** (umgangssprl.): *zornig werden* ❖ **auf die Ga|che(n)**: *so plötzlich:* das kann ich dir auf die Gache(n) nicht sagen.

ga|cken ⟨hat⟩ [Lallwort aus der Kinderspr.; vgl. lat. cacare] (umgangssprl.): *die Notdurft verrichten, Kot ausscheiden* ❖ **Gack**, der; -s, kein Pl.; **Gackerl**, das; -s, kein Pl. (umgangssprl.): *Kot:* „Nimm ein Sackerl für mein Gackerl!“ (Informationskampagne der Gemeinde Wien für die Beseitigung von Hundekot) ❖ **Gacki**, das; -s, kein Pl. (Kinderspr.): *Kot:* Gacki machen.

Ga|da|schopf, der; -s, ...schöpf [1. Bestandteil Gada = Elternschlafzimmer; zu mhd. gadem, gaden = Gemach, Kammer; Stockwerk; 2. Bestandteil: Anbau am Haus, Stadel oder Schuppen; zu mhd. schopf(e) = Gebäude ohne Vorderwand; Scheune, Remise oder Vorhalle] (mundartl., Bregenzerwald): *Veranda, Balkon; beim Bregenzerwälderhaus eine Art Laubengang an der Traufseite des Hauses, bisweilen mit Tisch und Bank ausgestattet als Aufenthaltsort im Sommer:* HMBC in „Vo Mello bis ge Schoppernau“: „Blausa kea an Füaßa, / Blausa kea am Kopf, / so bean i ie trolat / i üsa Gadaschopf“ (Wunden gehabt an den Füßen / Wunden gehabt am Kopf / so bin ich hineingestolpert / auf unsere Veranda).

Gå|ger|ln, die (Pl.) [zu dem mundartl. Ausdruck Gackerl = Hühnerei; dieses zu gackern] (mundartl.): ***Hoden:*** In „Kaisermühlenblues – Immer diese Asiaten“ wird Angelika Kaiser (Ellen Umlauf) von Joschi Täubler (Roland Düringer) bei einem Ladendiebstahl ertappt; es kommt zu einem Handgemenge und Frau Kaiser tritt ihn in die Hoden: „Ah, ein zweites Mal hast mi nimmer bei de Gågerln, ja, Frau Kaiser?“ (Die Frau an der Kassa ruft die Polizei.) Frau Kaiser zu Täubler: „Die Polizei brauchen Sie nicht, Sie brauchen höchstens einen Arzt ... (Sie tritt den Joschi ein zweites Mal in die Hoden.) ... für ihre zerquetschten Gågerln ...“ – „Net scho wieder!“

G

Ga|le|rie, die; -, -n [zu ital. galleria oder franz. galérie, beides mit der Bed. Säulengang; auch: Gemäldesammlung, nach den in solchen Räumen aufgehängten Bildern; dieses zu mittellat. galilea = Vorhalle, Aufenthaltsort von Ungetauften während des Gottesdienstes (zu dem biblischen Namen der Provinz Galiläa, die als heidnisch galt); gesamtdt. sind heute die Bed.: Gemäldesammlung, oberster Rang im Theater etc.] **1.** (westösterr., auch CH): ***Tunnel an einem Berghang mit fensterartigen Öffnungen zur Talseite*** **2.** (Polizeijargon): ***Blaulichtbalken auf dem Funkwagen*** **3.** (umgangssprl., ostösterr.): ***Unterwelt:*** Polycarp Trautmann in „Trautmann – Nichts ist so fein gesponnen“: „Die Galerie is a nimma des, wås s’ amoi woa.“ ❖ **Ga|le|rist**, der; -en, -en (umgangssprl., ostösterr.): ***Unterweltler*** ❖ **für die Galerie spielen** [zu Galerie = oberer Teil eines Zuschauerraumes; auch: das dortige Publikum] (Fußballerspr., umgangssprl.; reg. auch in D): ***bes. kunstvoll spielen, nur auf den Showeffekt aus sein.***

galt, gelt ⟨Adj.⟩ [ahd. g(i)alt, weitere Herk. unklar] (Landwirtschaft, auch süddt. und CH): **1.** ***keine Milch gebend*** (von Kühen) **2.** ***unfruchtbar*** (von Kühen): eine galte Kuh ❖ **Galt**, der; -(e)s, kein Pl.: ***Zeit, in der eine Kuh keine Milch gibt*** ❖ **Galt|ling**, der; -s, -e: *Kuh im Galt* ❖ **Gạlt|vieh**, das; -s, kein Pl.: **1.** *Jungvieh und Ochsen, die auf Almen aufgetrieben werden* **2.** *Kühe, die keine Milch geben.*

Gạ|nau|ser, der; -s, - [ahd. ganazzo] (mundartl.): *Gänserich.*

Gạnd, die; -, -en oder das; -s, Gänder [wahrscheinlich romanischer Herk.] (standardsprl., westösterr., auch CH): *Geröllhalde im Gebirge.*

Gạ|neff, der; -s, -s [zu rotwelsch genffen = stehlen; dieses aus westjidd. gannew, das aus hebr. gannāv = Dieb stammt; aus der westjidd. Pluralform ganōwim ist Ganove entstanden] (umgangssprl.): *Gauner, Schlingel.*

Gạn|kerl, der; -s, -n, **Gạn|ker|ling**, der; -s, -e (T), **Gạn|gerle**, das; -s, - (K) etc.; auch **Fạn|kerl**, der; -s, -n [vermutl. Vkl. von einem nicht belegten Ganker, dessen Herk. unklar ist; viell. Verbindung zu Kanker, einer Spinnenart, zu der auch die Weberknechte gehören, oder zu altnordisch gangari, ein Beiname des Gottes Wotan; demnach wäre Gankerl ein verkleideter Wotan] (umgangssprl.): **1.** *Teufel, Tod:* Pass auf, beim Fahrradfahren, sonst holt dich der Gankerl! **2.** *(allzu) lebhaftes Kind* ❖ **Sprin|gịn|kerl**, das; -s, -n [Vokalangleichung von a zu i] (umgangssprl.): *extrem lebhaftes Kind.*

Gạnsl, das; -s, -n [Vkl. von Gans, dieses zu ahd. gans, eigtl. Faucherin (nach den Lauten, die eine Gans im erregten Zustand ausstößt)]: **1.** *kleine Gans* **2.** (nicht verkleinernd, sondern mit emotionalem Bezug): *Gans als Speise* **3.** (umgangssprl.): *unerfahrene, sich kindisch gebende junge Frau* ❖ **Gạnsl|es|sen**, das; -s, - (standardsprl.): *traditionsreiches Essen mit Gänsebraten zu Martini* ❖ **<u>auf</u>|gan|seln, <u>auf</u>|gan|serln** [eigtl.: eine Gans zum Fauchen bringen, in einen erregten Zustand versetzen] ⟨hat⟩ (umgangssprl.): *aufreizen, aufstacheln:* „Und die sonst so aufgeklärten New Yorker sind inzwischen in ihrer großen Mehrheit gegegen die ‚Moschee‘ (unweit vom Ground Zero) – so als ob sie der von H. C. Strache aufgeganselte Brigittenauer Mob wären.“ (Georg Hoffmann-Ostenhof, Profil Nr. 39, 27. 10. 2010)

gar, goa ⟨Adj.⟩ [ahd. garo = bereit, gerüstet; in D bedeutet gar soviel wie durchgekocht (in Ö stattdessen: das Fleisch ist durch); die Bed. aufgebraucht wird in D mit einem anderen Wort realisiert: die Eier sind alle]: (mundartl., auch süddt.): *aufgebraucht, aufgezehrt:* die Eier sind gar (= es sind keine Eier mehr vorrätig).

Gar|de|ro|be|fuß, der; -es, ...füße (Fußballerspr., umgangssprl.): *der schlechtere Fuß eines Fußballers* (bei rechtsfüßigen Spielern der linke Fuß, mit dem er weniger geschickt ist).

G

Gas|se, die; -, -n; **Gås|sen**, die; -, - [ahd. gaʒʒa, Herk. unklar, der Bestandteil -gasse kommt in Ö als Bezeichnung für eine Wohnadresse häufiger vor als -straße, in D ist es umgekehrt; in Ö muss eine Gasse nicht unbedingt eng und schmal sein; außerdem dient das Wort Gasse österr. und bair. auch als Gegensatz zum Inneren eines Hauses] ❖ **gås|sen|sei|tig** ⟨Adj.⟩ (standardsprl., auch bair.): *auf der zur Straße hin gelegenen Seite:* ein gassenseitiges Zimmer ❖ **Gås|sen|ver|kauf**, der; -s, ...käufe (standardsprl., auch bair.): Verkauf von Speisen oder Getränken zum Mitnehmen ❖ **über die Gasse / die Gåssen** (standardsprl., auch bair. und CH): *zum Mitnehmen* ❖ **Gås|sen|bub**, der; -en, -en (standardsprl., auch süddt. und CH): *Bub, der sich viel auf der Straße herumtreibt* ❖ **du kommst schon noch in meine Gasse / meine Gåssen** (umgangssprl.): *irgendwann werde ich es dir heimzahlen* ❖ **Gassl|werk**, das, -s, kein Pl. **1.** (umgangssprl.): *Gewirr winkeliger, schmaler Gassen* **2.** (Bikerspr., abw.): *Route über Landstraßen mit vielen Abzweigungen.*

Ga|te|ho|se, Gat|je|ho|se, die; -, -n (mundartl. auch im Sg.: die Hosen) [verdeutlichende Verdoppelung aus ungar. gatya = Unterhose und Hose] (umgangssprl.): *lange Herrenunterhose* (aus Leinen) ❖ **Un|ter|gat|te**, die; -; kein Pl. [verdeutlichende Verdoppelung aus ungar. gatya = Unterhose und dem 1. Bestandteil von Unterhose; in der Schreibung an Gatte (= Ehemann) angeglichen] (umgangssprl.): *Herrenunterhose* ❖ **Gat|tin|ger, Un|ter|gat|tin|ger**, die; -, - (meist Pl.) [scherzh. Weiterbildung mit -ing-Ableitung] (umgangssprl.): *Herrenunterhose.*

Gạtsch, Ga̲tsch, der; -(e)s, kein Pl. [lautmalend, vermutl. urspr. mit kurzem Vokal; da Einsilber mundartl. oft gedehnt werden, auch mit längerem oder langem Vokal] (umgangssprl., auch bair.): *breiige Masse; aufgeweichte Erde, Schneematsch:* Andre Heller in „A Zigeina mecht i sein“: „Und da Regn und da Gatsch warn mei Pullowa / und de Stern, då obm, des kånnst ma glauben, / de warn mei Huat, mei leiwånda Huat ...“ ❖ **gạt|schig** ‹Adj.› (umgangssprl.): *mit aufgeweichter Erde oder mit Schneematsch versehen:* der Weg ist gatschig; mit den gatschigen Schuhen darfst du nicht ins Zimmer ❖ **Hupf in' Gạtsch und schlåg Wellen!** [alte, scherzh. Wendung; urspr. mit der Mehrzahlform Wellen; im Lied von Georg Danzer taucht die Wendung der Rhythmik wegen in der Einzahl auf: a Wön = eine Welle] (umgangssprl.): *Lass mich in Ruhe!* Georg Danzer in „Hupf in Gatsch“: „Hupf in Gatsch und schlåg a Wön / aber tua mi do ned quön (quälen). / Hupf in Gatsch und gib a Ruah / sunst schließ ich dir deine Augen zua ...“ ❖ **Gạtsch|hup|fer**, der; -s, - (umgangssprl., Bikerspr., teilweise abw.) **1.** *Mountainbike* **2.** *geländegängiges Moped oder Motorrad* **3.** *dessen Besitzer* ❖ **Gạtsch|wel|le**, die; -, -n; **Gạtsch|wel|len**, die; -,- [1. Bestandteil: Gatsch mit der Bed. Pomade] (umgangssprl.): *Schmachtlocke.*

Gäu, das; -(e)s, -e [mhd. gou, ahd. gewi; dieses zu einer germanischen Wurzel, die Gegend, Landschaft bedeutet hat; Gäu ist eine Nebenform zu Gau, vgl. im Bundesland S die Bezeichnungen, Flachgau, Lungau, Pinzgau, Pongau, Tennengau] (umgangssprl.): *abgegrenztes Gebiet, für das jemand in einer bestimmten Funktion zuständig ist* (z. B. Einkaufsgebiet eines Fleischhauers, Arbeitsgebiet eines Schusters) ❖ **jemandem ins Gäu kommen / gehen** (umgangssprl., auch süddt., CH): *sich in fremde Angelegenheiten einmischen, in fremdem Einflussbereich herumwildern:* Geh mir ja ned ins Gäu! Wenn du mir ins Gäu kommst, wird es einen Krieg geben!

Gauch, der; -s, Pl.: Geich [mhd. gouch = Kuckuck, Bastard, Narr, Tor] (mundartlich): *Narr, Gaukler, Kasperl:* Hermann Leopoldi in „Schnucki, ach Schnucki“: „Ich geh doch nicht mit so an Gauch / mit aaner Glåtzn und a Bauch.“

Gau|di, die; -, kein Pl.; auch: **Gau|dee**, die; -, -n [Gaudi ist in Ö und im Bair. ein Fem., weil sich das Wort nicht vom Sg. des lat. Neutr. gaudium ableitet, sondern vom Pl. gaudia, der bereits vulgärlat. im Sg. als Fem. auftritt; vgl. auch ital. la gioia, franz. la joie; in D ist Gaudi auch sächlich] (umgangssprl., auch bair.): ***Vergnügung, Spaß, ausgelassene Fröhlichkeit.***

Ge|bet|läu|ten, das; -s, kein Pl. (standardsprl.): ***Angelusläuten*** (das morgendliche, mittägliche und abendliche Läuten der Kirchenglocken, bei dem das Angelusgebet gebetet wird).

G

ge|fin|kelt ‹Adj.› [wohl zu mundartl. Fink = schlauer Mensch, ev. auch Partizip 2 zu einem früher gebräuchlichen finkeln = auf der Drehbank glätten] (standardsprl.): ***schlau, durchtrieben.***

ge|hen ‹ging, ist gegangen› [ahd. gēn, gān = gehen, schreiten, wandeln, sich bewegen; gehen ist heute in Ö in der Alltagsspr. der häufigste Ausdruck für: schrittweise fortbewegen (in D statt gehen oft laufen; laufen bedeutet in Ö: rasches schrittweises fortbewegen; allerdings ist rennen häufiger] ❖ **Geh! Aber geh! / Gehn S'! Aber gehen S'!** (standardsprl., auch süddt.): ***als Ausdruck der Ablehnung:*** Geh! Warum soll ich mir das gefallen lassen? ❖ **Geh! / Gehn S'!** (standardsprl., auch süddt.): ***als Ausdruck der Ermunterung:*** Geh! Erzähl mir, wie es im Urlaub wår! ❖ **jemanden gehen lassen** (standardsprl., auch süddt.): ***jemanden in Ruhe lassen:*** Bitte, lass mich gehn! (= Bitte lass mich in Ruhe!)

-ge|her, der; -s, - **als 2. Bestandteil in Zusammensetzungen** [die ältere Form Fußgänger geht zurück auf mhd. vuozgenger (= zu Fuß gehender und kämpfender Krieger); Fußgeher ist jüngeren Datums und auf den Süden des Sprachraums beschränkt; in D ansonsten nur -gänger] (standardsprl.): ***jemand, der (auf eine bestimmte Weise) zu Fuß geht, jemand der regelmäßig in eine bestimmte Einrichtung geht,*** z. B. **Fellgeher, Fußgeher, Kirchengeher, Theatergeher, Tourengeher** etc. (da die amtliche Bezeichnung in Ö Fußgänger lautet, hat sich Fußgängerübergang, Fußgängerzone, Fußgängerbrücke etc. im Sprachgebrauch durchgesetzt, umgangssprl. heißt es aber nach wie vor meist Fußgeher): „Die Radfahrer suchen geradezu die Konfrontation mit dem Autoblech und vertrauen darauf, mit dem Bonus des Schwächeren zumindest vor Gericht Recht zu bekommen. Wenn so ein forscher Radler freilich einen Fußgeher über den Haufen fährt, schlägt die Stimmung um und manches selbsternannte Opfer wird dann rasch zum Täter." (Michael Stirner, Auto-Touring, 7/8 2010.

Ge|hört-sich, das; -s, kein Pl. [Substantivierung von: es gehört sich] (umgangssprl.): *gutes Benehmen:* Das ist kein Gehört-sich!

ge|hupft wie ge|hatscht, g'hupft wie g'hatscht [im Norden des Sprachraums: gehüpft wie gesprungen] (umgangssprl.): *völlig gleich, einerlei.*

geil ‹Adj.› [ahd. geil = kraftvoll; üppig; lustig, eigtl. = gärend, aufschäumend; gesamtdt. heute mit der Bed.: sexuell erregt, gierig nach sexueller Befriedigung, wuchernd (von Pflanzen) und jugendsprl.: großartig, toll, super]: *fett, reich an Kalorien:* eine geile Torte.

Ge|impf|te, G'impf|te, das; -n, kein Pl.; ein Geimpftes [substantiviertes Partizip 2 zu impfen] (mundartl.): *Impfpustel* ❖ **da geht mir das G'impfte auf:** *da werde ich wütend.*

Geiß, die; -, -en [ahd. geiʒ, geht vielleicht auf ein Wort zurück, das soviel wie Spitze, Horn bedeutet hat] (standardsprl., auch süddt., Nordrhein-Westfalen, Hessen, CH): *Ziege* ❖ **Geiß|bock**, der; -s, ...böcke: *Ziegenbock* ❖ **Geiß|bart**, der; -(e)s, ...bärte [nach der Ähnlichkeit mit dem Bart einer Geiß] (standardsprl.): *langer Spitzbart* (beim Mann).

Geld|taschl, das; -s, -n (umgangssprl.): *Geldbörse, Portemonnaie.*

gell, gelt, gö, göi ‹Partikel› [eigtl.: es möge gelten] (umgangssprl., auch süddt.): *Marker am Beginn, am Ende oder im Verlauf eines Redebeitrags, um Zustimmung einzufordern; erwartete Antwort: ja; vergleichbar mit: ... nicht wahr?:* Ludwig Hirsch in „Gel', du mågst mi": „... nur zu mir håst g'sågt: Bleib då! / Ich håb då an leisen Verdåcht: / Gel', du mågst mi!" ❖ **Gẹlln S'!** ⟨Variante für Gesprächspartner auf Sie-Basis⟩ (umgangssprl., auch süddt.): *Nicht wahr?* Aber gelln S', Frau Prohaska, es bleibt unter uns!

Gẹl|se, die; -, -n; **Gẹl|sen**, die; -, -; mundartl. Ausspr. [gœːsn] [zu mhd. gëlsen = summen, laut tönen, verw. mit gellen; nach dem singenden Geräusch, das diese Insekten von sich geben; in D meist: Schnacke] (standardsprl.): *Stechmücke:* Frau Schöberl (Ernst Waldbrunn) sagt zu Frau Berger (Karl Farkas) in einer Doppelconference: „Mich müssten Sie im Binki sehen. Im Stråndbåd im Sommer wurde ich direkt umschwärmt ..." – „Von den Gelsen?" – „... und Verehrern." ❖ **Gẹl|sen|dip|pel**, der; -s, - [2. Bestandteil Dippel, auch Tippel = Anschwellung, zu mhd. tübel = Pflock, Zapfen] (umgangssprl.): *angeschwollener Gelsenstich* ❖ **Gẹl|sen|ste|cker**, der; -s, - (standardsprl.): *kleiner Elektroverdampfer mit einem auswechselbaren Plättchen, das Insektizide enthält* ❖ **Ben|zin|gel|se**, die; -, -n (Bikerspr., scherzh., abw.): *Moped* ❖ **Kạmpf|gel|se**, die; -, -n (Bikerspr., scherzh., abw.): *auffrisiertes Moped.*

gẹm|ma ⟨auffordernder Zuruf, oft verdoppelt: gemma, gemma⟩ [kurz für: gehen wir] (mundartl.): **1.** *gehen wir es an* **2.** *strengt euch an.*

Ge|nie|rer [ʃeˈniːɐ̯re], der; -s, - [zu genieren; dieses zu franz. gêner = bedrücken, stören, (se) gêner = sich genieren, dieses zu altfranz. gehiner = foltern und gehine = das durch Folter erpresste Geständnis] (umgangssprl.): *Schamgefühl, Anstand, Scheu* ❖ **ohne Genierer** (umgangssprl.): *ohne Hemmungen* ❖ **keinen Genierer haben / kennen** (umgangssprl.): *keine Hemmungen haben; sich nicht schämen, etwas Fragwürdiges zu tun.*

Ge|nụss|specht, der; -s, -e (umgangssprl., auch bair.): *Genießer, Feinschmecker.*

Gẹrs|tel, Gẹrstl [-ʃt-], das; -s, -(n) [Vkl. von Gerste; Bed. 2: erinnert im Aussehen an Gerstenkörner]: **1.** *durch Rollen enthülste, zerkleinerte Gersten- oder Weizenkörner; auch: Rollgerste* (in D: Graupe, Gerstengraupe) **2.** *geriebener Nudelteig als Suppenein-*

lage; auch: geriebenes Gerstel; in D: Reibteig **3.** (umgangssprl., auch süddt., scherzh.): *Geld* ❖ **sein Gerstel zusammenhalten** (umgangssprl., auch süddt.): *geschickt wirtschaften, sparsam sein* ❖ **sein letztes Gerstel verlieren** (umgangssprl., auch süddt.) ❖ *sein letztes Vermögen verlieren.*

ge|scheit, gscheit ‹Adj.› [mhd. geschīde, eigtl.: (unter)scheidend, scharf (vom Verstand und von den Sinnen), zu mhd. schīden = scheiden]: (standardsprl., auch süddt. und CH): **1.** *klug, intelligent:* ein gescheites Mädchen **2.** *gut, richtig:* nicht gescheit tanzen können; es ist gescheit, dass Sie gekommen sind ❖ **nichts Ge|schei|tes zustande bringen:** *alles falsch machen* ❖ **der Ge|schei|te|re gibt nach:** *der Klügere gibt nach* ❖ **ober|ge|scheit** ‹Adj.›: *besserwisserisch* ❖ **wie ned gscheit:** *sehr heftig, im Übermaß, ohne Maß und Ziel:* er beschleunigt immer mehr, gibt Gas wie ned gescheit ❖ **Gschei|terl**, das; -s, -n: *besserwisserischer Mensch* ❖ **Herr Gscheit:** *einer, der sich für viel gescheiter als die anderen hält* (meist auf jemanden gemünzt, der etwas sagt oder tut, das eine Zumutung darstellt): In „MA 2412 – Weihnachten" packt Ing. Engelbert Breitfuß (Roland Düringer) umständlich ein Weihnachtsgeschenk ein, als Michael Weber (Alfred Dorfer) bei der Tür hereinkommt: Breitfuß: „I' tua seit aaner Stund mit dem depperten Packl då umanånda (...)" Weber: „Wieso påcken S' dås überhaupt ein?" – „Ja, wås? Weu 's a Weihnåchtsgeschenk is', Herr G'scheit!"

Ge|scherr, Gscherr, das, -s, kein Pl.; auch: Gscher(r) [Herk. unklar; möglichweise zu Schar, vermengt mit mhd. gescherre = Handwerkszeug, Hausrat, Pferdegeschirr; vgl.: die angeschirrten Pferde; wohl auch Zusammenhang mit: sich um etwas scheren] (umgangssprl., auch bair.): *Dienerschaft* ❖ **wie der Herr, so das Gscherr** [Vergleiche dieser Art finden sich schon bei Titus Petronius, dem römischen Senator und Autor des Romans Satyricon: Qualis dominus, talis et servus = wie der Herr, so auch der Sklave] (umgangssprl., auch bair.): *genauso wie der Herr sind auch seine Untergebenen zu beurteilen, genauso wie der Vater, seine Söhne etc.* (meist auf schlechte Eigenschaften bezogen): Wie der Herr, so das Gescherr – der Sohn ist genauso ein Gauner wie der Vater.

ge|schert, gschert ⟨Adj.⟩ [mhd. scherten, geschert = abschneiden, schädigen; urspr. also geschädigt, tölpelhaft; provinziell ist eine jüngere Bed., und zwar in Anlehnung an scheren, geschoren – da Bauern früher kein langes Haar tragen durften] (umgangssprl., auch süddt., abw.): *tölpelhaft, grob, ungehobelt, provinziell* ❖ **Ge|scherte, Gscherte,** der und die (umgangssprl., abw., auch süddt.): *Tölpel, Provinzler* (Schmähwort der Wiener gegenüber Leuten vom Land, diese antworten mit dem Ausdruck Weana Bazi (= arroganter Wiener): Helmut Qualtinger im Dialog mit Gerhard Bronner in „Travniček im Urlaub": „Und die Lappen? Die Lappen? Gscherte im Pelz! Wånn mi des Reisebüro ned vermittelt hätt' ..." ❖ **gscher|ter Ham|mel,** der; -s, -n (umgangssprl.): *Mensch mit schlechten Manieren.*

G

ge|schma|ckig, gschma|ckig ⟨Adj.⟩ [zu Geschmack] (umgangssprl.): **1.** *geschmackvoll, schmackhaft, wohlschmeckend: ein gschmackiges Gericht* **2.** *unterhaltsam, kurzweilig:* „Medienrichter Bruno Weis weiß um die Brisanz der Zeugen. Sein Kommentar: ‚Das freut das Juristenherz, das wird gschmackig.'" (Der Falter, 18/2001 vom 2. 5. 2001).

ge|schupft, gschupft ⟨Adj.⟩ [eigtl. Partizip 2 von schupfen] (umgangssprl.): **1.** *munter, beweglich; verrückt, überspannt:* Gerhard Bronner in „Der g'schupfte Ferdl": „Heute ziagt der gschupfte Ferdl frische Socken ån, / grün und gelb gestreift, das ist so elegant. / Schmiert mit feinster Brillantine seine Lockn ån, / putzt si d' Schuach und nåcha haut er si ins Gwaund ..." **2.** *erledigt:* die Sache ist geschupft.

ge|spitzt, gspitzt ⟨Adj.⟩ [eigtl. Partizip 2 von spitzen] (umgangssprl.) ❖ **gespitzt ausschauen:** *kränklich, abgemagert aussehen:* Peter Alexander in der Parodie „Hans Moser bei Papst Pius XII." (1927): „Grüß Gott, Herr Pius, Jessus, i bin so aufgeregt (...) Ned bös sein, Herr Pius, åber heut g'fålln S' ma nicht so gut. I weiß ned: des eing'fållene Gsichterl und die g'spitzten Backerln – ålso ich muss scho sågn, in der Wochenschau håms ma a bissl besser g'fållen (...) Dass der Heilige Vater a bissl g'spitzt ausschaut im G'sicht ..."

Ge|stẹll, Gstẹll [gʃt-], das; -s, -e [mhd. gestelle, ahd. gistelli; Kollektivum zu ahd. stal = Stelle, Standort; gesamtdt. heute mit der Bed. Kfz-Fahrgestell usw.] **1.** (umgangssprl., auch CH): *Stellage* (für Bücher, Weine etc.) **2.** (mundartl.) *körperliche Gestalt, Körperbau, Beine:* Hubert von Goisern und die Alpinkatzen singen in „Koa Hiatamadl": „Mei, jå mei / de meist'n Menscha håm a Gstell / zaundürr und måger wiadawöll ..." ❖ **ein gstellts Madl** (mundartl.): *ein Mädchen mit einer attraktiven Figur* ❖ **jemandem das Gestell putzen** (mundartl.): *jemandem ordentlich die Meinung sagen* ❖ **mit dir is' a Gstell** (mundartl.): *mit dir ist es schwierig, du bist umständlich.*

Ge|wạnd, Gwạnd, das; -s, ...der: [ahd. giwant, zu wenden, also urspr.: Gewendetes, Wendung, auch: Tuchballen, in denen das Tuch gefaltet ist; heutige Bed. unter Einfluss von ahd. giwāti, giwādi = Kleidung; dieses zu weben; gesamtdt. heute nur mit der Bed.: langes, feierliches Bekleidungsstück für besondere Anlässe] (standardsprl.): *Bekleidung, Kleidung, Anziehsachen:* Hans Krankl in „Kottan ermittelt – Rostige Flügel": „Manche Leit foahn nua im Rolls umanånd / håm kane Suagn und jeden Tåg a neix Gwånd." ❖ **sich ins Gwạnd hauen / schmeißen** (mundartl.): *sich anziehen:* Gerhard Bronner in „Der g'schupfte Ferdl": „... putzt die Schuach und nåchher haut er sich ins G'wånd, / weil beim Thumser draußen in Neulerchenfeld / ist Perfektion." ❖ **aus dem Gwạnd fahren** (mundartl.): *sich ausziehen* ❖ **Gwạnd|laus,** die; -, ...läuse [wie eine Laus, die sich im Gewand eingenistet hat] (umgangssprl.): *lästiger, zudringlicher Mensch; jemand, der nicht abzuschütteln ist.*

ge|wịn|nen ❖ **hoch wern ma's nimma g'winnan / hoch werden wir es nicht mehr gewinnen:** [Österreichs Fußballnationalmannschaft spielt am 27. 3. 1999 in Valencia gegen Spanien; zur Halbzeit steht es 5:0 für Spanien und ein ORF-Reporter fragt Anton Pfeffer: „Was kann man sich von der 2. Spielhälfte erwarten? Was ist da noch drinnen?" Anton Pfeffer: „Nå, hoch wern ma's nimma g'winnan, des is amoi kloa." Die Redewendung stammt wohl nicht von Pfeffer, wurde aber durch ihn populär. Spanien gewann schließlich mit 9:0.] (umgangssprl.): *es ist ja bereits alles verloren.*

Gfrast, Gfrasst, das; -(e)s, -er [zu mhd. gevræze = Fresserei, Lust; zu fressen, dieses zu ahd. frezzan, eine Verschmelzung aus der Vorsilbe ver- und essen; erst im Mittelalter differenziert in essen (beim Menschen) und fressen (bei Tieren)] (umgangssprl., auch bair.; abw.): **1.** *schlimmes Kind* **2.** *böser Mensch* ❖ **Gfrastsackl**, das; -s, -n (umgangssprl., auch bair., abw. oder scherzh.): *Schuft* ❖ **Hunds|gfrast, Sau|gfrast** etc: *bes. übler Schuft.*

Gfrett, Ge|frett, das; -s, kein Pl. [zu fretten] (umgangssprl., auch süddt.): *Unannehmlichkeit, Ärger, Plage.*

G

Gfrieß, Ge|frieß, das; -es, -er [zu fressen, dieses zu ahd. frezzan, eine Verschmelzung aus der Vorsilbe ver- und essen; erst im Mittelalter differenziert in essen (beim Menschen) und fressen (bei Tieren)] (umgangssprl., abw.; auch süddt.): **1.** *Gesicht* (wie nord- und mitteldt. Fresse) **2.** *elender Kerl* ❖ **Gfrie|ßerl**, das; -s, -n (umgangssprl.): *herziges Gesicht* (eines Kindes).

Gi|cke(r)l, der; -s, -n [zu lautmalend gigetzen, gigatzen = gackern] (mundartl.): *Hahn.*

Gift|ler, der; -s, - [zu Gift, dieses zu ahd. gift, zu einem erschlossenen, germanischen gefti- = Gabe; urspr. Fem. und als solches noch in Mitgift erhalten; als Neutr. heute mit der Bed.: Stoff mit schädlicher Wirkung] (umgangssprl., abw.): *Drogenabhängiger.*

Gi|gel, der ❖ **der Gi|gel und der Go|gel** [wortspielerisch mit Ablaut i-o, ev. in Anlehnung an gogeln = flattern, sich schwankend hin und her bewegen, kindliche (tölpelhafte) Bewegungen machen] (umgangsprachlich): *der eine und der andere:* „Ich habe nicht gewählt, weil es egal ist, ob man den Gigel oder den Gogel wählt." (Intern.) ❖ **einmal der Gigel, einmal der Gogel:** *einmal der eine, einmal der andere* (hat das Glück): Lukas Resetarits in „A Krise muaß her": „Amoi auffe, amoi åwe, die Ups und die Downs, einmal der Gigel, einmal der Gogel ... So geht's nimmer: Weil es is immer der Gogel und nie der Gigel ..."

Gi|ge|rer, der; -s, - [lautmalend nach dem Wiehern der Pferde] (mundartl.): *Pferdefleischhauer.*

Gi|gerl, der; -s, -n; auch: das; -s, -n [zu mundartl. Gicke(r)l = Hahn; eigtl.: jemand, der wie ein Hahn stolziert] (auch süddt., umgangssprl.): *eitler Mann, der sich übertrieben modisch kleidet* ❖ **gi|gerl|haft** ‹Adj.› (auch süddt., umgangssprl.): *wie ein Gigerl aussehend oder agierend.*

gig|geln ‹hat› [lautmalend, wie gicken] (mundartl., westösterr.; auch CH): *glucksen, kichern, kindlich lachen.*

Git|sche, die; -, -n, **Git|schen**, die; -, - [Herk. unklar, urspr. kein Schimpfwort, heute aber oft abw.] (mundartl.; westösterr., ostösterr.): **1.** *Mädchen* **2.** *Mädchen von schlechtem Ruf.* ❖ **Git|scherle**, das; -s, -n (mundartl.): *herziges Kind.*

Gi|zi, der; -, kein Pl. [Herk. unklar, ev. zu einem Lockruf für Ziegen, in Anlehnung an Gitze = junge Ziege; Nebenform von Kitz] (umgangssprl., ostösterr.): *Zorn* ❖ **auf jemanden einen Gizi haben** (umgangssprl.): *über jemanden erzürnt sein* ❖ **Gi|zi-bart**, der; -s ...bärte (umgangssprl.): *Ziegenbart* (auffallend dünnes Barthaar von Ziegen(-böcken) ❖ **einen Gizibart schleifen** (umgangssprl.): *beleidigt sein, sich ärgern.*

Glås|scher|ben|bon|go, der; -s, -s [1. Bestandteil: Monokel; 2. Bestandteil: Pongo: dunkelhäutiger, treuer, aber unbeholfener Diener von Rolf Torring, dem Helden einer Abenteuerromanserie] (mundartl.): *Mann mit Brillen:* In „Kaisermühlenblues – Es wär so schön gewesen“ schimpft Rudi Gneisser (Götz Kauffmann) mit Mitarbeitern der Gemeinde Wien, weil diese eine neue Ampel an der falschen Stelle montiert haben: „I versteh ned, warum ös Niatn ned mein Plan g'lesen håbts ...“ – „Wer is bei dia a Niatn? Du wåmperter Glåsscherbenbongo! Wånnst di no lång spüst, reiß i dir den Bårt aus!“

Glum|pert, das; -s, kein Pl. [eigtl.: Gelump] (mundartl.): *wertloses Zeug.*

glu|ren, glur|ren ‹hat› [zu mhd. glarren = stieren; außerdem mhd. verglarren = nicht recht sehen, übersehen] (mundartl.): *scharf und auffällig schauen, starren* ❖ **ån|glu|ren, ån|glur|ren**

(mundartl.): *stier ansehen, anstarren* ❖ **Glu|ren, Glur|ren**, die (Pl.) (mundartl., abw.): *Augen:* Mach die Gluren auf!

Glust, Gluscht, der; kein Genitiv, kein Pl. [zu Gelust, seltene Nebenform von Lust; wird heute als Substantivierung zum Verb gelüsten empfunden, was aber sachlich nicht richtig ist] (mundartl.; auch CH): *Verlangen* ❖ **glus|tig, glusch|tig** ‹Adj.›: **1.** *heißhungrig* **2.** *interessiert an etwas.*

gnä|dig, genötig [zu Not; die heute gängige Schreibung gnädig zeigt, dass das Wort volksetymologisch meist mit Gnade in Verbindung gebracht wird, was aber sachlich nicht richtig ist] ❖ **es gnädig haben** (umgangssprl.): *es eilig haben, sich rar machen:* er hat es immer recht gnädig, an ihn kommst du nicht heran.

G

Gnau|scherl, Nau(n)|scherl, das; -s, -n ❖ **gefüllte Gnauscherln und bachene Trutscherln** [Gnauscherl = hochmütige, zänkische Frau; Trutscherl = ungeschickte Frau] (mundartl., ostösterr.): *scherzh. Antwort auf die Frage eines Neugierigen, was in der Küche gerade gekocht wird, was es zu essen gibt.*

gnei|ßen ‹hat› [eigtl. ge-niusen = spüren, wittern, merken; aus mhd. niusen oder niesen = versuchen, erproben; mit gleichem Grundwort, aber anderer Vorsilbe (be-): ahd. pi-niusen, gotisch bi-niuhsjan = auskundschaften] (umgangssprl., auch bair.): *merken, durchschauen, begreifen, verstehen:* Ich habs gleich gneißt. – I ha schon lang so eppes gneißt ❖ **Gnei|ßer**, der; -s, - (umgangssprl.): **1.** *Mensch mit schnellem Verstand;* **2.** (abw.): *Besserwisser* ❖ **Blitz|gnei|ßer**, der; -s, - (umgangssprl.) [1. Bestandteil im Sinne von: bes. schnell; oft ironisch für das Gegenteil, also: schwerfälliger Denker, träger Mensch]: „Als Polster in Köln mit dem FC wegen eines neuen Vertrages verhandelte und diese Verhandlungen sich in die Länge zogen, meinte ein Reporter von SAT 1: ‚Herr Polster, warum haben Sie noch immer nicht unterschrieben?‘ Daraufhin Polster: ‚Na ja, wissen Sie, es passiert mir gerade zum ersten Mal in meiner Karriere, dass mir ein Verein mehr zahlen will als ich annehmen kann. Und das ist mir fast ein bisserl peinlich.' Kurze Stille, dann der Reporter, ziemlich verdutzt: ‚Das war jetzt aber ein Scherz, oder?' Polsters sekundenschnelle Antwort: ‚Na, Sie sind ja, wie man bei uns sagen würde, ein richtiger Blitzgneißer.'" (Kl. Ztg., 29. 9. 2006).

Goal, das; -s, -s [die urspr. engl. Fachbegriffe des Fußballsports wurden in D rigoros eingedeutscht, in Ö und in der CH nur zögernd; gilt auch für Out, Penalty etc.] (Fußballerspr., auch CH): *Tor* ❖ **Ei|gen|goal**, das; -s, -s: *Eigentor* ❖ **Stei|rer|goal**, das; -s, -s [nach dem aus der Steiermark stammenden Tormann Rudi Hiden, der nach seinem Wechsel zu einem Wiener Klub gleich im ersten Match ein vermeidbares Tor hinnehmen musste] (nur Ö): *Tor infolge eines schweren Tormannfehlers.*

Go|gel, der; -s, -n [zu Gockelhahn] (gaunersprachl.): **1.** *Freier (einer Prostituierten):* Lukas Resetarits in „Zu bunt" (1992) (in der Rolle einer Wiener Zuhälters, der für den EU-Beitritt plädiert): „Wir importieren åber nicht nur die Mädels, wir entwickeln sie weiter. (...) Wir richten sie her, wir bringen ihnen bei, wie man sich in einem freien Land, einem Freier, also einem Gogel gegenüber zu verhålten håt." **2.** *Betrogener, Ausgenützter.*

Goi|se|rer, der; -s, - [nach Bad Goisern in OÖ] (standardsprl.): *schwerer, genagelter Bergschuh:* Hubert von Goisern in „Alpine Lawine": „How do you do mit de Gummischuh?/ Hau i di a mit de Goisera!" (Scherzreim).

Go|sche, die; -, -n, **Go|schen, Goschn**, die; -, - [Herk. unklar; vielleicht verw. mit lat. geusiae (Pl.): Rachen, Schlund] (umgangssprl., meist abw., derb, reg. auch in D): *Mund, Maul, Mundwerk* ❖ **jemandem eine Goschen anhängen:** *jemanden beschimpfen, Streit beginnen:* Mundl Sackbauer (Karl Merkatz) in „Ein echter Wiener – Der Urlaub": „I håb eahm doch ka Goschen ång'hängt! I håb eahm nur g'frågt, ob's eahm ins Hirn g'schissen håben!" ❖ **sich die Goschen über jemanden zerreißen:** *über jemanden herziehen* ❖ **Wenn der einmal stirbt, muss man seine Goschen separat (d)erschlagen:** *scherzh.*

über eine geschwätzige Person ❖ **Hände falten, Goschen halten** [vom ÖVP-Politiker Ferdinand „Ferry" Maier populär gemacht, aber wohl schon vorher in Verw.] (umgangssprl., ironisch, abw.): *nur nicht kritisieren, alles gedulig hinnehmen* ❖ **Pẹlz|go|schen**, die; -, - (umgangssprl., scherzh.): *Bart:* „Maschek" in „Beim Gusenbauer" (Dialog zwischen Michael Häupl und Alfred Gusenbauer): „San des die Moonboots vom Hansi Hinterseer oder die Pelzgoschen vom Peter Rapp?" – „Weder noch, das ist meine Russenkappe mit eingebauter Kamera ..." ❖ **gọ|schert** ⟨Adj.⟩ (umgangssprl., abw.): *prahlerisch, angeberisch:* „Ich bin oft ein bisserl zu zynisch und zu goschert, ja, das kann durchaus sein." (Markus Rogan, Kurier, 10. 10. 2010) ❖ **groß|go|schert** ⟨Adj.⟩ (umgangssprl., abw.): *bes. prahlerisch* ❖ **Gọscherte**, der; ...ten, ...ten; ein Goscherter (umgangssprl., abw.): *jemand, der gern prahlt* ❖ **Gọ|scherl**, das, -s, -n (umgangssprl.): *kleiner, süßer Mund* ❖ **Frọsch|go|scherl**, das: **1.** (umgangssprl.): *Löwenmaul* (eine Pflanze) **2.** (standardsprl.): *durch Raffen des Stoffes geformte Borte zur Verzierung, bes. an einem Trachtenkleid* ❖ **Zụ|cker|go|scherl**, das; -s, -n (umgangssprl.): **1.** *Liebhaber von Süßem* **2.** *Kosewort für eine Frau oder für ein Kind:* Ostbahnkurti (Willi Resetarits) in „Zuckagoschal": „Und du warast mei Zuckergoschal / und i' war' dei Bussibär / mia tatn gmiadlich oid und blad wern / heast wås braucht ma mehr."

Gọ̈s|ser|mus|kel, der: -s, -n [1. Bestandteil: zu Gösser Bier®, aus der Brauerei Göss (ST)] (umgangssprl., scherzh.): *Bierbauch.*

gọt|tig|keit ⟨Adv.⟩ [Herk. strittig, entweder lat. quod dicat = was heißen soll; oder zu Gott und keid (3. Person, Singular, Präsens des alten germanischen Verbs quedan = sprechen, also: wie Gott sagt] (standardsprl., gehoben): *gewissermaßen, will sagen, sozusagen; bei Gott, wirklich:* Man hat mir das mitgeteilt, gottigkeit, wie wenn es das größte Geheimnis auf Erden wäre.

Grạf|fel, Grạf|fel|werk, das; -s, kein Pl. [zu raffeln = lärmen, klappern; mit Vorsilbe ge-] (umgangssprl., auch bair.): *wertloses Zeug, Gerümpel.*

G

gra|mạn|zen, kra|mạn|zen ⟨hat⟩ [im Mittelalter haben Frauen ihren Rittern im Turnier für die in ihrem Dienste verstochenen Lanzen mit der franz. Formel grand merci gedankt; daraus wurde dem Gehör nach gramazi, es ist also das nasalierte n vor dem m und das r vor dem c verloren gegangen] (umgangssprl.): **1.** *sich übermäßig höflich benehmen* **2.** *Umstände machen* **3.** *umständlich reden* ❖ **Gra|mạn|zen, Kra|mạn|zen, Gra|madạn|zen, Kra|ma|dạn|zen**, die; -, - [urspr. Gramanzen, später auch mit Silbeneinschub und in Anlehnung an das Verb tanzen, weil der Sinn für die Herk. von Gramanzen verloren gegangen ist; (Volksdichter haben gramanzen meist auf tanzen gereimt)] (umgangssprl.): *Getue* ❖ **Mach keine Gramanzen / Gramadanzen!** (umgangssprl.): *Mach keine Umstände! Gib eine Ruhe!* ❖ **Gra|mạn|zer, Kra|mạn|zer**, der; -s, - (umgangssprl.): **1.** *umständlicher Mensch* **2.** *Tischabräumer in Gaststätten.*

Gra|mu̲|ri, Kra|mu̲|ri, Kra|ma|su̲|ri, die, selten auch: der; -, kein Pl. [urspr. mit Vorsilbe ge- als Geramuri, dieses zu gramuren = Nebenform von rumoren mit der Bed.: Unordnung machen; die gleichbedeutenden Ausdrücke Kramasuri und Ramasuri sind Streckformen; die Ableitung aus Kram und der rumän. Pluralendung -uri ist wohl verfehlt; das selten vorkommende mask. Geschlecht ist eine Anlehnung an Kram] (umgangssprl.): *unnütze, wertlose Gegenstände.*

Grạnt, der; -s, kein Pl. [aus ahd. grintan, allerdings nur erschlossen, d. h. ohne Beleg; vergleicht sich mit altengl. grindan = mit den Zähnen knirschen] (umgangssprl., auch bair.): *schlechte Laune, Unmut, Verärgerung* ❖ **einen Grạnt haben**: *schlecht gelaunt sein:* Michael Niavarani und Viktor Gernot in „Gefühlsecht“: „Wie ist Michael Niavarani am frühen Morgen?“ – „Grantig (...) Der Grant ist dås wåhrhåftigste Gefühl, dås ich überhaupt empfinden kånn (...) Då wåche ich auf und då gspür i' scho, da kräult er dir auffe, der Grant (...) Und dånn kommt die Sonne beim Fenster herein, dås ist dås nächste, wås mich grantig mächt (...)“ – „Wås håst du gegen die Sonne?“ – „Eine Marlboro brauch ich in der Früh, åber keine Sonne!“ ❖ **grạn|teln** ⟨hat⟩: *missmutig, übellaunig, zänkisch sein* ❖ **grạn|tig** ⟨Adj.⟩: *missmutig, übellaunig, zänkisch* ❖ **Grạn|ti|kus**, der, -, - [mit lat. Endung]: *Gries-*

gram ❖ **Grạnt|scher|ben**, der; -s, - [2. Bestandteil bed. auch Nachttopf, Leibschüssel]: *Griesgram.*

grạp|peln, grå̲|beln, grå̲|weln ⟨hat⟩ [urspr. zu norddeutsch krabbeln, dieses zu Krabbe; in der Schreibung wird pp oft durch b oder w ersetzt] (mundartl.): **1.** *krabbeln* **2.** *greifen, abtasten* **3.** *kramen* **4.** *kitzeln* ❖ **ạb|grap|peln, ạb|grå̲|beln, ạb|grå̲|weln** (mundartl.): *abtasten, betatschen, abgreifen, sexuell belästigen:* Kaiser Robert Heinrich I. (Robert Palfrader) in „Wir sind Kaiser", als ihn Richard Lugner am Arm fasst: „Lugner! Wir finden ihn sehr sympathisch, åber wenn er noch einmål hergreift, håt er keine Hånd mehr ... Wir håm im Fernsehen g'sehn, wie er die Leute, die er måg, åbgråbelt." ❖ **Grạp|pler, Grå̲b|ler, Grå̲w|ler**, der; -s, - (mundartl. abw.): **1.** *schwerfälliger Mensch, der nichts weiterbringt* **2.** *ein Mann, der Frauen sexuell belästigt.*

Grạ̈t|zel, das; -s, -n [zu mhd. gereiȝ = Umkreis] (standardsprl., ostösterr.): *kleiner Teil eines Wohnviertels:* Mariane Mendt in dem Lied „Der Kaisermühlen Blues": „I leb in an Grätzl, / am Rånd von der Stådt, / wo ångeblich a jeder a Goldherzerl håt, / 's san nur a poa Gåssen und haufenweis Bam ..." ❖ **Grạ̈t|zel|fest**, das; -es, -e (standardsprl., ostösterr.): *Stadtteilfest.*

Gra̲u̲s|bir|ne, die; -, -n [zu mhd. gruȝ = Korn; Grauß nennt man die grobkörnigen Erhebungen auf der Schale, wodurch die Frucht zum Verzehr kaum geeignet ist] (mundartl.): *eine Mostbirnenart* ❖ **da steigen einem die Grausbirnen auf** [die Schale der Birnen erinnert an einen Hautschauder (vgl. den gesamtdt. Ausdruck Gänsehaut)] (umgangssprl.): *da überkommt einen ein angstvoller Schauder; da bekomme ich ein Gefühl der Beklommenheit, des Entsetzens.*

Gra̲z [Landeshauptstadt der ST] ❖ **Und wann's Graz kostet / gilt** [eine Redensart, die Kaiser Ferdinand II. im Zuge der Gegenreformation zugeschrieben wird: „Ich will euch katholisch machen, und wenn es Graz kostet!"; nach einer anderen Erklärung auf die heftigen Kämpfe der Türken rund um den Schlossberg bezogen] (bildungssprachl.): *um jeden Preis.*

G

Greiß|ler, der; -s, - [Nebenform von Gräußler; zu Grauß; dieses zu mhd. grūʒ = Getreidekorn] (standardsprl., bes. ostösterr.): *kleiner Lebensmittelhändler* ❖ **Greiß|ler|men|ta|li|tät**, die; -, -en (standardsprl.): *kleinliches, eigennütziges Verhalten* ❖ **Greiß|ler|ster|ben**, -s, kein Pl. (standardsprl.): *das Zusperren der kleinen Nahversorger infolge des Vordringens der Supermarktketten* ❖ **Greiß|le|rei**, die; -,-en (standardsprl.): **1.** *kleine Lebensmittelhandlung* **2.** (neuerdings): *kleines Delikatessengeschäft mit reg. Spezialitäten.*

Gre|na|dier|marsch, der; -es, kein Pl. (Küchenspr.): *Speise aus zerkleinerten Erdäpfeln, Teigwaren und Fleisch- oder Wurststücken* (meist aus Resten vom Vortag).

Gretl ⟨weiblicher Vorname⟩ [Kurzform von Margarete] (umgangssprl.): **eine fesche Gretl**: *eine hüsche Frau* ❖ **eine dumme Gretl**: *eine dumme Frau* ❖ **Gretl|fri|sur**, die; -, -en: *Frisur mit zum Kranz aufgesteckten Zöpfen.*

gria|wig[1] ⟨Adj.⟩ [Ableitung von rühren; mhd. gerüeric = rührig] (mundartl.; vor allem OÖ und S): **1.** *munter, lustig:* a griawigs Mandl (= ein lustiger Mann) **2.** *herzig, nett:* a griawigs Kind / a griawigs Katzerl **3.** *schmissig* (von der Musik).

gria|wig[2] ⟨Adj.⟩ [Ableitung von Grauen; mhd. griuwelich = grauenerregend, Angst einflößend] (mundartl., ostösterr.): *furchterregend, grimmig:* da geht's griawig åbe (= da geht es furchterregend steil bergab); Gewitterwolken ziehen auf, jetzt wird's griawig!

gria|wig[3] ⟨Adj.⟩ [Ableitung von Ruhe; mhd. geruowec, gerüowec = ruhig, gelassen, langsam; eigtl.: geruhig] (mundartl., vor allem bair.): *gemütlich, geruhsam, geborgen.*

Griss, Ge|riss, das; -es, kein Pl. [zu reißen] (umgangssprl., reg. auch in D): *Wetteifern:* „Vor einigen Jahren waren diese (die Quereinsteiger) gefragt bei den Parteien. Das Kalkül: Wir stellen einen Promi in die Auslage, und die Wähler laufen uns zu. Weil die Polit-Welt doch nicht so simpel ist, war es bald vorbei mit dem

G'riss um Künstler, Sportler und Medienleute." (Karin Leitner, Kurier, 3. 7. 2010).

Groi|kerl, das; -s, -n [verw. mit Griebe = Grammel] (mundartl.): *getrocknetes Augensekret in den Augenwikeln* (bes. am Morgen).

Grum|met, das; -s, kein Pl. [mhd. gruon- und gruo-māt, zu ahd. gruoen = wachsen, sprießen, also: die nachgewachsene Mahd] (standardsprl.): **1.** *die zweite Mahd, der zweite Grasschnitt.* **2.** *Heu von der zweiten Mahd.*

G

Gschaftl, das; -s, -n: (umgangssprl.): *(belanglose) Tätigkeit:* mit diesen Gschaftln wird er sich keine goldene Nasen verdienen ❖ **Gschaftl|hu|ber**, der; -s, - (auch süddt.): *umtriebiger Mensch, der aber nichts zustande bringt* ❖ **Gschaftl|hu|berei**, die; -, -en: *umtriebiges Getue, das nichts bringt.*

gschams|ter [entgegen der Lehrmeinung urspr. nicht zu gehorsamster, sondern zu jidd. schammes = Diener in einer Synagoge, dann verdeutlichende Verdoppelung: Schamer-Diener (belegt in Franz Seraph Hügel: „Der Wiener Dialekt", 1873) mit der Bed.: gehorsamer Diener; letztlich Beifügung der Vorsilbe ge- und Endung wie Superlativ, womit gschamster Diener in lautlicher Angleichung an gehorsamster entstanden ist] (umgangssprl., ostösterr.) ❖ **gschamster Diener**: *ergebenster Diener* ❖ **Gschams|te|rer**, der; -s, - (umgangssprl., ostösterr.): *Liebhaber, Freund.*

ge|schis|sen, gschis|sen 〈Adjektiv〉 [eigtl. Partizip 2 von scheißen] (mundartlich, derb): *schlecht, ungut:* das ist geschissen (= das ist sehr schlecht) ❖ **das Gschis|sene auswendig haben**: *sich in einer misslichen Lage befinden:* Polycarp Trautman (Wolfgang Böck) in „Kaisermühlenblues – Aufsteiger:" „... åber i' håb leider nix zum Feiern. I' håb des Gschissene voll auswendig. (...) I' werd' zum Abteilungsinspektor befördert (...) ins Sicherheitsbüro versetzt, also i' komm zum Mord (...) Und SB haaßt: Überstunden ohne End!" ❖ **Ge|schis|sene, Gschis|sene**, der; -n, -n, ein Gschissener (mundartlich, derb): *unfreundliche, aggressive Du-Anrede.*

Gschis|ti-gschas|ti, das; -s, kein Pl. [wortspielerisch mit Ablaut i-a; ev. in Anlehnung an geschissen] (umgangsprachlich, ostösterr.): *Umstände, Getue, Aufhebens* ❖ **Gschis|ti|bo|ha-vi|tschek**, der; -s, -s [2. Bestandteil: ein tschech. Name] (umgangssprachl, ostösterr.): *Wichtigtuer.*

Gschlå|der, Ge|schlå|der, Gschle|der, Ge|schle|der, das; -s, - [zu schledern = Nässe, Schlamm verspritzen; diese zu mhd. slœteren, allerdings nur erschlossen, nicht belegt] (umgangssprl., ostösterr., abw.; auch bair.): **1.** *dünner Kaffee* **2.** *schales Getränk* **3.** *schlechte Suppe.*

Gschråpp, der; -en, -en [geht vermutl. auf ein Wort zurück, das kleiner Brocken bedeutet hat, verw. mit norddeutsch schrappen = kratzen, schaben, durch Schaben oder Kratzen entfernen, wodurch ein kleiner Brocken entsteht] **1.** (umgangssprl., T): *zerbröckeltes Gestein auf Wegen* **2.** (umgangssprl., ostösterr.): *kleines Kind.*

Gschwuf, der; -s, -e [vermutl. zu: (umher-)schweifen] (umgangssprl.): *Liebhaber, Snob.*

gsi (mundartl., V): *gewesen* ❖ **Gsi|ber|ger**, der; -s, - [da im Unterschied zu den anderen österr. Mundarten die Präteritumform des Hilfszeitworts sein fehlt und „i bin gsi“ anstelle des sonst üblichen „ich war“ verwendet wird, werden die Vorarlberger im übrigen Ö als Gsiberger bezeichnet] (umgangssprl., scherzh. oder abw.): *Vorarlberger, Alemanne.*

Gspån [gʃp-], der; - [zu Gespann; dieses zu spannen; urspr.: im selben Gespann Befindlicher] (mundartl.): **1.** *Kamerad, Begleiter* **2.** *Liebhaber, Geliebter, Bräutigam.*

Gspu|si [gʃp-], das; -s, -s [mhd. gespunse = Gespons; zu ital. sposi = Verlobte, Eheleute] (umgangssprl., auch süddt.): **1.** *Liebschaft, Verhältnis:* Grissemann & Stermann in „Schipiste“: „Die Uschi hat einmal ein Gspusi ghabt mit an Japaner, göll. Die Uschi nennt man jetzt hier bei uns Running Uschi seitdem.“ **2.** *Geliebte, Freundin.*

Gstät|ten [gʃt–], die; -, - [zu Stätte mit Vorsilbe Ge-; dieses zu mhd. stat = Ort, Stelle, Stätte] (umgangssprl., auch bair.): ***verwahrlostes Stück Land, illegaler Mistabladeplatz:*** Mundl Sackbauer (Karl Merkatz) in „Ein echter Wiener – Mitte des Lebens": „Da hast du herwollen? Da is ja nix? A Gstätten!"

Gstieß [gʃt–], **Schkis, Schküs, Sküs**, der; -es, -e [zu l'excuse mit der Bed.: ich entschuldige mich; (in Frankreich auch Name der Karte); diese Karte durfte in den alten Tarockvarianten auch unter Missachtung der sonst geltenden Regeln verwendet werden, und zählte auch dann zu den eigenen Stichen, wenn der Gegner den Stich macht; für die im Wienerischen so beliebte Vorsilbe Ge- liegt in diesem Fall kein Grund vor: es handelt sich nicht um ein neutr. Kollektiv nach dem Muster von Gebirge, Geflügel usw.] (Kartenspielerspr.): ***höchste Spielkarte im Tarock*** ❖ **jemandem den Gstieß geben** (umgangssprl., ostösterr.): ***jemanden hinauswerfen, jemandem die Freundschaft aufkündigen, eine Beziehung beenden.***

Gsturi [gʃt–], die (Pl.) [zu mhd. storīe, storje = Menge, Gedränge, Auflauf, Tumult, zu altfranz. estoire, dieses zu mittellat. storium; vgl. auch ital. storia = Geschichten] (mundartl.): ***Mühe, Aufwand:*** mach keine Gsturi (= mach keine Umstände).

Gu|gel|hupf, der; -s, -e [1. Bestandteil mhd. gugel = Kapuze, 2. Bestandteil zu hüpfen in der Bed.: sich heben (wegen des Germteigs)] (Küchenspr.): **1.** ***eine Art Napfkuchen*** (urspr. meist aus Hefeteig, jetzt auch aus Biskuitteig und aus anderen Teigen) **2.** (umgangssprl., scherzh.): ***frühere Irrenanstalt in Wien, die eine ähnliche Form wie die Speise hatte*** **3.** (umgangssprl., scherzh.): ***jede Art von Irrenanstalt:*** in den Gugelhupf kommen.

Gu|ger|sche|cken, Gu|cker|sche|cken, Ku|cker|sche|cken, die (Pl.) [1. Bestandteil: nach den bräunlichen Flecken am Bauch des Kuckucks; zu: Gucker (= Kuckuck), vgl. mhd. gucken = schreien wie ein Kuckuck (nicht verw. mit gucken = schauen); 2. Bestandteil: Schecken = Flecken (vgl. scheckig)] (umgangssprl.): ***Sommersprossen*** ❖ **Gu|gat|zer|sche|cken**, die (Pl.) [zu gugetzen, gugatzen, gugitzen, eine Intensivbildung zu gucken (= schreien wie der Kuckuck)] (mundartl.): *Sommersprossen* ❖ **Gụ|gat|zer|schnee**, der; -s, kein Pl. (mundartl.): *Schnee, der sehr spät im Frühling fällt* (wenn der Kuckuck schon schreit) ❖ **gụ|ger|sche|ckig, gụ|gat|zer|sche|ckert** ⟨Adj.⟩: *sommersprossig.*

Gụg|ging ❖ **nach Gugging kommen, in Gugging eingeliefert werden etc.** [nach einer Landesnervenheilanstalt in Maria Gugging bei Klosterneuburg, NÖ] (umgangssprl., ostösterr.): **1.** *in eine Irrenanstalt eingeliefert werden* **2.** *jemanden für verrückt erklären:* Rapid-Trainer Peter Pacult auf die Frage eines Reporters, was er gesagt hätte, wenn ihm jemand vor dem Spiel einen 3:2-Sieg über Aston Villa prophezeiht hätte: „Ich hätte ihn nach Gugging einliefern lassen." (ATV-Interview, 26. 8. 2010)

G<u>u</u>|lasch, G<u>u</u>|ly|ás [ˈguːlaʃ, ˈgʊːlaʃ], älter [ˈgoːlaʃ], **Gulyás**, das; -(e)s, -e [ungar. gulyás hús = Fleischgericht, früher von Rinderhirten im Kessel zubereitet, zu: gulyás = Rinderhirt und hús = Fleisch]: (Küchenspr., in D auch Mask.): *angebratenes und dann gedünstetes Ragout vom Rind, Schwein oder Kalb, gewürzt mit Paprikapulver:* ein saftiges Schweinsgulasch; Wolfgang Ambros und Georg Danzer in „A Gulasch und a Seidl Bier": „A Gulasch und a Seidl Bier, / dås ist ein Lebenselexier bei mir. / Dås taugt ma und wia ..." **G<u>u</u>|lasch|sup|pe**, die; -, -n (Küchenspr.): *Gulasch in Form einer Suppe, klein geschnittene Erdäpfel werden mitgekocht* ❖ **G<u>u</u>|lasch|ka|no|ne**, die -, -n: *Feldküche* ❖ **aus jemandem Gulasch machen** (umgangssprl., oft scherzh.): *jemanden in die Mangel nehmen; jemandem gehörig die Meinung sagen.*

Gụl|ter, Kụl|ter, der; -s, - [zu ladinisch cultra = Steppdecke, dieses zu lat. culcitra = Polster, Kissen] (mundartl., bes. K): *abgesteppte Bettdecke, Überdecke.*

Gụr|kerl, das; -s, -n [Vkl. von Gurke] **1.** (umgangssprl.): *kleine Einlegegurke* **2.** (mundartl.) *Witz, Pointe* **3.** (mundartl.) *einfältiges Mädchen* **4.** (mundartl.) *Penis* **5.** [vermutl. Weiterentwicklung von: durch die Gurken spielen; zu Gurkerl, Bed. 4] (Fußballerspr., umgangssprl.): *Aktion, bei der ein Spieler dem anderen den Ball durch die Füße rollt und außen an ihm vorbeiläuft:*

er hat ihm ein Gurkerl gegeben (in D: jemandem einen Beinschuss verpassen, auch: jemanden tunneln).

Gụs|to, der; -s, -s; auch: **Gụs|ter**, der; -s, - [ital. gusto; dieses zu lat. gustāre = kosten; die mundartl. Ausspr. [ˈgustɐ] wird in der Schrift als Guster umgesetzt] (auch süddt., gegen Norden ausbreitend): **1.** *Appetit, Lust:* Worauf hast du im Moment einen Guster? Auf einen Tafelspitz? **2.** *Verlangen, Begehren:* Diese Frau wäre so ganz mein Guster gewesen! ❖ **Gụs|to- als 1. Bestandteil** (umgangssprl.): *drückt in Bildungen mit Substantiven aus, dass es sich um eine bes. attraktive Person oder Sache handelt:* **Gụs|to|katz**, die; -, -en: *bes. hübsche Frau,* **Gụs|tomenscherl**, das; -s, -n: *bes. hübsches Mädchen* ❖ **Gụs|to|stück**, das; -s, -e, **Gụs|to|stückerl**, das; -s, -n: **1.** *bes. feines Stück Fleisch:* ein Gustostück vom Rind **2.** *etwas Besonderes, ein Höhepunkt:* die Arie im dritten Akt war ein Gustostückerl ❖ **Guster und Ohrfeigen sind verschieden** (umgangssprl., scherzh.): *was der eine gut findet, findet der andere schlecht; über Geschmacksfragen lässt sich nicht streiten:* Otto Grünmandl in „Politisch bin ich vielleicht ein Trottel, aber privat kenn ich mich aus": „Guster und Ohrfeigen sind verschieden – oder wie der Lateiner sågt: de gustibus non est disputandum, also zu deutsch: in der Politik ist alles möglich." ❖ **gus|tie|ren** ⟨hat⟩ (standardsprl.): **1.** *Speisen anschauen und überlegen, was man nehmen wird:* beim Buffet stehen und gustieren **2.** *Speisen kosten, probieren* ❖ **gus|ti|ös** ⟨Adj.⟩ (standardsprl.): *appetitlich* ❖ **un|gus|ti|ös** ⟨Adj.⟩ (standardsprl.): *unappetitlich, abstoßend.*

Gutl, Guatl, Gua|te|le, Guat|sel, Gut|sel, Gut|zel, Gu|terl, das; -s, -n [Ableitung zu gut und Gutes mit -l als Vkl.; eigtl.: etwas kleines Gutes] (mundartl. mit vielen reg. Varianten, auch bair.): *kleine Süßigkeit zum Naschen, meist für Kinder* (ähnliche Bed. wie Zuckerl, Bonbon).

Gwịrkst, Ge|wịrkst, das; -s [eigtl.: Gewürke, Verwirktes; zu mhd. gewuhrt = wirkende Tat, Ursache; zu mhd. wirken, würken = handeln, ein Gewebe herstellen; Einfluss von mhd. würgen (= an der Kehle zusammenpressen)] (mundartl., vor allem ostösterr.): *verzwickte Angelegenheit, Unannehmlichkeit.*

H

ha, han ⟨Partikel⟩ [die Kurzform ha wird oft nasaliert ausgesprochen; Herk. unklar] (umgangssprl., auch bair.; ansonsten in D: hä; die Partikel ha / han galt früher als unhöflich, erlebt jedoch in der Jugendspr. und vor allem in der E-Mail-Kommunikation eine Renaissance, weil sie einen starken Aufforderungscharakter hat): *markiert das Ende einer Frage und soll den Angesprochenen ermuntern, sich zu äußern* (ob die erwartete Antwort ja oder nein ist, spielt keine Rolle): Gehst mit uns ins Kino, ha? – Was hast g'sagt, ha? – Ist das nicht ein großzügiges Angebot, ha? – Wirst du etwa frech, ha? – Han, das glaubst du? (mundartl. auch vorangestellt).

ha|be|de|re ⟨Grußformel⟩ [kurz für: Habe die Ehre; früher ein Gruß gegenüber höher gestellten Persönlichkeiten] (heute vor allem V): *Gruß unter Freunden* ❖ **d'ere, dere** (vor allem jugendsprl.): *Gruß unter Freunden* ❖ **nå habedere:** *Ausruf der Verwunderung, des Entsetzens.*

ha|ben ⟨hatte, hat gehabt⟩ [ahd. habēn, urspr.: fassen, packen; die nachf. angeführten Verw. sind typisch für das österr.-bair. Mundartgebiet und für die Alltagssprache]: **da hat's was:** *da gibt es Schwierigkeiten* ❖ **Was haben wir denn?** *Wo fehlt es?* ❖ **Hast mich?** *Verstehst du mein Argument? Hast du es begriffen? Sind wir uns einig?* ❖ **Das hätten wir!** *Das ist erledigt!* ❖ **jemanden hat es:** *jemand ist geistig nicht ganz beisammen:* ich glaube, es hat ihn, sonst würde er nicht so viel Unsinn reden ❖ **es mit etwas haben:** *sich bei einer Sache gut auskennen, etwas mit Begeisterung tun:* Sie hat es mit dem Fotografieren, ihre Fotos sind wunderschön. – Mit dem Lernen hat er es aber nicht! ❖ **mit jemandem etwas haben:** *mit jemandem ein Verhältnis haben:* er hat etwas mit ihr, die zwei haben etwas miteinander ❖ **Hätt ma's ned, so tät mas ned** (Hätten wir es nicht, so täten wir es nicht): *Man kann es sich eben leisten.*

Ha|be|rer, der; -s, - [zu jidd. chawer = Genosse; vergleiche hebr. ḥaver = Gefährte] (umgangssprl.): **1.** *Verehrer, Liebhaber:* sie hat einen neuen Haberer **2.** *Freund, Kumpan, Zechbruder:* „Oide Hawara" (Titelsong einer CD von Wolfgang Böck und Adi Hirschal – Strizzilieder 2) ❖ **ver|ha|bern, sich** (umgangssprl., vor allem ostösterr., abw.): *sich verbünden, auf unzulässige Weise paktieren* ❖ **mit jemandem verhabert sein** (umgangssprl., vor allem ostösterr.): **1.** (abw.) *mit jemandem (auf unzulässige Weise) paktieren* **2.** *mit jemandem ein inniges Verhältnis haben, mit jemandem liiert sein* ❖ **Ver|ha|be|r|ung**, die; -, -en (umgangssprl., vor allem ostösterr.): *Packelei* ❖ **Hab|schi, Hab|schi**, der, -s, -s [kosende Weiterbildung zu Haberer] (umgangssprl., vor allem ostösterr.): *Liebhaber:* ihr Habschi kommt sicher mit.

H

ha|bern 〈hat; ich habere〉 [Herk. unklar] (umgangssprl.): *essen, kräftig zulangen.*

Ha|chel, das; -s, -n, auch: die; -, -n [mhd. hachel, hechel: ein Gerät zur Flachsbearbeitung (gebrochener Flachs wird durch das Gerät gezogen, um die Fasern vom Werg zu trennen); verw. mit Haken, denn das Gerät besteht aus nebeneinanderstehenden Metallspitzen] (standardsprl.): *Küchenhobel* ❖ **ha|cheln** 〈hat〉 [mhd. hecheln, hacheln = Verbalbildung zu Hachel] (standardsprl.): *(Gemüse) mit einem Hachel hobeln.*

Ha|cke, die; -, -n, **Hå|cken**, die; -, - [zu hacken; gesamtdt. ist die Bed.: Gerät zum Bearbeiten des Bodens] (standardsprl., auch bair.; in D ansonsten Beil): *Werkzeug zum Fällen von Bäumen, zum Bearbeiten von Holz* ❖ **Hackl**, das; -s, -n [Vkl. von Hacke] (umgangssprl., ostösterr.): *kleine Hacke* ❖ **jemandem das Hackl ins Kreuz hauen** (umgangssprl., ostösterr.): *jemanden hinterrücks angreifen, gegen jemanden intrigieren* ❖ **hackl-schmei|ßen** 〈Verb, schmiss, hat geschmissen〉: *intrigieren* ❖ **du musst geduckt gehen, weil die Hackln so tief fliegen** (umgangssprl., ostösterr.): *du musst dich in acht nehmen, hier wird viel intrigiert:* „Wegen Hacklern fliegen die Hackln in der Koalition tief" (Gerald John, Der Standard, 19. 11. 2010 zum Streit über die Hacklerregelung) ❖ **Hackl|zie|hen**, das, -s, kein Pl. (umgangssprl.): *Kräftemessen, wobei die Mittelfinger der Gegner ineinander verhakt werden* ❖ **Hå|cken**, die; -, - (umgangssprl.): ***Arbeit, Beschäftigung, Stellung:*** in die Håcken gehen; das ist keine angenehme Håcken; Rainhard Fendrich in „Vü schöner is des Gfühl“: „Und wenn i nåch der Håckn hamkomm, / dånn leg i mi ganz stü zu dir / i kriech zu dir unter die Deck’n / und du umarmst mi, weil i g’fria.“ **2.** (gaunersprachlich): ***Einbruch, Diebstahl*** ❖ **hå|ckenstad** ⟨Adj.⟩ [2. Bestandteil mit der Bed. -los zum Kartenspielerausdruck skat = ohne Karte in einer bestimmten Farbe; dieses zu ital. scarto = das Verlegen der Karten; die verlegten Karten selbst; zu lat. charta = Papier; Spielkarte] (umgangssprl.): ***arbeitslos*** ❖ **Ha|ckler**, der; -s, - **1.** (umgangssprl.) ***jemand der schwere körperliche Arbeit verrichtet*** **2.** ***jemand der viel arbeitet*** **3.** (umgangssprl.): ***Langzeitversicherter mit begünstigtem Pensionsanspruch*** ❖ **Hacklerregelung**, die; -, -en [zu Hackler, Bed. 3] (umgangssprl.): ***begünstigte Frühpension aufgrund langer Versicherungszeiten*** ❖ **ha|ckeln** ⟨hat⟩ [zu hacken = mit der Hacke arbeiten; mit dem für den österr.-bair. Sprachraum typischen -l-Einschub] (umgangssprl.): ***arbeiten, einen Job haben:*** Andreas Vitasek in „My Generation“: „Ich håb schon so viel ångefången in meinem Leben, und so gut wie nichts fertig gemåcht. I håb zum Beispiel mit Theaterwissenschaft ångefången. Theaterwissenschaft ist ein sehr beliebtes Studium bei Leuten, die nicht so genau wissen, wås sie nach der Matura ånfången sollen, die åber eines gånz genau wissen: Dass s’ ned glei hackeln fürn Ålten.“ ❖ **ha|ckeln, herumhackeln** (umgangssprl.): ***streiten:*** Warum müssts ihr zwa immer (miteinander) (herum-)hackeln?

Ha|dern, der; -, -; **Hå|dern**, die, -, - [ahd. hadara = Lappen, Tierfell; vielleicht ist im Mittelalter die Bed. Lumpen deshalb entstanden, weil sich ärmere Menschen eine Bekleidung aus Stoff nicht leisten konnten] **1.** (umgangssprl., auch süddt.; Thüringen und Sachsen mit anderer Bed.: Scheuertuch, Putzlappen): ***Lumpen, Fetzen*** **2.** (mundartl.): ***altes, schmissiges Musikstück*** **3.** (mundartl.): ***hohe Geschwindigkeit:*** mit einem Hadern daherkommen ❖ **das ist alles ein Bund Hadern** (mundartl.): ***das ist alles dasselbe Gesindel:*** Im „Kabarett-Keif“-Programm „Tu Felix Austria, was du nicht lassen kannst“, sagt Erwin Steinhauer: „Links und rechts is ålles a Bund Hådern ...“ – Lukas

Resetarits: „Ålso na, den Unterschied zwischen de Roten und de Schwarzen, den möcht i Klavier spielen können ...“ (Setzt sich ans Klavier und spielt fehlerhaft die ersten Takte von „Hänschen klein“.) ❖ **Hå|der|lump**, der; -s, -en [urspr. verdeutlichende Verdoppelung der gleichbedeutenden Wörter Hadern und Lumpen] (mundartl.): **1.** *Mann in abgerissener Kleidung* **2.** *liederlicher Mensch, verkommenes Subjekt* ❖ **Hå|der|wachl**, der; -s, -n [vermutl. unter Einfluss von Halawachel = unverlässlicher Mensch, Windbeutel, zu tschech. halama = Lümmel, Bengel entstanden] (umgangssprl., abw.): *nicht ernst zu nehmende Person, Schlingel.*

H

Hä|fen, der, auch das; -s, - [zwei Wörter sind hier zusammengefallen (a) Hafen = Topf, zu ahd. havan, weitere Herk. unklar, und (b) Hafen = Schiffshafen, Herk. unklar; die österr. und bair. Nebenform Häfen statt Hafen beim Wort (a) dürfte dem Bedürfnis entsprochen haben, zwischen den zwei gleichlautenden Wörtern zu unterscheiden] (umgangssprl., ostösterr.; westösterr., bair. und CH: der Hafen): **1.** *größerer Topf* **2.** (nur Ö): *Gefängnis* ❖ **Hä|ferl**, das; -s, -n (umgangssprl., bair.: Haferl): **1.** *kleiner Kochtopf, große Tasse* **2.** (scherzh.): *Preispokal im Sport* **3.** *jähzorniger Mensch:* ihm geht das Heferl über (= er wird zornig) **4.** *Zylinder des Motors:* der Vier-Zylinder-Motor rennt nur auf drei Heferln (= ein Zylinder arbeitet nicht) ❖ **Hä|ferl|kaf|fee**, der; -s, -s: **1.** *Getränk aus Malz-, Feigen- und Bohnenkaffee (= Ersatzkaffe)* **2.** *Kaffee, der nicht in einer Kaffemaschine, sondern in einem Topf gekocht wird* (= schwacher Kaffee) ❖ **jeder Häfen findet seinen Deckel**: *auch die hässlichsten Menschen bekommen einen Partner* ❖ **Hä|ferl|gu|cker**, der; -s, - (umgangssprl.): *jemand, der gern in die Kochtöpfe schaut, um zu sehen, was es zu essen gibt* ❖ **hä|ferl|gu|cken** <hat; nur Infinitiv> (umgangssprl.): *in den Kochtopf schauen, was es zu essen gibt:* Gehst du schon wieder häferlgucken? ❖ **Ha|ferl|schuh**, der; -s, -e [scherzh. Vergleich Haferl = Häferl] (standardsprl.): *fester Halbschuh, dessen Verschnürung von einer in Fransen auslaufenden Lasche überdeckt wird, Wanderschuh* ❖ **Hä|fen|dieb**, der; nur Nominativ Sing. (umgangssprl.): *Fleisch, das beim Kochen stark schrumpft* ❖ **Hä|fen|bru|der**, der; -s, ...brüder [zu Häfen, Bed. 2 = Gefängnis] (umgangssprl.): *jemand, der oft im Gefängnis sitzt, Gauner* ❖ **Glücks|ha|fen**, der; -s, -, ...häfen [zu Häfen mit der Bed. 1, also Glückstopf] (standardsprl., auch bair.): *kleine Lotterie bei einem Volksfest oder Ball.*

Haf|tel, das; -s, -n [Vkl. von älterem Haft = Haken, Spange] (standardsprl., auch süddt.): *Verschluss aus einer Öse und einem kleinen Haken zum Zusammenhalten eines Kleidungsstückes* ❖ **aufpassen wie ein Haftelmacher** [die Arbeit des Haftelmachers hat große Sorgfalt erfordert] (umgangssprl., auch bair.): *genau aufpassen, konzentriert arbeiten.*

Ha|kerl, das; -s, -n [Vkl. von Haken, dieses zu mhd. hāke(n), ahd. hācko] (umgangssprl.): **1.** *kleiner Haken* **2.** *hakenförmiges Zeichen* **3.** *Haček* (diakritisches Zeichen in slaw. Sprachen) ❖ **U-Ha|kerl**, das; -s, -n (umgangssprl.): *u-förmiges Hakerl* ❖ **ab|ha|keln** (umgangssprl.) ⟨hat⟩: *als erledigt kennzeichnen* ❖ **an|ha|keln** (umgangssprl.) ⟨hat⟩: **1.** *mit einem Hakerl befestigen* **2.** *in einer Liste mit einem Hakerl kennzeichnen* ❖ **Fin|ger|ha|keln**, das; -s, kein Pl.: *Wettkampf, bei dem sich zwei Männer mit ineinander verhakten Mittelfingern über einen Tisch zu ziehen versuchen.*

hal, häu(l), hai, häl ⟨Adj.⟩ [mhd. hæl(e) = verhohlen, verborgen, vergänglich, schlüpfrig, glatt] (mundartl., auch bair.): *schlüpfrig, glatt, rutschig* (bei Eis oder Schnee): gib acht, heute ist es hal ❖ **das Glück hat an häul(e)n Schwaf** (mundartl.): *das Glück entgleitet schnell* (eigtl.: das Glück lässt sich nicht am Schweif packen und festhalten).

Ha|la|wa|chel, der; -s, -n [zu tschech. halabala = Schludrian, oberflächlicher Mensch und wacheln = flattern, sich im Wind bewegen] (umgangssprl.): *unverlässlicher Mensch, Windbeutel, Schlingel.*

Hal|be, die; -n, -n (standardsprl.): *halber Liter, ein Krügel, eine halbe Maß* (es besteht jedoch keine gesetzliche Normierung; vor Einführung des metrischen Systems war 1 Wiener Halbe 0,707362 Liter = 2 Seidel).

hạlb|sei|den 〈Adj.〉 [urspr. auf Seidenstrümpfe bezogen, u. zw. auf Frauen, die Strümpfe aus Halbseide trugen; später auch auf Männer in Halbseidenanzügen] (umgangssprl., ostösterr.): *von zweifelhaftem Ruf:* mit dieser halbseidenen Person will ich nichts zu tun haben.

Hạlb|stock, der; -s, kein Pl. (standardsprl.): *niedrigeres Zwischengeschoß, Mezzanin.*

Hạll ❖ nach Hall kommen, in Hall eingeliefert werden etc. [nach dem Psychiatrischen Krankenhaus des Landes Tirol in Hall] (umgangssprl., westösterr.): **1.** *in eine Irrenanstalt eingeliefert werden; verrückt sein* **2.** *nicht ganz bei Trost sein* ❖ **Hall einfach!** [eigtl.: nach Hall, aber ohne Rückfahrkarte]: *Er ist völlig verrückt!*

Hal|lo̲|dri, der; -s, -s [entweder zum Ausruf hallodrio oder zu Allotrio = mit Lärm ausgeführter Unfug, Dummheiten; dieses zu griech. allótria = fremde abwegige Dinge] (umgangssprl., auch bair.): *leichtfertiger, unzuverlässiger Mann:* mit diesem Hallodri hätte sie sich nichts anfangen dürfen.

hạlt 〈Partikel〉 [ahd. halt = mehr, vielmehr, Komparativ zu ahd. halto = sehr; das Wort breitet sich zur Zeit von der Umgangsspr. in die Standardspr. und von Süden in den Norden aus] (auch süddt., CH): *eben:* So ist das halt. Es wäre mir halt nicht recht, wenn sie kommt. – Josef Hader in „Wie das Leben halt so ist“: „So ist dås Leben, / der ane kummt nåch Paris, / der åndere kommt nicht nåch Paris, / so wie dås Leben hålt is‘.“ ❖ **so hạlt** (auch süddt., Thüringen und Sachsen): *drückt den Unwillen aus, etwas näher auszuführen.*

Hạl|ter, der; -s, - [mhd. haltære = Hirt; Bewahrer, Erlöser, Beobachter, ahd. haltāri = Erlöser, Empfänger; gesamtdt. heute mit den Bed.: Vorrichtung, an der etwas befestigt wird etc.] (standardsprl.): *Viehhirte* ❖ **essen / fressen wie ein Halter** [früher haben Halter gemeinschaftliche Weideflächen betreut und wurden einmal im Jahr von den Bauern zu einem üppigen Essen eingeladen] (umgangssprl.): *große Mengen in sich hineinschlingen.*

Hạm|merln, die, Pl. [Vkl. von Hammer]: **1.** (mundartlich): ***Schuhe, Fußballschuhe:*** Karli Sackbauer (Klaus Rott) in „Ein echter Wiener – Salz der Erde“: „Am besten, du bindst dir deine Hammerln mit an Schnürl uman Hå̊ls, dånn håst es immer bei der Hånd.“ **2.** (Mechanikerspr.): ***Breitreifen*** (beim Auto).

Hạ̊nd|kuss, der; -es, ...küsse [eigtl. gesamtdt., aber Küss-die-Hand! mit der dazugehörenden Verbeugung wird als Begrüßungsformel hauptsächlich in Ö verwendet] (standardsprl.) **1.** ***angedeuteter Kuss eines Mannes auf den Handrücken einer Frau zur Begrüßung und als Zeichen der Ehrerbietung*** **2.** ***Kuss eines Gläubigen auf den an der Hand getragenen Ring eines geistlichen Würdenträgers als Zeichen der Ehrerbietung:*** Peter Alexander in der Parodie „Hans Moser bei Papst Pius XII.“: „Es ist ein erhebender Moment, dass ich Auge im Auge mit dem Herrn Gevatter – äh mit dem Heiligen Vater ...“ (Und als der Zeremonienmeister mit einer Geste den Ringkuss einfordert:) „Jessus, Jessus, des Wichtigste hätt i’ beinåh vergessen: Bitte den Håndkuss an die Frau Gemåhlin!“ ❖ **zum Handkuss kommen** (standardsprl.; im Unterschied zu Handkuss ist diese Wendung nur in Ö in Gebrauch): ***bei etwas draufzahlen; für etwas einstehen müssen, was andere verursacht haben; unschuldig zur Verantwortung gezogen werden*** ❖ **etwas mit Handkuss nehmen** (standardsprl., ebenfalls nur Ö): ***etwas Unerwartetes bereitwillig nehmen.***

Hạn|gerl, das; -s, -n [Ableitung zu hängen] (umgangssprl., auch bair.): **1.** ***Reinigungstuch, das der Kellner über den linken Unterarm gehängt mit sich trägt*** **2.** ***Küchentuch, Geschirrtuch*** **3.** ***Kinderlatz.***

Hạnsl, Hạn|sel, der; -s, -n [Vorname Hans = Johann mit Vkl.] (umgangssprl., auch bair.; gesamtdt. ist die Bed.: unfähiger, dummer Mann) **1.** ***Koseform für Hans*** **2.** ***abgestandener Bierrest:*** Maria Bill in „I mecht landen“: „Gråd vorhin no håmma blödelt und g’låcht / håm den Kaffee mit Wein g’streckt / es woa a Fest wie’s niemand plant / wo mir sogoa a woama Hansl schmeckt.“ ❖ **die paar Hanseln, ein paar Hanseln** (umgangssprl., abw.): ***einige wenige Menschen.***

hạn|tig 〈Adj.〉 [mhd. handec = schneidend, stechend, scharf, bitter; ahd. hantag = schwer, bitter, hart; vermutl. zu einem Verb mit der Bed.: stacheln, stechen] (standardsprl., auch bair.): **1.** *bitter, herb, gallig scharf:* dieser Wein ist so hantig, dass man ihn nur wegschütten kann **2.** *unfreundlich, gereizt, schlecht gelaunt, barsch:* eine hantige Person; sie ist eine Hantige (= sie ist meistens unfreundlich, gereizt); Karl Farkas und Maxi Böhm in „Rauchfangkehrer 1968“: „Jetzt schau ma, dass ma weiterkommen, dass ma noch an Schmattes einsammeln fürs Glückwünschen, sonst måcht mir meine Frau an Riesenwirbel.“ – „Åber? Die Ihrige ist auch eine Hantige?“ – „Ich såg's ehrlich: Ich håb Ångst vor meiner Frau. Sie nicht auch?“ – „Nein, ich nur vor meiner.“

H

hạp|pen 〈ist〉 [happen stand früher neben hoppen, das sich in der Standardspr. durchgesetzt hat; happen ist nicht verw. mit den gesamtdt. Ausdrücken Happen = kleines Stück, happen = zubeißen, zuschnappen, und happig = gierig, überhöht, überzogen] (mundartl.): **1.** *hüpfen, springen* **2.** *(eine Kleinigkeit) stehlen:* Roland Düringer in „Die Benzinbrüder“: „Des fehlt mir no, dass aner kummt und mi ausraubt (...) Des brauchert i, dass ma aner den Kanister happt.“ ❖ **Hạp|perl**, das; -s, -n: *(kurzer) Koitus:* ein Happerl machen.

hạrb 〈Adj.〉 [mhd. hare, har; here, her; flektiert: harewer, herewer, harwer, herwer = herb, bitter] (mundartl., auch bair.): **1.** *herb, bitter* **2.** *kräftig, resolut, energisch:* Alexander Girardi im „Fiakerlied“: „I führ zwa harbe Råpp'n ... **3.** *böse, beleidigt, verärgert* ❖ **auf jemanden harb sein** (mundartl.): *jemandem gram sein, auf jemanden nicht gut zu sprechen sein* **4.** *temperamentvoll, schwungvoll:* eine harbe Gretl (= eine resolute Frau), eine harbe Musik, harbe Tanz (Pl.).

Hạ̊|scher, der; -s, - [Herk. unklar] (umgangssprl., auch süddt.): bemitleidenswerter Mensch, armer Mensch ❖ **Hạ|scherl**, das; -s, -n; meist mit dem Zusatz: **armes Hascherl** [Vkl. von Hascher] (umgangssprl., auch süddt.): **1.** *unselbständiges, bemitleidenswertes Wesen, schüchterner Mensch* **2.** *schwächliches, kränkliches Kind.*

Has|lin|ger, der; -s, - [zu Hasel: ein Strauch oder kleiner Baum] (umgangssprl.): ***Stock aus Haselholz, Prügelstock.***

hat|schen ⟨ist⟩ [wohl aus hacketzen = hackenförmig gehen] (umgangssprl., auch bair.): **1.** *zu Fuß gehen* **2.** *in auffällig langsamer, gemächlicher Art gehen, schlendern* **3.** *hinken* ❖ **Hat|scher**, der; -s, - (umgangssprl., auch bair.): **1.** *alter ausgetretener Schuh* **2.** *langer beschwerlicher Fußmarsch* ❖ **ver|hat|scht** ⟨Adj.⟩ (umgangssprl.): **1.** *ausgetreten* (von Schuhen) **2.** *unvollkommen, missglückt:* eine verhatschte Lösung ❖ **hat|schert** ⟨Adj.⟩ (mundartl., auch bair.): **1.** *hinkend:* ein hatscherter Mann **2.** *unvollkommen, missglückt:* eine hatscherte Lösung.

Hät|ti|wa|ri, das; -s, -s ⟨meist ohne Artikel: das ist Hättiwari⟩ [nach: hätte ich ..., wäre ich ...; Erklärungsmuster für Misserfolge, meist im Sport] (umgangssprl.): *ungerechtfertigte Ausrede:* „Rumänien ist eine Top-Mannschaft. Wir haben bis zum Schluss dagegengehalten, hätten am Ende sogar noch gewinnen können. Aber das ist Hättiwari, denn wir hätten am Anfang auch 0:2 hinten sein können." (Franz Schiemer in einem Interview mit Laola1.at am 9. 9. 2009) ❖ **Hät|ti|wa|ri**, der; -s, -s [Nomen Agens zu: Hättiwari (= ungerechtfertigte Ausrede); vom Journalisten Herbert Hufnagl oft verwendet, aber wohl nicht von ihm erfunden] (umgangssprl.): *jemand, der sich immer wieder damit rechtfertigt, was gewesen wäre, wenn ...:* „Gerhard Bergers Rechtfertigungen sind legendär. Das hat ihm den Spitznamen Hättiwari eingebracht." (Intern.)

Hau|be, die; -, -n, **Hau|ben**, die; -, -, **Hau|berl**, das; -s, -n [ahd. hūba, Herk. unklar; kann zu einer Reihe indogerm. Wörter gehören, die Höcker oder Buckel bedeutet haben; gesamtdt. heute mit versch. Bed. wie: Kopfbedeckung als Teil der Tracht]: (standardsprl., auch süddt.): *Kopfbedeckung, die sich ganz an den Kopf anpasst, z. B. für Kinder (meist Hauberl), für Skifahrer;* in D ansonsten: Wollmütze: Alfred Schrammel (Curt Anatol Tichy) und Paul Schremser (Walter Davy) in „Kottan ermittelt – Nachttankstelle": Schrammel: „Der Räuber muss de Hauben då aufghåbt håben ..." – Schremser: „Jå, die Standardausrüstung für Skifahrer – und Bankräuber." ❖ **Ba|de-**

hau|be, die; -, -n (standardsprl., auch süddt.): *Kopfbedeckung beim Baden oder Schwimmen* ❖ **Pu|del|hau|be**, die; -, -n (standardsprl., auch süddt.): *dicke Wollhaube* ❖ **Zi|pfel|hau|be**, die; -, -n (standardsprl., auch süddt.): *eng anliegende Kopfbedeckung, die in einem Zipfel ausläuft* ❖ **Schlaf|hau|be**, die; -, -n (umgangssprl.): *Langschläfer, Schlafmütze* ❖ **Hau|ben|koch**, der; -s, ...köche [Haube = Symbol für die Auszeichnung im Restaurantführer Gault Millau] (standardsprl.): *Koch, der mit Hauben ausgezeichnet wurde* ❖ **Hau|ben|lo|kal**, das; -s, -e (standardsprl.): *Lokal, das mit Hauben ausgezeichnet wurde:* Dialog in „Kaisermühlenblues – Kein Baum wächst in den Himmel" zwischen Burschi Leitner (Lukas Resetarits) und Schoitls deutscher Ehefrau (Elfi Eschke): Leitner: „Jetzt waaß i, warum die Haubenrestaurants haaßn: Weu s' des Essen unter aaner Hauben servieren. Und des machen s' deswegen, weu sie si' genieren, dass so wenig am Teller is'." – „Dafür gibt's aber mehrere Gänge." – „Des is a wieda woah." ❖ **Hau|ben|stock**, der; -s- ...stöcke (mundartl., bes. ostösterr., reg. auch süddt.): **1.** *Haubenständer* (eine primitive Kleiderpuppe) **2.** *schläfriger, behebiger Mensch* ❖ **wie ein Haubenstock dastehen**: *untätig, wie unbeteiligt dastehen; teilnahmslos, desinteressiert sein.*

Haue, die; -, -n [mhd. houwe, howe, hawe = Haue; dazu auch die mundartl. nasalierte Form Häundel; in D ansonsten Hacke; umgekehrt bedeutet das Wort Hacke österr. und bair. etwas anderes, nämlich Beil, Axt]: (standardsprl., auch süddt.): *Gerät zur Bearbeitung des Bodens* ❖ **Hau|er**, der; -s, -, auch: **Wein|hau|er** (standardsprl.): *Weinbauer* (aber die modernen, erfolgreichen Weinbauern in Ö werden zunehmend als Winzer bezeichnet) ❖ **Hau|er|wei|ne** (meist Pl.): *Weine direkt vom Weinbauern* (meist nur noch als Aufschrift auf alten Gasthäusern) ❖ **hau|en** ⟨haute, das Partizip 2 lautet österr. und bair.: hat gehaut, nicht: hat gehauen⟩ (standardsprl.); genauso: abgehaut, angehaut, ausgehaut, umgehaut, verhaut ❖ **sich ein Bier, einen Wein etc. in die Venen hauen** (mundartlich, derb): *ein Bier, einen Wein etc. trinken* ❖ **sich ab|hau|en** (umgangssprl.): *sich schieflachen* ❖ **auf|hau|en** (umgangssprl.): **1.** *angeben, protzen, verschwenden, prassen* **2.** *scheitern, stürzen:* es hat mich aufgehaut ❖ **jemanden auf|hau|en** (umgangssprachich):

H

jemanden bloßstellen ❖ **eine|hau|en** (mundartl.): *große Mengen essen* ❖ **sich eine|hau|en, sich ein|hau|en** (mundartl.): *mit kleinen Gefälligkeiten einschmeicheln:* Wolfgang Ambros in „Du bist die Blume aus dem Gemeindebau“: „Merkst du net, wie r i mi bei dir einehau, / weu du bist für mich die Überfrau, / komm, låss dich pflücken, du Rose aus Stadlau!“ ❖ **sich über die Häuser hauen** (mundartl.): *verschwinden:* Hau di über die Häuser! Komm, wir haun uns über die Häuser! ❖ **drauf|hau|en** (mundartl., derb): *koitieren:* draufhauen wie die Kiniglhasen.

Häun|del, Häundl, Hein|del, Heindl, Häu|nel, das; -s, -n [Vkl. von Haue; dieses zu mhd. houwe; da durch Nasalierung der letzte Laut des Grundworts ein n ist, tritt bei der Vkl. als Sprosskonsonant vor l ein d auf, wie bei Hendl, Dirndl etc.] (mundartl.): *kleine Hacke für die Gartenarbeit* ❖ **häun|deln, hein|deln, häu|neln, hei|neln** ‹hat› (mundartl.): *mit einer kleinen Hacke das Unkraut beseitigen oder den Boden lockern.*

Häup|tel, Häu|pel, Hap|pel, Happl, das; -s, -n [Vkl. von Haupt] (standardsprl., auch süddt.): *Kopf einer Gemüsepflanze* ❖ **Häup|tel|sa|lat**, der; -s, -e (standardsprl., bes. ost- und ostösterr., reg. auch in D): *Lactuca sativa var. capitata, Salatpflanze mit hellgrünen welligen Bättern, die einen Kopf bilden;* in D ansonsten: Kopfsalat.

Haus|be|sor|ger, der, -s, - (standardsprl., aber schon im Bair. nicht mehr in Gebrauch, wodurch sich Michael Mittermeier in „Zapped“ über den Ausdruck lustig machen kann; er erinnert ihn an die Wendung: es jemandem besorgen): *jemand, der in einem größeren Gebäude für die Instandhaltung und Reinigung sorgt und dort meist eine Wohnung hat; Hausmeister.*

Häu|sel, Häusl, -s, -n; **Häus|le**, das; -s, -n; **Hüüs|le, Hüüs|li, Hiis|li**, das; -s, - [Vkl. von Haus] (umgangssprl., auch bair.): **1.** *kleines Haus* ❖ **aus dem Häusel sein** (umgangssprl. auch bair.): *in großer Erregung sein, verwirrt sein* ❖ **Häusel|bau|er**, der; -s, - (umgangssprl.): *jemand, der ein Einfamilienhaus (mit viel eigener Arbeitsleistung) baut* **2.** (abw.) *Toilette* **3.** *Dummkopf* **4.** *Schlampe* **5. Häu|sel- als 1. Bestandteil** (mundartl., abw., derb): ***drückt in Bildungen mit Substantiven aus, dass es sich um ein minderwertiges Exemplar handelt:*** **Häu|sel|råtz**, der (2. Bestandteil: mundartl. für Ratte): **1.** *Kanalratte* **2.** *miese Person* **3.** *Schlampe* ❖ **Häu|sel|schmäh**, der; -s, -(s) (mundartl., abw., derb): *miserabler Schmäh* ❖ **angesoffen wie ein Häu|seltschick** (mundartl., abw., derb): *sternhagelvoll.*

hau|sen ‹hat› [urspr.: sich an einem Ort aufhalten, wohnen; dann auch: wirtschaften, und zwar sowohl im Sinn von gut haushalten als auch schlecht haushalten; dies erklärt die diametral entgegengesetzten Bed. in verschiedenen Regionen von Ö] ❖ **auf|hau|sen 1.** (mundartl., südösterr., ostösterr.): *gut wirtschaften, zu materiellem Reichtum gelangen, wirtschaftlich aufsteigen* (als gegenteiliger Begriff wird südösterr. und ostösterr. abhausen verwendet) **2.** (mundartl., westösterr.): *schlecht wirtschaften, Pleite machen, zugrunde gehen* ❖ **ab|hau|sen** ‹hat› (mundartl., ostösterr.): *schlecht wirtschaften, zugrunde gehen, Pleite machen* ❖ **Hau|ser**, der; -s, - [zu hausen = wirtschaften] (standardsprl., T, auch bair.): *Verwalter, Wirtschaftsführer* ❖ **Hau|serin, Häu|se|rin**, die; -, -nen (standardsprl., T, auch bair.): *Wirtschafterin, Pfarrersköchin.*

Häu|tel, das; -s, -n [Vkl. zu Haut] **1.** (mundartl.) *Wursthaut* **2.** (Mechanikerspr., mundartl.): *Autoreifen* ❖ **Bu|ren|häu|tel**, das; -s, -n (mundartl.): *Burenwurst* ❖ **Blun|zen|häu|tel**, das; -s, -n **1.** *Haut einer Blutwurst* **2.** (Mechanikerspr., mundartl.): *abgefahrene, profillose Reifen.*

Ha|va|rie, die; -, -n [niederl. averij, franz. avarie, ital. avaria, dieses zu einem arab. Wort mit der Bed.: beschädigte Güter; das arab. Wort könnte aber auch aus einer roman. Sprache entlehnt worden sein; gesamtdt. heute bei Schiffen, Flugzeugen und Kraftwerken] (standardsprl.): **1.** *Unfall eines Kraftfahrzeugs* **2.** *durch einen Unfall entstandener Schaden an einem Kraftfahrzeug* **3.** *Auto mit Totalschaden:* Reinhard Fendrich in „Autofriedhof": „Gestern hat mi's Glück verlåssen /du liegst am Autofriedhof draußen (...) / wås woarst du fira haaßes Eisen / und überblieben is nur a Havarie." ❖ **ha|va|rie|ren** ‹hat› (standardsprl.): *einen Autounfall haben* ❖ **ha|va|riert** ‹Adj.› [eigtl.

H

Partizip 2 von havarieren] (standardsprl.): *beschädigt:* das Auto ist havariert.

Ha̩|xe, die; -, -n; **Ha̩|xen**, die; -, -; **Ha̩|x**, der; -en, -en; **Ha̩|xen**, der; -, - [mhd. hahse, ahd. hāhsina = Kniebug des Hinterbeines, bes. vom Pferd] (umgangssprl.): **1.** *Füße (= Beine) von Tieren wie Schwein, Kalb, Lamm* (in der Küchenspr. jedoch Stelze) **2.** (umgangssprl.): *Füße (= Beine) des Menschen:* sich den Haxen brechen ❖ **sich die Haxen ausreißen** (umgangssprl.): *sich für etwas mit aller Kraft einsetzen* ❖ **der Welt einen Haxen ausreißen** (umgangssprl.): *sich übermächtig fühlen, übermütig sein* ❖ **die Haxen in die Hand nehmen** (umgangssprl.): *schnell rennen* ❖ **Ei|sen|haxen**, der (Fußballerspr., mundartl.): *Verteidiger, der für sein überhartes Spiel bekannt ist* ❖ **Ha̩xl, Ha̩xerl**, das; -s, -n (umgangssprl., auch bair.): *Füße (= Beine) von kleineren Tiere:* der Hund hebt das Haxerl (= uriniert); ein gebackenes Hendlhaxl ❖ **jemandem das Haxl / ein Haxl stellen / legen** (umgangssprl.): **1.** *jemanden durch Vorstellen eines Fußes (= Beines) zum Stolpern bringen* **2.** *jemandem auf hinterhältige Weise Schaden zufügen* ❖ **jemanden ums Haxl hauen** (umgangssprl.): *jemanden hineinlegen* ❖ **Ha̩xl|bei|ßer**, der; -s, -, (umgangssprl.): **1.** *bissiger Hund* **2.** *jemand, der einen anderen hinterhältig angreift* (auch: Wadlbeißer).

Ha|zerl, Ha̩t|zerl, das; -s, -n [urspr. zu heizen = mit einem Kraftfahrzeug schnell fahren (gesamtdt.); später auch Anlehnung an Hetz und Vokalverkürzung] (mundartl., ostösterr.): **1.** *kleines, spontanes Wettrennen* (zwischen zwei Autofahrern, Motorradfahrern etc.) **2.** *kurze, schnelle Ausflugsfahrt* ❖ **ein Hazerl machen** (mundartl., ostösterr.): *eine Wettfahrt machen.*

He̩anz, der; -en, -en, **He̩an|ze**, der; -n, -n [Herk. umstritten, meist zum Vornamen Heinz gestellt; ev. aber auch zu mhd. iez = jetzt, das österr. und bair. zu hiez und hienz wurde; ergibt mundartl. heanz; demnach hätte der häufige Gebrauch durch die Mundartsprecher dazu geführt, dass das Wort zum Spottnamen wird; ähnlich wie gsi für Gsiberger] (mundartl., bes. B, auch abw.): *Bewohner des mittleren und südlichen Burgenlandes sowie der angrenzenden Steiermark* ❖ **he̩an|zen** (mundartl.): *spotten*

❖ **Hẹan|zen|land**, das; -es, kein Pl. (mundartl., bes. B): *ein Gebiet im Burgenland.*

hẹ|cken [mhd. hecken = hauen, stechen, verwunden (bes. von Schlangen)] ‹hat› (mundartl.): ***stechen, beißen:*** eine Wespe hat mich geheckt.

hei|deln, hei|derln, hei|di må|chen, heia må|chen ‹hat› [Herk. unklar; viell. zu mundartl. Heia (= Wiege, Bett), dessen Herk. aber ebenfalls unklar ist] (mundartl.): ***schlummern, schlafen.***

H

heil, hei|le ‹Grußformel› [eigtl.: Heil (Glück) dir!; hat urspr. nichts mit den Heil-Hitler-Rufen aus der Zeit des Nationalsozialismus zu tun] (vor allem in V im urspr. Sinn in Gebrauch): ***Gruß unter Freunden*** ❖ **Berg heil!** (umgangssprl.): ***Gruß unter Bergsteigern*** ❖ **Ski heil!** (umgangssprl.): ***Gruß unter Skifahrern.***

Hei|lige Land, das [der Begriff findet sich u. a. in der 2. Strophe des Andreas-Hofer-Liedes, seit 1948 Tiroler Landeshymne] (umgangssprl.): ***Tirol:*** In „Ein echter Wiener – Die Karrieren" rät Vitus Egger (Kurt Weinzierl) dem Schani-Onkel (Rudi Schippel): „Geh in die Berg, in die Natur! Wo 's noch die ewige Wåhrheit gibt! Und dort find deinen Charakter wieder! (...) Von Månn zu Månn: Zieh mit mir ins Heilige Lånd!" – „Nåch Israel?" – „Nåch Tirol! Werd a Mensch, schau dir die Gams an!"

Hein|rich ❖ **der grüne Heinrich**: [wegen der grünen Farbe dieser Fahrzeuge so benannt; früher: der gelbe Wagen] (umgangssprl.): ***Arrestantenwagen der Polizei, Wagen für den Gefangenentransport.***

Hei|ße, mundartl. Aussprache [ˈhaːsə, ˈhɔe̯sə], die; -en, -en (Würstelstandjargon, scherzh.): ***Burenwurst*** (eine grobe Brühwurst) ❖ **a Haaße mit an Schoafn; a Buckl / Bugl, a Krokodü und a 16er-Blech®**: ***eine Burenwurst mit scharfem (= englischem) Senf; ein Endstück des Brotes, ein Pfefferoni und ein Ottakringer Bier*** (viel zitierter Standardsatz des Wiener Würstelstandjargons).

helf dir Gott; hẹlf|gott; hẹlf|gott, dass es wahr ist [Niesen war früher ein erstes Anzeichen, dass sich jemand mit der Pest angesteckt hatte; daher empfahl man die niesende Person der besonderen Hilfe Gottes] ⟨Ausruf⟩ (umgangssprl., auch süddt.): *Wunsch, wenn jemand geniest hat.*

Hẹndl, Hẹn|derl, das; -s, -n [Vkl. von Henne = weibliches Huhn; das d ist ein Sprosskonsonant zwischen -n- und -l bzw. -erl zur leichteren Aussprache, wie in Dirndl] (Küchenspr., auch bair.; in D ansonsten: Brathähnchen, d. h. Vkl. von Hahn = männliches Huhn; gegessen werden in beiden Ländern sowohl weibliche als auch männliche Hühner, ohne dass sie als solche ausgewiesen werden] (Küchenspr., auch süddt.): *Huhn* ❖ **Bạck|hendl**, das; -s, -n: *paniertes Huhn* ❖ **Bạck|hendl|sta|ti|on**, die; -, -en (standardsprl.): *Gaststätte, in der vor allem Backhendln angeboten werden* ❖ **Bạck|hendl|fried|hof**, der; -s, ...höfe (umgangssprl., scherzh.): *dicker, vollgefressener Bauch bei Männern* ❖ **Bạck|hendl|zeit**, die, -, kein Pl. (umgangssprl.; verklärend): *die goldene Zeit* (vor dem Ersten Weltkrieg): Heller & Qualtinger singen in „A Kriagal, a Seidal" (Bronner / Bronner): „Mi'm Auto foahst wo a greans Kranzerl dir winkt / a vernünftiges, zünftiges Weanaliad klingt, / duat wohnt sogoa noch a echte Gemütlichkeit / wia in da Båchhendlzeit." ❖ **Hẹndl|brust**, die; -, kein Pl. (umgangssprl.): *schmalbrüstiger, junger Mann* ❖ **Hẹndl|fan|ger**, der; -s, - (mundartl., vor allem ostösterr.): **1.** *Hühnerfänger* **2.** *Bauernfänger:* Frage eines Kindes am Beginn der ersten Folge von „Trautmann" („Wer heikel ist, bleibt übrig"): „Warum sågt die Frau zu dem Månn Hendlfånger, Oma?" – „Weil seine Frau das Geflügelgeschäft håt då drüben." – (eine Passantin ergänzt): „... und weil der Nationalråt so gut is' im Hendlfången." **3.** (abw.) *Burgenländer* **4.** (abw.) *Zigeuner.*

he|r|au|ßen, umgangssprl.: **he|r|auß, he|r|außt** ⟨Adv.⟩ (standardsprl., auch süddt.; ansonsten in D: hier draußen): **1.** *hier außen* (wenn sich der Sprecher ebenfalls außerhalb befindet): ich bin mit ihr heraußen, alle anderen sind schon drinnen **2.** *im Freien auf der Straße:* die Speisekarte ist heraußen angeschlagen ❖ **etwas heraußen haben**: *eine Sache gut beherrschen.*

he|r|en|ten, he|r|ent 〈Adv.; das Gegenstück ist enten und ent bzw. drenten, drent〉 (mundartl.): *auf dieser Seite, diesseits, herüben.*

her|ge|hen 〈ging her, ist hergegangen〉 (umgangssprl., auch süddt.; gesamtdt. mit der Bed..: neben jemandem hergehen etc.): *herkommen:* Geh her zu mir, aber schnell! ❖ **etwas geht blöd her** (umgangssprl., auch bair.): *etwas läuft schief.*

he|r|in|nen, he|r|inn 〈Adv.〉 (umgangssprl., auch süddt.; ansonsten in D: hier drinnen): **1.** *hier innen* (beim Sprecher): herinnen ist es aber angenehm warm **2.** *in Sicherheit, ins Haus, in den Stadel, in die Scheune gebracht:* die haben die ganze Ernte schon herinnen ❖ **das haben wir bald wieder herinnen** (umgangssprl., auch süddt.): *das haben wir bald wettgemacht* (z. B. vergeudetes oder verlorenes Geld, verlorene Zeit).

he|r|o|ben 〈Adv.〉 (umgangssprl., auch süddt.): *hier oben* (vom Standpunkt des Sprechers aus): Sperr wenigstens die herobere Tür zu, wenn schon die druntere offen bleibt.

Herr|gott, der; -s; kein Pl. [mhd. herregot] (standardsprl., auch süddt.): **1.** *Gott* (in erster Linie Gott Vater, auch Jesus) **2.** (umgangssprl., auch süddt.): *ein Fluch,* auch: **Herr|gottsa|kra|ment, Herr|gott noch einmal** ❖ **Herr|gott**, der; -s, -en (standardsprl., auch süddt.): *bildliche Darstellung Gottes, meist Jesus als Kruzifix* ❖ **Herr|gotts|win|kel**, der; -s, - (standardsprl., auch süddt.): *Ecke mit Kruzifix* ❖ **Herr|gottsschnit|zer**, der; -s, - (standardsprl., auch süddt.): *Holzbildhauer, der vor allem Hergotten schnitzt* ❖ **Herr|gotts|schlap|fen**, die (Pl.): *offene Sandalen mit Spange, wie sie oft von Mönchen getragen werden* ❖ **in aller Herrgottsfrüh**: *ganz früh am Morgen* ❖ **unser Herrgott hat einen großen Tiergarten** (umgangssprl., auch süddt.): *es gibt viele seltsame Menschen* ❖ **den Herrgott einen guten Mann sein lassen** (umgangssprl., auch süddt.): *sich um nichts kümmern* ❖ **dem Herrgott den Tag (ab-)stehlen** (umgangssprl.): *nicht arbeiten, faulenzen* ❖ **dem Herrgott die Füß abschlecken / abbeißen** (umgangssprl.): *bigott sein, frömmeln.*

H

her|rich|ten 〈hat〉 [gesamtdt. mit den Verw.: ein Zimmer herrichten] (standardsprl., auch süddt.): *hinlegen, bereitlegen, zurechtlegen:* Wurstbrote für die Kinder herrichten ❖ **sich herrichten:** *sich für einen bestimmten Anlass schön machen* (z. B. für einen Tanzabend) ❖ **Wie / wo hast du dich denn so hergerichtet?** *Wie / wo hast du dir das zugezogen?* (z. B. Schürfwunden).

he|r|ü|ben 〈Adv.〉 (umgangssprl., auch süddt.): *hier auf dieser Seite; diesseits, hier in der Heimat.*

Hes|pe|ri|den|es|sig®, der; -s, kein Pl. [1. Bestandteil: Nymphen der griech. Mythologie; sie hüteten einen Wunderbaum mit goldenen Äpfeln] (Küchenspr.): *Mischung aus Weingeistessig, Weinessig und Apfelsaft* (seit 1927 von Mautner Markhof hergestellt).

Het|sche|petsch, die; -, - [urspr.: Hagebuttenmus zu Wildschweinfleisch (Jägerspr.); offensichtlich Verdoppelung von Hetsche mit verändertem Ablaut; sowohl ins Ungar. als auch in mehrere slaw. Sprachen entlehnt; Herk. unklar, das Wort vergleicht sich mit engl. hotch-potch, hodge-podge = Eintopf, Mischmasch, Gemüse mit Hammelfleisch, aber Zusammenhang nicht erwiesen] (mundartl., auch bair.): *Rosa canina; Hagebutte* ❖ **Het|scherl**, das; -s, -n [Vkl. von Hetsche] (mundartl., ostösterr.): *Hagebutte.*

Hetz, die; -, kein Pl. [urspr.: Hetzjagd auf Tiere; verw. mit Hatz] (umgangssprl.): *Spaß, Vergnügen, Belustigung* (oft auf Kosten anderer): Helmut Qualtinger in „Der Herr Karl“: „... und der Tennenbaum hat des aufwischen müssen ... net er allaan ... de andern Juden eh aa ... håb i ihm hing’führt, dass er’s aufwischt ... und der Hausmaster håt zug’schaut und håt g’låcht ... er wår immer bei aaner Hetz dabei ...“ ❖ **hetz|hal|ber** 〈Adj.〉 (umgangssprl.): *zum Spaß.*

heu|er 〈Adv.〉 [ahd. hiuru, älter hiu jāru = in diesem Jahr] (standardsprl., auch süddt. und CH): *dieses Jahr, in diesem Jahr* ❖ **heu|ri|ge:** *diesjährige* ❖ **Heu|ri|ge**, der, -n, -n; ein Heuriger:

1. *Wein der letzten Lese* 2. *Lokal, wo vor allem heuriger Wein und einfache Speisen angeboten werden* ❖ **Heu|ri|gen**, die (Pl.): *heurige Erdäpfel* ❖ **kein heuriger Hase sein**: *ein erfahrener Mensch sein.*

hie- ‹vor Präpositionen, die mit Konsonant beginnen, auch ohne r›: (standardsprl., auch süddt.): *hier-* (gilt für hiebei, hiedurch, hiefür, hiegegen, hieher, hievon, hievor, hiezu).

Hieb, der; -s, -e [zur Präteritumform von hauen; gesamtdt. heute mit der Bed.: kräftiger Schlag, geistige Beschränktheit, Rausch] (umgangssprl., ostösterr.) [vor allem die Grenzen der äußeren Bezirke Wiens wurden immer wieder recht eigenwillig geändert]: *Bezirk:* er wohnt im 16. Hieb.

hi|nig, hi|nich ‹Adj.› [Ableitung zu hin] (mundartl., auch bair.): 1. *tot* 2. *kaputt* 3. *erschöpft,* 4. *unattraktiv, minderwertig:* Grissemann & Stermann in „Alpenzoo“: Grissemann: „Griaß enk! Darf mich kurz vorstellen! Bin der Trenkwalder Robert, bin zuständig für die Public Relation im Alpenzoo im Oberland (...) Die Besucherzahlen im Alpenzoo im Oberland eine Katastrophe, weil ma nur so hiniche Viecher haben in dem Scheißalpenzoo. Was hama da? An Steinadler und irgendwelche bsoffenen Gämsen (...) Du brauchst exotische Tiere!“

hint ‹Adv.› (umgangssprl.): *hinten* ❖ **hint und vorn nichts dran** (umgangssprl., abw.): *keine ausgeprägten weiblichen Formen:* Hubert von Goisern und die Alpinkatzen singen in „Koa Hiatamadl“: „Mei, u mei / de Annamiarl kenn i schon / då renn i liaba glei davon / is nix drån / ned hint und ned vurån.“

hin|ter ‹Adv.› (umgangssprl., auch süddt., Thüringen und Sachsen; gesamtdt. als Präposition: hinter dem Haus etc.): *nach hinten:* hinter in den Garten gehen (auch als Vorsilbe bei den Verben: hinterbringen, hintergehen, hinterlassen, hinterlegen, hinterziehen).

Hir|sche|ne, das; -n, kein Pl., ein Hirschenes (umgangssprl., auch süddt.): *Hirschfleisch.*

Hirsch|le|der|ne, die; -n, -n, **Hir|scher|ne**, die; -n, -n (umgangssprl., auch bair.): *Lederhose aus Hirschleder.*

Ho|bel, der; -s, -(n) [geht zurück auf ein Verb mit der Bed.: Unebenheiten beseitigen; die Übertragung auf Auto greift diesen Gedanken auf, vgl.: wie ein Brett auf der Straße liegen] (umgangssprl., scherzh.): *Auto:* Die Gruppe EAV in „Märchenprinz": „Mit meinem Nobelhobel glüh ich auf der Autostrada, / einmal kurz aufs Gas, und schon bin ich dada." ❖ **du kannst mir den Hobel ausblasen**: [das Reinigen des Hobels war früher Aufgabe der Lehrlinge; wer die Wendung gebraucht, schafft also seinem Gesprächspartner eine Arbeit an, die sonst keiner machen will; daher auch als Umschreibung des Götzzitats in Verw.] (mundartl., derb): *du kannst mich am Arsch lecken.*

hoch|ge|schis|sen 〈Adj.〉 **1.** (mundartl.): *eingebildet, anmaßend* **2.** (mundartl., abw.): *in höhere Kreise hineingeboren.*

ho|cken, hu|cken 〈ist〉 [aus dem Norden des Sprachraums mit der Bed.: kauern; gesamtdt. heute mit der Bed.: in der Hocke sitzen etc.; Stubenhocker ist gesamtdt.] (standardsprl., auch süddt., CH): *sitzen* ❖ **sich zu jemandem hocken** 〈hat〉 (umgangssprl., auch süddt.): *sich zu jemandem setzen:* hock dich zu mir (= setz dich zu mir) ❖ **hocken bleiben** 〈ist〉 (umgangssprl., auch süddt.): *sitzen bleiben* ❖ **he|rum|ho|cken** 〈ist〉 (standardsprl., auch süddt., CH): *herumsitzen.*

Höh, die; -, kein Pl. [Hemann = sagenhafter Waldgeist von riesiger Körpergröße und mit schwarzem Mantel, der sich unter He-Rufen auf den Rücken der Menschen setzt; in der Gaunerspr. verkürzt zu Höh] (gaunersprachlich, umgangssprl.): *Polizei:* in „Kottan ermittelt – Hartlgasse 16a" schreit ein Mann bei seiner Festnahme: „Die hoibe Höh rückt an! Gsindel! Bagage!" ❖ **Ober|höh**, die; -, kein Pl. (gaunersprachlich): *Polizeidirektion.*

Hol|ler, der; -s, - [ahd. holuntar, doch schon mhd. verkürzt zu holer, holder, neben holunter, holunder] (umgangssprl., auch süddt.): *Sambucus nigra, Holunder* ❖ **Hollerstauden**, die; -, - (umgangssprl.): *Holunderbusch* ❖ **einen Holler reden**

(umgangssprl.): *einen Unsinn reden:* Paul Schremser (Walter Davy) in „Kottan ermittelt – Wien Mitte": „Reden S' doch kaan Holler! Wegen wås soll ma Sie den umbringen?"

hö̩l|zeln ‹hat; ich hölzle› [vielleicht zu Hölzel = kleines Holz; dann wäre die urspr. Bed.: so reden, wie wenn man ein Hölzel im Mund hat] (standardsprl., ost- und südösterr.; ansonsten in D vor allem lispeln): ***Zischlaute fehlerhaft aussprechen, indem die Zunge an die oberen Vorderzähne stößt.***

ho̩p|per|tat|schig, ho̩p|per|tat|schert ‹Adj.› [1. Bestandteil: Herk. unklar; wohl keine Verwandtschaft mit happen, da verdunkelt; 2. Bestandteil: ev. zu Tatsch = schwerfälliger Mensch] (mundartl.): **1.** ***stolz, hochmütig*** **2.** ***schwerfällig, ungeschickt.***

H

Hö̩rndl|bau|er, der; -s, -n (standardsprl.): ***Bauer, der vorwiegend Rinderzucht betreibt*** (im Gegensatz zu Körndlbauer).

Hö̱|sche [ˈhœːʒə], die; - kein Pl. [vermutl. zu mhd. hosche = Spot, hoschen = spotten, verspotten; durch die Vokaldehnung hat der Konsonant sch die Tendenz, stimmhaft zu werden, ev. auch französisierend] (Fußballerjargon): **1.** ***ein Fußballübungsspiel, bei dem mehrere Spieler einen Kreis bilden und sich den Ball zuspielen, während ein oder zwei Spieler in der Mitte des Kreises versuchen, an den Ball heranzukommen:*** „Mit einem Mann weniger war es schwierig, reüssieren zu können. Sie haben fast 90 Minuten eine Hösche mit uns gespielt, wir waren chancenlos." Paul Scharner am 18. 11. 2009 nach einer 1:5-Niederlage gegen Spanien **2.** ***das Im-Kreis-Laufen-Lassen*** ❖ **jemanden in der Hösche haben** (umgangssprl.): **1.** ***jemanden im Kreis laufen lassen*** **2.** ***verspotten, verhöhnen*** ❖ **hö̱|scherln** (umgangssprl.) ‹hat›: ***verspotten, verhöhnen:*** jemanden höscherln, bis er grün und blau wird.

hu̱|deln ‹hat› [zu mhd. huder = Fetzen, eigtl.: zerfetzen] (umgangssprl., auch bair.): ***zu schnell und dadurch schlampig arbeiten, etwas schnell und unüberlegt machen*** ❖ **Nur nicht hudeln!** ***Langsam, nur nichts überstürzen! Zeit lassen!*** ❖ **Hu|de|le̱i, Hud|le|re̱i**, die; -, en: ***dauerndes Hudeln*** ❖ **Hu̱d|ler,**

der; -s, -: *jemand, der dauernd hudelt* ❖ **hud|ri|wud|ri, hud|ri|wụsch** (umgangssprl., 1. Variante auch bair.): *überhastet, oberflächlich, zerfahren, wirr* ❖ **Hud|ri|wud|ri, Hud|ri|wụsch**, der; -(s), -s (umgangssprl., 1. Variante auch bair.): *unkonzentrierter, schusseliger Mensch, der alles zu schnell macht.*

Hu|go ‹männl. Vorname› (mundartl., derb): **1.** *Penis* **2.** *Klomuschel* ❖ **zum Hugo werden** (umgangssprl.): *nicht mehr ein und aus wissen* ❖ **für den Hugo sein** (umgangssprl.): *umsonst, vergebens sein, nichts nützen:* Dialog im Film „Muttertag – Die härtere Komödie": Sohn (Alfred Dorfer) zur Mutter (Andrea Händler): „Der Muttertag is eh für'n Hugo, bitte." Mutter zum Sohn: „Du pass einmal auf, per Hugo sind wir zwei noch lange nicht!"

Hụ|scher, der; -s, - [Ableitung von huschen = sich lautlos und schnell bewegen, dieses nach dem Ausruf: Husch!] (umgangssprl.): **1.** *eine kurze Zeitspanne:* auf einen Huscher vorbeikommen **2.** *geistiger Defekt* ❖ **einen Huscher haben**: *verrückt sein, nicht richtig im Kopf sein* ❖ **ver|hụscht** ‹Adj.› [wie ein Partizip 2 von huschen gebildet, aber mit Vorsilbe -ver nach dem Muster von verrückt] (umgangssprl.): *verrückt.*

hụs|sen ‹hat› [mhd. hussen = sich schnell bewegen, hetzen, reizen; zu huss(a) = Hetzruf für Jagdhunde] (umgangssprl.): *hetzen, treiben, jagen* ❖ **auf|hụs|sen** [die Vorsilbe auf- dient vor allem der Verstärkung] (umgangssprl.): *aufhetzen, aufwiegeln* ❖ **Hụs|ser, Auf|hus|ser**, der; -s, - (umgangssprl.): *Aufwiegler.*

hụt|schen, hut|schen ‹hat› [zu einem Ausruf hutsch, der eine schwankende Bewegung andeutet] (standardsprl., auch süddt.): **1.** *schaukeln* **2.** *in den Schlaf wiegen* (z. B. ein Kind) ❖ **hụt|schen, sich** ‹hat› **1.** (standardsprl.): *sich hin und her wiegen* **2.** (umgangssprl.): *weggehen, sich entfernen* ❖ **Hụtsch dich!** (umgangssprl., derb): *Verschwinde!* ❖ **Hụt|sche**, die; -, -n; **Hụt|schen**, die; -, -, **1.** (standardsprl., auch süddt.) *Schaukel* **2.** (umgangssprl.): *Bett* **3.** (mundartl., abw.) *Frau:* Dialog in „Trautmann – Das letzte Hemd hat keine Taschen": Burschi (Simon Schwarz): „Na kloa, logisch, die Hutschen håt des Auto gstohln und is dånn ..." Monika Tränkler (Monica Weinzettl):

„Såg net Hutschen, Burschi!" ❖ **Hụt|schen|schleu|derer**, der; -s, - (umgangssprl.): *jemand, der die Schaukeln in einem Vergnügungspark in Bewegung setzt* **2.** (umgangssprl., abw.): *größerer Praterunternehmer* **3.** *Lümmel* ❖ **Hụtsch|pferd**, das; -s, ...pferde (standardsprl.): *Schaukelpferd* ❖ **grinsen wie ein lackiertes Hutschpferd** (umgangssprl.): *breit grinsen.*

Hut|schnur, die; -, ...schnüre [ausschlaggebend für die nachfolgende Redewendung war die Bed. Hutschnur = Eingrenzung einer Weide mit Schnüren; 1. Bestandteil zu ahd. huota = Wache, Obhut; huoten = bewachen, behüten, auf etwas achten; kein Zusammenhang mit Hutband] ❖ **das geht mir über die Hutschnur** [eigtl.: über die Weidegrenze hinaus] (umgangssprl.): *das geht mir zu weit.*

H

Hụt|zeln, die (Pl.): [mhd. verhützeln = zusammenschrumpfen, dörren, mhd. hutzel, hützel = gedörrte Birne; (standardsprl., westösterr., auch südddeutsch): *gedörrte Birnen* ❖ **Hụt|zelbrot**, das, -es, -e (standardsprl., westösterr., auch südddeutsch): *Früchtebrot mit gedörrten Birnen* ❖ **verhutzelt** (standardsprl., auch süddt.) 〈Adj.〉 *vertrocknet, zusammengeschrumpft:* Roland Düringer in „Die Benzinbrüder": „Eindeutige Diagnose: Vitaminmångel! Und drum håt ma die Mama jeden Tåg in die Schul mitgeb'n mein Apferl, åber ned die leiwånden, die großen, grünen, die schmecken wias Haarshampoo, sondern so klaane, so gelbe, so verhutzelte ..."

Hụt|ze|put|zel, der; -s, kein Pl. [Verdoppelung mit verändertem Anlaut und Vkl.; mögliche Deutung des 1. Bestandteils: mhd. hutzel, hützel = gedörrte Birne; mögliche Deutung des 2. Bestandteils: Butz, Putz, ein Kobold, der nach einer alten abergläubischen Vorstellung im Kerngehäuse von Früchten wohnt] ❖ **ja, beim Hutzeputzel** (umgangssprl.): *niemals, nie und nimmer.*

Hy|d|rạnt, der; -en, -en [engl. hydrant, gesamtdt. mit der Bedeutung: Säule zur Wasserentnahme] ❖ **ang'schütt wie ein Hydrant** (mundartlich): **1.** *geistig zurückgeblieben* **2.** *stark betrunken.*

Imp, der; -, -en; **Im|pen**, die; -, - [mhd. imbe, impe, imme = Bienenschwarm, Biene; verw. mit Imme und Imker] (mundartl., auch bair.): ***Biene.***

In|di|an, der; -s, -e [kurz für: indianischer Hahn, zu engl. Indian cock] (mundartl.): ***Truthahn, Pute.***

In|di|a|ner|krap|fen, der; -s, - [soll 1820 von einem Wiener Zuckerbäcker zu Ehren eines indischen Zauberers kreiert worden sein] (Küchenspr.): ***zwei Schalen aus einer Art Biskuitteig, mit Schlagobers (= Schlagrahm) gefüllt und mit Marillenmarmelade und Schokoladeglasur überzogen.***

In|län|der als 1. Bestandteil an Stelle von inländisch [früher war es üblich, statt der Adjektive inländisch, österreichisch etc. die Personenbezeichnungen Inländer, Österreicher zu verwenden und eine Zusammensetzung zu bilden; diese Praxis hat sich vereinzelt erhalten] (standardsprl.): **In|län|der|rum**, der; -s, kein Pl. ‹eine von der EU geschützte österr. Spezialität›: ***inländischer Rum, z. B. der Firma Stroh*** ❖ **In|län|der|taxi**, das, -s, -s (umgangssprl.): ***Taxi mit österreichischem Fahrer:*** Dialog in „Freispiel" zwischen Wolfgang Böck als Fahrgast und Alfred Dorfer als Taxifahrer: „Fåhr ma!" – „Wohin dårfs gehen?" – „Nå Gottseidånk, ein Inländertaxi." – „Wie håben Sie dås erkånnt?" – „Weil's då herinn' nåch Wunderbaum stinkt."

in|nen ‹Adv.› [gesamtdt. mit der Bed.: an der Innenseite, im Inneren] (standardsprl., auch süddt.): ***drinnen*** (hinsichtlich des Sprecherstandpunktes nicht markiert, es ist also egal, ob sich der Sprecher im Inneren oder im Äußeren befindet, d. h. gleichbedeutend sowohl mit herinnen als auch mit drinnen).

In|s|pek|tor [-ʃp-], der; -s, ...oren [zu lat. inspicere (inspectum) = sehen] (Amtsspr.) **1.** ***übliche Anrede im Gespräch mit einem Polizisten:*** Herr Inspektor, ich hab nix trunken! **2.** ***ein Kriminalbeamter, der in einem Mordfall ermittelt, aber nicht besonder hochrangig ist:*** Gruppen-, Bezirks-, Abteilungs-, Kontroll-, Chefinspektor (höhere Kriminalbeamte sind Offiziere und tragen Titel wie Major, Oberst etc.): Dialog am Beginn der 1. Folge von „Kottan ermittelt" („Hartlgasse 16a): „Guten morgen, Herr Inspektor, wås gibt's?" – „Inspektor gibt's kaan!" Erst in der 3. Folge („Wien Mitte") wird die falsche Anrede erklärt: „Inspektor gibt's kaan! Sågst einfåch Major zu mir!" ❖ **Po|li|zei|in|s|pek|ti|on**, die; -, ...ionen (Amtsspr.): *Polizeistelle* ❖ **Ar|beits|in|s|pek|to|rat**, das; -s, -e (Amtsspr.): *Behörde, die die Einhaltung des Arbeitnehmerschutzes in Betrieben überprüft.*

in|sul|tie|ren ⟨hat⟩ [lat. insultare, eigtl.: anspringen] (Amtsspr.): *beleidigen, beschimpfen* ❖ **In|sul|tie|rung**, die; -, -en (Amtsspr.): *Beleidigung, Beschimpfung.*

i-Tüp|ferl-Rei|ter, der; -s, - (umgangsprachlich): *kleinlicher Mensch.*

ir|re|re|gu|lär ⟨Adj.⟩ [Zusammenziehung aus irre (= verrückt, außergewöhnlich) und irregulär (= regelwidrig); Teamchef Hans Krankl in einem ORF-Interview nach Österreichs enttäuschendem 3:3 gegen Nordirland am 13. 10. 2004 in Belfast: „Dås Tor wår irreregulär!" – „Wås då passiert is, is extremst ned in Ordnung, noch amoi, dås ist irreregulär. Ende." Das neue Wort ist seither Teil der Alltagskommunikation, bes. unter Fußballfans] (umgangssprl.): *total verrückt und irregulär.*

Ir|xe, Ich|se, die; -, -n; **Ir|xen, Ich|sen**, die; -, - [mhd. üehse, uohse = Achselhöhle] **1.** (umgangssprl., auch bair.): *Achselhöhle:* Lukas Resetarits in „Tanzschule" (im Wien der 60er Jahre): „Es wår der Irxenspray noch nicht erfunden, dåmåls (...) es håt åber einen Vorläufer gegeben, den sogenannten Bac-Stift (...) Es wår der Lady-Shave auch noch nicht erfunden, jetzt wåren diese jungen Damen (...) in voller Blüte, voll ausgereift, wie dampfende Stuten und håm natürlich mörderische Irxenbuschen ghåbt ..." **2.** (Architektur): *Winkel zwischen Dachfläche und Wand; Dachkehle* **3.** (Botanik): *Geiztrieb* (entwickelt sich in einer Blattachsel) ❖ **Ir|xen|wein**, der; -s, -e (Weinbau; historisch): *Wein aus den Geiztrieben* (säurebetont) ❖ **Ir|xen-**

schmalz, das; -es, kein Pl. (mundartl.): *Muskelkraft* (vor allem in den Armen): mit viel Irxenschmalz den Maibaum aufstellen.

J

Ja|ger|tee, Ja|ga|tee, der; -s, -s ‹eine von der EU geschützte österr. Spezialität› (standardsprl.): ***Schwarztee mit Inländerrum.***

Jạn|ker, der; -s, - [zu Jänker = kurzes Obergewand; urspr. nur für Frauen; Herk. unklar] (standardsprl., auch bair.): ***Trachtenjacke*** (meist aus gewalktem Stoff oder gestrickt, mit zwei Knopfreihen) ❖ **ver|jạn|kern** [urspr.: unter dem Janker verbergen] (umgangssprl.): ***unbewusst liegen lassen und nicht mehr finden:*** den Kugelschreiber verjankern ❖ **ab|jạn|kern** (umgangssprl.): **1.** ***zusperren, ein Geschäft auflösen*** **2.** ***sterben*** **3.** ***ejakulieren.***

Jặn|ner, der; -s, - [zu Janus = römischer Gott der Tore und des Anfangs; Jänner ist bereits im späten Mittelalter direkt aus vulgärlat. ienuarius (gesprochen: Jenuarius) entlehnt worden; nur in der Gelehrtenspr. war das klassische januarius in Gebrauch; daraus entstand durch Verkürzung Januar; als an der Wende zum 19. Jh. der Norden des deutschen Sprachraums auf Januar umstellte, blieb Ö bei Jänner] (standardsprl.): ***1. Monat des Kalenders*** ❖ **Jännerloch**, das; -s, ...löcher (standardsprl.): ***Flaute im Tourismus nach den Weihnachtsferien.***

Jauk, der; -s, kein Pl. [slowen. jug = Süden, Südwind] (umgangssprl., ostösterr.): ***Föhn.***

jau|ken ‹hat› (mundartl., vor allem ostöstereichisch): ***vor sich herjagen*** ❖ **Jau|kerl**, das; -s, -n [vermutl.: das, was hineingejagt wird] (mundartl.): ***Injektion.***

Jau|se, die; -, -n [mhd. jūs; zu slowen. južina = Mittagessen] (standardsprl.): ***Zwischenmahlzeit am Vormittag oder Nachmit-***

tag ❖ **Neu|ner|jau|se, Zeh|ner|jau|se, El|fer|jau|se**, die; -, -n (umgangssprl.): *Zwischenmahlzeit um 9, 10 bzw. 11 Uhr* ❖ **jaus|nen** ⟨hat⟩: *eine Zwischenmahlzeit einnehmen* ❖ **Jau|sen|sta|ti|on**, die; -, -en (standardsprl.): *kleine Gaststätte* ❖ **Jau|sen|geg|ner**, der, -s, - (standardsprl.): *nicht ernst zu nehmender Gegner im Sport:* Alkbottle singen in „Wir trinken auf Rapid“: „Åber heut’ gemma essen in grün-weißen Dressen, / die Jausengegner håmma in der Hålbzeit scho vergessen ...“

Jes|sas! Jes|sas na! ⟨Ausruf⟩ (umgangssprl.): *verhüllend für Jesus.*

Jet|ti-Tan|te, Jet|ti-Tant, die; - (kein Pl.): [Jetti ist eine Koseform zu den weibl. Vornamen Marietta und Henriette] (umgangsprl.) ❖ **Das kannst du der Jetti-Tant erzählen!** *Das glaub ich dir nicht!* In „Kaisermühlenblues – Undank ist der Welten Lohn“ sagt Polycarp Trautmann (Wolfgang Böck): „Und die Såchen liegen zufällig då am Tisch? Des könnts doch der Jetti-Tant derzählen, aber nicht dem U-Richter!“

J

ju|chet|zen, ju|chat|zen, ju|chit|zen ⟨hat⟩ [mhd. jūchezen = schreiben, jubeln, jauchzen; zu mhd. jū, jūch = Ausruf der Freude]: *jauchzende Laute ausstoßen* ❖ **Ju|chet|zer, Ju|chat|zer, Ju|chit|zer**, der; -s, -; auch: (mundartl.): *jauchzender Laut:* Hubert von Goisern & die Alpinkatzen singen ein Lied mit dem Titel „Da Juchitzer“.

-jun|ge als 2. Bestandteil (Küchenspr.; auch bair., dort aber endungslos): *drückt in Bildungen mit Substantiven aus, dass es sich um zum Verzehr bestimmte Innereien sowie Hals, Flügel bzw. Vorderläufe handelt:* **Entenjunge**, das; -n; kein Pl.; ein Entenjunges; **Hasenjunge; Hühnerjunge** etc. (in D: Entenklein, Hasenklein, Hühnerklein etc.).

Junk|tim, das; -s, -s [substantiviert aus lat. iunctim = vereinigt, dieses zu iungere = verbinden, verknüpfen; mit dem Partizip 2 iunctum] **1.** (Politik; auch D): *Verknüpfung zweier Gesetzesvorhaben, weil sie inhaltlich zusammengehören* **2.** (Politik, vor allem Ö): *Verknüpfung zweier Gesetzesvorhaben im Rahmen eines*

Tauschgeschäfts ❖ **junk|ti|mie|ren** ⟨hat⟩ (Politik): ***in einem Junktim verknüpfen*** (meist zu Junktim, Bed. 2; also Vorhaben, die nicht zwangsläufig zusammengehören).

K

Ka|bi|nẹtt, das; -s, -e [franz. cabinet = kleines Gemach, Nebenzimmer; gesamtdt. ist die Bed.: Arbeitsraum an einem Fürstenhof, kleiner Museumsraum; Kollegium der Regierungsmitglieder etc.] (standardsprl.): ***kleines Zimmer*** ❖ **auf Zimmer, Küche, Kabinett wohnen**: ***auf kleinstem Raum wohnen.***

Kaf|fee, der; -s, -s ❖ **Kaf|fee|t|scherl**, das; -s, -n [mit der Endung wird der emotionale Bezug zum Ausdruck gebracht] (umgangssprl., ostösterr.): ***Kaffee*** ❖ **Kaf|fee|scha|le**, die; -n (standardsprl.): ***Kaffeetasse*** ❖ **Kaf|fee|haus**, das; -es, ...häuser [Lehnübersetzung von engl. coffeehouse] (standardsprl.): ***Gaststätte, wo bes. Kaffee ausgeschenkt wird und Zeitungen sowie Magazine aufliegen:*** wir gehen ins Kaffehaus (bei exakter Namensnennung wird hingegen das Wort Café verwendet: wir gehen ins Café Glockenspiel, ins Café Sperl, ins Café Bräunerhof etc.)

Kai|ser, der; -s, - [ahd. keisar, zu Julius Caesar; es handelt sich um eine der ältesten Entlehnungen aus dem Lat.; Zar über älteres cĕsar hat dieselbe Wurzel] ❖ **es sind schon Kaiser gestorben** (umgangssprl.): ***auch der Mächtigste muss einmal klein beigeben / jeder kann einmal scheitern*** ❖ **Wir sind Kaiser!** (umgangssprl.): ***Wir sind die Besten! Wir haben es geschafft!*** (Die Phrase war Titel einer ORF-Satiresendung; Anspielung auf einen Aufmacher der Hamburger Bild-Zeitung: „Wir sind Papst!") ❖ **Servus Kaiser!** (umgangssprl.): ***Ausruf des Erstaunens*** ❖ **wie der Kaiser von China wohnen / leben / essen etc.** (umgangssprl.): ***fürstlich wohnen / leben / essen etc.*** ❖ **er führt sich auf wie der Kaiser von China, er glaubt, er ist der Kaiser von China** (umgangssprl.): ***er hat einen Lebenswandel, der nicht angemessen ist.***

Kai|ser- **als 1. Bestandteil** (standardsprl., meist auch bair.): *drückt in Bildungen mit Substantiven aus, dass etwas bes. fein ist* ❖ **Kai|ser|fleisch**, das; -(e)s: *geselchtes Bauchfleisch mit bes. saftiger Schwarte* ❖ **Kai|ser|teil**, der; -s, -e: *bestes Schnitzelfleisch vom Schwein* (= Schale) ❖ **Kai|ser|ge|spritz|te**, der; -n, -n; einen ...gspritzten: *nicht Wein, sondern Sekt wird mit Soda verdünnt* ❖ **Kai|ser|me|lange**, die; -,-n: *großer Mocca, der statt mit Milch mit Eigelb, Honig und Weinbrand vermischt wird* ❖ **Kai|ser|schmar|ren**, der; -s, -: *Schmarren aus gerissenem Omelettenteig mit Staubzucker und oft auch mit Rosinen bestreut* ❖ **Kai|ser|schnit|zel**, das; -s, -n: *Rahmschnitzel vom Kalb mit Petersil und Kapern, oft auch mit Sardellen gewürzt* ❖ **Kai|ser|schö|berl**, das; -s, -n: *mit Butter und Käse zubereitetes Schöberl* (= gebackene Suppeneinlage) ❖ **Kai|ser|sem|mel**, die; -, n: *runde Semmel mit fünf bogenförmigen Einkerbungen* (meist im Gegensatz zur Langsemmel mit einer einzigen Einkerbung) ❖ **Kai|ser|wet|ter**, das; -s, -: *prachtvolles Wetter.*

-kai|ser, der; -s, - **als 2. Bestandteil** (umgangssprl., oft ironisierend): *drückt in Bildungen mit Substantiven aus, dass jemand der Oberste, der Erste in einer Gruppe ist* ❖ **Be|triebsrats-kai|ser**, der; -s, -: *Zentralbetriebsratsobmann (in einem Großunternehmen)* ❖ **Orts|kai|ser**, der; -s, -: *Bürgermeister* ❖ **Ski|lift|kai|ser**, der; -s, -: *Eigentümer mehrerer Skilifte.*

Käl|ber|ne, das; -n, kein Pl.; ein Kälbernes (Küchenspr., auch süddt.): *Kalbfleisch.*

Kål|ter, der; -s, - [zu Ghalter, Gehalter; dieses zu: gehalten, aufbewahren] (standardsprl.): *Behälter* (meist für Fische) ❖ **Fisch|kål|ter**, der; -s, - (standardsprl.): *Behälter für Fische.*

Kampl, der; -s, -(n) [mhd. kamp, kambe, kamme; urspr. Vkl. von Kamm, jedoch nicht wie bei Vkl.-Formen üblich mit sächlichem Geschlecht, sondern männlich] (mundartl.) **1.** *Haarkamm:* Attwenger singen in „Rahm“: „Wea koa Schåf ned håd, dea griagt koa Lampl, / wea a Glåtzn håd, dea braucht koan Kampl.“ **2.** *Kerl:* ein fescher Kampl ❖ **kam|peln** ⟨hat⟩ (mundartl.): *kämmen* ❖ **gewaschen, geschnäuzt und gekampelt** (umgangssprl.): *adrett gekleidet, fein herausgeputzt.*

Ka|pa|zu̜n|der, der; -s, - [Wortbildung aus Kapazität und Wunder] (umgangssprl., oft scherzh.): *Spitzenkönner, herausragender Fachmann auf einem bestimmten Gebiet.*

Ka̜p|pe, die; -, -n; **Kåp|pen**, die; -, -; **Ka̜ppl**, **Ka̜p|perl**, das; -s, -n; in V: **Käp|ple**, das -s, - [zu spätlat. cappa = (Mantel mit) Kapuze] (in D: eng am Kopf anliegende Kopfbedeckung mit oder ohne Schirm; in Ö wird eine eng anliegende Kopfbedeckung ohne Schirm nicht Kappe, sondern Haube genannt): (standardsprl., auch süddt.): *flache, steife Kopfbedeckung mit Schirm* (z. B. des Sportlers, des Polizisten etc.): „Das teuerste Kapperl Österreichs (...) Wer an Niki Lauda denkt, denkt auch an sein Markenzeichen: das rote Kapperl ..." (Österreich, 2. 7. 2010) ❖ **das Åmtskappl aufhåben** (umgangssprl., abw.): *sich als Beamter engstirnig und stur verhalten* ❖ **den Bå̜ll få̜ng i mit'm Kappl** (Fußballerspr.; aus Sicht des Tormanns): *diesen Ball fange ich mit Leichtigkeit* ❖ **den få̜ngt mei Oma mit'm Kappl** (Fußballerspr.): *der Ball wäre leicht zu fangen gewesen* ❖ **sich mit dem Kappl fången låssen** (umgangssprl.): *auf etwas hereinfallen:* „Wer sich auf eine Vertragsbindung einlässt, um ein am Anfang billiges Handy zu bekommen, das noch dazu für andere Netze gesperrt ist, der lässt sich genau genommen mit dem Kappl fangen." (Intern.) ❖ **-ka̜p|pler**, der; -s, - **als 2. Bestandteil** (umgangssprl.): *Amtsorgan mit Schirmkappe* (in D meist Schirmmütze) ❖ **Schwå̜rz|kap|pler**, der; -s, -: *Fahrscheinkontrollor in den öffentlichen Verkehrsmitteln Wiens* ❖ **Bl<u>au</u>|kap|pler**, der; -s, -: *Kontrollor der Wiener Parkraumbewirtschaftung* ❖ **W<u>ei</u>ß|kap|pler**, der; -s, -: *Kontrollor für die Einhaltung der übrigen Bestimmungen des Parkverbots.*

Kar|fi|<u>o</u>l, der; -s, kein Pl. [über Carifiol, Califiori zu ital. cavolfiore; dieses zu cavolo = Kohl und fiore = Blume; Konsonantenwechsel im 1. Bestandteil auch bei engl. cauliflower] (standardsprl., vereinzelt mundartl. auch süddt.; in D ansonsten: Blumenkohl): *Kohl, dessen knolliger Blütenstand als Gemüse gegessen wird.*

Kårl ❖ **sich einen Karl machen, kårln, he|r|ụm|kårln** ⟨hat⟩ (umgangssprl.): *Dummheiten machen, einfältige Witze machen.*

Kar|nie|se, Kar|ni|sche, die; -, -n [zu ital. cornice = Rahmen; dieses zu lat. coronis und griech. korōní] (standardsprl.): *verdeckte Vorhangstange.*

kar|ni|feln ⟨hat⟩ [nach dem alten Kartenspiel Karnöffel, Karnüffel; dieses viell. zu **carnifolium**, ein Pflanzenname] (umgangssprl.): *quälen, peinigen, schikanieren.*

Ka|rọt|te, die; -, -n [zu franz. carotte, dieses zu lat. carota und griech. karōtón] (standardsprl.; in den Mundarten meist Möhrl = Vkl. von Möhre, mit ungeklärter Herk.): *Gemüsepflanze mit orangefarbener Wurzel* ❖ **Ka|rọt|ten|bal|lett**, das; -s, -e [1. Bestandteil: die Mitarbeiter der MA 48 tragen eine orangefarbene Arbeitskleidung] (umgangssprl., ostösterr., scherzh.): *Mitarbeiter der MA 48 (städtische Müllabfuhr):* „Als Anrainerin des Flohmarktes bin ich ein Fan unserer Müllabfuhr. Jeden Samstag bewundere ich, wie schnell die Männer, die sie wegen ihrer orangefarbenen Overalls das ‚Karottenballett' nennen, nach Marktschluss den Mist wegräumen." (Eva Deissen in Heute, 9. 7. 2010)

K

Kar|ree, das; -s, -s [zu franz. carré = viereckig; in der Bed. viereckiges Rippenstück zwar gesamtdt., allerdings ist in D Rippenstück häufig und Karree selten, in Ö umgekehrt] **1.** (Küchenspr.): *Rippenstück vom Schwein, Kalb oder Lamm* **2.** (umgangssprl., reg. auch in D): *Häuserblock:* sie sind links eingebogen und dann einmal ums Karree gefahren.

kạr|teln ⟨hat⟩ (umgangssprl., auch bair.; in D ansonsten: karten): *Karten spielen* ❖ **Kạr|tler**, der; -s, - (umgangssprl., auch bair.): *Kartenspieler.*

Kår|ten|bän|di|ger, der; -s, - (umgangssprl., scherzh.): *Kartenverkäufer im Theater, im Kino etc.; Platzanweiser, Billeteur:* Pirron & Knapp singen in „Das Tröpferlbad": „Se glaubn, weil Se då in dem Voglhäusl sitzn, / könnan s' a schwåche Frau tyrannisieren? / Jetzt hålt's mi z'ruck, / sunst kumm i no in d' Hitzn / und tua dem Kårtenbändiger, / Kårtenbändiger, Kårtenbändiger no ane schmiern!“

Kas, der; - [keine Verwandtschaft mit Käse, das auch mit der Bed. Unsinn, dummes Zeug gesamtdt. ist, sondern abgekürzt aus den Anfangsbuchstaben von: kaiserlicher Arrest-Schließer] (gaunersprachlich): ***Justizwachebeamter, Gefängniswärter:*** Falco in „Wiener Blut“: „Der Peter und der Rote håb'm dem Kas ane geb'n / eahm håt's wie Hauptfett aufg'stellt / volle Wäsch in d' Wånd / wår des scheen.“

Kas|perl [-ʃp-], der; -s, -n; in V: **Kas|perle**, der; -s, - (standardsprl., Kasperl ist auch bair.; in D ansonsten Kasper und Kasperle; CH: Kasperli): **1.** ***lustige Figur mit roter Zipfelmütze im Volkstheater oder im Puppenspiel*** **2.** ***Mensch, der nicht ernst zu nehmen ist*** ❖ **kas|perln, he|r|um|kas|perln** ⟨hat⟩ (umgangssprl., auch bair.; in D sonst kaspern): ***Dummheiten machen, blödeln, sich kindisch benehmen, zappeln*** ❖ **Kas|perl|the|a|ter**, das; -s, - (standardsprl.): **1.** ***Theater, in dem Stücke mit der Figur des Kasperls aufgeführt werden*** **2.** ***lächerliche Angelegenheit*** ❖ **Pau|sen|kas|perl**, der; -s, -n (umgangssprl., abw.): ***ein Mensch, der sich im Rahmen einer Veranstaltung um Aufmerksamkeit bemüht, aber nur als Belustigung wahrgenommen wird*** ❖ **Herz|kas|perl**, der; -s, -n (umgangssprl.): ***Herzanfall, Herzinfarkt.***

Kås|ten, der; -s, Kästen [ahd. kasto = Behälter] (standardsprl., auch süddt. und CH): **1.** ***höheres, kastenartiges, mit Türen versehenes Möbelstück zur Aufbewahrung von Hausrat;*** in D ansonsten nur Schrank **2.** ***großes, kastenförmiges Gebäude*** **3.** (umgangssprl., abw.): ***große, stämmige Frau*** **4.** (umgangssprl.; auch: **Flim|mer|kas|ten**; in D eher Flimmerkiste): ***Fernsehapparat:*** der Kasten rennt dauernd ❖ **Kastl**, das; -s, -n; V: **Käst|le**, das; -s, - [Vkl. von Kasten] (umgangssprl., auch bair.): **1.** ***kleiner Kasten*** **2.** ***kleines Quadarat zum Ankreuzen*** **3.** ***viereckiger Rahmen, der um einen Text, um eine Grafik etc. gezogen wird*** **4.** ***Fernsehapparat:*** „In dös Kastl schaut eh kaaner eini!“ (Bundeskanzler Julius Raab, dem 1956 ein politischer Einfluss auf das Radio wichtiger erschien, als ein Einfluss auf das Fernsehen ❖ **Hirn|kastl**, das; -s, -n (umgangssprl.): *Hirn, Kopf:* das geht nicht in mein Hirnkastl (= das kann ich mir nicht merken / kann ich nicht begreifen) ❖ **Nåcht|kastl**, das; -s, -n: kleines Möbelstück neben dem Bett ❖ **Küchenkastl**, das; -s, -n: *kleines Möbelstück in der Küche* ❖ **Post|kastl**, das; -s, -n: (umgangssprl., auch bair.; Postkasten, also die Form ohne Vkl., ist gesamtdt.): **1.** *von der Post aufgestellter Kasten zum Einwerfen von Briefen, die abgesendet werden* **2.** *Kasten beim Eingang eines Hauses zum Deponieren von eingehender Post:* Peter Cornelius in „I bin reif für die Insel": „Wenn i einmål ins Postkastl schau, / wird mir im Mågen flau. / Mein Leben kost' mi mehr als i' verdien' ..." ❖ **Eis|kås|ten**, der; -s, ...kästen (standardsprl., auch süddt.; gesamtdt. heute: Kühlschrank): *kastenförmiger Behälter zum Kühlen von Lebensmitteln etc.* ❖ **ein|kas|teln** ⟨hat⟩ **1.** *einen viereckigen Rahmen um einen Text, eine Grafik etc. ziehen* **2.** *jemanden inhaftieren, einsperren* **3.** *jemanden in ein Schema zwängen.*

K

ka|tho|lisch må|chen [aus der Zeit der Gegenreformation, als weite Teile von Ö und Bayern rekatholisiert wurden] (umgangssprl., auch bair.): *jemanden gewaltsam zu etwas bekehren, jemandem eine bestimmte Haltung aufzwingen, jemanden mit drastischen Mitteln zum Einlenken bringen:* Dich werden wir auch noch katholisch machen!

Kat|zel|må|cher, der; -s, - [urspr. eine Bezeichnung für wandernde Handwerker aus Italien, die selbst gemachte Schöpflöffel, ital. cazze, mundartl. Gatzen, verkauften; zu spätlat. cattia; gehört zu einer Reihe fremdenfeindlicher Ausdrücke, die in Zeiten der Monarchie populär waren] (umgangssprl., auch bair.; abw.): *Italiener.*

Ka|va|lier|spitz, der; -, kein Pl. [1. Bestandteil: Fleisch für einen Kavalier, also für einen anspruchsvollen Herren; 2. Bestandteil: wegen der spitz zulaufenden Form] (Küchenspr.): *ein zum Kochen geeignetes Rindfleisch (oft in einem großen Suppentopf zusammen mit Markknochen serviert).*

Kees, das; -es, -e [ahd. chēs = Eis, Frost] (standardsprl. in S, K und OstT, im übrigen: T Ferner): *Gletscher* (vor allem in Namen, z. B. Schmiedinger Kees) ❖ **Kees|was|ser**, das; -s, - (standardsprl.): *Gletscherbach.*

kep|peln ⟨hat⟩ [mhd. kibelen mit vielen Nebenformen] (umgangssprl., abw.): *dauernd schimpfen, keifen:* Helmut Qualtinger in „Der Herr Karl": „De Ålte keppelt schon wieder ... Chefin ... Des war' vor vierzig Jåhren aa ka Chefin g'wesen." ❖ **Kepp|le|rin**, die; -, -nen (umgangssprl., abw.): *keppelnde Frau* ❖ **Kep|pel|weib**, das; -(e)s, -er (umgangssprl., abw.): *dauernd keppelnde Frau* ❖ **Kep|pel|zahn**, der; -es, ...zähne: *zänkische Frau.*

Keu|sche, die; -, -n; **Keu|schen**, die; -, - [zu slaw. chyša; früh aus dem Slowen. entlehnt, heute hiša = Haus, aus dem Deutschen rückentlehnt] (standardsprl.): **1.** *kleines Bauernhaus* **2.** *ärmliches, baufälliges Haus, Kate* ❖ **Keusch|ler**, der; -s, - (standardsprl.): *jemand, der in einer Keusche wohnt.*

Kie|be|rer, Ki|be|rer, der; -s, - [urspr. Kuberer = Polizeibeamter, der die Prostituierten kontrolliert, zu jidd. kübbe = Schlafkammer, Hurenhaus; die historisch richtige Schreibung Kiberer gerät ins Hintertreffen und wird wegen der inzwischen erfolgten Vokaldehnung nicht durchzusetzen sein; die Ausweitung der Bed. von Kriminalpolizist auf Polizist im allgemeinen ist jüngeren Datums] **1.** (Polizeispr.): *Kriminalpolizist:* Dialog mit Polycarp Trautmann (Wolfgang Böck) in „Trautmann – Die Hanno-Herz-Story": Oberst Brandner (Wolfram Berger): „Du bist afåch der sturste Kieberer am gånzen Planeten." – Heinz „Burschi" Dolezal (Simon Schwarz): „Des unterschreib i." – Monika Tränkler (Monica Weinzettl): „Klärst an Fåll auf, der zehn Jåhr ålt ist." – Brandner: „No dazua im Krånkenstånd ..." **2.** (umgangssprl., abw.): *Polizist, Verkehrspolizist* ❖ **Kie|be|rei, Ki|be|rei**, die; -, -en (umgangssprl., abw.): *Polizei.*

kie|feln ⟨hat⟩ [mhd. kifelen = lange und heftig nagen, dieses zu kifen = nagen, kauen] (umgangssprl.): **1.** *nagen; an etwas kauen* **2.** *mit einem Problem beschäftigt sein* ❖ **ver|kie|feln**

(umgangssprl.): **1.** *nagend aufessen* **2.** *ein Problem bewältigen* ❖ **jemanden / etwas nicht verkiefeln können** (umgangssprl.): *jemanden / etwas nicht ertragen können.*

Ki|ke|rits|påt|schen [erfundener Ortsname; 1. Bestandteil: lautmalend nach dem Ruf des Hahnes; 2. Bestandteil: Påtschen = Hausschuhe] (umgangssprl.): *weit entfernter Ort bzw. Ort, den man nicht nennen will:* du kannst mich gern im Urlaub besuchen, aber ich bin in Kikeritspatschen.

Ki|nigl|hås, Kü|nigl|hås, der; -en, -en [mhd. küniclīn, künglīn = Kaninchen (in der Lautform ähnlich mit mhd. küniclin = kleiner König); geht zurück auf lat. cuniculus = Kaninchen; unterirdischer Gang, Stollen; volksetymologisch an die mundartl. Aussprache von König angepasst: kini-; der 2. Bestandteil ist eine verdeutlichende Verdoppelung; Kaninchen geht über altfranz. conin ebenfalls auf cuniculus zurück] (umgangssprl., auch bair.): *Kaninchen* ❖ **Augen wie ein Kiniglhas haben** (umgangssprl.): *gerötete Augen haben* ❖ **sich vermehren wie die Kiniglhasen** [spielt auf die Fruchtbarkeit dieser Tiere an, die sich in großen Würfen vermehren] (umgangssprl.): *sich rasch und in großer Zahl vermehren:* Dialog in „Trautmann – Wer heikel ist, bleibt übrig“: „Die Chinesen dürfen a nur mehr jeder an Bånkertn auf d’ Welt bringen.“ – „Åber die Inder haun dafür drauf wie die Kiniglhåsen (...)“ – „Und bei uns wird der Überschuss klaanweis umbracht. Man muass aafoch schaun, dass es zu kaaner Bevölkerungsexplosion kummt.“ – „Åber du bist doch söba der größte Überschuss! Wås tätst denn du sågen, wenn s’ di’ umbringen?“

Kip|fel, das; -s, -n [zu Kipf, dieses zu mhd. kipfe, ahd. kipfo = Stemmleiste, Stützstock am bäuerlichen Wagen (nach der gebogenen Form benannt)] (standardsprl., auch bair.; in D ansonsten Hörnchen): **1.** *gebogenes Gebäck, oft gefüllt;* auch: **Kip|ferl,** das; -s, -n: Klosterkipferl (mit Schokolade überzogen), Mohnkipferl, Nusskipferl, Plunderkipferl (aus Plunderteig), Vanillekipferl (mit Vanillezucker bestreut), Kipferlkoch etc.: Arik Brauer in „Die Jause“: „... jå des Kipferl is so resch, / gråd håb i den Butter aufipatzt und denk mir nix dabei, / då is aaner gstorbn als wie r a

Häuslråtz / z'wegn dera Hungerei." **2.** (umgangssprl., scherzh.): *dummer Mensch* ❖ **Kịp|fler**, die (Pl.): **1.** *kipfelförmige Erdäpfel* (vor allem für Erdäpfelsalat) **2.** (mundartl., scherzh.): *Augen* ❖ **da fliegen einem die Kipfler aussi** (mundartl.): *da vergeht einem Hören und Sehen* (= man erlebt etwas derart Außergewöhnliches, dass man nicht weiß, wie einem geschieht).

Kịr(ch)|tạg, der; -s, -e [mhd. kirchtac; Kirchweih war urspr. nur der Name für die kirchliche Feier des Patroziniums, Kirchtag war urspr. nur der Termin für diese Feier; in Ö und Bayern wurde Kirchtag verallgemeindernd auch für das Weihefest verwendet, anderswo wurde Kirchweih verallgemeinernd auch für den Termin verwendet] (standardsprl.; in OÖ, S und Bayern stattdessen Dult): *großes öffentliches Fest, Jahrmarkt;* in D: Kirchweih, Kirmes ❖ **mit einem Hintern auf drei Kirtagen sein wollen / tanzen** (umgangssprl.): *überall dabei sein wollen, sich überall wichtig machen.*

kịr|ren <hat> [lautmalend] (mundartl.): *laut schreien, schrill singen, laut lachen* ❖ **Kịr|rer**, der; -s, - (mundartl.): *schriller Schrei.*

Kịt|tel, der; -s, -(n) [mhd. kit(t)el; gesamtdt. mit der Bed.: Arbeitsüberkleid] (standardsprl., auch bair.): *Frauenrock* ❖ **hinter jedem Kittel her sein** (umgangssprl.): *ständig Frauen umwerben* ❖ **jemandem an der Kittelfalte hängen / dauernd an jemandes Kittelfalte sein** (umgangssprl.): *sich an jemanden anhängen, unselbständig sein.*

Klạ|chel, der; -s, -(n) [zu mhd. kleckel, klechel, klachel = Glockenschwengel; verw. mit Glocke; dieses entlehnt aus altirisch cloc(c) = Schelle, Glocke)] (mundartl., auch bair.) **1.** *Glockenschwengel* **2.** *zäher Schleimklumpen, schwerer Auswurf* **3.** *ungebildeter, grober Kerl* **4.** (Küchenspr., ostösterr.): *Scheiben von der vorderen Stelze* (= Schweinshaxe) ❖ **Klạ|chel|sup|pe**, die; -, -n: *Suppe mit gekochten Schweinshaxen und Gemüse.*

Klạmp|fe, die; -, -n; **Klạmp|fen**, die; -, - [mhd. klampfer = Klammer, Haken]: **1.** (umgangssprl.): *Bauklammer, Maurerklammer* **2.** (umgangssprl.): *Gitarre.*

Kla̩p|pe, die; -, -n; **Klåp|pen**, die; -, - [hat sich vom Norden Richtung Süden ausgebreitet und im Süden mit Vkl.-Endung zusätzliche Bed. angenommen; gesamtdt. heute mit der Bed.: Vorrichtung zum Schließen und Öffnen; Mund etc.] (standardsprl.): *Nebenstelle* (einer zentralen Telefonanlage), *Durchwahl* ❖ **Kla̩p|perl**, das; -s, -n (umgangssprl.) ❖ **1.** *Sandale mit Holzsohlen:* mit diesen Klapperln kann ich nicht in das Restaurant gehen **2.** *After* ❖ **mir geht das Klapperl** (umgangssprl.): *ich habe Angst.*

klau|ben, **auf|klau|ben** ‹hat› [mhd. klūben = pflücken, stückweise auflesen, stehlen, verwandt mit Klaue]: (umgangssprl., auch süddt.): *Stück für Stück aufnehmen* (z. B. Holz, Reisig, Beeren, Schwammerln) ❖ **Klaub|holz**, das; -es, kein Pl. (umgangssprl., auch süddt.): *im Wald frei am Boden liegendes Holz, das gesammelt und als Brennholz verwendet wird.*

K

kle̩|schen ‹hat› [lautmalend] (umgangssprl.): **1.** *knallen, krachen:* an der Kreuzung hat es geklescht (= Fahrzeuge sind zusammengekracht); **2.** *ohrfeigen:* ich werde dir gleich eine kleschen ❖ **Kle̩|sche**, die, -, -n, **Kle̩|schen**, die, -, - (umgangssprl.): **1.** *knallender Laut* **2.** *Pflanzenfruchtstand, der beim Aufschlagen ein knallendes Geräusch verursacht* **3.** *mit Luft gefüllter Papiersack, den man platzen lässt* **4.** *Ohrfeige* **5.** *weibliche Geschlechtsteile* **6.** *derbe Frau* ❖ **Kle̩|scher**, der; -s, - (umgangssprl.): **1.** *knallendes Geräusch, Schlag* **2.** *Ohrfeige* **3.** *Autounfall* **4.** *geistiger Defekt:* einen Klescher haben ❖ **Kle̩|schen|blume**, die; -, -n [zu Klesche, Bed. 2]: *Blasenstrauch (Colutea)* ❖ **Kle̩|schensaft**, der; -s, ...säfte [zu Klesche, Bed. 5]: *Vaginalsekret* ❖ **He̩|cken|kle|scher**, der; -s - (südösterr.; der in W und NÖ gängige Ausdruck lautet Rabiatperle): **1.** *minderwertiger, saurer Wein* **2.** *Wein, der einen umwirft.*

Kle̩t|zen, die; (Pl.) [mhd. klœʒen = spalten, trennen, auseinanderreißen; klōʒ = Keil, da die Früchte vor dem Trocknen aufgeschnitten werden] (standardsprl., auch bair.): *getrocknete Birne* ❖ **Kle̩t|zen|brot**, das; -(e)s, -e (standardsprl., auch bair.): *Früchtebrot* (dunkles gewürztes Brot mit eingebackenen gedörrten Birnen, Zwetschken, Feigen etc.).

Kle|weln, die (Pl.) [Vkl. zu mhd. klō, klōwes = Klaue, ahd. klāwa] (mundartl., auch bair.): **1.** ***Klauen eines Huftieres*** **2.** ***Klauen des Teufels*** **3.** (scherzh.) ***Finger eines Menschen:*** Gehst weg mit deine Kleweln!

klie|ben ‹klob, hat gekloben› [mhd. klieben, ahd. chliuban; verw. mit klauben] (standardsprl., auch süddt.): ***(Holz) spalten.***

Klo|bas|sa, Klo|bas|sa, Klo|bas|se, Klo|bas|se, Klo|bas|si, Klo|bas|si, die; -, ...ssen [tschech. und slowak. klobása = Wurst] (Küchenspr.): ***eine grobe Brühwurst*** (gleichbedeutend mit Burenwurst).

Klop|fer, der; -s, -: [zu klopfen; gesamtdt. sind: Teppichklopfer, Türklopfer etc.] ❖ **einen Klopfer haben** (umgangssprl., auch süddt.): ***verrückt sein.***

Klup|pe, die; -, -n; **Klup|pen**, die; -, - [mhd. kluppe = Zange; abgespaltenes Stück (Holz), verw. mit klieben] (standardsprl.): ***Wäscheklammer*** ❖ **scheppern wie ein Kluppensackl**: ***stark zittern.***

Knie|rer, der; -s, - [eigtl.: einer der kniet] (umgangssprl., ostösterr.): ***unterwürfiger Mensch, Kriecher:*** Georg Danzer in „I bin a Kniera“: „I bin a Kniera wie’ra im Biachl steht, / i bin da ärgste Furchengänger von Wien. / I bin a Reisstrahrer, Oaschkräuler, Küsser, / i kriag de goldene Kniascheibm verlieh’n.“

Knö|del, der; -s, -(n) (standardsprl.: Knödel, der; -s, -) [Vkl. von mhd. knode = Knoten, wobei die Vkl. mit -l zum mundartl. Neutr. führt (wie: der Tisch; das Tischl); im Standard ist hingegen das Verständnis für die Vkl.-Form verloren gegangen und das Wort wird wie knode als Mask. verwendet; Knödel gehört zu den mit kn- beginnenden Wörtern, die verdickte Gegenstände bezeichnen, wie Knolle, Knoten, Knopf etc.; außerdem gehört es zusammen mit Butter, Schokolad(e), Teller und Zwiefel / Zwiebel zu den auffälligsten Genusabweichungen der Mundart gegenüber dem Standard] (als Mask. standardsprl., auch süddt., das Wort breitet sich gegen Norden aus; in D ansonsten

Kloß): **1.** *kugelförmige Speise aus einer Teigmasse:* Suppe mit Griesknödel oder Leberknödel; Marillenknödel, Zwetschkenknödel als süße Nachspeise – Hubert von Goisern & die Alpinkatzen singen in „Goaßbeitl-Bauernbuam“: „A Griasknedl und a Leberknedl / håm si går nit vertrågn / håt der Griasknedl in Leberknedl /übers Herdbankl åbig’schlågn.“ **2.** *knotenförmige Haartracht der Frau* **3.** *dumme Person* **4.** *dickes Mädchen* **5.** (gaunerspr.): *Geld* ❖ **Spẹck|knö|del**, der; -s, - (Küchenspr.): *Knödel mit kleinen Speckstücken* ❖ **Ma|rịl|len|knö|del**, der; -s, - (Küchenspr.): *Knödel mit Marille* ❖ **Knö̲|del|kö|chin**, die; -, ...innen (umgangssprl.): *mindere Köchin* ❖ **Knö̲|del|te|nor**, der; -s, ...nöre (umgangssprl.): *schlechter Tenor* ❖ **Knö̲|delaka|de|mie**, die; -, -, auch: **Kochlöffelakademie** (umgangssprl., scherzh., abw.): *Lehranstalt für wirtschaftliche Frauenberufe* (früher Frauenberufsschule) ❖ **Knö̲|del|rei|ter**, der; -, - (umgangssprl.): *Stoß mit dem Knie ins Gesäß* ❖ **knö̲|deln** (umgangssprl.): *undeutlich reden* ❖ **einen Knödel im Maul haben** (umgangssprl.): *undeutlich reden.*

Knọpf, der; -(e)s, Knöpfe [mhd. knopf = knotenförmige Verdickung an Pflanzen, Schwertknauf, Knoten; gehört zu den mit kn- beginnenden Wörtern, die verdickte Gegenstände bezeichnen, wie Knolle, Knödel etc.; gesamtdt. ist: Knopf an einem Kleidungsstück; die Bed. Knoten (in einem Faden) ist in Norddeutschland nicht präsent] (standardsprl., auch süddt. und CH): *Knoten* ❖ **jemandem geht der Knopf auf** (umgangssprl.): *jemand begreift plötzlich* ❖ **Knọ̈p|fle, Knọ̈p|fli**, die (Pl.) [Vkl. von Knopf] (Küchenspr., westösterr., auch CH, süddt.): *eine Art Spätzle.*

Ko̲|bel, der; -s, - [mhd. kobe = Stall, Schweinestall, Käfig] (standardsprl., auch süddt.): *Verschlag; kleiner Stall für Nutztiere, Haustiere.*

Kọch, das; -s, kein Pl. [zu kochen mit der Bed.: durch Gekochtwerden Wasser abgeben und dadurch eingedickt werden; ahd. kohhōn; dieses zu lat. coquere] (Küchenspr., auch bair.): *aus gekochtem Obst, Gries oder Ähnlichem hergestellter Brei: Apfelkoch, Hollerkoch, Grieskoch etc.* ❖ **ausschauen wie ein gspiebenes**

Ap|fel|koch (umgangssprl.): *sehr schlecht und kränklich aussehen* ❖ **ein|ko|chen** <hat> (gesamtdt. mit der Bed.: durch Gekochtwerden Wasser abgeben und dadurch eingedickt werden; durch Kochen konservieren): **1.** (umgangssprl.): *jemanden durch listiges Einschmeicheln zu etwas überreden:* er hat die Oma so lange eingekocht, bis sie ihm das Silberbesteck geschenkt hat **2.** (umgangssprl.) *jemanden betören, umgarnen:* schau, wie er die Tante einkocht.

Kof|fer, der; -s, - [franz. coffre = Kasten, Truhe; gesamtdt. ist die Bed.: Behältnis für die Reise] (umgangssprl.): **1.** *Dummkopf, Trottel;* meist verstärkend: Vollkoffer **2.** (mundartlich, derb): *Darmwind:* einen Koffer hinstellen / stehen lassen (= eine übel riechende Darmblähung entweichen lassen und anschließend das Weite suchen).

Ko|gel, der; -s, - [Herk. unklar, viell. verw. mit Kugel] (standardsprl., auch süddt.): **1.** *kegelförmiger Berg;* **2.** *Bergkuppe* (in vielen Bergnamen, z. B. Hirschenkogel).

Kohl, der; -(e)s, kein Pl.; umgangssprl.: **Kö(l)ch** [mhd. kōl, kœle, kœ = Kohl; ahd. kōl(i); dieses zu lat. caulis = Kohl, eigtl.: Strunk; umgangssprl. vermengt mit mhd. kel(i)ch = Kelch, dieses zu lat. calix; am Wurzelhals der Pflanze kommt es oft zu kelchartigen Auswüchsen; in D: Wirsingkohl] (standardsprl.): **1.** *Brassica oleracea convar. capitata var. sabauda; ein Gemüse* **2.** (umgangssprl.): *Streit:* Wüst an Kö(l)ch? ❖ **Kohl|rü|be**, die; -, -n [Kohlrübe (Brassica napus subsp. rapifera) und Kohlrabi (Brassica oleracea var. gongylodes) sind zwei verschiedene Gemüsesorten; im Osten von Ö wird Kohlrübe oft fälschlich für Kohlrabi verwendet] (umgangssprl., ostösterr.): *Kohlrabi* ❖ **Kohl|spros|sen**, die (Pl.) (standardsprl., in D: Rosenkohl): *Brassica oleracea var. gemmifera; Kohlgewächs mit kleinen kugeligen Knospen.*

Ko|lat|sche, Go|lat|sche, die; -, -n [tschech. koláč = Kuchen; dieses zu kolo = Rad (wegen seiner urspr. Form)] (Küchenspr.): *Plunderteigspezialität in quadratischer Form* (mit Topfen, Powidl etc. gefüllt).

Kom|bi|ne̲sch [kɔmbiˈneːʃ, kɔmbiˈneiʃən], die; -, -en [von engl. *combination,* aber meist französisierend ausgesprochen und geschrieben (die 2. Variante der Aussprache steht dem Engl. näher] (umgangssprl.): **1.** *Hemdhose für Damen, Unterkleid:* Ostbahnkurti in „De Kombinesch von da Loren“: „Åba de mågern Joa san jetzt vuabei und heit regiert dås dralle Leben. / Wia seinerzeit nua im Kino, unta da Kombinesch von da Frau Loren.“ **2.** (Bikerspr.): *einteiliger Rennanzug für Motorradfahrer.*

kom|mo̲d ‹Adj.› [franz. commode, dieses zu lat. commodus = angemessen, vollständig, bequem, passend, zuvorkommend, höflich] (standardsprl.): **1.** *bequem, gemütlich:* Kurt Gober Band (KGB) in „Motorboot“: „Rudern tua i nur zur Not / und des is ned so kommod.“ **2.** *umgänglich:* er ist recht kommod ❖ **in|kom|mo|di̲e̲|ren** (standardsprl.): *jemanden belästigen, jemandem Mühe bereiten.*

K

Kon|fi|dẹnt, der; -en, -en [franz. confident = Vertrauter; zu lat. confidere = vertrauen; gesamtdt. heute mit der Bed.: Vertrauter] (standardsprl.): *Polizeispitzel.*

kö̩p|feln ‹hat› (Sportlerspr., auch süddt. und CH; in D ansonsten köpfen): **1.** *den Ball mit dem Kopf stoßen* **2.** *einen Kopfsprung machen* ❖ **Kö̩pf|ler**, der; -s, - (Sportlerspr., auch süddt. und CH): **1.** *Kopfball* **2.** *Kopfsprung ins Wasser.*

Kö̩r|berl|geld, das; -(e)s, -er [Vkl. von Korb, also eigtl.: Geld, das man in einem Korb zur Seite legt] (standardsprl.): *zusätzlich verdientes Geld, Zubrot.*

Körndl, das; -s, -n [Vkl. von Korn; Sprosskonsonant wie in Dirndl, Hendl etc.] (umgangssprl., auch bair.): *kleines Korn* ❖ **Kö̩rndl|bau|er**, der; -s, -n (umgangssprl., auch bair.): *Bauer, der vorwiegend Getreide anbaut* (im Gegensatz zu Hörndlbauer) ❖ **Kö̩rndl|fres|ser**, der; -s, - (umgangssprl., auch bair.; abw.): *Vegetarier; jemand, der sich hauptsächlich von Zerealien ernährt* ❖ **Körndlfutter**, das; -s, - (umgangssprl., auch bair.; scherzh.): *vegetarische Kost; Zerealien.*

ko̲|scher ⟨Adj.⟩ [jidd. koscher, zu hebr. kašer = einwandfrei; gesamtdt. mit der Bed.: nach den jüdischen Speisegesetzen erlaubt] (umgangssprl., reg. auch in D) **1.** *einwandfrei; in Ordnung; unbedenklich, legal:* Ist dieses Geschäft koscher? **2.** *anständig:* Ist er koscher? (= Kann ich ihm trauen?) – Er ist mir nicht ganz koscher! **3.** *sich nicht koscher fühlen* (= sich nicht wohl fühlen).

Kọt|ze, die; -, -n, **Kọt|zen**, der; -, - [mhd. kotze = grobes, zottiges Wollzeug; Decke oder Kleid davon, ahd. chozzo, chozza, Herk. unklar, ev. zu lat. cottus, cotta, das auf griech. kótthybos = militärisches Ausrüstungsstück und kosýmbē = Mantel von Hirten und Landleuten zurückgeht] (standardsprl., auch süddt.): **1.** *grobe Wolldecke* **2.** *Umhang aus grobem Wollstoff* ❖ **kọt|zen|grob** ⟨Adj.⟩ (umgangssprl., auch süddt.): *sehr grob.*

Krạ|cherl, das; -s, -n [nach dem Geräusch beim Öffnen des Verschlusses oder nach dem Geräusch der sprudelnden Kohlensäure; das Wort war früher recht häufig in Gebrauch, es scheint dafür verantwortlich zu sein, dass Cola, Fanta etc. in Ö neutr. und nicht fem. sind] (umgangssprl.): *Limonade.*

kra̲|la|wat|schert, kräu̲|ler|wat|schert ⟨Adj.⟩ [zu kräulen (= langsam kriechen) und zu watscheln (= unsicher gehen)] (mundartl.): **1.** *krummbeinig, hinkend* **2.** *schief, verworren:* eine kralawatscherte Sache.

Kråm|pen, der; -s, - [zu mhd. krampe = Spitzhacke; urspr. nur im Norden des Sprachraums, dann gesamtdt.; verw. mit Krampf, dieses zu ahd. kramph = gekrümmt] (standardsprl., auch bair.): **1.** *Spitzhacke:* mit Krampen und Schaufel arbeiten **2.** *altes, mageres Pferd* **3.** *ungezogenes, bösartiges Kind* **4.** *bösartige Frau* **5.** *hässlicher, falsch gewachsener Baum* ❖ **Krạm|perl**, das; -s, -n (mundartl.): *kleine Kralle* (z. B. eines Vogels) ❖ **kråm|pen|dürr** ⟨Adj.⟩ (umgangssprl.): *bes. schlank* ❖ **kråm|pen|sau|er:** *bes. sauer* (von Wein) ❖ **Krạm|pus**, der; -, ...pusse [da der Krampus eine Teufelsfigur ist, hat er Krallen; vgl. ital. gramputo = mit Krallen versehen] (standardsprl.): *Begleiter des Nikolaus am 5. Dezember, er ist mit Kette, Rute und Butte ausgestattet;*

Schreckgestalt für Kinder ❖ **Krạm|perl**, der; -s, -n: [Vkl. von Krampus, doch drückt dies hier nicht Kleinheit aus, sondern soll der Figur den Schrecken nehmen] (umgangssprl.): *Krampus* ❖ **Zwẹtsch|ken|kram|pus**, der; - (..pusses), ...pusse (standardsprl.): **1.** *Figur des Krampus aus gedörrten Zwetschken* **2.** *alter, runzeliger Mann* ❖ **Krạm|perltee**, -s, -s (umgangssprl.): *ein Kräutertee, Isländisches Moos* ❖ **krạm|perln** ⟨hat⟩ (mundartl.): **1.** *verfilzte Haare entflechten* **2.** *ärgern, beunruhigen:* „Nachdem mich das schon längere Zeit kramperlt, habe ich versucht, mir in Form eines kleinen Gedichts diesen Frust von der Seele zu schreiben.“ (Intern.)

Kra|ne|wit, Kra|na|wit, Kra|ne|wit|ter, der; -s, - [mhd. kranewite, ahd. kranawitu, zu krano = Kranich und **witu** = Holz, Wald] (umgangssprl., auch bair.): *Wacholder* ❖ **Kra|ne|wit|ten**, der; -s, - *Wacholderbeeren* ❖ **Kra|ne|wit|ter**, der; -s, kein Pl.: *Wacholderschnaps.*

Krạnzl, das; -s, -n; V: **Krạ̈nzle**, das; -s, - [Vkl. zu Kranz] (umgangssprl.): **1.** *kleiner Kranz* (z. B. aus Blumen) **2.** *Wurst in Kranzform:* ein Kranz Extrawurst ❖ **Krạnzl|jung|fer**, die; -, -n (standardsprl., auch bair.): *Brautjungfer* ❖ **Krạnzl|rei|ten**, das; -s, - (Volkskunde, K): *ein Pfingstbrauch.*

kräu|len, kräuln ⟨ist⟩ [eigtl.: kräueln, ahd. crewelōn; verw. mit Kralle] (mundartl.): **1.** *langsam kriechen:* er kann kaum noch kräul(e)n (= er kann infolge Müdigkeit, Gebrechlichkeit etc. nur noch ganz langsam gehen); besoffen ins Bett kräul(e)n **2.** *klettern, steigen:* auf die höchsten Berg auffekräul(e)n ❖ **Kräul ma åbe!** (mundartl., derb): *Gib eine Ruh!* ❖ **in den Arsch kräulen** (mundartl., derb): *in den Arsch kriechen:* Wolfgang Ambros in „Zwickts mi“: „Die Jugend håt kein Ideal, kaan Sinn für wåhre Werte. / Den jungen Leuten geht’s zu gut, sie kennen keine Härte! / So reden de, de nur in Oarsch kräuln, / Schmiergeld nehman, packeln tan ...“ ❖ **Ạrsch|kräu|ler**, der, -s, - (mundartl., derb): *Arschkriecher:* Georg Danzer in „I bin a Kniera“: „I bin a Kniera wie r a im Biachl steht, / i bin da ärgste Furchengänger von Wien. / I bin a Reisstrahrer, Oaschkräuler, Küsser, / i kriag de goldene Kniascheiben verlieh’n.“

Kraut, das; -(e)s, Kräuter (Pl. nur für Gewürz, Heilpflanze; diese Bed. gesamtdt.) [mhd. krut = kleinere Blätterpflanze, Gemüse (bes. Kohl), das daraus bereitete Gericht, Nahrung überhaupt] (standardsprl., auch süddt.;): **1.** *Brassica oleracea convar. capitata var. alba; Gemüsepflanze für die Sauerkrautherstellung sowie als Gemüse und als Salat* (kurz für Weißkraut; ansonsten in D Weißkohl, weißer Kappes) **2.** *Brassica oleracea convar. capitata var. rubra; Blaukraut bzw. Rotkraut* (in D Rotkohl, roter Kappes) ❖ **Kr<u>au</u>t|wickler**, der; -s, - (Küchenspr.): *Krautroulade mit faschiertem Fleisch gefüllt* ❖ **Kr<u>au</u>tfleckerln**, die (Pl.): *Eierteigwaren mit geschnittenem Kraut* ❖ **Das macht das Kraut auch nicht fett!** (umgangssprl.): *Damit wird die Sache auch nicht besser! Das nützt auch nichts!* ❖ **jemanden im Kraut lassen** (umgangssprl.): **1.** *jemanden in Ruhe lassen:* Lass mich im Kraut! **2.** *jemanden vergessen:* Gitti Schimek (Marianne Mendt) in „Kaisermühlen – Undank ist der Welten Lohn“: „Håt er si die letzten fuffzig Jåhr ned um mi kümmert, kånn er mi jetzt aa im Kraut låssen.“ ❖ **Kr<u>au</u>thap|pel**, das; -s, - [2. Bestandteil: mundartl. für Häuptel] (umgangssprl.): **1.** *Kopf der Gemüsepflanze* **2.** *das Gebäude der Wiener Secession* (Spottname der Wiener wegen der goldenen Kuppel) ❖ **Kr<u>au</u>t|stam|pfer**, die (Pl.): [Kraut wurde früher in Bottichen mit Füßen gestampft] (umgangssprl., abw.): *große, kräftige Beine* ❖ **Kr<u>au</u>|te|rer**, der; -s, - [war früher die Bezeichnung für den Kostgeber; weil dieser offensichtlich mit Vorliebe billige Krautgerichte kochen ließ] (umgangssprl., abw.; reg. auch in D, z. B. im Schwäbischen, dort aber mit der Bed.: unruhiger, widersetzlicher Mensch): *alter, schwerfälliger Mann:* ein alter Krauterer.

Krå|w<u>o</u>t, Kro|w<u>o</u>t [grɒˈvɒːd], der; -en, -en [kroat. hrvat, früh als Krabat, Krawat entlehnt; gehört zu einer Reihe fremdenfeindlicher Ausdrücke, die in Zeiten der Monarchie entstanden sind] (umgangssprl., abw.): *Kroate:* Lukas Resetarits (in der Rolle eines Fleischhauers): „Ah so, Se san a Kroate, a Krowot? Geh, des gibt's ja net! (...) Sie san do' nie a Krowot! Die blonden Hoa und die Augen und åll's. Des geht si' do' nie aus! Ah so? Nå, då wern si' scho a poa Germanen drüberg'haut haben über die Ururur-Omama ...“ ❖ **Zahl Kråw<u>o</u>t!** *Jetzt heißt es zahlen!*

❖ **krå|wo|tisch** [auf angeblich generelle Eigenschaften der Kroaten anspielend] (umgangssprl., auch bair.): **1.** *mit roher Gewalt* **2.** *mit List, mit Köpfchen* ❖ **etwas kråwotisch tragen** (umgangssprl., auch bair.): *etwas verkehrt herum tragen* (z. B. einen schweren Kasten mit dem Rücken zu einer Kastenwand tragen; d. h.: auf eine raffinierte Weise): Hans Moser schon in einer frühen Kabarettnummer in der Rolles des Dienstmannes: „Wia nemman mia ihm denn? Kråwotisch oder mit'm Untergriff?" ❖ **daherkommen wie ein Kråwot**: **1.** [im Hinblick auf die Tracht der Kroaten, die das Hemd nicht in die Hose stecken] (umgangssprl.): *das Hemd heraushängen lassen* **2.** [im Hinblick darauf, dass zu Zeiten der Monarchie die in Wien lebenden Kroaten meist Wanderhändler waren, in den ärmeren Vierteln lebten und sich nicht teure Kleider leisten konnten] (umgangssprl.): *nachlässig gekleidet sein.*

kra|wu|tisch, kra|wu|tisch [zu krawotisch (= mit roher Gewalt oder mit List) auf vermeintliche Eigenschaften der Kroaten anspielend; Vermischung mit Wut, dadurch ist das Verständnis für die Herk. verloren gegangen] (umgangsprl.): *erbost, zornig, wütend, rabiat* ❖ **kra|wu|zi|ka|pu|zi** ‹sprachspielerischer Ausruf des Pezi-Bären aus der ältesten Fernseh-Kasperl-Puppenbühne „Kasperl & Pezi" – wird seit 1957 vom ORF ausgestrahlt› [Wortbildung vermutl. auch in Anlehnung an Wuzel und wuzeln] (Kinderspr.): *Ausruf des Zornes, der Wut, auch des Erstaunens:* „... Dille war überall schon aus. Von Stand zu Stand bedauerndes Kopfschütteln. (...) Die Antwort des glutäugigen Standlers: ‚Nein, aber nehmen Sie doch Basilikum!' Ich will aber Dillfisolen machen, krawuzikapuzi!'" (Eva Deissen in der Kolumne „Wiener Spaziergänge", Heute, 28. 12. 2010).

Kra|xe, die; -, -n; **Kra|xen**, die; -, - [mhd. krechse; früh entlehnt aus slowen. krošnja] (umgangssprl.): **1.** (auch bair.): *Rückentragkorb* **2.** (derb): *hässliche Frau* **3.** *Paraphe* **4.** *unleserlicher Schriftzug* **5.** *minderwertiges, altes Fahrzeug* ❖ **kra|xeln** ‹ist› [eigtl.: mit der Kraxe einen Berg hinaufsteigen; vgl. bair. krächseln = auf dem Rücken tragen] (umgangssprl., auch süddt.): *steigen, klettern:* auf einen Baum / auf einen Berg kraxeln ❖ **Krax|ler**, der; -s, - (auch süddt.): *leidenschaftlicher Bergsteiger* ❖

Kra|xe|lei, die; -, -en (auch süddt., oft abw.): *lang andauerndes oder anstrengendes Kraxeln* ❖ **Bu|ckel|kra|xe**, die; -, -n; ... **kra|xen**, die; -, - (umgangssprl., auch süddt.): *auf dem Rücken zu tragendes Traggestell* ❖ **jemanden bu|ckel|kra|xen nehmen / tragen** (auch bair., in D ansonsten: jemanden huckepack tragen): *jemanden am Rücken tragen.*

Kren, der; -(e)s [mhd. krēn(e), aus slawisch chrěnъ, tschech. křen oder einem entsprechenden Wort aus dem Sorbischen] (standardsprl., auch süddt.; in D ansonsten Meerrettich): **1.** *Armoracia rusticana; Wurzel mit scharf schmeckender Würze:* Hubert von Goisern & die Alpinkatzen singen in „Kren und Speck": „Kren und Speck und a Donnerwetter / a Stamperl Schnåps und a Radl Wurst / Kellnerin håt Holz vur da Hittn / und a Hoibe für mein Durst." **2.** (umgangssprl.): *Geneppter, Betrogener, Ausgenützter:* dauernd der Kren sein ❖ **zu etwas seinen Kren dazugeben** (umgangssprl.): *ungefragt zu allem seinen Kommentar abgeben* ❖ **zum Kren|rei|ben sein** (umgangssprl.): *für nichts zu gebrauchen sein* ❖ **Kren|fleisch**, das; -es (Küchenspr.): *Schweinefleisch, in Salzwasser mit Essig, Wurzelwerk gekocht und mit geriebenem Kren bestreut* ❖ **aus jemandem Krenfleisch måchen**: *jemanden in Stücke reißen, verprügeln* ❖ **Ap|fel|kren**, der; -s (Küchenspr.): *geriebene Äpfel mit geriebenem Kren* (als Beilage zu Tafelspitz, Schulterscherzel etc.).

Kri|ckerl, das; -s, -n [zu Krücke, dieses zu ahd. krucka = Stock mit gekrümmtem Griff] **1.** (Jägerspr.): *Horn der Gämse, Geweih des Rehs* **2.** (umgangssprl.): *weinerlicher Mund; Gesichtsausdruck mit nach unten verzogenen Mundecken* **3.** (Bikerspr.): *kleiner Lenker, der eng an der Maschine anliegt, d. h. nach unten gebogen ist.*

Krie|cherl, das; -s, -n [zu Grieche, nach lat. prunum graecum (= griech. Pflaume)] (standardsprl., in D: Krieche, Haferpflaume): *Prunus domestica subsp. insititia; meist wild wachsende Unterart der Pflaume mit kleinen, kugelförmigen Früchten* (meist für Obstbrände) ❖ **Krie|cherl|schnaps**, der; -es, ...schnäpse (standardsprl.): *Schnaps von Kriecherln.*

Kris|pịndl [kriˈʃpindl], das; -s, -n, auch: **Krịs|pel, Krịs|perl, Krịs|per|le** [nach einer Figur des Altwiener Volkstücks, erstmals bei Philipp Hafner als Crispin; urspr. Dienerfigur von charakteristischer hagerer Gestalt aus der Comedia dell‘ Arte; wohl entlehnt aus mittellat. crispus = kraus] (umgangssprl.): *magerer, schwächlicher Mensch:* Dialog zwischen Kaiser Robert Heinrich I. (Robert Palfrader) und der Sopranistin Natalia Uschakowa in „Wir sind Kaiser – Silversteraudienz, 31. 12. 2010“: Uschakowa: „Ich lerne Wienerisch jetzt, zum Beispiel das Wort ‚blad‘ ...“ – Robert Heinrich I.: „Wås?“ – Uschakowa: „Weil Sie mir irgendwånn sågen: ‚Mein Gott, du bist blad geworden!‘ Hoffentlich passiert dås nicht ...“ – Robert Heinrich I.: „Nein, nein. Von einem guten Menschen kånn’s nicht genug geben. Und so Krispindeln, die schau’n jå nichts gleich.“

Kris|ti|a|nia|bo|gen, der; -s, ...bögen [nach Kristiania bzw. Christiania, dem ehemaligen Namen der norwegischen Hauptstadt Oslo, wo diese Skitechnik entwickelt wurde; der Name Christiania war von 1624 bis 1925 in Gebrauch, Kristiania war eine alternative Schreibweise von 1877/1897 bis 1925] (Skifahrerspr., auch bair. und CH): *scharfer Haltebogen mit Innenlage* ❖ **ạb|kris|teln, ạb|chris|teln** ⟨hat⟩ (Skifahrerspr.): *abschwingen:* „Lässig abkristeln sah man auch Bestsellerautor Felix Gottwald, ORF-Moderator Rainer Pariasek, David Zwilling (...).“ (Kl. Ztg., 27. 1. 2009).

Krọ|cha, der; -s, - [eigtl.: Kråcher; zu: einekråchen = eine Disko betreten, Spaß haben]: *Eigenbezeichnung einer Jugendszene.*

Krü|gel, das; -s, -n, **Krü|gerl**, das; -s, -n [Verkleinerungsform von Krug, sie drückt emotionale Zuwendung aus; zu mhd. kruoc] (umgangssprl., ostösterr.): **1.** *Biermaß von 0,5 Litern* (ansonsten: Halbe; die Füllmenge eines Krügels ist gesetzlich nicht normiert; vor Einführung des metrischen Systems war 1 Wiener Krügel 0,530521 Liter = 3 Pfiff) **2.** *Bierglas mit Henkel:* das Bier im Krügel (= im Krügelglas) trinken ❖ **krü|gel|wei|se** ⟨Adv.⟩ *Krügel für Krügel, in großen Mengen* ❖ **es hat 30 Krügel im Schatten** (umgangssprl., scherzh.): *es hat 30 Grad im Schatten.*

Krụp|pel|gspiel, das; -s, -er [1. Bestandteil: Behinderter; 2. Bestandteil: Vorsilbe Ge- und Spiel = Kram; die Vorsilbe Ge- führt zu einer Bedeutungsverschlechterung des Wortes Spiel] (mundartl.): **1.** *schwächlicher Mensch* **2.** *wackliger Gegenstand, schlecht funktionierendes Gerät.*

krụs|peln ⟨hat⟩ [wohl Nebenform von krispeln = kräuseln; dieses zu mhd. krisp, krusp = kraus] (standardsprl.): *knistern; knusprig zerbröseln* ❖ **Krụs|pel, Grụsch|pel**, die; -, -n (standardsprl.): *Knorpel, knuspriger Rand* ❖ **Krụs|pel|spitz**, der; -es, -e (Küchenspr.) [1. Bestandteil: aufgrund der spez. Teilung des Rindes besteht der Kruspelspitz aus dreierlei Fleisch, das von einer Kruspel durchzogen ist; 2. Bestandteil: wegen der Spitz zulaufenden Form]: **1.** *Rindfleisch von der Hüfte* (Teil der Schulter) **2.** *Speise aus gesottenem Fleisch vom Kruspelspitz.*

Kü̲|bel, der; -s, -(n) [mhd. kübel, zu mittellat. cupellus = kleines Trinkgefäß, Vkl. von lat. cupa; heute gesamtdt. mit der Bed. größerer Behälter; in Ö auch kurz für Mistkübel, im Norden des Sprachraums stattdessen Abfalleimer] (umgangssprl.): *minderwertiges, altes Fahrzeug* ❖ **Schẹrz|kü|berl**, das; -s, -n (umgangssprl., abw.): *jemand, der halblustige Scherze macht; jemand, der etwas sagt oder tut, das für andere eine Zumutung ist:* Dialog in „MA 2412 – Weihnachten" zwischen Michael Weber (Alfred Dorfer) und Ing. Engelbert Breitfuß (Roland Düringer): Weber: „Wissen Sie, wås ich mir zu Weichnachten schenke?" Breitfuß: „Jå, hoffentlich eine Entziehungskur in Kålksburg." Weber: „Scherzküberl, wås?" ❖ **Hast du im Scherzküberl übernachtet?** (umgangssprl., in vielen Varianten): *Warum bist du schon wieder so halblustig? Du machst Witze, die nicht lustig sind!* Kurti Blahovec (Götz Kaufmann) in „Ein echter Wiener – Jahreswechsel": „Vielleicht håst in der Brotdosen gschlåfen, bei de' lustigen Scherzerln, hearst?"

Kü̲chl, das; -s, -n, **Kü̲|cherl**, das; -s, -n, **Küachl**, das; -s, -n, **Kü̲a̲ch|li**, das; -s, - [viell. zu einem roman. Ursprungswort von Kuchen, weitere Herk. unklar] (Küchenspr., auch bair.): *rundes Schmalzgebäck, auch eine Art Krapfen.*

Kụ|ku|ruz, der; -(es), -e [zu kroat. bzw. serb. kukuruz] (umgangssprl., nur ostösterr.; denn südösterr. und westösterr.: Türken; auch reg. in D; die einzelnen Körner heißen auch ostösterr. eher Maiskörner): ***Zea mays; Mais*** ❖ **Kụ|ku|ruz|kol|ben**, der; -s, - (umgangssprl.): ***Maiskolben.***

Kụm|merl, das; -s, -n (umgangssprl., abw.): ***Kommunist:*** Mundl Sackbauer (Karl Merkatz) in „Ein echter Wiener – Der Besuch“: „Håt net unlängst denen ihr Låndeshauptmånn g’sågt, er wird mit seine Ståndschützen in Italien einmarschiern, wenn die Kummerln die Wåhl g’winnen?“

Kụnt, Kụnd, der; -en, -en [zu mhd. kund, ahd. kundo = wer bekannt ist (zu kennen; verw. mit Kundschaft); urspr.: Einheimischer] (mundartl., auch bair.): **1.** ***Bursch, Mann*** **2.** ***Spitzbub, Kerl*** **3.** ***Liebhaber.***

K

Kụ̈r|bis, der; -es, -e [ahd. kurbiʒ; dieses zu lat. cucurbita; gesamtdt. wird als Kürbis sowohl die Pflanze, als auch die Frucht bezeichnet] ❖ (umgangssprl., Bikerspr.): ***KTM-Motorrad*** (wegen der orangefarbenen Lackierung).

kụsch, gụsch ⟨Ausruf⟩ [von franz. coucher = niederlegen, zu lat. collocare]: **1.** ***Befehl an einen Hund, sich hinzulegen und still zu sein*** **2.** (umgangssprl., derb) ***Aufforderung an einen Menschen, still zu sein:*** In „Kottan ermittelt – Räuber und Gendarm“ heuert der Wiener Ganove einen Serienkiller an, der Kottan ermorden soll. Kottan überlebt. Der Serienkiller liebt es, engl. zu sprechen, auch in seiner Rechtfertigung gegenüber dem Auftraggeber: „Dem Kottan fehlt überhaupt nix!“ – „I know.” – „A Nietn san S’, a Ångeber!” – „I know.” (...) „Du kånnst me ned am Schmäh hålten, du Weh!“ – „Shut up!“ – „Gusch!“ – „Thats what I said!“ – „Und red deitsch!“ ❖ **kụ|schen, gụ|schen** ⟨hat⟩ ***sich unterwerfen und still sein*** (von Hunden und von Menschen).

Kụt|teln, die (Pl.) (standardsprl.): ***essbare Innereien von Schlachttieren*** (früher ein Arme-Leute-Essen, heute eine Spezialität) ❖ **Kụt|tel|fleck**, die ⟨meist Pl.⟩ (umgangssprl., auch süddt., ansonsten in D: Kaldaunen): ***Gericht aus Kutteln*** ❖ **Kụt|tel-**

kraut, das, -s, ...kräuter [weil es in Gerichten aus Kutteln verwendet wird] (mundartl.): ***Thymian.***

Kụt|tinger, der; -s, - [zu Kutte mit -inger Ableitung] (mundartl., abw.): **1.** ***Priester, Mönch*** **2.** ***Amtsperson*** ❖ **Kuttinger in der Roten** [= in der roten Robe] (gaunersprachlich): ***Staatsanwalt*** ❖ **Kuttinger in der Schwarzen** [= in der schwarzen Robe] (gaunersprachlich): ***Verteidiger.***

Ku|vert [ku'veːə], das; -s, -s [franz. couvert = Besteck, Gedeck; Umschlag, zu: couvrir = bedecken; dieses zu lat. cooperire] (standardsprl.): **1.** ***Briefumschlag:*** Reinhard Fendrich in „Tango korrupti": „Es lag ein Bauherr in einer Sommernacht / auf einem Parkplatz auf der Lauer / und ein Kuvert, das hat er mitgebracht. / Von Ferne sieht man auch zwei Lichter, / es knirscht ein dunkelblauer Jaguar, / darinnen kalkweiße Gesichter, / nur der Chauffeur is aus Nigeria. / Man reicht den Umschlag in den Wagen ..." **2.** ***Tafelgedeck für eine Person:*** für das Kuvert verlangen sie hier nicht wenig ❖ **ku|ver|tie|ren** (schwaches Verb; hat): ***in einen Briefumschlag stecken.***

L

La|berl, das; -s, -n; **Loa|berl**, das; -s, -n; **Loa|ber|le**, das; -s, -, verschriftlicht auch: **Laib|chen**, das; -s, - [Vkl. von Laib = rund geformte Masse wie: ein Laib Brot, ein Laib Käse; mhd. leip, ahd. (h)leib; urspr. wohl: ungesäuertes Brot; ai-Schreibung seit dem 17. Jh. zur orthographischen Unterscheidung von Leib; Verschriftlichung oft in der Form Laibchen] (Küchenspr.): **1.** ***kleiner Laib*** **2.** (Fußballerspr., mundartl.): ***Fußball*** **3.** (Küchenspr.): ***Faschiertes in Form eines kleinen Laibs*** ❖ **faschiertes Laberl, Fleischlaberl**, das; -s, -n (Küchenspr.): ***Faschiertes in Form eines Laberls*** ❖ **Wa|chau|er La|berl**, das; -s, -n [aus der Wachau; Bäckerei Schmidl, Dürnstein] (Küchenspr.): ***großes, rundes Gebäck aus Weizen- und Roggenmehl*** ❖ **Schus|terla|berl**, das; -s, -n (Küchenspr.): ***großes, rundes, mit Kümmel bestreutes Gebäck aus Weizen- und Roggenmehl.***

Lạck, der; -s, kein Pl. [Herk. unklar; viell. Nebenbed. von Lack = Material für einen Anstrich] (mundartl., auch bair.): **1.** *abgestandener Getränkerest* **2.** *Zweck, Sinn:* es hat keinen Lack ❖ *lack* 〈Adj.〉 (mundartl., auch bair.): *abgestanden* (von Getränken).

Lạ|cke, die; -, -n; **Lạ̊|cken**, die, -, - [ahd. lacca, entweder zu lat. lacus = Trog, See oder zu einem german. Wort mit den Bed.: undicht sein, tropfen] (standardsprl., auch bair., in D: Lache): **1.** *kleine Ansammlung von Wasser* **2.** *kleiner See:* Lange Lacke ❖ **Krö̲|ten|la|cke**, die; -, -n (abw.): *Tümpel* ❖ **Lạ|ckerl**, das; -s, -n (umgangssprl., auch bair.): *kleine Menge Flüssigkeit:* das letzte Lackerl (= den Rest) austrinken; der Hund hat im Zimmer ein Lackerl gemacht (= uriniert).

Lạ|ckel, der; -s, -n [das Wort könnte auf den franz. General Mélac zurückgehen, dessen Truppen im 17. Jh. Teile der Kurpflaz und Städte in Württemberg und Baden verwüsteten; dort wurde Melacs Name zum Inbegriff für einen Mordbrenner; bis ins 20. Jh. war es nicht ungewöhnlich, Haushunde Mélac oder Mellag zu nennen] (umgangssprl., auch süddt.): **1.** *großer ungehobelter Mensch, Grobian* **2.** *großer Hund* ❖ **Krạft|la|ckel**, der; -s, -n (umgangsprl.): *Muskelprotz, Kraftprotz* ❖ **La̲hm|la|ckel**, der; -s, -n [Herk. unklar; viell. zu Lehmlacke oder zu lendenlahm; dieses zu mhd. lüeme = matt, schwach] (umgangsprachlich): *Schwächling* ❖ **la̲hm|la|ckert** (mundartl.): *träge, antriebslos, faul* ❖ **lạ|ckel|haft** 〈Adj.〉 [zu Lackel, Bed. 1]: *derb, grob.*

La̲hn, die; -, -en, **La̲h|ne**, die; -, -n [mhd. lēne = Lawine; Gießbach] (mundartl., auch bair.): *Lawine* ❖ **la̲h|nen** 〈hat〉 (mundartl., auch bair.): *tauen* ❖ **La̲hn|wind**, der, -es, -e (mundartl., auch bair.): *Tauwind.*

lai, lei 〈Adv., Partikel〉 [zu mhd. līch, gelīch (= gleich)] (mundartl., vor allem K; dort als lei-lei auch Faschingsruf der Villacher; aber auch in Teilen von S und T in Gebrauch; vor allem in OstT und SüdT): *nur, bloß:* „Des is des Weatabuach fia ålle, de wås die Keantna a bissale schwea vastehn tuan. Siha wean a poa von de Weata nit lei in Keantn vuakuman. Kånn schon sein, dos die Weana, die Beian und woswasi wea no ålles den söbn Kas zomredn." (Text von villacher.net/weatabuch)

Lạ̈m|mer|ne, das; -n, ein Lämmernes, kein Pl. (umgangssprl., auch süddt.): ***Lammfleisch.***

Lạm|perl, Lạmpl, das; -s, -n [Vkl. von mhd. lamp = Lamm] (umgangssprl.): **1.** ***kleines Lamm*** **2.** (abw.): ***geduldiger, fügsamer Mensch*** ❖ **einmal wird auch 's Lampl wild** (umgangssprl.): ***einmal gerät auch der Geduldigste in Rage.***

Lạndl, das; -s, kein Pl. [Vkl. von Land] (umgangssprl.): **1.** ***Hausruckviertel*** **2.** ***Oberösterreich*** **3.** (gaunersprachlich): ***Straflandesgericht Wien.***

Lạn|zing, Lạs|sing, Lạng|sing, Lạ̈ng|sing, der, -s, kein Pl.; auch: **Lạn|ges**, der; -, kein Pl. [zu ahd. lenzo, langez, dieses wohl zu einem nicht belegten langa-tin(a): 1. Bestandteil: lang, 2. Bestandteil: ein Element, das Tag bedeutet hat und wie eine Nachsilbe verwendet wurde; also: Zeit der länger werdenden Tage; verw. mit Lenz] (mundartl., auch bair.): ***Frühling.***

Lạ̊pp, der; -en, -en [mhd. lappe = einfältiger Mensch, Laffe, Bösewicht; dieses zu Lappen = kleines Stück Stoff, vielleicht auch zu lappen = schlaff herunterhängen] (umgangssprl., auch bair., abw.): ***jemand, der sich alles gefallen lässt, einfältiger Mensch.***

lạ̈p|pern ⟨hat⟩ [entspricht norddeutsch lappen = schlürfen; vermutl. verw. mit Lappen] (umgangssprl.): ***mit kurzen Zügen schlürfen, mit den Lippen saugen*** ❖ **hin<u>ei</u>n|lạ̈p|pern**: ***hineinschlürfen*** ❖ **ver|lạ̈p|pern**: ***verschütten, vergeuden*** ❖ **lạ̈ppern, sich; zu|sạm|men|lạ̈p|pern, sich** ⟨hat⟩ ***sich kleinweise ansammeln, sich summieren:*** Gerry Schartl (Roland Düringer) in „Poppitz": „Die Therapie von deiner Mutter wår net billig. Zwei Jåhr lång zweimal in der Wochen zum Therapeuten! Dås läppert sich!"

Lạ̊st|ler, der; -s, - [wie Laster, aber mit Einschub eines l] (umgangssprl.): ***Lastkraftwagen (Lkw).***

Låtsch, der; -(en), -(en); **Låtsche**, der; -n, -n [zu latschen = schlurfend gehen; ist auch im 2. Wortbetandteil von (langer) Lulatsch enthalten, doch ist dieses Wort gesamtdt.; die Berliner nennen so den Berliner Fernsehtum] (umgangssprl.): *allzu gutmütiger Mensch; jemand, der sich alles gefallen lässt* ❖ **lat|schert, letschert, letschig** 〈Adj.〉 (umgangssprl., auch bair., abw.): **1.** *matt; kraftlos, nachgiebig:* ein latscherter Kerl **2.** *von allzu weicher Konsistenz:* die Semmel ist latschert.

läu|ten 〈hat〉 [ahd. (h)lūt(t)an, dieses zu laut; gesamtdt. heute mit der Bed.: eine Glocke läuten] (standardsprl., auch süddt.): **1.** *klingeln:* das Telefon / der Wecker läutet; es hat an der Wohnungstür geläutet, nach dem Zimmerkellner läuten.

La|voir [la'voːɐ̯, la'vuːɐ̯], das; -s, -s [franz. lavoir, zu: laver = waschen, zu lat. lavare] (umgangssprl., auch süddt.): *Waschschüssel:* Helmut Qualtinger in „Der Herr Karl": „I brauch a ka Meer, i håb kån Bedårf für so vü Wåsser. I håb immer a bleds G'fühl, wenn i so viel Wåsser siech. Dås ängstigt mich. A bissl z'haus in an Lawur oder in aaner Wåschmuschel, des is gråd gnua ..."

Le|ber|kä|se, der; -s, - [1. Bestandteil: vermutl. zu mhd. lēwer (= Hügel), dieses zu lebere = gestockte Masse; vgl. auch mhd. lebermeer: sagenhaftes geronnenes Meer, in welchem die Schiffe nicht von der Stelle können; 2. Bestandteil: Käse (wegen des Vergleichs mit der länglichen Form diverser Käsesorten] (Küchenspr., auch süddt.; aber westösterr.: Fleischkäse): *Gericht aus fein gehacktem Schweine- und Rindfleisch, das in Kastenform gebacken wird, bis sich eine braune Kruste bildet* (Leberkäse enthält im Original weder Leber noch Käse): Dialog in „Silentium": Konstanze Dornhelm (Maria Köstlinger): „Sagen Sie was Blödes, damit ich nicht weinen muss ..." – Simon Brenner (Josef Hader): „Wissen S' woraus der Leberkäs g'måcht wird? Aus de Restln von de Knackwürst'. Und woraus wern die Knackwürst g'måcht? Aus die Restln vom Leberkas! (...) Und des geht so weida. Ewig." ❖ **Kä|se|le|ber|kä|se**, der, -s, - (Küchenspr., auch süddt.): *Leberkäse mit Käsestücken* ❖ **Le|ber|kä|se|sem|mel**, die; -, -n (Küchenspr., auch süddt.): *Scheibe Leberkäse zwischen zusammengeklappten Semmelhälften.*

Le|ber|knö|del, der; -s, - [1. Bestandteil: Leber, mhd. leber(e), ahd. lebara; vielleicht mit der urspr. Bed.: die Fette = die gemästete Leber] (Küchenspr., auch süddt.): *Knödel aus Leber* ❖ **Le|ber-knö|del|sup|pe**, die; -, -n (Küchenspr., auch süddt.): *Rindfleischsuppe mit Leberknödeln.*

Le|ger, der; -s, -; auch: **Le|gerl**, das; -s, -n [zu hereinlegen = jemanden täuschen und ihm Schaden zufügen] (umgangssprl.): *Falle, List:* Klingt alles sehr verworren, vielleicht war es ein Legerl? (Intern.); Jazz-Gitti in „Ui-Jegerl“: „Ui-Jegerl, Ui-Jegerl, / i glaub des is a Legerl. / Ui-Jegerl, Ui-Jegerl, / i glaub då stimmt wås net ...“

Leh|ne, die; -, -n [mhd. lene, ahd. (h)lina, verw. mit lehnen; vgl. mundartl.: die Wiese lehnt (= hängt in eine Richtung) [gesamtdt.: Sessellehne] (standardsprl., auch süddt. und CH): *Abhang.*

Lei|berl, das; -s, -n; **Lei|berle**, das; -s, -n; verschriftlicht auch: **Leibchen**, das; -s, -: [Vkl. von mhd. līp = Leib, Körper; dann Erweiterung der Bed. auf Bekleidung des Oberkörpers] **1.** (umgangssprl., auch bair.): *Herrenunterhemd* **2.** (umgangssprl., auch bair., aber dort nur abw.): *Trikot von Sportlern* ❖ **ein Leiberl haben / reißen**: *einen Platz in der Kampfmannschaft sicher haben, etwas erreicht haben* ❖ **kein Leiberl haben / reißen**: *keine Chance haben:* Polycarp Trautmann (Wolfgang Böck) in „Trautmann – Wer heikel ist, bleibt übrig“: „Hålt's z'samm, Burschi! I kånn jå nix dafia, dass d' bei der Monika kein Leiberl håst.“

Leib|spei|se, die; -, -n (standardsprl.; reg. auch in D; ansonsten Leibgericht): *Speise, die jemand bes. gern hat, Lieblingsspeise:* Salzburger Nockerln sind meine Leibspeise.

Leich, die; -, -en [zu Leiche, das zunächst nur Leichnam bedeutet hat, die Verw. im Sinn von Leichenbegängnis ist ab dem 17. Jh. belegt; zunächst wohl gesamtdt.] (umgangssprl., auch süddt.): *Begräbnis:* das war eine schöne Leich ❖ **geschminkte Leich**, die; -, -en (Mechanikerspr.): *geschönter, aber nur notdürftig hergerichteter Gebrauchtwagen, der teuer zum Verkauf angeboten wird* ❖ **Lei|chen|schmin|ker**, der; -s, - (Mechanikerspr.): *jemand, der Autos notdürftig herrichtet und verkauft.*

lei|den ⟨litt, hat gelitten⟩ [mhd. līden, ahd. līdan = gehen, weggehen; heutige gesamtdt. Bed. unter Einfluss von erleiden und Leid] (mundartl.) ❖ **es leidet jemandem etwas** (mundartl., auch bair.): *jemand kann sich etwas leisten; jemand kann etwas (v)ertragen:* Ein Achterl leid't 's dir schon noch! (= Ein Achterl kannst du schon noch trinken!) ❖ **Dahoam leid't 's mi nimmer** ⟨Akk.!⟩ (mundartl.): *zuhause halte ich es nicht mehr aus.*

Lein|wånd, die; -, kein Pl. [zu mhd. līnwāt = Leinengewebe, in Angleichung an Gewand umgebildet; gesamtdt.]; **eingehen wie eine böhmische Leinwand** (umgangssprl., ostösterr.): *eine körperliche Herausforderung nicht durchhalten, einen Schwächeanfall bekommen* ❖ **lein|wånd**, mundartl. Aussprache ['læːvɒnd] ⟨Adj.⟩ (umgangssprl., ostösterr.; in Bayern nicht mehr geläufig, wenngleich bekannt): *großartig:* Wolfgang Ambros in „Schifoan": „Weu Schifoahn is des Leiwåndste, wås ma si nur vurstölln kånn." ❖ **jemanden auf leinwand haben** (umgangssprl., ostösterr.): *sich einer Person sicher sein; mit jemandem leicht fertig werden.*

lei|schen ⟨hat; meist nur Infinitiv⟩ auch: **leischen gehen, auf die Leisch gehen** [Herk. unklar, vielleicht zu mhd. leisieren, leischieren = das Ross mit verhängtem Zügel laufen lassen; zu mittelfranz. laissier, dieses zu lat. laxare = schlaff machen, lockern, lösen] (mundartl.): *ausgehen, sich vergnügen:* „Heute Abend gehen wir leischen, einen Abschied von einer Kollegin feiern, und der beste Freund von meinem Mann hat Geburtstag ..." (Intern.) ❖ **Lei|scher**, der; -s, -; **Leisch**, der; -s, - (mundartl.): **1.** *streunender Hund* **2.** *sexbesessener Mann* ❖ **Lei|schen**, die; -, - (mundartl.): **1.** *streunende, läufige Hündin* **2.** *sexbesessene Frau.*

Lei|te, die; -, -n; **Lei|ten**, die; -, - [mhd. līte, ahd. (h)līta, verw. mit lehnen, eigtl.: die Geneigte] (standardsprl., auch süddt.): *abschüssiges Gelände, Abhang, Berghang* (häufig in Orts-, Straßen- und Familiennamen).

Lẹk|war, das; -s, -s [ungar. lekvár; geht vermutl. so wie mhd. latwerge, electuaje auf electarium, electuarium = Arznei in Breiform zurück; dieses zu altgriech. ekleikton = auflecken] (Küchenspr., bes. B): *Zwetschken werden entkernt, halbiert und langsam einreduziert, bis eine leichte Karamellisierung des Fruchtzuckers eintritt* (ist also streng genommen weder ein Mus, noch eine Konfitüre) in D: Latwerge ❖ **Lẹk|war|tascherl, Lẹk|war|tatsch|kerl, Lẹk|war|tat|scherl,** das; -s, -n (mundartl., bes. B): *mit Lekwar gefüllte Teigtaschen* (entspricht den Powidltatschkerln).

Lẹp|schi ❖ **auf Lepschi gehen** [zu tschech. lepší = besser] (umgangssprl., ostösterr.): **1.** *sich (heimlich) einen schönen Abend machen* **2.** *sich ungerechtfertigt vergnügen.*

lẹtz, lọ̈tz ⟨Adj.⟩ [mhd. letze, lez = verkehrt, unrichtig, unrecht, schlecht; mhd. letzen = matt, träge machen, hemmen, aufhalten, hindern; verw. mit lass = matt, träge] (mundartl., auch süddt., CH): **1.** *verkehrt, falsch* **2.** *schwächlich, kränklich:* a letz Bürschl (= ein schwächlicher Bursche) **3.** *übel, schlecht:* a letz Mäul (= ein übles Mundwerk; jemand, der andere ausrichtet) **4.** *unwohl, übel:* i bin letz beinand (= ich bin gesundheitlich schlecht beisammen); mir is letz wordn (= mir ist übel geworden) ❖ **derletznen** ⟨hat⟩ (mundartl.): *schwach werden, am Verdursten sein* (z. B. bei einer anstrengenden Wanderung).

Lọ|cherl, das oder der; -s, -n [Vkl. von Loch als Fantasiename, oft in Kombination mit dem Wort Papst] (umgangssprl.): **1.** *dummer, unbeholfener Mensch* **2.** *ängstlicher, furchtsamer Mensch* ❖ **Ja, beim Papst Locherl!** (umgangssprl.): *Niemals!* ❖ **Das kannst du dem Papst Locherl erzählen!** *Das glaubt dir niemand!* ❖ **Er tut, wie wenn er der Papst Locherl wäre!** *Er gibt sich als etwas Besonderes aus!*

lo|sen, lusen ⟨hat⟩ [mhd. losen = hörend achtgeben, zuhören, horchen, hören; dieses verw. mit mhd. luschen = lauschen] (mundartl., auch süddt., CH): *horchen, zuhören* ❖ **Lo|ser, Lu|ser,** der; -s, - (mundartl., auch süddt. und CH): **1.** *Ohr* **2.** *jemand der heimlich lauscht.*

lu|gen ‹hat› [ahd. luogēn] (mundartl., reg. auch in D): ***ausschauen, spähen*** ❖ **an|lugen** (mundartl.): ***anschauen:*** Bluatschink in „Bluama in da Scherba": „Luag dir o dia Häuser, / kannt bei mir dahoam sei, / wenn då nit der Bombatrichter war. / Luag dir o dia Menscha, / kanntasch du und i sei, / wenn nit der Schmerz in ihra Gsichter war."

Lul|ler, der; -s, - [zu lullen = saugen] (umgangssprl., auch süddt.; in D ansonsten: Schnuller oder mundartl. Ausdrücke): ***Plastikscheibe mit Gummiaufsatz, um Säuglinge zu beruhigen.***

Lun|gen|bra|ten, der; -s, - [1. Bestandteil zu mhd. lumbel, lummel = Lendenfleisch; dieses zu lat. lumbus = Lende; volksetymologisch an Lunge angelehnt, doch hat dieses Fleisch mit Lunge nichts zu tun] (Küchenspr.): ***Lendenbraten, Filet*** (vom Rind, Kalb oder Schwein).

Lurch, der; -s, kein Pl. [aus mhd. luoch, allerdings nur erschlossen, nicht belegt] (standardsprl.): **1.** ***Staubansammlung:*** Georg Danzer in „Die Ballade vom versteckten Tschurifetzen": „Jedoch gestern wår des Fetzerl weg / nicht aufzufinden, in kaan Eck. / Ich greif, wie unterm Bett ich 's suach, / nur eine in an Murdstrumm Luach." **2.** (umgangssprl., abw.): ***unterste Gesellschaftsschicht, Abschaum.***

Lus|ter, der; -s, - [zu ital. lustro = Glanz, dieses zu lat. lustrare; in D: Lüster zu franz. lustre]: ***von der Decke herabhängender Leuchter, auf dem mehrere Glühbirnen angebracht sind; Lampe*** ❖ **russischer Luster**: ***nackte Glübirne in einer am Draht herabhängenden Fassung:*** „Ich habe endlich alle russischen Luster durch optisch ansprechende Lampen ersetzt. Unglaublich, wie schnell man sich an Halbfertiges gewöhnt." (Facebookbeleg) ❖ **brennen wie ein Luster**: ***sehr viel zahlen müssen.***

Lutsch|ker, der; -s, - [zu Lutscher, das gesamtdt. ist, mit tschech. Endung; dieses zu lutschen, lautmalend] (umgangssprl., ostösterr.): **1.** ***Bonbon am Stiel für Kinder*** **2.** ***Plastikscheibe mit Gummiaufsatz, um Säuglinge zu beruhigen:*** Frau Hansi zu Polycarp Trautmann in „Trautmann – Nichts ist so fein gesponnen“: „Hörst, du grinst jå wie a Baby, des an neichen Lutschker kriagt håt.“ ❖ **wenn dås wåhr is', heiß ich Lutschker** (umgangssprl., ostösterr.): *das darf nicht wahr sein, das kann nicht stimmen.*

M

ma ⟨Partikel⟩ [entweder aus dem Ital., wo ma soviel wie aber bedeutet, oder ein verkürztes Marandjosef] (umgangssprl.): *Marker am Beginn eines Redebeitrags, um Aufmerksamkeit zu erwecken; vergleichbar mit: Hör zu!* „Ma, Leute, glaubt ihr denn wirklich, dass es etwas bringt, wenn ihr jetzt das Forum zubombardiert?“ (Intern.)

Ma|cha|tschek, Må|cha|tschek, der; -s, -s [scherzh. Umdeutung des tschech. Familienamens Machaček im Sinn von: der Macher; der Familienname ist allerdings eine Ableitung zu tschech. Mach = Martin, Matthäus] (umgangssprl.): **1.** *Person, die etwas in die Tat umsetzt, durchsetzungsfähiger Mensch* **2.** (abw.): *umtriebiger Mensch, der aber nichts zustande bringt.*

må|chen ⟨hat⟩ (Polizeijargon und gaunersprachlich): *eine verbrecherische Tat verüben:* Dialog unter den Kriminalbeamten in „Trautmann – Das letzte Hemd hat keine Taschen“: „Unser Serieneinbrecher is a Frau!“ – „Glaubst du wirklich, dass die die gånzen Autos im Bezirk gmåcht hat?“

Mach|loi|kes, die (Pl.) [jidd. machlójkeß = Streiterei] (umgangssprl., ostösterr., abw.): *Machenschaften, unlautere Praktiken:* „Wann endlich wird der Gesetzgeber derartigen Machloikes einen Riegel vorschieben?“ (Intern.)

Mä|del, das; -s, -n; mundartl.: **Madl**, das, -s, -n, mit Vkl.-Endung: **Mäderl**, das; -s, -n [mhd. magedīn, magetīn, meidīn; Vkl. von maget, magt, mait = Jungfrau (bes. Jungfrau Maria), die weibliche Scham der Jungfrau, unfreies Mädchen, Dienerin; ahd. magad] (standardsprl.): *Mädchen.*

mai, jå mai, uh mai etc. 〈Partikel〉 [verkürztes mein] (umgangssprl.): *Marker am Satzbeginn; soll Aufmerksamkeit wecken und Hilflosigkeit, Verwunderung, Freude etc. ausdrücken.*

Maiß, der; -es, -e [mhd. meiʒ = Einschnitt, Verzierung, Holzschlag, Holzabtrieb; zu meiʒen = hauen, schneiden, ab-, einschneiden; verw. mit meiʒel = Meißel (ein Werkzeug)] (mundartl., auch bair.): **1.** *Holzschlag* **2.** *junger Wald* (auch in vielen Ortsnamen).

Mạl|ter, der, das oder die; -s, - [Herk. unklar, viell. zu mahlen mit der Bed.: zerreiben, zermalmen; vgl. mhd. malter, malder = ein Getreidemaß; was man auf einmal zum Mahlen gibt; ahd. maltar]: (mundartl.): *Mörtel* (Baustoff aus feinem Sand, ferner Kalk oder Zement als Bindemittel, Zugabe von Wasser).

Mạn|ge, Mån|gel, die; -, -n (standardsprl., westösterr.; auch süddt., CH) [mhd. mange = Bügelpresse, deren Walzen früher mit Steinen beschwert wurden, zuvor bezeichnete das Wort eine Kriegsmaschine zum Schleudern von Steinen; zu mittellat. manga, manganum, dieses zu griech. mánganon = Wurfmaschine]: *großes Gerät, in dem Wäsche zwischen zwei rollende Walzen gezogen und gepresst wird:* ein Leintuch durch die Mangel laufen lassen, drehen ❖ **jemanden in die Mangel nehmen / in der Mangel haben / durch die Mangel drehen** (standardsprl.): *jemandem in Bedrängnis bringen, jemandem hart zusetzen* ❖ **ver|mạn|geln** 〈hat〉 (mundartl.): *verwickeln, in Unordnung bringen:* ein Goldketterl vermangeln.

Mạnn, der 〈standardsprl. Aussprache mit kurzem, hellem Vokal: [ˈman]; mundartl. Aussprache meist mit gedehntem und je nach Region leicht verdunkeltem [ˈmɒː] und / oder leicht nasaliertem Vokal; Pl. mundartl. gesprochen [ˈmɒːnɐ, ˈmɒːndɐ]; auch bair.〉 [ahd. man, Herkunftswort ein erschlossenes germ. manon = Mann, Mensch] (standardsprl., gesamtdt.): **1.** *männliche erwachsene Person* **2.** *verheiratete männliche Person* ❖ **Mån|ner|leut, Må̲ner|leut, Mạn|der|leut**, das (mundartl., auch bair.): **1.** *männlicher Erwachsener* **2.** (leicht abw.): *männlicher Erwachsener von fragwürdigem Ruf* ❖ **Mån|ner-leut, Mạn|der|leut**, die (mundartl., auch bair.): *die Männer* *in ihrer Gesamtheit:* mit de' Månnerleut is' hoit a Krampf ❖ **Månns|bild**, das; -s, -er [mhd. mannes bilde, urspr. = Gestalt eines Mannes] **1.** (umgangssprl., auch bair.): *Mann* (meist mit Betonung der männlichen Gestalt): ein gestandenes Mannsbild **2.** (abw.): *Mann mit fragwürdigem Charakter* ❖ **Mandl**, das; -s, -n, **Man|derl**, das; -s, -n [Vkl. von Mann] (umgangssprl., auch bair.): **1.** *kleiner (alter) Mann* **2.** *männliches Tier oder männliche Pflanze* **3.** *auf dem Feld gegeneinander aufrecht gestellte Garben gemähten Getreides;* auch: **Korn|mandl** **4.** *Vogelscheuche* **5.** *Wegzeichen aus Steinen;* auch: **Stein|mandl** **6.** [in Anspielung auf die Geschlechtsteile von Mann und Frau; fachsprachliche Ausdrücke]: *Hakenteil des Haftels, Patrize des Druckknopfes, Stecker einer Kupplung* (das Gegenstück heißt Weibl, Weiberl) **7.** *Figuren bei einem Brettspiel* **8.** *König, Dame, (Cavall), Bub bei einem Kartenspiel* ❖ **Steh|auf|man|derl**, das; -s, -n (umgangssprl.): *kleine Spielzeugfigur, die aus jeder Lage in die Senkrechte zurückkehrt* **2.** *jemand, der nach Schicksalsschlägen oder Niederlagen immer wieder auf die Beine kommt* ❖ **ein Manderl machen:** *sich auf die Hinterbeine stellen, sich aufrichten* (z. B. von einem Hund) ❖ **Manderln machen:** *aufbegehren, Schwierigenkeiten machen* ❖ **Mandl mit Kren:** *jemand, der imponieren will* ❖ **dastehen wie's Mandl beim Sterz:** *ratlos sein, hilflos sein* ❖ **nimmer wissen, ob man ein Mandl oder ein Weibl ist** [zu Mandl und Manderl, Bed. 2, in diesem Fall scherzh. auf Menschen bezogen]: *sich nicht mehr auskennen, mit sich selbst uneins sein* ❖ **Man|der** (Pl.) (umgangssprl., T): *Leute, Männer:* Mander, es isch Zeit!

Ma|rende, die; -, -n [rätoromanisch marenda, zu ital. merenda, dieses zu lat. merenda = Vesperbrot; zu lat. merere = erwerben, verdienen, sich Verdienste erwerben] (standardsprl. in T; auch in CH, aber in der sächlichen Form: Marend, das): *Zwischenmahlzeit am Nachmittag* ❖ **ma|renden** ‹hat› *eine Zwischenmahlzeit einnehmen.*

Mar|ge, die, -, -n, **Mar|gen**, die, -, -, **Mär|gen**, die, -, -, (mundartl.; T, K und S): *kleiner Kasten für Esswaren, Küchenschrank* ❖ **ein|mar|ge|rie|ren** ‹hat› (mundartl.): *in den Kasten stellen* ❖ **das kannst du dir einmargerieren:** *das kannst du behalten* (brüske Zurückweisung)

Marie, die; -, kein Pl. [Herk. unklar, vielleicht verkürzt aus Mariatheresientaler; die Herleitung von zigeunersprachlich maro (= Brot) gilt als wenig wahrscheinlich] (mundartl., ostösterr.): *Geld:* die große Marie; die Marie muss stimmen (= die Bezahlung / der Verdienst muss ausreichend sein) – „Red-Bull-Legionäre, die mit Monatslöhnen jenseits der 100.000 Euro verwöhnt werden, lieferten gestern unter der Regie des bestbezahlten Trainers der Liga den peinlichen Beweis, dass die Marie allein keine Tore schießt." (Wolfgang Winheim, Kurier, 29. 8. 2010)

Ma|ril|le, die; -, -n [zu ital. armellino, dieses zu lat. armeniacum (pomum) = armenischer Apfel] (standardsprl.; in D Aprikose): ***Prunus armeniaca; ein Kernobst*** ❖ **Ma|ril|len|knö|del**, der (Küchenspr.): ***Knödel aus Erdäpfel- oder Topfenteig mit einer Marille in der Mitte*** ❖ **einen Sprung (einen Wurm) in der Marille haben; hinig in der Marille sein** (umgangssprl.): ***einen geistigen Defekt haben, dumm sein.***

ma|rod ⟨Adj.⟩ [zu franz. maraud = miserabel] (umgangssprl., auch bair.): ***erschöpft, niedergeschlagen, leicht krank.***

Ma|ro|ni, die (Pl.) [ital. marrone] (standardsprl., auch bair.): ***Esskastanien*** ❖ **Ma|ro|ni|bra|ter**, der; -s, - (standardsprl., auch bair.): ***Straßenhändler, der in der kalten Jahrezeit im Freien auf einem Holzkohlenofen Esskastanien röstet und verkauft.***

Mar|terl, das; -s, -n, **Mar|ter|le**, das; -s, ...lan [Vkl. von Marter = Darstellung des gegeißelten Jesus] (standardsprl., auch bair.): **1.** ***Bildstock*** **2.** ***Gedenkzeichen für einen Verunglückten*** (am Ort des Unglücks), ***Todeszeichen am Straßenrand.***

Ma|schek|sei|te, Ma|schik..., die; -, -n, **-sei|ten**, die; -, - [zu ungar. másik = andere; die Schreibung Maschekseite verdrängt zur Zeit die auf dem ungar. Ursprungswort basierende Schreibung Maschik...; auch eine Kabarett-Gruppe aus Wien (Peter Hörmanseder, Ulrich Salamun, Robert Stachel) nennt sich Maschek] (umgangssprl., ostösterr.): ***von der Rückseite, von hinten herum:*** Jetzt kommt er mir von der Maschekseiten!

Ma|scherl, das; -s, -n [Vkl. von Masche, dieses zu ahd. masca = Geknüpftes] (standardsprl.): *gebundene Schleife, Schlinge:* **1.** im Haar: der Zopf wird durch ein Mascherl zusammengehalten **2.** am Schuh: mit dem Schuhband ein Mascherl machen **3.** am Hemdkragen: „Schüssel ist beim EU-Gipfel in Lissabon vom Mascherl, das für ihn so prägend war, auf Krawatte umgestiegen. Er hatte davon Wind bekommen, dass einzelne Gipfelteilnehmer mit einem Button mit durchgestrichenem Mascherl aufkreuzen wollten ..." (SN, 19. 9. 2009) **4.** auf einem Packerl: ein Geschenk mit einem Mascherl schmücken **5.** *Getränk aus Orangensaft und Weinbrand* ❖ **kein Mascherl haben**: *keine Kennzeichnung haben; im Sinn von: Teilmengen aus gleichwertigen, vermischbaren Gesamtmengen (Geld, Strom, Feinstaub, Kohlendioxid etc.) können nicht oder nur schwer nach ihrer Herkunft zugeordnet werden:* „Strom hat kein Mascherl, rein physikalisch kann man in- und ausländischen Strom gar nicht unterscheiden." (ein Sprecher der Verbund AG, in: Falter 4/2009, 21. 1. 2009) – „Aber kann es dem einzelnen Bürger nicht wirklich egal sein, ob er mehr Steuern bezahlt oder weniger Transferleistungen bekommt? Am Ende des Monats zählt doch, was er auf dem Konto hat. Geld hat kein Mascherl, oder? Nein. (...) Höhere Einkommensteuern treffen jene, die etwas verdienen; Steuern auf Vermögen oder die Vermehrung desselben, jene, die etwas besitzen. Unter höheren Massensteuern leiden jene, die wenig verdienen, mehr; unter geringeren Sozialleistungen die Armen." (Eva Weissenberger, Kl. Ztg., 22. 4. 2010) ❖ **sich auf|ma|scherln**: *sich herausputzen* ❖ **auf|ge|ma|scherlt**: *übertrieben herausgeputzt.*

Masch|ke|rer, Mas|ke|rer, Masch|kera, der; -s, - [zu ital. maschera] (Volkskunde): *faschingsmäßig verkleideter Mensch* ❖ **Maschkerer gehen**: sich maskieren, in Faschingsverkleidung gehen.

Ma|sel, das; -s, kein Pl.; **Ma|sen**, die; -, kein Pl., **Ma|schen**, die; -, kein Pl. [jidd. másl, másel (Neutr.); hebr. masál = Stern, Gestirn, Glücksstern, Glück; bair.: Massel, das; ansonsten in D: Massel, der (Mask.); auch: Masen, die (Fem.), Anlehnung an Meise; auch Anlehnung an Masche, die: eigtl. Schlinge aus Garn; schlaue Vorgangsweise, Trick] (umgangssprl.): *unverdientes, unerwar-*

tetes Glück: wenn einer Masel hat, kalbt auch sein Ochse ❖ **Mas|lị|ti|ker**, der; -s, - (umgangssprl., ostösterr.): *jemand, der Masel hat* ❖ **Ma̲|sel|schei|ber**, der; -s, - [2. Bestandteil: scheiben für schieben; ev. Glück beim Kegelscheiben] (umgangssprl., ostösterr.): *jemand, der Masel hat* ❖ **ver|mạs|seln** ⟨hat; ich vermassle⟩ (umgangssprl., reg. auch in D): *eine Sache verderben, etwas verhindern* ❖ **Schla|mạs|sel**, das; -s, - [hebr. masál mit hebr. Verneinungspartikel, also: schelomasal = was nicht Glück ist] (umgangssprl.): *missliche Lage, verfahrene Situation, Unannehmlichkeit* ❖ **Schla|mạs|tik**, die; -, -en [scherzh. Weiterbildung zu Schlamassel] (umgangssprl., ostösterr.): *missliche Lage etc.*

Mạss, die; -, -e, (die vom Bair. ausgehende Variante mit Kurzvokal, sie ist entwicklungsgesch. die richtige), **Ma̲ß**, die; -, -e (teilweise in Ö aufgrund Vokaldehnung) (Pl. nach Zahlenangaben endungslos, ansonsten mit Endung) [mhd. māʒe = zugemessene Menge, ahd. māʒa; dieses ist von mhd. māʒ = das Maß zu trennen; da es sich bei dem Herkunftswort māʒe um einen Zweisilber handelt, tritt im Bair. keine Vokaldehnung ein, sondern Kürzung; wenn das Verständnis für die Herk. verloren geht, wird gedehnt] (umgangssprl., auch bair.): *Menge von 1 Liter Bier* (die Menge ist jedoch gesetzlich nicht normiert; vor Einführung des metrischen Systems war 1 Wiener Mass 1,414724 Liter = 2 Halbe): er hat zwei Mass Bier getrunken.

Mat|tha̲i am Letzten [Anspielung auf das Ende des Matthäus-Evangeliums (das Ende der Zeiten)] (umgangssprl., auch süddt.): *mit der Kraft / mit den finanziellen Mitteln am Ende:* bei ihm ist Matthäi am Letzten.

Mạtsch|ker [ˈmɔtʃkə] der; -s, - [zu tschech. omáčka = Sauce; tschech. moček = Flüssigkeit, Pfeifensaft; tschech. močka = Flüssigkeit, Pfeifensaft, sumpfiger Ort] (umgangssprl.): **1.** *breiige, unappetitliche Masse* **2.** *Durcheinander, Unsinn* **3.** *Tabakrückstand in der Pfeife* ❖ **mạtsch|kern** ⟨hat⟩ (umgangssprl., ostösterr.): **1.** *nörgeln, schimpfen, kritisieren* **2.** *geräuschvoll essen, schmatzen* **3.** *(Tabak) kauen* ❖ **Mạtsch|ke|rer**, der; -s, - (umgangssprl.): *Nörgler.*

Ma|tu|ra, die; - [zu lat. maturus = reif; in der CH: Matur, das; in D: Abitur, das] (standardsprl.): *Reifeprüfung an einer höheren Schule* ❖ **Ma|tu|rant**, der; -en, -en (standardsprl.): *Schüler, der die Reifeprüfung ablegt* ❖ **Ma|tu|ra|schu|le**, die (standardsprl.): *Privatschule, in der man sich auf eine staatliche Reifeprüfung vorbereitet* ❖ **ma|tu|rie|ren** ⟨hat⟩ (standardsprl., auch CH): *die Matura ablegen.*

mau|kas, mau|kes ⟨Adj., nur prädikativ⟩ [zu hebr. mocho = er hat ausgelöscht] (umgangssprl., ostösterr.): *tot* ❖ **maukas gehen**: *sterben* ❖ **maukas machen**: *umbringen.*

Maut, die; -, -en [zu gotisch mōta = Zoll(stelle)] (standardsprl.) **1.** *Benützungsgebühr für Straßen bzw. für Tunnel* **2.** *Dienststelle, auf der eine Maut eingehoben wird* **3.** (umgangssprl.): *Trinkgeld:* Michael Niavarani in „Encyclopedia Niavarani" (als ein Möbelpacker nach verrichteter Arbeit mit vorgehaltener Hand „Maut! Maut!" verlangt): „I håb eh a Pickerl!" ❖ **Maut|stra|ße**, die; -, -en [zu Maut, Bed. 1]: *Straße mit Benützungsgebühr* ❖ **Maut|prel|ler|ei**, die; -, -en (Amtsdeutsch): *Befahren von Mautstraßen ohne Entrichtung der Maut* ❖ **maut|pflich|tig** ⟨Adj.⟩ (standardsprl.): *nur gegen Entrichtung einer Maut zu benützen.*

Max ⟨Kurzform des männlichen Familiennamens Maximilian⟩ [Fachausdruck im Kartenspiel nach dem bayr. König Maximilian IV. (1756–1825)] (vor allem bair.): *Spielkarte im Watten* ❖ **Ma|xen**, die ⟨ Pl.⟩ [nach Abbildungen Maximilians IV. auf Münzen] (umgangssprl., vor allem bair.): *Geld.*

Mehl|spei|se, die; -, -n (standardsprl.): *Süßspeise jeder Art* (sowohl Kolatschen, Beugerln etc. als auch Marillenknödel, Salzburger Nockerln etc.)

mei|er ma|chen / ge|hen [eigtl.: in die Strafvollzugsanstalt gehen; zu gaunersprachlich Meierei = Justizbehörde; dieses zu mhd. meier = jener Bauer, der im Auftrag des Grundherren die niedrige Gerichtsbarkeit ausübt und die Jahresgerichte abhält; zu lat. maior = der Größere, der Vorsteher] (gaunersprl.): *verhaf-*

ten / verhaftet werden: Herwig Seeböck zitiert in „Die große Häfenelegie" einen Mithäftling: „Die Gendarmerie kummt und mācht mi' meier, dabei hāb i die Hāckn wirklich net gmācht. Aber kumm auf gegen die Trotteln!" (... dabei habe diesen Einbruch wirklich nicht begangen.)

Mei|sel, das; -s, kein Pl. [mundartl. Vkl. von Maus, zu mhd. mūs mit der Doppelbed. Muskel und Maus; zu lat. musculus mit derselben Doppelbed.] (Küchenspr.): ***Siedefleisch von der Schulter des Rindes.***

Me|lange [meˈlãːʃ], die; -, -n [franz. melange = Mischung, in diesem Fall aus Kaffee und Milch] (standardsprl., auch CH, dort: Café mélange) **1.** ***Kaffee mit Schlagobers (= Schlagrahm)*** **2.** (vor allem in Wien): ***Kaffe mit aufgeschäumter Milch:*** Herr Ober! Bitte eine Melange! Mit aufgeschäumter Milch!

Me|lan|za|ne, die; -, ...ni ⟨oft Melanzani auch als Sing.⟩ [ital. melanzana, geht über Umwege auf arab. albādinǧān und pers. bādingān zurück, genauso wie das über das Franz. vermittelte Aubergine] (standardsprl.): ***Solanum melongena; eine Frucht, die als Gemüse verwendet wird.***

Mẹnsch, das; -s, ...(t)scher [mhd. mensch(e), ahd. men(n)isco; Substantivierung eines Zugehörigkeitsadjektivs zu Mann in der alten Bed. Mensch]: **1.** (mundartl., abw.): ***liederliche Frau*** **2.** (mundartl., abw.): ***Frau*** **3.** (umgangssprl., reg., nicht abw.) ***Magd*** **4.** (umgangssprl., reg., vor allem NÖ, nicht abw.): ***Mädchen*** ❖ **Mẹn|scherl**, das; -s, -n (mundartl., abw.): ***Flittchen*** ❖ **Mẹnscherer**, der; -s, - (mundartl., abw.): ***Schürzenjäger.***

Mercl [meədsl], der; -s, -n [Verkürzung des Markennamens Mercedes, mit Vkl.-Endung als Ausdruck des emotionalen Bezugs; (Mercedes = Mädchenname); benannt sind die Autos nach der Tochter des Autoimporteurs Emil Jelinek, österr.-ungar. Konsul in Nizza, ein Pionier des Rennsports; heute wird in D die Bez. Mercedes zwar im Rennsport verwendet, aber umgangssprl. statt Mercedes oft Benz oder Daimler] (Autofahrerspr.): ***Mercedes.***

Mez|za|nin, der; -s, -e [ital. mezzanino, zu mezzano = mittlerer, dieses zu lat. medius; in D mit anderer Bed.: niedriges Zwischengeschoß, auch unmittelbar unter dem Dach; Halbgeschoß mit Stiegenaufgang innerhalb eines Zimmers] (standardsprl.): *Zwischengeschoß oberhalb vom Parterre und unterhalb des ersten Stocks* (mit voller Raumhöhe).

Mez|zie [meˈtsiː, meˈtsiːɛ], die; -, -n [jidd. mezie (Fem.) mezíeß (Pl.); zu hebr. m'ziá = Fund] (standardsprl., ostösterr., ansonsten: Schnäppchen): *günstiger Kauf, preiswürdige Ware.*

Misch|ku|lanz, die; -, -en [zu ital. *mescolanza*] (umgangssprl., oft auch abw.): *Mischung, Durcheinander:* „Jetzt mâchen wir eine Mischkulanz!" (Rudolf Hornegg in der Sendung „Quiz 21" vor dem Mischen der Fragekarten.)

Mist, der; -s, kein Pl. [ahd. mist, urspr.: Harn, Kot; dann: mit Stroh vermischte Exkremente, die als Dünger verwendet wurden, in Ö auch: Kehricht, Müll] (standardsprl.): **1.** *mit dem Besen zusammengekehrter Schmutz,* reg. in D: Kehricht **2.** *Müll* ❖ **Mist|gstät|ten**, die; -, - (umgangssprl.): *illegaler Müllablagerungsplatz* ❖ **Mist|kübel**, der; -s, - (standardsprl.): *Abfallkübel* ❖ **Mist|platz**, der; -es, ...plätze (standardsprl.): *Müllablagerungsplatz* ❖ **Mist|ler**, der; -s, - (umgangssprl., leicht abw.): *Mitarbeiter einer städtischen Müllabfuhr:* „Auch daran denken, dass zum Beispiel Angehörige der Berufsfeuerwehr, die uns aus Gefahr retten, Müllabfuhr etc. ‚Magistratler' sind." – „Und? Glaubst du, die beåmteten Feuerwehrler und Mistler sind unterbezahlt?" (Intern.)

Mis|tel|bå|cher, der; -s, - [zu Mistelbach, NÖ; der Ortsname leitet sich von Mistel ab = eine Schmarotzerpflanze] **1.** (standardsprl.): *Einwohner des Ortes Mistelbach* **2.** [in Mistelbach ließ der Wiener Polizeipräsident Johann Schober in den 1920er Jahren Erholungsheime für Polizisten errichten; dadurch entstand die Gleichsetzung Mistelbacher = Polizist, die schon in der Zeitschrift „Die Fackel" von Karl Kraus belegt ist; bei der Entstehung des Ausdrucks haben wohl die lautlichen Anklänge an Mist = Schmutz, Müll eine Rolle gespielt] (umgangssprl., ostösterr., abw.): *Polizist:* Andreas Vitasek in „My Generation“: „Am 21. Dezember 1975 wurde – während einer Repertoirvorstellung vom ‚Spiel der Mächtigen‘ – zwei Häuser weiter die Opec überfallen. (...) Auf einmal håt’s gewurlt im Theater von Polizisten, åber ned die WEGA, sondern die Mistelbåcher, im Ganzkörpergrün gehålten, Schnittlauch mit Kapperl (...) und die håben sich vermischt mit den Shakespeare-Schauspielern.“

mit|sạm|men ‹Adv.› (standardsprl., reg. in D): ***zusammen, miteinander, gemeinsam.***

mịt|tag|es|sen ‹nur Infinitiv und Partizip 2› (standardsprl.): ***zu Mittag essen:*** Komm, wir gehen mittaggessen!

Moar, der; -s, - [zu mhd. meier = jener Bauer, der im Auftrag des Grundherren die Aufsicht über die Bewirtschaftung der Güter führt; zu lat. maior = der Größere, der Vorsteher] (mundartl.): ***Mannschaftsführer beim Eisstockschießen*** (weist die Mitglieder seiner Mannschaft an, wohin sie zielen sollen).

Moos, das; -es, -e und Möser [ahd. mos = Moos; Sumpf, Moor; gesamtdt. heute mit der Bed. Moos (= Sporenpflanze)] (standardsprl., auch süddt. und CH): ***Sumpf, Moor*** (in vielen Ortsnamen) ❖ **moo|sig** ‹Adj.› [mhd. mosec = mit Moos bewachsen, sumpfig, morastig; gesamtdt. heute mit der Bed.: mit Moos bewachsen] (standardsprl., auch süddt. und CH): ***sumpfig, morastig.***

Moos, das; -es, -e [über das Rotwelsche zu hebr. maót = Münzen, Kleingeld] (umgangssprl., reg. auch in D): ***Geld.***

Mo|pẹt|ten, die; -, - (Bikerspr.): **1.** ***Moped:*** Gunkl (Günther Paal) in „Grundsätzliche Betrachtungen“ (in der Rolle des Installateurs Ferdinand Nechwatal): „I fåhr drei Jåhr lång durch hålbert Wien mit der Mopetten (in die Lehre). Dås woa a Zweitakter! Wissen S’ eh wås der fia r an Dreck außehaut!“ **2.** (untertreibend): ***Motorrad.***

Mọrds|trumm [aus Mord- (verstärkend) und Trumm (= ein großes Exemplar von etwas); urspr. wohl: ein Mordstrumm von etwas; steht vor einem Substantiv emotional verstärkend; gesamtdt. sind die Bildungen mit Mords- (z. B. Mordsrausch)] (umgangssprl., auch bair.): *drückt aus, dass es sich um ein gewaltiges, riesengroßes Exemplar handelt:* **ein Mọrds|trumm Hund:** *ein bes. großer Hund* ❖ **eine Mordstrumm Watschen:** *eine bes. kräftige Ohrfeige* ❖ **ein Mordstrumm Rausch:** *ein bes. schwerer Rausch.*

Mọ|ril|lon, der; -s, - [der Legende nach sind Ende des 19. Jhs. Winzer aus der Südsteiermark in die Champagne gereist, um Rebsorten ausfindig zu machen, die gegen die Reblaus resistent sind; angeblich benannten sie die in der franz. Ortschaft Morion gekauften Edelreiser nach dem Herkunftsort; Morillon und Chardonnay sind genetisch ident] (standardsprl., nur ST): *Chardonnay.*

Mọst, der; -(e)s, -e [ahd. most = Obstwein, zu lat. (vinum) mustum = junger Wein; gesamtdt. heute mit der Bed.: zur Gärung bestimmter Saft aus gekelterten Trauben; schwach vergorener Saft aus gekelterten Trauben (noch kein Sturm); unvergorener trüber Obstsaft] (standardsprl., auch süddt. und CH): *Obstwein* (vor allem aus Äpfeln, teilweise auch aus Birnen) ❖ **wissen / zeigen, wo der Bartl den Most holt** [Bartl = Bartholomäus, also eigtl.: wissen, wo man schon zu Bartholomä (24. 8.) einen Most bekommt (gemeint ist: schwach vergorener Saft aus gekelterten Trauben, der von August bis November erhältlich ist, nicht Birnen- oder Apfelwein); Personalisierung von Datumsangaben ist in Volkssprüchen üblich, z. B.: wie Bartl sich verhält, so ist der ganze Herbst bestellt] (umgangssprl., auch bair.; in D ansonsten: ... wo Barthel ... holt (ohne Artikel), in der CH: wo Bartli ... holt (ohne Artikel): *genauestens Bescheid wissen, alle Kniffe kennen.*

M<u>u</u>|gel, der; -s, -(n) [spätmhd. mugel = Klumpen] (standardsprl.): **1.** *großes Stück* (vor allem von Brot) **2.** *kleiner Hügel:* eine Skipiste mit vielen Mugeln ❖ **<u>aus</u>|mu|geln** ⟨hat⟩ (standardsprl.): *durch häufiges Befahren uneben machen / Mugeln hervorrufen* ❖ **<u>aus</u>|ge|mu|gelt** ⟨Adj.⟩; eigtl. Partizip 2⟩ (standardsprl.): *mit kleinen Hügeln:* eine völlig ausgemugelte Skipiste.

Mu|lat|schag, Mu|lat|schak, der; -s, -s [ungar. mulatság = Feier, Unterhaltung] (umgangssprl.): *ausgelassenes Fest, Trinkgelage:* einen Mulatschag machen ❖ **mu|la|tie|ren** ⟨hat⟩ (umgangssprl.): *an einem Mulatschag teilnehmen; ausgelassen feiern.*

Mu|li, das; -s, -(s) [zu lat. mulus = Maultier; Dummkopf, Tölpel] (umgangssprl., auch süddt.): **1.** *Maultier* (Kreuzung zwischen Pferdestute und Eselhengst; die umgekehrte Kreuzung, also Pferdehengst und Eselstute, wird Maulesel genannt) **2.** ⟨neutr. u. mask.⟩: *sturer, störrischer, unfreundlicher Mensch.*

mül|li ge|hen, müh|li ge|hen, müh|le ge|hen, mül|li|sie|ren, müh|li|sie|ren [zu gaunersprachlich Mühlerin = Gefängnis; weil es früher in den Arbeitshäusern Tretmühlen gab; später Angleichung an den Namen Müller] (gaunersprachl.): *ins Gefängnis gehen:* Herwig Seeböck in „Die große Häfenelegie", einen Mithäftling zitierend: „Wie i des erste Mål mühle 'gången bin, des wåår im 56er Jåhr, då bin i ins Wåldviertel 'zogn. Wie i drei Wochen durt g'wohnt håb, håms überall ein'brochen."

Mur|ke, die; -, -n; **Mur|ken**, die; -, - [slowen.-mundartl. murka; in Anlehnung an mrkev = Karotte] (mundartl.): **1.** (mundartl., vor allem K): *Cucumis sativus; Gurke* **2.** (mundartl., vor allem B): *Daucus carota ssp. sativus; Karotte* **3.** (mundartl., vor allem K): *jemand, der langsam arbeitet* **4.** (mundartl., vor allem B): *hässliches Mädchen.*

Murl[1], der; -s, -n [zu Mohr, dieses zu mhd. mōr(e); zu lat. maurus] (umgangssprl., abw.): **1.** *Schwarzafrikaner* **2.** *dunkelhäutiger, dunkelhaariger Mensch* **3.** *dunkles Tier.*

Murl[2], der; -s, -n [lautmalend nach dem murrenden Geräusch des Motors)] (Mechanikerspr., Autofahrerspr., Bikerspr.): *Motor.*

Mur|rer, der; -s, - [zu murren = seine Auflehnung, Unzufriedenheit mit brummender Stimme zum Ausdruck bringen; lautmalend; dieses zu mhd. murren] (umgangssprl.): **1.** *Verweis, Tadel* **2.** *Polizeistrafe* **3.** *Kram, wertloses Zeug* **4.** *Kaffeesatz*

M

5. *Sperma* ❖ **ohne einen Murrer** (umgangssprl.): *ohne sich aufzulehnen:* manche zahlen die überhöhten Preise ohne einen Murrer (Intern.)

Mu|si, die; - (umgangssprl., auch bair.): *Musik* ❖ **ohne Geld keine Musi: 1.** *ohne Bezahlung keine Leistung* **2.** *Geld regiert die Welt* ❖ **Da spielt die Musi!** *Hier herhören!* ❖ **Da hört sich die Musi auf!** *Bis hierher und nicht weiter!* ❖ **Auf dass a Musi spielt!** *Damit etwas los ist!*

Mu|tant, der; -en, -en [zu mutieren = im Stimmbruch sein; direkt zu lat. mutans, mutantis, Partizip 1 von mutare]: (standardsprl., auch bair.): *Bub, der im Stimmbruch ist.*

N

Nåcht|måhl, das; -s, -e (standardsprl.): *Abendessen* ❖ **nacht|mah|len** ⟨hat⟩ (standardsprl.; bes. ostösterr.): *ein Nachtmahl einnehmen.*

nå|ckert ⟨Adj.⟩ (mundartl.): *nackt* ❖ **Nåckerte**, der; -en, -en; ein Nackerter (mundartl.): *nackter Mann:* Georg Danzer in „Jö schau“: „Neilich sitz i umma hoiba zwa im Hawelka / bei a poa Wuchteln und bei an Bier / auf amoi gibt's beim Eingang vuan an Mords-Trara, / weu a Nåckerter kummt eine bei der Tür (...) ‚Jö schau!‘ ‚So a Sau!‘ ‚Jessas na!‘ / ‚Was mächt a Nåckerta im Hawelka?‘“

Na|de|rer, Ver|na|de|rer, der; -s, - [Herk. unklar] (umgangssprl.): *Spitzel, Verräter* ❖ **ver|na|dern** ⟨hat⟩ (umgangssprl.): *denunzieren, verraten.*

Nadl, die; -, -n, **Nandl**, die; -, -n, **Na|le**, die; -, -n, **Na|la**, die; -, -n [vermutl. zu ital. nonna = Großmutter, dieses zu spätlat. nonna = ehrwürdige Mutter (Anrede für eine Klosterfrau); heutige Lautform unter Einfluss von Ahn und Ahnl; urspr. wohl ein Lallwort aus der Kinderspr.] (umgangspr., reg.): *Großmutter.*

Når|ren|kastl, das, -s, -n ❖ **ins Narrenkastl schauen** (umgangssprl.): *Löcher in die Luft starren, völlig geistesabwesend sein:* Peter Cornelius in „Du entschuldige, i kenn di“: „Wånn i oft a bissl ins Nårrenkastl schau / dånn siech i a Madl mit Augen so blau ...“

Ne|a|po|li|ta|ner, der; -s, - [Nüsse für die Creme urspr. aus Neapel] (standardsprl.): *gefüllte Waffel.*

neb|bich 〈Interjektion〉 [jidd. neb(b)ich; zu hebr. nébach, nébich (ein Ausruf); weitere Herk. unklar] (umgangssprl.): *na, wenn schon; was macht das schon* ❖ **Ne|bo|chant**, der; -en, -en (umgangssprl.): *unbedeutender Mensch.*

nebst|bei, nebst|bei 〈Adv.〉 (standardsprl.): *nebenbei.*

ne|ger 〈Adj.〉; **neger sein** [zu schwarz sein = kein Geld haben] (umgangssprl., ostösterr.): *kein Geld haben* ❖ **Ne|ge|rant**, der; -en, -en: *jemand, der kein Geld hat; jemand, der ein Unternehmen in den Bankrott geführt hat; Pleitier:* Reinhard Fendrich in „Ich bin ein Negerant“: „Ich bin ein Negerant, Madame, / einst war ich Fabrikant, Madame, / dånn håb’ i mi verplant, Madame, / und jetzt bin i am Sånd.“ ❖ **jemanden ab|ne|gern** 〈hat〉 (umgangssprl., ostösterr.): **1.** *jemandem etwas abbetteln* **2.** *jemandem auf listige oder hinterhältige Weise Geld abnehmen:* sie haben ihn beim Kartenspiel abgenegert.

Nei|dei, Nai|dai, das; -s, -s, **Neidl, Nei|derl, Naidl, Nai|derl**, das; -s, -n [zu Ei-ei = Wangenkuss, ebenso zu ei-ei machen = Aufforderung an ein gekostes kleines Kind, die Freude über das Kosen durch ei-ei auszudrücken; außerdem ist -ei eine Vkl.-Endung, ähnlich dem sonst üblichen -erl(e)] (mundartl., westösterr.): *Wangenkuss* ❖ **nei|deln, nai|deln** 〈hat〉 (mundartl., westösterr.): *Wangen eines Kindes liebkosen.*

Nendl, der; -s, -(n), **Nedl**, der; -s, -(n), **Ne|ne**, der; -n, -n, **Ne|na**, der; -n, -n [vermutl. zu ital. nonno = Großvater, unter Einfluss von Ahn und Ahnl; urspr. wohl ein Lallwort aus der Kinderspr.; mask. Gegenstück zu Nadel] (mundartl.): *Großvater.*

Nẹtsch, Ne̱tsch, der; -, - [zu ungar. négy = vier] **1.** *kleine Münze* **2.** *ganz wenig Geld* ❖ **nur ein paar Netsch verdienen:** *nur ganz wenig verdienen:* Kaiser Heinrich I (Robert Palfrader) und Obersthofmeister Seyffenstein (Rudi Roubinek) in „Wir sind Kaiser, 1/2008“: „Wås verdient denn so ein Bundeskanzler?“ – „Majestät! So um die 17. 500, –.“ – „Am Tåg?“ – „Im Monat.“ –„Brutto?“ – „Brutto.“ – „An Goldukåten?“ – „Euro.“ – „Wegen die poa Netsch? Kånn jå kein Mensch leben davon! Kein Wunder, dass die Politiker ålle so schlecht ån’zogn sind, kånn sich jå keiner a Uniform leisten.“

ne̱u|nern ⟨hat⟩ (umgangssprl., T): *eine Zwischenmahlzeit um 9 Uhr einnehmen.*

ni̱e|der|legen (gaunersprl.): *ein Geständnis ablegen:* Polycarp Trautmann in „Kaisermühlenblues – Wer heikel ist, bleibt übrig“: „Sechs Stunden hamma braucht, bis er niederg’legt håt.“

Ni̱|gel, Nị|ckel, -s, -n [Kurzform zum männl. Vornamen Nikolaus] (umgangssprl.): *widerspenstiges Kind, widerspenstiger Mensch* ❖ **-nigel als 2. Bestandteil** (umgangssprl., auch bair.): *verstärkt die charakterlichen Eigenschaften, die im 1. Bestandteil genannt werden:* **Bo̱s|ni|gel:** *boshafter Mensch* ❖ **Grạnt|ni|gel:** *grantiger Mensch* **Rọtz|ni|gel:** *unerzogener Mensch* ❖ **Zọrn|ni|gel, Gịft|ni|gel:** *leicht erregbarer, zum Zorn neigender Mensch* ❖ **Fịlz|ni|ckel:** [1. Bestandteil: seit dem 15. Jh. bedeutet Filz auch: grobschlächtiger Bauer (wegen seiner Kleidung); außerdem: unfreundlicher Geizkragen] (umgangssprl., bes. T) **1.** *sparsamer Mensch; einer, der auf sein Geld schaut* **2.** *geiziger Mensch* ❖ **No̱t|ni|ckel** [1. Bestandteil: wie notig]: *geiziger Mensch.*

ni̱|gel|na̱|gel|neu ⟨Adj.⟩ [verdoppelnde Bildung mit Ablaut zu nagelneu] (umgangssprl., auch CH): *funkelnagelneu.*

Nịpf, der; -(e)s, kein Pl. [mhd. nipf = Schlummer; mhd. nipfen = einnicken, gleiten, stürzen; Nipf ist eine Vogelkrankheit, die sich durch Hängenlassen des Kopfes bemerkbar macht; im Norden von D: Pips] (umgangssprl., auch bair.): *Mut, Energie* ❖

den Nipf hängen lassen: *betrübt sein* ❖ **jemandem den Nipf nehmen**: *jemanden entmutigen* ❖ **keinen Nipf haben**: *mutlos sein.*

Nọ|cke, die; -, -n, **Nọ|cken**, die; -, - [Nebenform von Nock] (umgangssprl., auch bair.): *dumme, eingebildete Frau* ❖ **Nọ|ckerl**, das; -s, -n [Vkl. von Nocke; eigtl.: kleiner Berg] (umgangssprl., auch bair.): **1.** 〈meist Pl.〉 (Küchenspr.): *kleine kugelförmige Masse aus Mehl, Grieß etc. als Suppeneinlage, Beilage oder Hauptspeise* (nach Form und Größe von Knödel und Spätzle unterschieden) **2.** (umgangssprl., scherzh.): *dummes, junges Mädchen* ❖ **Salzburger Nockerln**, die (Pl.) (Küchenspr.): *Auflaufgericht aus einer Ei-Mehl-Masse mit Zucker und Vanille* ❖ **Nọck**, der; -s, -e; **Nọ|cken**, der; -, - (standardsprl., auch bair.): *Felskuppe* (vor allem in Bergnamen, z. B. Nockberge in K).

no̱|tig 〈Adj.〉 [zu Not] (umgangssprl., auch süddt.): **1.** *geizig, schäbig* **2.** *arm, in Not* ❖ **notige Zeiten**: *wirtschaftlich schwierige Zeiten.*

Nu̱|del, die; -, -n [wohl aus dem Roman., vgl. ladinisch menùdli = viereckige Teigplätzchen in der Suppe; dieses aus einem dolomitenladinischen Fortsetzer von lat. minutulus = zerkleinert, winzig; viell. verw. mit Knödel, wie schlesisch Knuddel vermuten lässt] **1.** (Küchenspr.): *Teigware von verschiedenartiger Form, die vor dem Verzehr gekocht wird* ❖ **Nu̱|del|sup|pe**, die; -, -n (Küchenspr., auch bair.): *Suppe mit Nudeln als Einlage* ❖ **nicht auf der Nudelsuppe dahergeschwommen sein** (umgangssprl.): *nicht naiv sein, sich gut auskennen* ❖ **Nu̱|del|wal|ker**, der; -s, - (standardsprl., auch bair., in D ansonsten: Nudelholz, Rollholz, Teigrolle etc.): *ein walzenförmiges, an den Enden mit einem Griff versehenes Küchengerät zum Ausrollen von Teig* ❖ **Nu̱|del|dru|cker**, der; -s, - (umgangssprl.); *knausriger Mensch*: „Ös Landla, ös Bandla, ös Nudldrucka – wann d' Innviertler kemman, müaßts umirucka!“ (Spottlied der Innviertler über ihre östlichen Nachbarn, die Hausruckviertler) **2.** 〈meist Pl.〉 (Küchenspr., reg. auch in D): *in schwimmendem Fett gebackenes Hefegebäck; gekochte und gefüllte*

Teigwaren (z. B. Kärtner Käsnudeln) **3.** (umgangssprl., auch reg. in D; meist verbunden mit einem Adjektivattribut): *lustige, komische Person* **4.** *Penis* ❖ **Nu|del|kopf**, der; -s, ...köpfe [urspr.: Kopf des Penis; Eichel] (mundartl., derb): *dummer Mensch* ❖ **Nu|del|auge**, das; -s, -n [urspr.: Öffnung der Harnröhre an der Eichel] (mundartl., derb): *dummer Mensch:* Mundl Sackbauer (Karl Merkatz) in „Ein echter Wiener – Mitte des Lebens“: „Wo is des Nudelaug mit’n Bier? Is der in die Brauerei ’gången, der Trottel?“ ❖ **nu|deln** ⟨hat⟩ (umgangssprl.): *etwas ungeschickt machen* ❖ **he|r|um|nu|deln** ⟨hat⟩ (umgangssprl.): *etwas längere Zeit hindurch ungeschickt machen* ❖ **ab|nu|deln** ⟨hat⟩ (umgangssprl.): *stark beanspruchen, stark abnützen:* abgenudelte Reifen; Hubert von Goisern in „Goisern“: „Goisern, Goisern / i steh auf di / und i steh a auf dei oanfachs / und åbgnudlts Jodl-ei-ti“ ❖ **Nud|le|rei**, die; -, -en (umgangssprl.): *stümperhafte Arbeit* ❖ **vor lauter Hudlerei wird es eine Nudlerei** (umgangssprl.): *vor lauter Hast gelingt nichts.*

Nug|gi, der; -s, -s [zu nuckeln = saugen] (umgangssprl., westösterr.; ansonsten Schnuller bzw. mundartl. Ausdrücke): *Plastikscheibe mit Gummiaufsatz, um Säuglinge zu beruhigen.*

null|kom|ma|josef [vermutl. eine jüngere Wortbildung, weil der Ausdruck in allen älteren Mundartwörterbüchern fehlt; durch die Markenbezeichnung für ein alkoholfreies Bier der Ottakringer Brauerei popularisiert, aber wohl schon vorher existent; in D: Nullkommanix] (umgangssprl.): *überhaupt nichts.*

O

Obers, das; -, kein Pl. [eigtl.: das Obere der Milch, das bes. fetthältig ist] (standardsprl., ostösterr., auch bair., ansonsten in D: süße Sahne): *süßer Rahm* (das saure Produkt heißt ostösterr. Sauerrahm) ❖ **Schlag|obers**, das; -, kein Pl.; auch kurz: **Schlag**, der;-s, kein Pl.: **1.** *süßer Rahm, der zum Schlagen geeignet ist* (noch flüssig) **2.** *süßer Rahm, der bereits geschlagen worden ist:* eine Sachertorte mit Schlag ❖ **Obers|creme**, die; -, kein Pl.: *Creme aus Schlagobers, Milch, Puddingpulver etc.* ❖ **Obers|kren**, der; -s, kein Pl.: *Schlagobers mit Kren vermischt* (z. B. als Beilage zum Tafelspitz).

Obi®, das; -s, kein Pl. [abgek. für Obstverwertung Bischofszell, Kanton Thurgau, CH; heute stammen die Äpfel meist aus dem Ybbstal]: **1.** *Apfelsaft der Firma Obi* **2.** *Apfelsaft generell* ❖ **Obi gespritzt:** *Obi mit Sodawasser verdünnt* ❖ **Obi Leitung:** *Obi mit Leitungswasser verdünnt.*

Ọch|sen|schlepp, der; -s, -e [2. Bestandteil gehört zu: den Schwanz schleppen = auf dem Boden nachschleifen; vgl. Schleppe eines Kleides] (umgangssprl.): *Ochsenschwanz* ❖ **Ọch|sen|schlepp-sup|pe**, die; -s, -n (Küchenspr.): *Ochsenschwanzsuppe.*

Ohr|wa|schel, das; -s, -n [2. Bestandteil verw. mit wacheln; keine Zusammenhang mit waschen] (umgangssprl., auch bair.): **1.** *Ohrmuschel* **2.** *Ohr* **3.** *Gehsteigvorbau bei Straßenkreuzungen als verkehrsregulierende Maßnahme* ❖ **Ohr|wa|schel-kak|tus**, der; ...usses, ...usse [zu Bed. 1] (umgangssprl.): **1.** *Opuntia* (eine Kaktusart) **2.** (umgangssprl., scherzh., abw.): *Mensch mit bes. großen und abstehenden Ohren* ❖ **kein Ohrwaschel rühren** [zu Bed. 2] (umgangssprl.): *nicht reagieren, nicht aktiv werden* ❖ **auf den Ohrwascheln sitzen** [zu Bed. 2] (umgangssprl.): *nicht hinhören können oder wollen.*

O

Öl, das; -s, -e [ahd. oli; dieses zu lat. oleum = (Oliven-)Öl; zu griechisch élaion; gesamtdt. sind die Verw. Heizöl, Speiseöl etc.] (mundartl.): *Rausch:* Georg Danzer in „Fett wie ein Radierer": „Du bist jå richtig schö' in meinem Öl ..." ❖ **im Öl sein** (mundartl.): *betrunken sein* ❖ **ölig** (mundartl.): *betrunken* ❖ **Ölung**, die; -, -en [mit Anspielung auf: die letzte Ölung = Sakrament der Krankensalbung] (mundartl., scherzh.): *Rausch* ❖ **sich die Ölung geben** (mundartl., scherzh.): *sich betrinken.*

Ome|lẹtt [ɔmˈlɛt], das; -s, -s; **Ome|lẹt|te**, die; -, -n [franz. omelette, Herk. unklar, ein Einfluss von lat. ōvum ist wahrscheinlich] (Küchenspr.; vor allem westösterr., auch CH; wo sowohl Omlett als auch Palatschinke verwendet werden, ist ein Omelett dicker und enthält mehr Mehl als eine Palatschinke, in D nur die fem. Form, sonst: Eierkuchen, Pfannkuchen): ***ein dünnflüssiger Teig aus Eiern, Mehl und Milch wird in einer Pfanne erhitzt, bis er fest wird, anschließend mit Marmelade, Schokolade oder Ähnlichem bestreichen und zuklappen oder zurollen.***

ös [es] ⟨Personalpronomen 2. Pers. Pl.⟩ [ö ist traditionell eine Schreibung für geschlossenes e; dadurch werden in diesem Fall auch Verwechslungen mit dem Personalpronomen 3. Pers. Sg. (= es) verhindert] (mundartl.): ***ihr;*** mundartl. oft verdoppelt: Könnts ös morgen vorbeischaun? (Das s am Wortende von könnts ist ebenfalls ein ös, nur verkürzt; das verkürzte Personalpronomen -s für ös, das wie eine Nachsilbe angehängt wird, ist typisch für den österr-bair. Sprachraum, genauso die Verdoppelung); umgangssprl. wird ebenfalls oft verdoppelt: Könnts ihr morgen vorbeischauen?

Out, das; -(s), -(s) [entspricht der engl. Terminologie, als die Sportarten Fußball und Rugby in England erfunden wurden; während in D stark eingedeutscht wurde, sind die Originalausdrücke in Ö und in der CH weitgehend erhalten geblieben] (Fußballerspr.): ***Fläche außerhalb des Spielfelds*** ❖ **Out|einwurf**, der, -s, ...würfe: Einwurf aus dem Out ❖ **Out|li|nie**, die; -, -n: ***Linie, die das Spielfeld begrenzt*** ❖ **Out|wach|ler**, der; -s, - [2. Bestandteil: verw. mit wehen; eigtl.: jemand, der im Out mit einer Fahne winkt; das Wort gehört zu einer Reihe von Komposita mit einem Bestandteil aus der Mundart und einem aus dem Engl., wie Ansergoalie = erster Tormann der Kampfmannschaft] (umgangssprl.): ***Schiedsrichterassistent*** (früher: Linienrichter).

P

Wörter, die nicht unter P zu finden sind, könnten unter B stehen.

pa̧|ckeln ⟨hat; ich packle⟩ [vermutl. zu Packl = Paket, mit der Nebenbed.: Gruppe, Gemeinschaft] (umgangssprl., abw.): ***heimlich mit jemandem paktieren, faule Kompromisse schließen*** ❖

Pa|cke|lei, die; -, -en (umgangssprl., abw.): *dauerndes Packeln, fauler Kompromiss* ❖ **Pa|ck|ler**, der; -s, - (umgangssprl., abw.): *jemand, der etwas heimlich vereinbart oder faule Kompromisse schließt* ❖ **etwas auspackeln** (umgangssprl., abw.): *etwas heimlich vereinbaren, einen faulen Kompromiss schließen.*

Packl, das; -s, -n, **Pa|ckerl**, das; -s, -n; **Päck|le**, das; -s, -...ckalan [wird als Vkl. von Paket empfunden, gehört aber vermutl. zu Packen] (umgangssprl.): **1.** *kleines Paket* **2.** (vor allem ostösterr.): *Haarpaket im Nacken von Burschen* (z. B. bei den sogenannten Schlurfs = nonkonformistische Jugendliche in der Zeit des Nationalsozialismus; der Begriff ist in den 1950er Jahre verallgemeinert auf langhaarige Jugendliche angewandt worden) **3.** (vor allem ostösterr.): *Gemeinschaft, Gruppe* ❖ **Pa|ckerl|sup|pe**, die; -, -n (umgangssprl.): *Fertigsuppe* ❖ **sich auf ein Packl hauen** (vor allem ostösterr.): *sich verbünden* ❖ **Packl|rass**, die; -, kein Pl.: [1. Bestandteil: Packl im Sinn von Bündel in Anlehnung an Lumpenpack, 2. Bestandteil: Rasse] (mundartl., derb): *Lumpenpack, Gesindel, miese Verwandtschaft:* Kurt Sowinetz in „Alle Menschen san ma zwider“: „Ålle Menschen san ma zwider, I mecht's in die Goschn haun; Våda, Muada, Schwesta, Briada und de gånze Packlrass.“

Pa|fe|se, Po|fe|se, die; -, -n ‹meist Pl.› [mhd. pafese, pavese, zu ital. pavese = aus der ital. Stadt Pavia] (Küchenspr., auch bair.): *zwei zusammengelegte, mit Marmelade bestrichene Weißbrotscheiben, die in Fett herausgebacken werden.*

Pa|gat, der; -s, -e [ital. bagatto, bagattino; dieses zu bagatella = Kleinigkeit; kein Zusammenhang mit pagare = zahlen] (im Tarockspiel): *niedrigste Karte unter den als Tarock bezeichneten Trumpfkarten* (sie ist mit einem römischen Einser gekennzeichnet).

Pa|la|t|schin|ke, die; -, -n (meist Pl.) [über tschech. palačinka aus ungar. palacsinta und rumänisch plăcintă = eine Art Pfannkuchen, Strudel] (Küchenspr., eher ostösterr., schon in OÖ kaum geläufig, dort und insbesondere in Westösterr. eher Omelett, in D meist Pfannkuchen, Eierkuchen; wo sowohl Palatschinke

P

als auch Omelett als Ausdruck gebraucht werden, ist die Palatschinke dünner und hat weniger Mehl als ein Omelett): ***eine Masse aus Eiern, Milch und Mehl wird in der Pfanne dünn herausgebacken und mit Marmelade, Mohn, Nuss, Powidl oder Schokolade gefüllt.***

Pạl|la|watsch, Bạl|la|watsch, der; -, kein Pl. [vermutl. zu ital. balordaggine = Dummheit, Unbesonnenheit] (umgangssprl., auch bair.): ***Durcheinander, Wirrwarr.***

Pål|bu|schen, der; -s, - (standardsprl., auch süddt.): ***Gebinde aus Zweigen, das am Palmsonntag in der Kirche gesegnet wird.***

Pạm|per|l, das; -s, -n: [Vkl. von Pampel (= kleines rundes Ding), dieses Wort ist in österr.-bair. Mundarten recht häufig anzutreffen; es hat div. Bed.] (mundartl., west- und südösterr.): **1.** ***Kinderpuppe*** **2.** ***schlimmes Kind*** ❖ **Pạm|per|letsch, Båm|per|letsch**, der; -(en), -en [viell. Einfluss von ital. bamboleccio, Vkl. von bambino (= Kind) und zu ital. bamboleggiare (= sich kindisch benehmen)] (umgangssprl., ostösterr.): **1.** ***süßes, kleines Kind*** **2.** ***lästiges, ungezogenes Kind.***

Påms, Båms, der; -, -e [altfranz. panse = Bauch, dieses zu lat. pantex; verw. mit Pansen und Panzer] (umgangssprl., auch bair.): **1.** ***(lästiges) dickes Kind*** **2.** ***Bauch*** **3.** ***gefräßiger Mensch*** ❖ **pạms|tig, båms|tig** ⟨Adj.⟩ (umgangssprl.): **1.** ***saftlos, holzig:*** das Radieschen ist bamstig **2.** ***gefühllos, taub:*** ein bamstiges Gefühl im Finger haben **3.** ***protzig, aufgeblasen:*** ein bamstiger Kerl.

Pa|na|de, die; -, -n [franz. panade, eigtl.: Brotsuppe, zu provenzalisch panada, zu lat. panis = Brot] (Küchenspr.; auch in D, allerdings mit der Bed. Panier = Backhülle aus Mehl, Ei und Semmelbröseln): **1.** ***Brandteig*** (= Mehl wird in kochendes Wasser mit Butter und Salz gestreut und solange gerührt, bis sich die Teigmasse vom Geschirr löst) **2.** ***Weißbrotteig als Streck- und Bindemittel für Farcen*** ❖ **Pa|na|del|sup|pe**, die; -,-n (Küchenspr.): **1.** ***eine Brotsuppe*** **2.** heute meist: ***Rindsuppe mit einer Einlage aus Weißbrotschnitten.***

pa|nie|ren ‹hat› [franz. paner = mit geriebenem Brot bestreuen, zu lat. panis = Brot] (Küchenspr.): **1.** ***Fleisch, Huhn, Fisch, Gemüse etc. vor dem Braten in Mehl wälzen, dann in geschlagene Eier tauchen und schließlich mit Semmelbröseln bestreuen:*** ein paniertes Schnitzel **2.** (Sportlerspr.): ***hoch besiegen:*** die Gegner panieren ❖ **Pa|nier**, die; -, kein Pl. **1.** (Küchenspr.): ***Backhülle aus Mehl, Ei und Semmelbröseln*** **2.** (umgangssprl.): ***Gewand, Bekleidung*** **3.** (umgangssprl.): ***Uniform*** ❖ **Ein|ser|pa|nier, An|ser|pa|nier**, die; -, kein Pl. (mundartl.): ***bestes Gewand, Sonntagskleidung:*** Andreas Vitasek in „My Generation": „Håb gleich in der Löwelstraße ang'rufen, Parteizentrale: ‚Jå, ich möchte kommen (zum Gartenfest der SPÖ)' ... Gibt's då an Dresscode?' – ‚Wie bitte?' – ‚Muass ma in da Anserpanier kummen?' – ‚Sie meinen Bekleidungsvorschrift? Nein, is ein Sommerfest.'"

Pạntsch, der; -(e)s: [zu pan(t)schen = mischen, bes. Getränke mit etwas mischen und dadurch verfälschen; vermutl. eine Kombination von patschen und manschen; erstes Vorkommen im 15. Jh.: Panschwein] (standardsprl.): ***Gemisch, Gebräu, verfälschtes Getränk*** ❖ **Pạnt|scherl, Pạn|scherl**, das; -s, -n [Vkl. von Pantsch, urspr. wohl: ein Mann und eine Frau, die nicht zusammenpassen] (umgangssprl.): ***Liebelei, Affäre.***

P

pa|pie|rln ‹hat› [zu Papierl, Vkl. von Papier] (umgangssprl., vor allem ostösterr.): ***hänseln, zum Narren halten*** ❖ **ein|pa|pierln** ‹hat› (umgangssprl., auch bair): ***in Papier einwickeln*** ❖ **aus-pa|pierln** ‹hat› (umgangssprl., auch bair): ***aus der Verpackung wickeln.***

Pạp|pen, die; -, - [Herk. unklar; vermutl. verw. mit Papp = Mehlkleister] (umgangssprl., derb; auch bair.): ***Mund:*** immer die Pappen offen haben; im Film „Indien" sagt Herr Bösel (Josef Hader) zu Herrn Fellner (Alfred Dorfer): „Herr Fellner, måchats Ihna wås aus, wenn Sie für fünf Minuten die Pappen hålten?"

pa|pri|zie|ren ‹hat› (Küchenspr., reg. auch in D): ***mit Paprika würzen*** ❖ **paprizierte Vorwürfe:** ***heftige Vorwürfe.***

Pa|ra|d<u>ei</u>|ser, der; -s, - [Kurzform von Paradeisapfel (Frucht, die nach der Darstellung in der Bibel zur Vertreibung aus dem Paradies geführt hat); Paradeis = ältere Form von Paradies] (standardsprl., hauptsächlich ostösterr.): ***Solanum lycopersicum; Tomate*** ❖ **Pa|ra|d<u>ei</u>|ser|sa|lat, Pa|ra|d<u>ei</u>s|sa|lat**, der; -s, -e: ***Salat aus Paradeisern.***

Pạr|te, die; -, -n; **Pạr|tezettel**, der, -s, - [zu franz. donner part (= Nachricht geben) und franz. un billet de part (= schriftliche Geburts-, Heirats- oder Todesanzeige); nach dem früher üblichen Einleitungssatz einer derartigen Nachricht: „Herr ... gibt Parte von ...“]; (standardsprl.): ***Todesanzeige:*** Helmut Qualtinger in „Der Herr Karl“: „Amål – de Gäst wårn scho weg ... kummt s' mit an Papier und Bleistift ... Wås s' schreiben soll: ‚Der teuere Verblichene' oder ‚Mein unvergesslicher Poldl‘ ... für den Partezettel ... Håb i ihr g'holfen ...“

Par|tẹr|re [parˈtɛr, paˈtɛr], das; -s, -(s) [franz. parterre] (standardsprl., auch reg. in D): **1.** ***Erdgeschoss:*** eine Wohnung im Parterre **2.** ***eine Gruppe von Sitzreihen zu ebener Erde im Theater*** ❖ **Par|tẹr|re|woh|nung**, die; -, -en: ***Wohnung zu ebener Erde*** ❖ **par|tẹr|re** ⟨Adj.⟩: **1.** (standardsprl.): ***ebenerdig:*** parterre wohnen **2.** (umgangssprl.): ***völlig erschöpft, niedergeschlagen:*** der Tag in der Firma war die Hölle, ich bin völlig parterre, ich muss mich ausruhen.

Par|t<u>ie</u>, die; -, -n [franz. partie, gesamtdt. heute mit: die obere Partie des Gesichts, eine Partie Schach; eine Landpartie, eine gute Partie sein etc.]: **1.** (standardsprl.): ***für eine bestimmte Arbeit zusammengestellte Gruppe von Arbeitern*** **2.** (umgangssprl., abw.): ***Gruppe, Clique, Bande:*** eine dubiose Partie ❖ **Par|t<u>ie</u>-füh|rer**, der; -s, - [zu Partie mit der Bed. 1] (standardsprl.): ***Vorarbeiter*** ❖ **da steht die Partie** (umgangssprl.): ***da geht nichts weiter*** ❖ **die Partie aufhalten** (umgangssprl.): ***den Fortgang einer Sache behindern.***

pạ̊|schen[1] ⟨hat, du pasch(s)t⟩ [Nebenform von patschen, lautmalend; nicht verw. mit paschen = würfeln, das gesamtdt. ist] (umgangssprl.): ***in die Hände klatschen; applaudieren.***

på|schen[2] ‹hat, du pasch(s)t› [rotwelsch paschen = kaufen und verkaufen von unehrlich erworbenem Gut, zu zigeunersprl. pāš = Teil, bzw. zu hebr. passah = überschreiten, dt.-jidd. paschen = mit verbotenen Waren die Grenze überschreiten; nicht verw. mit paschen = würfeln, das gesamtdt. ist] (umgangssprl.): *schmuggeln* ❖ **På|scher**, der; -s, - (umgangssprachlich): *Schmuggler* ❖ **ab|på|schen** ‹hat› (umgangssprl.): *weglaufen, durchgehen:* „Ich bin damals, samt Schwester, aus dem Fenster des Badezimmers über die Holzhüttentüre abgepascht, weil Papa den abendlichen Ballbesuch verboten hatte." (Intern.) – Reinhard Fendrich in „Strada del Sole": „Mei Freundin is åbpåscht mit an Italiano, / des Geld håms ma g'stessn, jetzt steh i allan då ..."

På|scher, der; -s, - [lautmalend] (umgangssprl.): **1.** *klatschendes Geräusch, Knall* **2.** *geistiger Defekt:* er hat einen Pascher.

Passe|poil [paspo̱'al], das, auch: der; -s, -s [franz. passepoil; in D eingedeutscht: Paspel] (standardsprl., auch CH): *schmaler Stoffstreifen, der in die Nähte von Trachtenkleidern eingefasst wird* ❖ **passe|poi|lie|ren** ‹hat› [franz. passepoiler; in D paspelieren] (standardsprl.): *einen Passepoil anbringen.*

pas|sie|ren ‹ist› [franz. passer, dieses zu lat. passus] (standardsprl.; von Robert Musil in der Bed. geschehen noch als Austriazismus empfunden, inzwischen auch in D gebräuchlich; im öster.-bair. Sprachraum das gängigste Wort für dieses Bedeutungsfeld): *geschehen, sich ereignen, zutragen:* „Es ist schon wieder was passiert ..." (Einleitungssatz der Brenner-Kriminalromane von Wolf Haas und der Brenner-Kinofilme von Wolf Haas, Josef Hader, Wolfgang Murnberger).

Påtsch, der; -, - [zu patschen = ein klatschendes Geräusch verursachen; Patsch ist keine (!) Kurzform von Tollpatsch, denn dieses geht zurück auf ungar. talpas = breiter Fuß; breitfüßig; urspr. ein Scherzname für den ungar. Infanteristen] (umgangssprl.): *gutmütiger, unbeholfener Mensch* ❖ **Pat|scherl, Påt|scherl**, das, -s, -n; in Westösterr.: **Pat|scherle**, das, -s, - [beides eine Vkl. von Patsch] (umgangssprl.): *unbeholfener Mensch, unbeholfenes Kind* ❖ **påt|schert** ‹Adj.› [zu patschen und zu Patsch]

P

1. *unbeholfen:* Stell dich nicht so patschert an! **2.** *missglückt:* „Mei påtschert's Leb'n, des is mei Braut" – Titel eines Liedes von André Heller ❖ **Påt|schen**, der; -s, - (umgangssprl., selten auch bair.): **1.** *Hausschuh* **2.** (umgangssprl., in D: platter Reifen): *Reifendefekt* ❖ **Filz|påt|schen**, der; -s, - [zu Patschen, Bed. 1] (umgangssprl.): *Hausschuh aus Filz* ❖ **die Påt|schen aufstellen / strecken / beuteln** [zu Patschen, Bed. 1] (umgangssprl.): *sterben:* Kurt Sowinetz in „Alle Menschen san ma zwider": „Mir san ålle guate Låtschen / und drum håmma uns so gern / då bei uns streckt kaana de Påtschen / ohne dass die Erben rean." ❖ **Påt|schen|kino**, das; -s, -s [zu Patschen, Bed. 1] (umgangssprl., scherzh.): *TV-Gerät.*

Påtsch|åch|ter, der; -s, - [1. Bestandteil: zu patschen = schwerfällig gehen; 2. Bestandteil: Nebenform zu norddt. after = hinterher; eigtl.: einer, der hinterherpatscht] (mundartl.): *unbeholfener, ungeschickter Mensch.*

påt|zen ⟨hat; du patzt⟩ [zu batzen = zusammenkleben, zusammenhängen; vermutl. Intensivbildung zu backen; gesamtdt. mit der Bed.: bei einer Tätigkeit einen kleinen Fehler machen (auch Påtzer und Påtzerei)] (umgangssprl., auch bair.): *kleksen* ❖ **an|påt|zen** (standardsprl., auch bair.): **1.** *beschmutzen:* sich beim Essen anpatzen **2.** (umgangssprl.): *verleumden* ❖ **Påt|zen, Båt|zen**, der; -s, - (standardsprl., auch bair.): **1.** *Klecks* **2.** *Klumpen* **3.** *größere Menge, größeres Stück von etwas:* ein Patzen Geld = viel Geld; eine Patzen G'schicht = eine großartige Sache; einen Patzen Rausch haben = stark betrunken sein ❖ **Påt|zer**, der; -s, - (standardsprl.): *jemand, der viel klekst* ❖ **Påt|ze|rei**, die; -, -en: (standardsprl.): *Kleckserei* ❖ **Patzl**, das; -s, -n; **Pat|zerl**, das; -s, -n [Vkl. von Patzen] (umgangssprl.): *kleine Menge von etwas:* ein Patzerl Erdäpfelschmarren ❖ **Påt|zle|rei**, die; -, -en: (umgangssprl.): *langwierige, kleinweise Tätigkeit:* „Ich habe die Kokosstangerln schon jahrelang nimmer gemacht, aber heuer hatte ich wirklich Gusto drauf, obwohl es eine grausliche Patzlerei ist." (Intern.) ❖ **Pat|zerl|gu|gel|hupf, Bat|zerl|gu|gel|hupf**, der; -s, -e (Küchenspr.): *spezielle Art des Germgugelhupfs aus Teigsträhnen, die mit Topfen, Mohn oder Nussfülle bestrichen werden* ❖ **Nå|cker|patzl**, das; -s, -n [1. Bestandteil: nackert =

nackt, 2. Wortbestandteil: Vkl. von Patzen] (mundartl.): *nacktes Kind, nackter Mensch* ❖ **pạ̈t|zeln, pạt|zeln, bạt|zeln** ‹hat› (mundartl., scherzh.): *etwas kleinweise verrichten* ❖ **aus|pät|zeln, aus|pat|zeln, aus|bat|zeln** ‹hat; ich pätzl aus› [zu Patzerl] (mundartl.): *etwas kleinweise herausholen:* die Kürbisse auspatzeln ❖ **pạ̊t|zig** ‹Adj.› [zu patzen, Bed. 1; gesamtdt. mit der Bed.: unverschämt; grob agierend] (umgangssprl.): *klebrig, verschmiert* ❖ **pạ̊tz|weich** [2. Bestandteil: weich bedeutet nicht nur das Gegenteil von hart, sondern auch betrunken] ‹Adj.› **1.** (standardsprl.): *sehr weich:* eine patzweiche Birne **2.** (umgangssprl.): *stark betrunken* ❖ **ein pạ̊tzweiches Herz haben** (umgangssprl.): *äußerst hilfsbereit und nachgiebig sein.*

päu|le ge|hen [zu jidd. bal-boss (= Hauswirt), verballhornt zum Vornamen Pauli, wobei die Wendungen blede machen (= durchgehen, entfliehen) und pleite gehen (= bankrott gehen) vermengt wurden, vgl. jidd. pleite (= bankrott, urspr.: fort, weg)] (mundartl., ostösterr.): *davonlaufen, verschwinden:* Mundl Sackbauer (Karl Merkatz) in „Ein echter Wiener – Mitte des Lebens": „Jetzt håt er scho zwa Frauen g'håbt! Die san eahm ålle päule 'gången!" ❖ **päu|li|sie|ren, pa|li|sie|ren, sich** [von päule; die Ableitung von franz. palis = Palisade ist wohl verfehlt] ‹hat› (mundartl., ostösterr.): *verschwinden* ❖ **Päu|li|sier dich!** *Verschwinde!*

P

Paun|zen, die; -, - [urspr.: etwas Kleines, Knolliges; verw. mit Punze] (Küchenspr., bes. T): *in Fett gebackene Mehlspeise aus festem Teig mit dem Löffel ausgestochen:* Erdäpfelpaunzen, Weinpaunzen ❖ **Baunzerl**, das, -s, -n [Vkl. von Paunzen] (Küchenspr.): **1.** *kleines, längliches Weißbrot, mürbes Milchbrot* **2.** *Fingernudeln aus Mehl- bzw. Erdäpfelteig, die in der Pfanne gebraten werden.*

Paw|lat|sche, Pab|lat|sche, die; -, -n [tschech. pavlač = Umgang an einem Haus; Balkon, Galerie] (standardsprl.): **1.** *gangartiger Hofbalkon* **2.** *Bretterbühne* ❖ **Paw|lat|schen|the|a|ter**, das; -s, - (standardsprl.): *Theater auf einer Bretterbühne* ❖ **Paw|lat|schen|sän|ger**, der; -s, - (standardsprl.): *Volkssänger, der auf Bretterbühnen auftritt.*

pẹ|cken ‹hat› [mhd. becken, eine Nebenform von picken] (standardsprl., auch bair.; in D ansonsten nur: picken): **1.** *mit dem Schnabel aufnehmen* **2.** *bezahlen:* Vater (Erwin Steinhauer) und Sohn (Rupert Henning) in „Freundschaft“ (beide bereits stark angeheitert): „Ich im Restaurant von der Lisl Wagner-Bacher, am Nebentisch huckt die gånze schwårze Partie (...) Wås glaubst wås bestöllt håben? Einen Château Petrus 1991! (...)“ – „Naaa! 91 war im Pomerol total zum Vergessen!“ (...) „Waaßt was peckt håm für die Flåschen? 680 Euro! Die Wappler! Mit solche Koffer soll'n mia a Koalition måchen!“ **3.** (früher nur gaunersprl., inzw. jugendsprl.): *tätowieren:* „Falls du vorhast, dich pecken zu lassen, würd ich's auf jeden Fall vor dem Hochsommer machen, denn Hitze und Sonne sind der größte Feind von frischen Tattoos.“ (Intern.) ❖ **auf|pe|cken** (standardsprl.): *mit dem Schnabel aufnehmen:* Vögel pecken die Körner auf ❖ **auf jemandem he|r|ụm|pe|cken** (standardsprl.): *auf jemandem herumhacken* ❖ **jemandem etwas wẹg|pe|cken** (standardsprl.): *jemandem etwas wegnehmen:* Bernhard Ludwig in „Anleitung zur sexuellen Unzufriedenheit“: „Die Wåhrscheinlichkeit, dass a guate Frau über 30 wieder auf einen guten freien Mann – frei, ålso ohne dass sie ihn einem ånderen wegpeckt – kommt, ist gleich groß, wie dass sie Terroropfer wird.“ ❖ **Pẹ|cker**, der; -s, - (vor allem in den Wendungen) **einen Pecker haben** (umgangssprl., auch bair.): *verrückt sein;* **keinen Pecker machen** (mundartl.): *keinen Erfolg haben; jemanden für sich nicht gewinnen können* ❖ **Pẹ|cker**, der; -s, -: *Tätowierer* ❖ **Pẹ|ckerl**, das; -s, -n: *Tattoo.*

pẹl|zen[1] ‹hat› [ahd. pelzōn; dieses vermutl. zu lat. impeltare = einpropfen] (standardsprl., auch bair.): *(einen Obstbaum) pfropfen; veredeln* ❖ **Pẹl|zer**, der, -s, - (standardsprl.): *das Aufgepfropfte* (= Edelreis).

pẹl|zen[2], **sich** ‹hat› [zu Pelz im Sinn von Tierfell; eigtl.: auf dem Pelz liegen] (standardsprl., auch bair.): *sich von der Arbeit drücken* ❖ **auf|pel|zen** ‹hat› [zu Pelz im Sinn von Rücken] (umgangssprl., reg. auch in D): *aufbürden, verpassen:* jemandem eine unangenehme Arbeit / eine Strafe / eine Niederlage aufpelzen (z. B. im Sport).

pẹm|pern <hat> [lautmalend; urspr.: klopfen, schlagen] (umgangssprl., auch bair.): **1.** *klopfen, schlagen* **2.** *koitieren* ❖ **anpempern** <hat> (mundartl.): *schwängern* ❖ **Ge|pẹm|per**, das; -s, kein Pl. (umgangssprl.): *klopfendes Geräusch, Lärm.*

Pen|na̲l, das; -s, -e [lat. pennale, zu lat. penna = Feder]: (standardsprl.): *Etui für Bleistifte etc.*

Pẹrcht, die; -, -en, **Pẹrch|te**, die; -, -n [mhd. berhte] (volkskundlicher Begriff in den Alpenregionen): *dämonisches Wesen* (dargestellt bei Umzügen wie dem Perchtenlauf) ❖ **Schi̲rch|percht**, die; -, -en: **1.** *Percht mit furchterregender Maske* **2.** *hässliche Frau:* Lukas Resetarits in „Zu bunt" (1992) (in der Rolle eines Wiener Zuhälters, der für den EU-Beitritt plädiert): „Wir importieren aber nicht nur die Mädels, wir entwicklen sie weiter, wir richten sie her. Mir sind es nämlich, die wås diese exkommunistischen Schirchperchten auf einen internationalen Standard bringen ..." ❖ **Schö̲n|percht**, die; -, -en: *Percht mit schöner Maske.*

pet|schie̲rt <Adj.> [zu petschieren = mit einer Petschaft versehen, siegeln] (standardsprl.): *in einer unangenehmen Situation befindlich, benachteiligt, ruiniert.*

Pfạndl, das; -s, -n (umgangssprl.): *Pfandleihanstalt* ❖ **ins Pfandl tragen** (umgangssprl.): *in der Pfandleihanstalt verpfänden.*

P

pfa̲u̲|chen <hat> [mhd. pfūchen, zu pfūch = lautmalend für drohende Laute von Tieren; gesamtdt. fauchen (der Süden hat den Konsonantenwechsel von pf zu f nur halbherzige mitgemacht, hier dient pfauchen als Nebenform von fauchen] (standardsprl., auch süddt.: **1.** *drohendes Geräusch von Tieren* (auch übertragen): „Zwischen Sålzburg und Båd Ischl / fåhrt a liabe klaane Eisenbåhn, / raucht ein bisserl / pfaucht ein bisserl ..." (Liedtext; gemeint ist die Salzkammergut-Lokalbahn, die von 1893 bis 1957 das Salzkammergut mit der Stadt Salzburg verband) **2.** *sich erregt äußern:* „Hör auf!", pfauchte er. ❖ **ạn|pfau|chen** <hat>: **1.** *fauchende Laute ausstoßen* (von Tieren) **2.** *heftig anfahren, zurechtweisen* (von Menschen) ❖ **Pfa̲u̲|cherl**, das, -s, -n (umgangssprl.): *beliebter Name für Katzen.*

Pfef|fe|ro|ni, der; -s, -, ‹eigtl. müsste die Einzahl **Pfef|fe|ro|ne** lauten, doch ist sie wenig gebräuchlich [ital. peperone, zu pepe = Pfeffer; in Ö lautliche Angleichung an Pfeffer, in D hingegen Anlaut wie im Ital.] (standardsprl.): ***eine kleinere, schlankere, meist auch schärfere Parikaart (Gattung: Capsicum)*** (oft beim Heurigen oder Teil einer Brettljause).

Pfeid, Pfoad, die; -, -en [zählt im österr-bair. Mundartgebiet zu jenen alten Kennwörtern, die man auf das Gotische (in diesem Fall paida) und auf das Griechische (in diesem Fall baítē) zurückführt] (mundartl., auch bair.): ***Hemd:*** Hubert von Goisern & die Alpinkatzen singen in „Goaßbeitl-Bauernbuam“: „A mordstrummhudlgrouß Loch in der Pfoad ...“

Pfiff, der; ‹indeklinabel, nur in Verbindung mit einem Zahlwort› [zu pfeifen] (standardsprl., auch bair.): ***eine kleine Menge von einem Getränk:*** zwei Pfiff Bier (meist 0,125 Liter oder 0,2 Liter, die Füllmenge ist gesetzlich nicht normiert; vor Einführung des metrischen Systems war 1 Wiener Pfiff 0,17684 Liter).

Pfinz|tåg, der; -(e)s, -e [geht auf das griech. Zahlwort pénte = fünf zurück, genauer: pémptē hēmérā = der fünfte Tag (vom Sonntag aus gezählt; ähnlich Pfingsten aus griech. pentekostē´ hēmérā = der 50. Tag (nach Ostern), daher in K nicht Pfinztag, sondern Pfingstag] (mundartl., auch bair. Kennwort): ***Donnerstag.***

Pfi|t|schi|pfeil, Fi|t|schi|pfeil, Pfit|ze|pfeil, Fit|ze|pfeil, der; -s, -e [viele reg. Varianten; 1. Bestandteil: zu mhd. vitzer = Pfeil; also verdeutlichende Verdoppelung; vgl. mundartl. pfitschen = flitzen, schnellen] (umgangssprl.): **1.** ***von einem Bogen abgeschossener Pfeil*** (Bogen meist aus Weidenholz, Holunderstämmen oder Ähnl., wie sie von Jugendlichen angefertigt werden) **2.** ***überaus lebendiges oder schnell herumlaufendes Kind:*** er ist ein Pfitschipfeil ❖ **Pfi|t|schi|go|gerln, Fi|t|schi|go|gerln**, das; -s, kein Pl. [2. Bestandteil: viell. zu mhd. gogeln = sich ausgelassen gebärden, hin und her gaukeln, flattern; schreien, krächzen] (umgangssprl.): ***ein Kinderspiel*** (mit zwei Kämmen und drei Münzen wird auf einem Tisch eine Art Fußball gespielt; eine kleinere Münze ist der Fußball, zwei größere sind die Fußballer):

Wolfgang Ambros in „I drah zua“: „... åber åb heute könnts mi vergessen, / i spü des, wås mi gråd gfreit: / Domino oder Pfitschigogerln ...“

pflạn|zen ‹hat› [ahd. pflanzōn; gesamtdt. mit der Bed.: eine Wurzel in die Erde stecken] (umgangssprl.): ***zum Narren halten:*** sich von jemandem pflanzen lassen.

Pfrnak, der; -, - [aus tschech. frnák] (umgangssprl.): ***(große) Nase:*** Michael Niavarani und Viktor Gernot in „Gefühlsecht“: „Såg einmal, wås ist denn dås?“ – „Dås ist meine Nase! Ein halbböhmischer Pfrnak.“ – „Ich stelle mir so vor, wie du auf die Welt gekommen bist: Die Nase war heraußen und ålle håben g’sågt: Dås is’ er!“

pfụr|zen, pfạr|zen, pfoar|zen [wie furzen, aber mit verändertem Anlaut, teilw. auch mit verändertem Vokal; zu mhd. vurz und verzen, ahd. ferzan; lautmalend] (umgangssprl., derb): *eine Darmblähung (geräuschvoll) entweichen lassen* ❖ **Pfụrz, Pfạrz, Pfoarz**, der; -es, Pfürze (umgangssprl., derb): *laut entweichende Darmblähung*.

pfụ|schen ‹hat› [vermutl. zu futsch; gesamtdt. mit der Bed.: schlecht arbeiten] (umgangssprl.): ***schwarzarbeiten*** ❖ **pfụ|schen gehen:** ***mit Schwarzarbeit Geld verdienen*** ❖ **Pfụ|scher**, der; -s, - (umgangssprl.): *Schwarzarbeiter* ❖ **Husch-Pfụsch**, der; -s, kein Pl. [1. Bestandteil huschen: sich leise und schnell fortbewegen und dabei nur flüchtig gesehen werden; vgl. auch: in einem Husch = in großer Eile; 2. Bestandteil pfuschen zur gesamtdt. Bed.: schlecht arbeiten] (umgangssprl.): *überhastete, schlampige Notlösung:* das Gesetz ist ein Husch-Pfusch; mit diesem Husch-Pfusch ist niemandem gedient ❖ **husch-pfụsch** ‹Adj., nur prädikativ› (umgangssprl.): *überhastet und schlampig:* etwas husch-pfusch erledigen ❖ **Husch-Pfụsch- als 1. Bestandteil** (umgangssprl.): *drückt in Bildungen mit Substantiven aus, dass es sich um eine überhastete und mangelhafte Aktion handelt:* Husch-Pfusch-Gesetz, Husch-Pfusch-Änderung, Husch-Pfusch-Verfahren, Husch-Pfusch-Aktion etc.

pfụtsch [vermutl. lautmalend, in D: futsch] (umgangssprl.): *weg, verloren, nicht mehr da:* Pirron & Knapp in „Im Tröpferlbad“: „In der nächsten Klause unter der Brause, / då rennt des Röntgenbild gråd hin und her wia wüld / ’s is’ a Verhängnis, dass der so dünn is’ / wånn der in Åbfluss rutscht, dånn is er pfutsch ...“ ❖ **pfụtschikato** [zu pfutsch, mit ital. Endung] (umgangssprl., scherzh.): *weg, verloren, nicht mehr da.*

pị|cken ‹hat› [mhd. picken, Nebenform von pichen] (standardsprl.): *kleben* ❖ **ạn|pi|cken** ‹hat› (umgangssprl.): **1.** *angeklebt sein:* eine angepickte Vignette **2.** *festkleben, ankleben:* die Vigentte an die Scheibe picken ❖ *picken bleiben* (umgangssprl.): *an einem Ort / in einem Land bleiben, obwohl es nicht geplant war:* im Salzkammergut picken bleiben, obwohl eine Österreich-Rundreise geplant war; in Wien studieren und dann dort picken bleiben ❖ **jemandem eine pịcken** (umgangssprl.): *jemanden ohrfeigen* ❖ **was liegt, das pịckt** [Kartenspielerregel: eine bereits gespielte Karte darf nicht zurückgenommen werden] (umgangssprl.): *die Entscheidung kann nicht revidiert werden:* Roland Neuwirth in „Jeder Råtz liebt sein Kanäu“: ... wås liegt, des pickt, des gilt fia ewig und fia ållerweil, / jeder Råtz liebt sein Kanäu.“ ❖ **schma̲l|pickt** ‹Adj.›: (mundartl.): *mager, dürr, schlank:* Schau dir diesen schmalpickten Kerl an ❖ **pị|ckig** ‹Adj.› (standardsprl.); **pị|ckert** ‹Adj.› (umgangssprl.): *klebrig* ❖ **pịck|süß** ‹Adj.› (umgangssprl.): *bes. süß:* Ludwig Hirsch in: „Gel’, du mågst mi“: „Komm, leg ma a Plåtten auf, / jå, an picksüßen Elvis / und wir hören erst zum Tånzen auf, / wenn’s draußen hell is!“ ❖ **das pịck|sü|ße Hölzl** [Wortspiel zwischen picken und Pikkolo; außerdem soll dieses Instrument einen süßlichen Klang haben]: *Pikkolo-Klarinette in der Schrammelmusik* (G-Klarinette) ❖ **Pịck**, der; -s, -s (umgangssprl.): *Klebestoff* ❖ **Pịck|zeug**, das; -s, -e (umgangssprl.): *Utensilien zum Reparieren eines Fahrradreifens* ❖ **Pị|ckerl**, das; -s, -n: (umgangssprl.): *Aufkleber, Plakette, Vignette* (vor allem Begutachtungsplakette für Kraftfahrzeuge nach § 57a Kraftfahrgesetz, in D: TÜV-Plakette) ❖ **Pị|ckerl|über|prü|fung**, die; -, -en (umgangssprl.): *Überprüfung gemäß § 57a Kraftfahrgesetz.*

Pief|ke, der; -s, -(s) [Im Jahr 1841 schuf der Berliner Schriftsteller Adolf Glasbrenner in seiner Komödie „Antigone in Berlin" eine Spottfigur mit diesem Namen, der in Berlin häufig ist; 1848 taucht die Witzfigur in der Wiener Zeitschrift „Der Humorist" auf – diese wurde von Moritz Gottlieb Saphir redigiert, er war zuvor ein Mitarbeiter Glasbrenners in Berlin gewesen. Der oft vermutete Zusammenhang mit der preußischen Militärparade bei Gänserndorf nach der Schlacht von Königgrätz (1866) ist also nur eine Legende; dort gab es zwar einen Militärkapellmeister namens Piefke, seine Beteiligung wurde aber von der Wiener Presse und von den Wienern gar nicht wahrgenommen.] (umgangssprl., abw.; auch in D, allerdings mit der urspr. Bed. „dümmlicher Wichtigtuer"): **1.** *Norddeutscher* **2.** *Bundesdeutscher:* Dialog im Film „Komm, süßer Tod" zwischen Simon Brenner (Josef Hader) und Berti (Simon Schwarz): „I was eh, wer der Mörder is." – „Wer?" – „Der Piefke." – „Wieso?" – „Mörder san immer de Deitschen ..." – „Du Trottel!" ❖ **Pief|kinese**, der; -n, -n [zu Piefke mit Endung -inese, die als bes. abw. empfunden wird] (umgangssprl., stark abw.): *Bundesdeutscher* ❖ **pief|kinesisch, pifkonisch** 〈Adj.〉 [zu Piefkinese] (umgangssprl., stark abw.): *(nördl. gefärbtes) deutsch.*

Pilz|ling, Pils|ling, der; -s, -e [zu Pilz bzw. mundartlich Pils mit -ling-Ableitung], manche mundartl. Varianten weichen oft weit ab, z. B. Büsling [ˈbʏːsliŋ] (umgangssprl.): **1.** *Pilz* (allgemein) **2.** *Herrenpilz, Steinpilz* (als bes. wertvoller Pilz).

P

Pim|perl, das; -s, -n [zu Pampel (= kleines rundes Ding)] (mundartl.): **1.** *Hanswurst, Harlekin* **2.** *kleiner Penis* ❖ **Pim|perl- als 1. Bestandteil** (umgangssprl., auch bair., doch dort meist mit der Vokalvariante Pamperl- und Pemperl-): *drückt in Bildungen mit Substantiven aus, dass es sich um ein kleines, minderwertiges Exemplar handelt:* **Pim|perl|bahn**, die; -, -en: *eine bes. kleine Bahn* ❖ **Pim|perl|zug**, der; -s, ...züge: *bes. kleiner Zug* ❖ **Pim|perl|ge|schäft**, das, -s, -e: *kleines unbedeutendes Geschäft* ❖ **Pim|perl|ver|ein**, der, -s, -e: *kleiner, unbedeutender Verein:* Karli Sackbauer (Klaus Rott) in „Ein echter Wiener – Salz der Erde": „I hau den Huat heut' aufs Training. Für den Pimperlverein bin i eh guat gnua."

Pinsch, Pintsch, der; -es, -e [vermutl. zu polnisch pięć = fünf] (umgangssprl.): ***Fünfer als Schulnote*** (= nicht genügend).

Pi|pe, die; -, -n; **Pi|pen**, die; -, - [ital. pipa = Röhre, Pfeife, zu lat. pipare = pfeifen] (standardsprl., auch bair.): **1.** ***Wasserhahn*** **2.** ***Zapfhahn*** **3.** (abw.): ***frecher, unerzogener Kerl*** ❖ **Rotz|pi|pen**, die, -, - (umgangssprl.): ***frecher, unerzogener Kerl*** ❖ **pi|perln, bi|berln** ⟨hat⟩ [die Schreibung biberln unter Einfluss von lat. bibere] (umgangssprl.): viel und gern alkoholische Getränke trinken.

pit|schi-pat|schi ⟨Adj.⟩ [ahmt das Betätscheln bei einer Begrüßung nach, mit Ablaut zu patschen] (umgangssprl.): ***mit jemandem in einer guten Beziehungen stehend*** ❖ **Pit|schi-Pat|schi-Freund|schaft**, die, -, -en (umgangssprl.): ***vertrauliche Freundschaft, die nach außen hin zur Schau gestellt wird.***

Pla|che, die; -, -n, **Plå|chen**, die; -, - [mhd. blahe, blā = grobes Leintuch; in D: Blahe] (standardsprl.): ***Plane*** ❖ **Pla|cheler**, der; -s, - (mundartl., vor allem T): ***Sandler.***

Pla|fond [plaˈfõː], der; -s, -s [franz. plafond = Zimmerdecke, Obergrenze, aus plat = eben und fond = Hintergrund, Gewölbe, Grund]: **1.** (standardsprl., auch süddt.): ***Decke eines Raumes*** **2.** (standardsprl., auch CH): ***oberer Grenzbetrag*** ❖ **jemand / etwas hat seinen Plafond erreicht** (standardsprl.): ***jemand oder etwas hat den höchsten Grad einer Leistung, einer Fähigkeit erreicht*** ❖ **pla|fon|ie|ren** ⟨hat⟩ (standardsprl., auch CH): ***einen oberen Grenzbetrag festlegen.***

Plat|te, die; -, -n, **Plåt|ten**, die; -, - [Herk. unklar; gesamtdt. sind: Holzplatte, Schallplatte etc.] (umgangssprl.): **1.** ***Verbrecherbande, Gang*** **2.** ***Clique*** ❖ **Plat|tenbruder**, der; -s, ...brüder (umgangssprl.): ***Mitglied einer Platte.***

plau|schen ⟨hat⟩ [lautmalend, verw. mit plaudern]: **1.** (standardsprl., auch bair.): ***sich gemütlich unterhalten*** **2.** (umgangssprl.): ***übertreiben, lügen*** ❖ **Geh, Pepperl, plausch ned!** (umgangssprl.): ***Erzähl keine Märchen!*** **3.** (umgangssprl.): ***herumerzählen, Geheimnisse erzählen, über andere schlecht reden***

❖ **Plausch**, der; -es, -e; (standardsprl., auch bair.): *zwanglose Unterhaltung* ❖ **Plau|scherl**, das; -s, -n (umgangssprl.): *gemütliche Unterhaltung im kleinen Kreis* ❖ **Plau|scherei**, die; -, -en (umgangssprl.): **1.** *gemütliche Unterhaltung* **2.** *Lügnerei* ❖ **Plausch|mirl**, die; -, -n [2. Bestandteil: Koseform von Maria] (mundartl.): **1.** *eine weibliche Person, die sich gerne gemütlich unterhält* **2.** *eine weibliche Person, die oft Lügengeschichten verbreitet.*

ple|dern, pfle|dern, bledern, ⟨hat bzw. ist⟩ [Herk. unklar; viell. zu mhd. bleteren = blättern, aber auch eine Ableitung von Platte ist denkbar; in einigen Mundarten mit der Bed: mit den Flügeln schlagen (vom Hahn, wenn er mit einer Henne koitiert); auch: die Wäsche mit einer Waschplödern (= mit einem Holzbrett) ausklopfen] (mundartl., auch bair.): **1.** ⟨hat⟩ *schnelle und geräuschvolle Bewegungen machen, klatschend schlagen* **2.** ⟨hat⟩ *koitieren* (unter Hühnern) **3.** ⟨hat⟩ *koitieren* (unter Menschen) **4.** ⟨hat⟩ *eine Darmblähung mit lautem, klatschendem Geräusch entweichen lassen:* er lässt einen Schas und pledert auch noch, das geht zu weit **5.** ⟨ist⟩ *schnell mit dem Auto, Motorrad oder Moped fahren* ❖ **Ple|dern**, die; -, - (mundartl.): **1.** *allzu lebhaftes, lautes Kind* **2.** *liederliche Frau* **3.** *besonders lautes Auto, Motorrad, Moped.*

plem|peln ⟨hat⟩ [zu mhd. plampen = baumeln; in der Soldatensprache für das Seitengewehr, weil es am Koppel baumelt; später auch: durchgeschütteltes und deshalb minderwertiges Getränk] (mundartl., auch bair.): *sorglos dahinleben* ❖ **Bier plempeln**: *Bier trinken* ❖ **Plem|pel, Plempl, Pleampl**, der; -s, kein Pl. (mundart., auch bair.): **1.** *schlechtes Getränk, abgestandenes Bier* **2.** *wertloses Zeug* **3.** *ungeschickter Mensch, Narr.*

ple|no ti|tu|lo, abgekürzt: **P. T., p. t.** [lat.: mit vollem Titel] (standardsprl.): *drückt vor Namen oder vor Anreden aus, dass auf Titel verzichtet worden ist:* Gerhard Bronner in „Der gschupfte Ferdl“: „So gehen die beiden mit vergnügtem Sinn zum Thumser hin, / bei der Garderobe sehen sie ein großes Schild: / ‚Die p. t. Gäste werden höflichst gebeten, / die Tånzlokalität ohne Messer zu betreten!‘...“

plẹ|schen, blẹ|schen, ⟨hat⟩ [lautnachahmend nach dem Schall der Schläge] (mundartlich): ***schlagen, prügeln*** ❖ **ver|plẹschen, dụrch|pleschen:** ***durchprügeln*** ❖ **Plẹsch, Blẹsch,** die (Pl.): ***Schläge:*** er hat seine Plesch kriegt ❖ **Plẹ|scher, Blẹ|scher,** der; -s, - : **1.** ***Knall, Krach*** **2.** ***Zusammenstoß von Autos.***

plo̲|dern ⟨hat⟩ [zu spätmhd. blodern = rauschen; lautmalend; entspricht norddt.: pludern; vgl. Pluderhose] **1.** ***sich bauschen, Falten werfen*** **2.** ***viel daherreden, plauschen*** ❖ **Plo̲|dern,** die, -, - (mundartl.): ***geschwätzige Frau.***

Plu̲t|zer, der; -s, - [verw. mit südbair. Plotze = etwas Klobiges] (mundartl., auch bair.): **1.** ***Kürbis*** **2.** ***ein Steingutgefäß*** **3.** (abw.): ***Kopf*** ❖ **Plu̲t|zer|schä|del,** der; -s, -(n) (abw.): ***großer Kopf.***

Po̲|fel[1], der; -s, kein Pl. [zu jidd. babel, bafel = alte, minderwertige Ware] (umgangssprl., auch süddt., abw.): **1.** ***wertloses Zeug:*** den Pofel wegwerfen **2.** ***Gerede, Geschwätz:*** Was redest du da für einen Pofel? ❖ **po̲|feln** ⟨hat, ich pofle⟩ [urspr.: schlechten Tabak rauchen] (umgangssprl., abw.): ***(stark) rauchen.***

Po̲|fel[2], der; -s, kein Pl. [mhd. povel = Volk, Leute, aus altvenezianisch povolo] (umgangssprachlich, auch süddt): **1.** ***Schar, Haufen:*** ein Pofel Schafe **2.** [vermutl. unter Einfluss von Pofel[1]]: ***minderwertiger Mensch*** **3.** ***dritte Mahd.***

Po|gạt|sche, die; -, -n [slowen. pogača] (Küchenspr., vor allem K und ST): ***eine Art Kuchen*** ❖ **Po|gạt|scherl,** das; -s, -n [ungar. pogácsa] (Küchenspr.): ***kleines Omelett mit Grammeln*** (früher hat man zwischen süßen Pogatscherln mit Zucker und Zimt sowie gesalzenen Pogatscherln unterschieden).

pol|di-hu̲|be|risch re|den ⟨hat⟩ [Poldi Huber ist eine von dem Kabarettisten, Bühnen- und Drehbuchautor Robert Weil (1881–1960) geschaffene Kunstfigur; Poldi Hubers linkisch formulierte Texte erschienen in Buchform und waren u. a in der Hörfunksendung „Der Watschenmann“ zu hören]: ***sich krampfhaft und unbeholfen auf einer gehobenen Sprachebene ausdrücken*** (von einer Person, die ansonsten nur Mundart spricht).

Pols|ter, der, auch: das, -s, ...pölster [mhd. polster, bolster, ahd. polstar; vermutl. zu einer german. Wurzel, die aufschwellen bedeutet hat; gesamtdt. mit der Verw.: gefederte Polsterung; z. B. im Auto; sonst in D statt Polster Kissen] (standardsprachich): ***mit weichem Material gefüllter Gegenstand, der als Unterlage dient*** ❖ **Kopf|pols|ter**, der; -s, ...pölster (standardsprl.): ***Polster für den Kopf*** ❖ **Pols|ter|zipf**, der; -(e)s, -e: **1.** (umgangssprl.): ***Eck eines Polsters*** **2.** (Küchenspr.): ***dreieckige (manchmal auch quadratische) Teigtasche, mit Marmelade gefüllt.***

pöl|zen ⟨hat⟩ [zu mhd. bolz, der und bolzen, die; hier geht es um die Nebenbed.: Stützholz] (standardsprl., auch bair.): ***mit Pfosten stützen*** ❖ **Pöl|zung**, die; -, -en (standardsprl.; bair.: der Pölz): ***Abstützung durch Pfosten.***

po|mali <Adj.> [tschech. pomalý = langsam, träg, schwerfällig] (umgangssprachl., ostösterr.): ***langsam, gemütlich, bequem:*** wir gehen es pomali an; immer schön pomali (= langsam, nur nichts überstürzen).

Pomp|fü|ne|be|rer, der; -s, - [von franz. pompes funèbres = Leichengepränge] (umgangssprl., ostösterr.): ***Bediensteter der Leichenbestattung, Sargbegleiter:*** Wolfgang Ambros in „I bin nur a Pompfünebrer": „... åber früher oder später / wird ana mid 'n selben Schmäh / hinter mei'm Sårg hergeh'n."

P

Post|ar|beit, die; -, -en (standardsprl.): ***eilige, dringende Arbeit.***

Po|tit|ze, die; -, -n, **Po|tit|zen**, die; -, - [slowenisch potica, aus älterem povitíca (= Eingerolltes)] (Küchenspr., vor allem K und ST): ***eine Art Striezel aus Hefestrudelteig bzw. ein Rollkuchen (aus Germteig) mit Mohn- oder Nussfülle.***

Pou|voir [puvo̱ˈaːɐ], das; -s, -s [franz. pouvoir, eigtl.: Macht, Kraft, Substantivierung von: pouvoir = können, zu lat. posse] (Wirtschaft): ***die Ermächtigung, etwas entscheiden oder beschließen zu dürfen*** (oft in Form einer Negation): er hat kein Pouvoir, die Verhandlungen abzuschließen (= die Sache muss zunächst in übergeordneten Gremien entschieden werden).

Po|widl, der; -s, kein Pl. [tschech. povidl(a)] (Küchenspr.): *Zwetschken werden entkernt, halbiert und langsam einreduziert, bis eine Karamellisierung des Fruchtzuckers eintritt* (ist also streng genommen weder ein Pflaumenmus, noch eine Pflaumenkonfitüre) in D: Zwetschgenlatwerge ❖ **Po|widl|tascherln, Po|widltatsch|kerln**, die (Pl.) (Küchenspr.): *mit Powidl gefüllte Tatschkerln* ❖ **Po|widl|ko|lat|sche**, die; -, -n, **Po|widl|ko|lat|schen**, die; -, - (Küchenspr.): *mit Powidl gefüllte Kolatsche* ❖ **powidl** ⟨Adj.⟩ [Analogiebildung zu: das ist mir wurst; das Adj. wurst im Sinn von egal wurde von Reichskanzler Otto von Bismarck popularisiert und ist kein Austriazismus] (umgangssprl.): *egal, gleichgültig:* Lukas Resetarits in „Zu bunt" (1992) (in der Rolle einer Wiener Zuhälters, der für den EU-Beitritt plädiert): „Sicher sågen månche Kleingläubige, dass die EG auch Nåchteile bringt, vor allem, wie man hört, språchlicher Natur. So soll zum Beispiel die Marmelade nicht mehr Mamalad heißen dürfen, sondern Kompfetüre, åber ich mein, das sollerte uns powidl sein. Denn, san ma sich uns ehrlich, Burschen! Wånn hat einer von euch zum letzten Mål a Mamaladbrot 'gessen?"

pra|cken ⟨hat⟩ [pracken = schlagen, verw. mit brechen und prägen] (umgangssprl.): *schlagen, klopfen:* die Unterlagen auf den Tisch pracken – Die Gruppe STS in „Irgendwånn bleib i dånn durt": „Doch bevor der Herzinfarkt / mi' mit 40 in die Windeln prackt, lieg' i' scho' irgendwo am Strånd / a Bottle Rotwein in der Hånd ..." ❖ **jemandem eine pracken** (umgangssprl.): *jemandem eine Ohrfeige geben / einen Faustschlag versetzen* ❖ **hin|pra|cken** (umgangssprl.): *hinwerfen* ❖ **es hat ihn hingeprackt** (umgangssprl.): *er ist gestürzt* ❖ **Gewehr pracken** (umgangssprl.): *Übungen mit dem Gewehr machen* (beim österr. Bundesheer) ❖ **(böhmisch) pracken** (umgangssprl.): *schlechtes Deutsch mit tschech. Akzent sprechen* ❖ **Pra|cker**, der; -s, - (umgangssprl.): **1.** *Schlag:* André Heller singt in „A Zigeina mecht i sein": „I mecht segn (...) wia de Hitzn mia ins Gnack fährt / wie r a Pracker, älle Tåg!" **2.** *Teppichklopfer* **3.** (mundartl.): *Obst- und Gemüsehändler; Obst- und Gemüsestand:* „Hol Erdäpfel vom Pracker!" (Intern.) **4.** (umgangssprl., scherzh.): *Tennisschläger* ❖ **Pracker kriegen** (umgangssprl.): *Schläge bekommen* ❖ **Flie|gen|pra|cker,**

der; -s, - (umgangssprl.): *Pracker aus Kunststoff zum Fangen von Fliegen:* Dialog in „Kottan ermittelt – Wien Mitte" zwischen Major Adolf Kottan (Franz Buchrieser) und Alfred Pilch (Harald von Koeppelle): Pilch: „Ålso wo is er?" – Kottan: „Unser Mörder, ålso wir san in der ...?" – Pilch: „Nix, nix, mein' Fliegenpracker, mein' Fliegenpracker will i (...)" – Kottan: „Der Schremser sitzt drauf ..." **Nie|ren|pra|cker**, der; -s, - (Mechanikerspr.): *hart gefedertes Auto.*

prä|po|tẹnt ⟨Adj.⟩ [lat. praepotens = sehr mächtig; in D nur bildungssprachl. mit der Bed. übermächtig] (standardsprl.): *überheblich, frech, unverschämt* ❖ **Prä|po|tẹnz**, die; -, kein Pl. [lat. praepotentia; in D nur bildungssprachl. mit der Bed. Übermächtigkeit] (standardsprl.): *Überheblichkeit, Frechheit.*

pres|sie|ren ⟨hat⟩ [franz. presser, eigtl.: pressen, dieses zu lat. pressare] (standardsprl.; CH mit der Bed. sich beeilen; in D mit den Bed.: drängen, drängeln): *dringend sein* ❖ **pres|sạnt** ⟨Adj.⟩ (standardsprl.): *dringend, eilig.*

Prị̈t|sche, die; -, -n, **Prịt|schen**, die; -, - [mhd. britze, britsche = Vulva] (umgangssprl., abw., auch bair.; wohl nicht verw. mit gesamtdt. Pritsche = Bett): **1.** *weibliche Scham* **2.** *klatschsüchtige, bösartige Frau* **3.** *leichtlebige (junge) Frau, die häufig mit verschiedenen Männern sexuelle Beziehungen hat:* Gerd Bacher hat weibliche Angestellte des ORF als „Trutschen, Pritschen und Mentscher" bezeichnet, die „ihre Prüfungen besser im Bett als im Büro machen" (vielfach in den Medien zitiert, außerdem in der 159. Sitzung des Nationalrats, stenograf. Protokoll vom 1. 12. 1969).

prịt|schen, brịt|schen ⟨hat⟩ [verw. mit Pritsche, diese zu mhd. britze, brütsche, ahd. britissa; Kollektivbildung zu Brett, also eigtl.: mit einem Brett auf etwas schlagen und ein klatschendes Geräusch verursachen] (umgangssprl.): **1.** *mit der Hand (oder mit einem Gegenstand) auf etwas schlagen:* ein Kind auf den Hintern pritschen, jemandem den Arsch vollbritschen **2.** *ein klatschendes Geräusch von sich geben, eine Darmblähung mit klatschendem Geräusch entweichen lassen* ❖

prit|scheln ‹hat; ich pritschle› [mit Einschub von -l- zu pritschen] (standardsprl., auch bair.; in D ansonsten planschen): **1.** *mit der Hand aufs Wasser schlagen, mit Wasser herumspielen:* „Pritscheln in NÖ. Erlebnisbäder, Sportbäder und Seen – das Angebot in NÖ ist vielfältig." (Kurier vom 14. 7. 2010) **3.** *herumspritzen, Wasser verschütten:* Warum musst du beim Duschen immer pritscheln? Kannst du nicht aufpassen? **3.** *plätschern:* der Regen pritschelt auf das Dach ❖ **pritschnass, prit|schel|nass** (mundartl.): *sehr nass* **4.** (mundartl.): *urinieren* ❖ (mundartl.): **sich an|prit|scheln**: *in die Hose machen (urinieren).*

Psy|che, die; -, -n [Herk. unklar; angeblich von der rumän. Königin Carmen Sylvia geprägter Ausdruck] (standardsprl.): *Frisiertisch mit beweglichem Spiegelaufsatz.*

Pu|del, der [kurz für Pudelhund; zu pudeln = im Wasser planschen, weil Pudel urspr. zur Wasserjagd abgerichtet wurden] ❖ **den Pudel machen**: *zu jeder Arbeit herhalten müssen, schikaniert werden:* Ich will nicht immer den Pudel machen! ❖ **Jetzt gehen dem Pudel die Haare aus!** [eigtl.: etwas tritt ein, womit nicht zu rechnen ist, weil Pudel nicht haaren (daher werden sie geschoren)] (umgangssprl.): *Jetzt geht es ans Eingemachte! Jetzt ist Schluss mit lustig!* ❖ **Pinsch|pu|del|da|ckel**, der; -s, - [eigtl.: Mischung aus Pinscher, Pudel und Dackel] (umgangssprl.): *aus zufälliger Kreuzung hervorgegangener Hund, der keiner Rasse zugeordnet werden kann, Promenadenmischung* ❖ **Pu|del|sche|rer**, der; -s, - (umgangssprl., ostösterr.): **1.** *Geschäft für Hundepflege* (Scheren, Baden etc.) **2.** (scherzh.): *Friseur* ❖ **Pu|del|hau|be**, die; -, -n [vom Aussehen her wie das Fell eines Pudels] (standardsprl., auch süddt.): *dicke Wollhaube* ❖ **pudel- als 1. Bestandteil** verstärkend bei Adjektiven (umgangssprl.): **pu|del|nåckt** (standardsprl.); **pu|del|nå|ckert** (umgangssprl.): *völlig nackt* ❖ **pu|del|nar|risch**: *übermutig, völlig verrückt* ❖ **sich pu|del|wohl fühlen**: *sich äußerst wohl fühlen* ❖ **sich auf|pu|deln** ‹hat› [von: sich wie ein Pudel aufrichten; oft mit der scherzh. Ergänzung ... **wie der Hustinettenbär**] (umgangssprl.): *sich wichtig machen, sich aufspielen, sich entrüsten* ❖ **Pudl di' ned auf!** *Mach dich nicht so wichtig!*

Dialog im Film „Muttertag – Die härtere Komödie“: Der als Eisbär verkleidete Hausdetektiv Übleis (Herwig Seeböck) hat die Mutter (Andrea Händler) bei einem Ladendiebstahl erwischt, ein anderer Kunde sagt zum Detektiv: „Pudl di net auf, Hustinettenbär!“ – (...) „Jetzt zeige ich Sie an wegen Ehrenbeleidigung!“ – „Blader, mach's Ventil auf! (Lass die Luft heraus! = Mäßige dich!)“

pu|dern ⟨hat⟩ [eigtl. buttern = mit dem Stössel Milch zu Butter rühren, in der Schreibung an Puder angeglichen, wodurch die Wortherkunft verschleiert wurde (allerdings ist heute in der Alltagskommunikation das Wort schnackseln beliebter] (umgangssprl., derb; schon im Bayern nicht mehr in Gebrauch, weshalb sich Michael Mittermeier in „Safari“ über den Ausdruck lustig macht): *koitieren:* In „Trautmann – Das letzte Hemd hat keine Taschen“ sagt ein Bordellchef: „Es wår ålles gånz ånders früher. Die Madln wåren von då, aus Wien – Dialekt, original, picobello (...) Då håt sich der Kunde unterhålten können. Heit kumman s' aus Tschechien und aus Ungarn, unsere Schicksen, und aus Russland (...) ‚Vorspiel is hundert, Pudern is zweihundert!‘ – Dås is die anzige Konversation heutzutåge. Kein Stil.“ ❖ **quer|pu|dern** ⟨hat⟩ (umgangssprl.): **1.** *sexuell untreu sein* **2.** *gleichzeitig mehrere sexuelle Beziehungen haben* ❖ **Pu|derant**, der; -en, -en (umgangssprl., abw.): *Mann, der mit vielen Frauen sexuell verkehrt* ❖ **pu|der|lustig** ⟨Adj.⟩ (mundartl.): [2. Bestandteil: mhd. lustec, lustic = lustig, heiter; verlangend, begierig (vgl. lüstern)] **1.** *an einem Koitus interessiert* **2.** *sexbesessen.*

P

Puf|fen, die; -, - [zu puffen: stoßen, sich laut bemerkbar machen] (umgangssprl.): *Schusswaffe:* Die Gruppe EAV in „Banküberfall“: „Mit dem Finger im Måntel statt einer Puffen, / ich kånn kein Blut sehen, daher muss ich bluffen ...“ (des Reimes wegen wird bluffen mit u-Vokal gesungen).

Pül|cher, mundartl. Aussprache: [ˈpyːçə, ˈbyːçə] der; -s, - [zu Pilger (gemeint ist: heruntergekommener Pilger); mhd. bilgerīm; pilgerīn; ahd. piligrīm; dieses zu lat. pelegrinus] (umgangssprl.): *Strolch, Gauner:* Adi Hirschal und Wolfgang Böck haben das Wienerlied „Die letzten 2 Pülcher“ neu interpretiert.

pụm|pern ⟨hat⟩ [lautmalend] (umgangssprl., auch bair.): **1.** *laut und heftig klopfen* **2.** *eine Darmblähung entweichen lassen* **3.** *koitieren* ❖ **Pụm|pe|rer**, der; -s, - (umgangssprl., auch bair.): *pumpernder Laut durch Fall oder Schlag* ❖ **Pụm|perl**, das; -s, -n [Vkl. von Pumpel = weibliches Geschlechtsteil] (umgangssprl.): **1.** *Vulva* **2.** *das pumpernde, pochende Herz des Menschen* **3.** *kleines, rundes Ding* ❖ **pụm|perl|ge|sund** ⟨Adj.⟩ [zu Pumperl Bed. 2] (umgangssprl., auch bair.): *völlig gesund; frisch und munter* ❖ **pụm|pert** ⟨Adj.⟩ [zu Pumperl Bed. 3] (umgangssprl., auch bair.): *klein, rundlich von Gestalt.*

Pụnsch, der; -(e)s, -e, auch: Pünsche [engl. punch, vermutl. nach Hindi pãñč = fünf (nach den fünf Grundbestandteilen; gesamtdt. mit der Bed.: alkoholisches Getränk)] (Küchensprache): *Masse oder Glasur aus Punsch* ❖ **Pụnsch|krap|ferl**, das; -s, -n (Küchenspr.): *mit Punschglasur überzogenes und in Punsch oder Rum getauchtes Biskuit in Form einer kleinen viereckigen Torte.*

Pụp|perl, das; -s, -n (umgangssprl.) **1.** *kleine Puppe* **2.** *Mädchen* ❖ **Pụp|perl|hut|sche**, die; -, -n; **-hut|schen**, die; -, - (umgangssprl.): *Soziussitz des Motorrades.*

pụt|zen ⟨hat, du putzt⟩ [urspr.: einen Butzen (= kleinen Klumpen) entfernen] (standardsprl., auch süddt., westdt., CH): **1.** *sauber machen, aufwischen* **2.** *bei Lebensmitteln nicht zum Verzehr geeignete Teile entfernen:* die Schwammerln putzen **3.** *chemisch reinigen:* ein geputztes Kleid ❖ **Put|zerei**, die; -, -en: *chemische Reinigung* ❖ **sich pụt|zen** (umgangssprl.): *verschwinden, abhauen* ❖ **Pụtz dich!** Verschwinde! ❖ **sich ạb|put|zen** ⟨hat⟩ (umgangssprl.): *sich reinwaschen, einen Verdacht von sich ablenken, etwas auf jemand anderen schieben:* „Finden Sie es richtig, dass sich die burgenländische ÖVP an der Ministerin abputzt, obwohl der ÖVP-Bürgermeister für das Projekt war?“ (Die Presse, 9. 1. 2010) ❖ **aufputzen, sich** ⟨hat⟩ [gesamtdt. mit der Bed.: sich auffallend herrichten, sich übertrieben schmücken] ❖ **aufgeputzt wie ein Christbaum** (umgangssprl.): *übertrieben gekleidet und mit auffallendem Schmuck behängt.*

Qua|drat- als 1. Bestandteil (umgangssprl., auch bair.): *drückt in Bildungen mit Substantiven aus, dass es sich um ein bes. großes Exemplar handelt:* **Qua|drat|lat|schen**, die; -, -: *bes. große Füße* ❖ **Qua|drat|rat|schen**, die, -, -: *bes. klatschsüchtiger Mensch* ❖ **Qua|drat|schä|del**, der; -s, -: **1.** *breiter, eckiger Kopf* **2.** *starrsinniger, dickköpfiger Mensch.* ❖ **Qua|drat-plut|zer**, der; -s, - (mundartl.): *großer Kopf.*

qua|ren ‹hat› [zu Quarn = wegstehendes Holz, Keil] (mundartl.): *verkeilen, verspreizen.*

Quar|gel, der; -s, -(n); auch: das, -s, -(n); auch: die; -, -n [mhd. quarg; dieses zu sorbisch twarog; Quargel hat also dieselbe Wurzel wie Quark] (standardsprl.): **1.** *stark riechender, fettarmer Käse aus Sauermilch* **2.** *etwas Wertloses, Unsinniges:* Red keinen Quargel! ❖ **quar|geln** ‹hat› (umgangssprl.): *schwätzen* ❖ **etwas unter einen Quargelsturz stellen** (umgangssprl.): *etwas von äußeren Einflüssen abschirmen* ❖ **Quar|g|le|rei**, die; -, -en (umgangssprl.): *unsinniges Gerede.*

Quet|sche, die; -, -n, **Quet|schen**, die; -, - [zu quetschen, mhd. quetzen; weitere Herk. unklar; bei Bed. 1: Vermengungen mit quietschen]: **1.** (umgangssprl., auch bair., scherzh.): *Zieharmonika, Akkordeon:* „11. Akkordeonfestival in Wien – Hoch-Zeit für die Quetschen." (Intern.) **2.** (umgangssprl., auch bair., abw.): *ganz kleiner gewerblicher oder handwerklicher Betrieb.*

qui|get|zen, qui|git|zen, zwi|get|zen, zwi|git|zen ‹hat› [von mhd. quingen = quietschen; Verben auf -etzn sind als Intensivbildungen in den Mundarten recht häufig; bei Bed. 2: Vermischung mit quetschen] (mundartl.): **1.** *quitschen* **2.** *die Ziehharmonika spielen; das Spiel der Ziehharmonika hören:* Hubert von Goisern in „Koa Hiatamadl": „... schen san de Landlertånz, / schen san de Åmenkrånz / drob'n auf'n Huat / boid's schen quigitzen tuat" (... schön sind die Landlertänze, / schön sind die Almenkränze, / droben auf dem Hut / wird auch bald wieder das schöne Spiel der Zieharmonika zu hören sein.).

Qui|qui, der; -, kein Pl. (umgangssprl., verhüllend; Herk. unklar): ***Tod:*** Kurt Sowinetz in „Alle Menschen san ma zwider": „I winsch euch ållen an Haufen Krätzen, / an Zeck im Ohr und den Quiqui."

R

r (mundartl. und teilw. umgangssprl.): Einschub zwischen einem Wort, das mit einem Vokal endet, und einem Wort, das mit einem Vokal beginnt, z B.: runkert und bunkert wie ein Haselnusskern / wie r ein Haselnusskern / wira Haselnusskern.

Ra|be, der; -n, -n, **Råb**, der; -en, -en ❖ **Rå|ben|bratl**, das; -s, -n [der Rabe ist nach dem Volksglauben ein Galgentier – vor allem wegen seiner schwarzen Farbe und aufgrund des Umstandes, dass er Aas frisst; Rabenbratl im wörtlichen Sinn: jemand, der es verdient, am Galgen von den Raben gefressen zu werden] (umgangssprl.): ***jemand der Böses tut, gemein oder niederträchtig handelt*** ❖ **Rå|ben|viech**, das; -s, -er [nach einer mittelalterl. Vorstellung wirft der Rabe seine Jungen aus dem Nest, weil er zu faul ist, diese zu füttern; daraus resultieren auch die gesamtdt. Ausdrücke Rabenmutter, Rabenvater, Rabeneltern] (umgangssprl.): ***hinterhältiger, gewissenloser, fauler Mensch.***

Ra|biat|per|le, die; -, -n (umgangssprl., scherzh., vor allem W, NÖ, teilw. OÖ; südösterr.: Heckenklescher): **1.** ***minderwertiger, saurer Wein*** **2.** ***stark aufgezuckerter Wein*** **3.** ***Wein, der aggressiv macht.***

Ra|di, der; -s, - [Kurzform von Radieschen, doch wird in Ö zwischen Radi und Radieschen unterschieden; es handelt sich um zwei verschiedene Unterarten von Raphanus sativus] (umgangssprl., auch bair.): ***Raphanus sativus subsp. niger var. albus; Kurzform für den großen weißen Rettich, Bierrettich*** ❖ **einen Radi kriegen** (umgangssprl.): ***gerügt werden*** ❖ **sich die Radi / Rüben / Erdäpfel von unten anschauen** (scherzh.): ***tot und beerdigt sein.***

Ra|die|rer, der; -s, - (umgangssprl.): ***Radiergummi*** ❖ **fett wie ein Radierer** (mundartl.): ***stark betrunken:*** Georg Danzer in „Fett wie ein Radierer“: „Heit bin I wieda fett wie ein Radierer, / du brauchst di ned verstecken trau di fiera …“.

Ra|dies|chen, das; -s, - [Vkl. von Radies, dieses letztlich zu lat. radix = Wurzel] (standardsprl. und gesamtdt., das Bair. ausgenommen, denn dort: Radieserl; warum die Form mit -erl in Ö nicht realisiert wird, ist unklar): **1.** ***Raphanus sativus subsp. sativus; Rettich, Monatsrettich*** (Pflanze mit einer roten, kugeligen Wurzel) **2.** ***Knolle des Radieschens*** ❖ **sich die Radieschen / Rüben / Erdäpfeln von unten anschauen; die Radieschen / Rüben / Erdäpfeln von unten zählen**; (scherzh.): ***tot und beerdigt sein:*** „Ich habe noch einiges vor, ehe ich mir die Radieschen von unten anschaue.“ (Intern.).

Radl|tru|he, die; -, -n [in Ö außerdem: Scheibtruhe; in D verschiedene Begriffe wie Schubkarren, Schiebekarre etc.] (standardsprl., K und ST): ***Truhe mit einem Rad und zwei Griffen für den Transport von Erde, Laub etc.***

Rahm, der; -(e)s; kein Pl. [mhd. roum = Milchrahm, Schimmer, Vorstellung, täuschendes Bild; Herk. unklar] (standardsprl., auch süddt., Nordrhein-Westfalen, Hessen und CH): ***das Obere der Milch, das bes. fetthältig ist*** (entweder süßer Rahm oder saurer Rahm; in Ostösterr. wird der süße Rahm als Obers bezeichnet, der Schlagrahm als Schlagobers): Rahmsuppe, Rahmbeuschel, Rahmschnitzel (Schnitzel mit Rahmsauce), Mohntorte mit Schlagrahm ❖ **den Rahm abschöpfen** (standardsprl.): ***sich das Allerbeste sichern, sich selbst den größten Vorteil verschaffen*** ❖ **rah|mig** ⟨Adj.⟩: **1.** ***Rahm enthaltend*** **2.** ***in der Konsistenz wie geschlagener Rahm, cremig.***

Ra|ma|su|ri, Re|ma|su|ri, die; - (kein Pl.) [ähnlich wie Gramasuri (vgl. Gramuri) eine Streckform zu gramuren = Unordnung machen, dieses zu rumoren; die Ableitung aus dem Rumän. oder Ital. wohl verfehlt; die ebenfalls anzutreffende Schreibung mit -ss- ist inzwischen selten] (umgangssprl., auch bair.): **1.** ***großes Durcheinander, Wirbel*** **2.** ***feuchtfröhliches Fest.***

R

Rạnd, der -s, kein Pl. [Ableitung von rennen; dieses von rinnen; nicht verw. mit Rand = Begrenzung; auch Anrand = Vermengung mit Anlauf] (mundartl., auch bair.) **1.** *Anlauf, Mut, Vorbereitung:* sich einen Rand nehmen und ein lang aufgeschobenes Vorhaben angehen **2.** *kurze Zeitspanne:* auf einen Rand bei jemandem vorbeischauen **3.** *lustiger Lauf, Scherz, Spaß:* einen Rand machen **4.** *unrealistisches Vorhaben:* der hat einen Rand, er will sich eine Villa mit Swimmingpool bauen ❖ **Randl**, das, -s, kein Pl. (mundartl., auch bair.): *ganz kurze Zeitspanne:* auf ein Randl bei jemandem vorbeischauen; ein Randl schlafen.

Rạn|ken, der; -s, -, **Rạn|kerl**, das: -s, -n, **Rẹn|ken**, der; -s, -, **Rean|ken**, der; -s, - [Herk. unklar; wohl zu renken] (mundartl., auch bair.): *dickes oder großes Stück vom Brot, vom Speck etc:* ein Ranken G'selcht's.

rạp|peln 〈hat〉 [zu einem alten norddt. rapen = klopfen; gesamtdt. mit der Bed.: lärmen, klappern] (standardsprl.): *verrückte Anwandlungen haben, spinnen:* er rappelt schon wieder ❖ **Rạp|pel**, der; -s, (kein Pl.): *Anfall von Verrücktheit, Wut oder Zorn:* er kriegt einen Rappel ❖ **Rạp|pel|kopf**, der; -s, ...köpfe: *Mensch, der oft verrückte Anwandlungen hat.*

Rat|sche, die; -, -n; **Rat|schen**, die; -, -; (standardsprl., auch süddt.): **1.** *hölzernes Instrument, das laute, knarrende Geräusche erzeugt* **2.** *tratschsüchtige Frau* ❖ **Kar|frei|tags|rat|sche**, die; -, -n (standardsprl., auch süddt.): *Ratsche, mit der lärmend der Beginn der Messe angezeigt wird, wenn die Glocken nicht geläutet werden* ❖ **Rat|schen|bub, Rat|scher|bub**, der; -en, -en: (standardsprl., auch süddt.): *Bub, der die Ratsche betätigt* ❖ **rat|schen** 〈hat〉: **1.** (standardsprl., auch süddt.): *die Ratsche betätigen* **2.** (umgangssprl., auch süddt., abw.): *viel und schnell reden, ohne Substanz reden.*

raun|zen 〈hat〉 [ahd. rūnezōn = murren] (standardsprl., auch bair.; gesamtdt. mit der Bed.: laut und grob schimpfen): *weinerlich klagen, nörgeln, dauernd unzufrieden sein* ❖ **Raun|zen**, die; -, - (umgangssprl., auch bair.): *weinerlich klagende Frau* ❖ **Raun|zer**, der; -s, - (umgangssprl., auch bair.): *nörgelnder*

Mann ❖ **Raun|ze|rei**, die; -, -en (standardsprl., auch bair.): *dauerndes oder heftiges Raunzen* ❖ **Ge|raunz**, das; -es, kein Pl., **Ge|raun|ze**, das; -s, kein Pl. (standardsprl., auch bair.): *(dauerndes) Raunzen* ❖ **raun|zig** ⟨Adj.⟩ (standardsprl., auch bair.; mundartl.: raunzert): **1.** *zum Raunzen neigend:* dieser raunzige Politiker geht mir auf die Nerven **2.** *weinerlich klagend:* diese raunzige Stimme kann ich nicht mehr hören **3.** *in einer Stimmung sein, die durch Raunzen zum Ausdruck gebracht wird:* Heute bin ich raunzig.

re|beln ⟨hat⟩ [zu reiben] (standardsprl., auch süddt.): *die Beeren vom Traubengerüst herunterlösen* (früher im Weinbau händisch und ein Qualitätsmerkmal, heute maschinell) ❖ **ab|re|beln** ⟨hat⟩ (standardsprl., auch süddt.): *Beeren, Kräuterblätter oder Ähnliches herunterlösen.*

re|chen, re|chen ⟨hat⟩ [ahd. (be)rehhan = zusammenscharren, kratzen; verw. mit recken = gerade machen, ausstrecken] (standardsprl., auch süddt., mitteldt., CH; ansonsten in D harken): *mit einem Gartengerät Heu, Laub etc. zusammenholen und aufhäufen* ❖ **Re|chen, Re|chen**, der; -s, - [ahd. rehho, rech] (standardsprl., auch süddt., mitteldt., CH, in D ansonsten Harke): *Gartengerät, das zum Rechen bestimmt ist.*

re|fun|die|ren ⟨hat⟩ [lat. refundere = zurückgießen, zu fundere = ausgießen, ergießen, ausschütten] (standardsprl.): *rückvergüten, ersetzen.*

R

reh|ren, rea(r)n, reahn, ⟨hat⟩ [mhd. reren = blöken, brüllen, eigtl. wäre die Schreibung röhren richtig, doch entstünde dabei das Schriftbild eines Wortes mit anderer Bed.] (mundartl.): *(laut) weinen:* Die Gruppe Bluatschink in „Lisa“: „Du håsch oafåch mit mir glåcht und greaht, håsch mi so guat v’rschtånda ...“

rei|ben ⟨rieb, hat gerieben⟩ [mhd. rīben, ahd. rīban, urspr.: drehend zerkleinern; gesamtdt. sind: sich die Hände reiben, sich wund reiben etc.] (standardsprl., in D: scheuern): **1.** *mit einem Tuch oder Ähnlichem unter Anwendung von Druck auf einer Fläche hin und her fahren:* den schmutzigen Boden mit dem

Reibfetzen (auf-)reiben **2.** *geben* (mundartl.): jemandem etwas reiben; Reib ma die Tschick! (auch: umireiben) **3.** *eine Ohrfeige geben:* jemandem eine reiben; I reib da glei aane! ❖ **jemandem etwas umireiben** (mundartl.): *jemandem mit Nachdruck seine Meinung sagen, jemanden tadeln* ❖ **Geh, reib di!** (mundartl.): *Verschwinde!* ❖ **es rührt sich nichts und es reibt sich nichts** (mundartl.): *da bewegt sich nichts, da geschieht nichts* ❖ **Rei|ben**, die; -, - (mundartl.): **1.** *Drehung, Biegung, Kurve:* die Reiben nicht kriegen **2.** *(altes) Auto, (altes) Motorrad* ❖ **Rei|ber**, der; -s, -(umgangssprl.): *Drehknopf an Türen oder Fenstern* ❖ **Rei|be|rei**, die; -, -en [zu gesamtdt.: sich reiben = auf Widerstand stoßen, einen Streit suchen] (umgangssprl.): *Streitigkeit, Zwist* ❖ **Oh|ren|rei|berl**, das; -s, -n (umgangssprl.): *Ribbeln der Ohren des Gegners* (beim Raufen) ❖ **Reib|gers|tel**, das; -s, kein Pl. (Küchenspr.): *Suppeneinlage aus geriebenem Nudelteig.*

Reid, die; -, kein Pl. [zu mhd. rīden = winden, drehen] (mundartlich): *Kurve:* die Straße macht eine scharfe Reid.

Reim [1], der; -s, kein Pl. [zu altfranz. rimer = in Reihen ordnen, reimen; gesamtdt. ist: Versreim] (mundartl.): *Glück, gutes Gelingen:* er hat einen Reim ❖ **Un|reim**, der; -s, kein Pl.: *Pech.*

Reim [2], der; -s, kein Pl., auch: **Ån|reim** [zu mhd. rimeln = mit Reif überzogen werden]: *Raureif.*

Rein, die; -, -en [ahd. rīna] (umgangssprl., auch süddt.): **1.** *flacher Kochtopf* **2.** *Kuchenform* ❖ **Reindl**, das; -s, -n [Vkl. von Rein; mit Sprosskonsonant -d-]: *kleiner Topf* ❖ **Reind|ling**, der; -s, -e (Küchenspr., vor allem K): *Germkuchen / Hefekuchen mit Fülle aus Rosinen, Zimt, Honig und Nüssen* ❖ **Jo|nas|reindl**, das; -s [1. Bestandteil: Name des Wiener Bürgermeisters Franz Jonas (1899–1974), in dessen Amtszeit das Bauwerk errichtet wurde, 2. Bestandteil: weil es wie ein Reindl aussieht] (umgangssprl.): *Fußgängerpassage und Straßenbahnschleife beim Wiener Schottentor* ❖ **jemanden im Reindl haben** (umgangssprl.): *jemandem arg zusetzen* (z. B. im Sport) ❖ **im Reindl sein** (umgangssprl.): *auf verlorenem Posten stehen.*

rei|ßen ⟨riss, hat gerissen⟩ [mhd. rīȝen, ahd. rīȝan, gesamtdt. ist zunächst ritzen, später auch: Runenzeichen einritzen, zeichnen]: (die Bed. zeichnen lebt in einigen mundartl. Wendungen weiter, und zwar nach dem Muster von: eine Skizze reißen): **ein Bankl reißen** [Vkl. von Bank, gemeint ist die Totenbank]: *sterben:* Gerry Schartl (Roland Düringer) in „Poppitz": „Ihr håbts jå nur darauf g'wårt, dass der Ålte a Bankl reißt ..." – Deutscher Tourist: „... Banggl reißt?" – Österreichischer Tourist: „Bånk reißen – åbkråtzen!" ❖ **eine Barellen** [baˈrœːn] **reißen** [ital. barella = Tragbahre]: *stürzen und sich dabei verletzen* ❖ **eine Brezen reißen** [wie in Brezenform am Boden liegen]: *stürzen* ❖ **einen Stern reißen** [sternförmig, d. h. mit ausgestreckten Armen und Beinen am Boden liegen]: *stürzen* ❖ **ein Kipferl reißen** [halbmondförmig gekrümmt am Boden liegen]: *stürzen* ❖ **ein Leiberl reißen:** **1.** *ein Leiberl (= ein Trikot) in der Kampfmannschaft sicher haben* **2.** *etwas erreichen* ❖ **jemanden in der Reißen haben** (umgangssprl., auch bair.): *jemandem zusetzen, jemanden peinigen, quälen* ❖ **jemandem eine reißen** (umgangssprl.): *jemandem eine Ohrfeige geben* ❖ **Ge|riss, Griss,** das; -es, kein Pl. (umgangssprl., reg. auch in D): *Wetteifern* ❖ **über|rei|ßen** (umgangssprl.): *begreifen, verstehen:* er hat es dann doch noch überrissen.

Ren|ke, die; -, -n, **Ren|ken,** die; -, - [mhd. renke; zusammengezogen aus mhd. rīnanke = Reinanke: 1. Bestandteil: vermutl. zu Rhein, 2. Bestandteil: viell. zu mhd. anke = Butter; die Namen Renken, Reinanken, Felchen etc. stehen oft für verschiedene Arten; viele Arten haben je nach Region unterschiedliche Namen] (Küchenspr.): *Speisefisch der Gattung Coregonus aus der Familie der Lachsfische* (in Voralpenseen heimisch).

R

re|pas|sier|lich ⟨Adj.⟩ [Herk. unklar, viell. zu repassieren = Laufmaschen in Strümpfen mit der Repassiernadel (= einer Zungennadel) auffangen] (umgangssprl.): *ansehnlich, attraktiv:* Kaiser Robert Heinrich I. (Robert Palfrader) in „Wir sind Kaiser" zu Eva Glawischnig (3. Nationalratspräsidentin von der Partei der Grünen): „Wenn wir gewusst hätten, dass sie so eine repassierliche Untertanin ist, dånn hätten wir gleich zu einer Privataudienz ..."

resch ‹Adj.› [mhd. resch = schnell, lebhaft, trocken, spröd, ahd. rosc, rosg (= rasch); im Süden von D ansonsten rösch, entspricht in etwa den Ausdrücken knusprig und kross, die norddt. Ursprungs sind] (standardsprl., auch bair.): **1.** *scharf gebacken:* eine resche Semmel **2.** (umgangssprl., auch bair.): *lebhaft, munter, resolut:* Hubert von Goisern und die Alpinkatzen singen in „Koa Hiatamadl": „Jå mei, jå mei / wenn i mi r um a Diandl schau / dånn woaß i scho genau / rund muaß sei' / und a Wengerl resch / u mei" **3.** (standardsprl.): *säurebetont* (vom Weißwein): die Weine aus dem Weinviertel sind besonders resch.

Restl, das; -s, -n [Herk. unklar, viell. zu mhd. rōst = Gitterwerk, Stangen, Gerüst; wohl kein Zusammenhang mit Restl = Überrest (eines Essens)] (umgangssprl.): *großer, starker Mensch:* Zitat aus der ORF-Direktübertragung des Skiabfahrtslaufs in Gröden, 2010: Oliver Polzer: „Er ist einer der Kräftigsten, ein richtiges Kraftpaket ..." Armin Assinger: „... ein Restl."

Ret|tich, der; -s, -e [zu einem früheren Retiarad, das = Klosett; dieses zu franz. retirade = Zufluchtsort; später verballhornt zu Rettich = eine Gemüsepflanze] (gaunersprl.): *Klosett (im Gefängnis)* ❖ **Hau di' in Rettich!** (gaunersprl.): *Gib eine Ruhe! Verschwinde! Krepier!* Herwig Seeböck zitiert in „Die große Häfenelegie" einen Mithäftling: „Dass am Mond Leit san, des håb i dir jetzt vurgelesen. Weu mit deiner Gstudierderei kånnst di in Rettich hau'n!"

reu|ten ‹hat› [ahd. riuten = urbar machen] (standardsprl., auch süddt. und CH): *roden, urbar machen* ❖ **Reut**, das; -s, Pl.:-e, -en oder -er [ahd. riuti = Stück Land, das durch Rodung urbar gemacht worden ist] (standardsprl., auch süddt. und CH): *gerodeter Platz* (in vielen Flur- und Ortsnamen; dort auch Reit).

re|ver|sie|ren ‹hat› [franz. reverser = wieder nachgießen, zurückgießen]: *mit einem Fahrzeug rückwärts fahrend wenden.*

Ri|bi|sel, die; -, -n [zu ital. ribes; dieses zu mittellat. ribes = Johannisbeere; dieses zu arab. rībās] (standardsprl., ausgen. Westösterr.): *Ribes; Johannisbeere* ❖ **Ri|bi|sel|saft**, der; -(e)s, ...säfte: *Saft aus Ribiseln* ❖ **Ri|bi|sel|wein**: *Wein aus Ribiseln:* Helmut

Qualtinger in „Der Herr Karl“: „Då wåren im Inundationsgebiet, Überschwemmungsgebiet – so Standeln ... san mir g'sessen mit de Madln ... Ribiselwein åbig'stessen ...“

rịch|ten ‹hat› [ahd. rihten = gerade machen, in eine Richtung bringen, aufrichten; zum Adj. recht, das früher auch gerade, in gerader Linie bedeutet hat] (standardsprl., auch süddt. und CH) **1.** *reparieren* **2.** *in Ordnung bringen* **2.** *für einen bestimmten Anlass den Tisch, die Betten, das Zimmer vorbereiten* **2.** *dafür sorgen, dass etwas in Ordnung geht:* die Reichen können es sich immer richten – Helmut Qualtinger in „Der Papa wird's scho richten“: „... des g'hört zu seinen Pflichten, dazu is er jå då, / denn wenn man einen Sohn håt / und soviel Protektion håt wie der Papa, / man kennt dås jå, / er applaniert mir jeglichen Fauxpas, / der Papa.“

Ried, die; -, -en; **Rie|de**, die; -, -n [mhd. riet = gerodetes Gebiet mit Ansiedlung; dieses zu rieten = ausrotten, vernichten, roden] (standardsprl.): *Weingartenflur* ❖ **riedenrein** ‹Adj.› *aus einer einzigen Riede stammend* (vom Wein).

Rie|se, die; -, -n [mhd. rise = Wasser-, Stein-, Holzrinne an einem Berg, zu rīsen = sich von unten nach oben oder von oben nach unten bewegen; fallen] (standardsprl., auch süddt.): *Holzrutsche* ❖ **rie|sen** ‹hat› (standardsprl., auch süddt.): *mit einer Holzrutsche herablassen* (z. B. Baumstämme).

Rịnds- als erster Bestandteil (vorwiegend mit Fugen-s, nicht mit Fugen -er-!): *Rindsbraten, Rindsgulasch, Rindssuppe etc.*

Rịn|gel|spiel, das, -s; -e, mundartl. Pl.: -er [Ausgangspunkt ist das mittelalterl. Ringelstechen, bei dem Reiter von einem sich drehenden Holzgestell aus nach einer Scheibe stechen mussten] (standardsprl.; in D ansonsten nur Karussell): *auf Volksfesten aufgestellte, sich im Kreis drehende große Scheibe mit Holzpferden, kleinen Fahrzeugen oder in einer anderen Variante mit kleinen, aufgehängten Sitzen, die sich im Kreis drehen:* Hermann Leopoldi in „Schön is so a Ringelspiel“: „Schön ist so a Ringelg'spü, / des is a Hetz und kost' net vü ...“.

Rin|glọt|te, die; -, -n; süd- und westösterr. meist verkürzt zu **Rin|glo**, die; -, -s [zu reineclaude = Königin Claude, Gemahlin des franz. Königs Franz I. (1494–1547)] (standardsprl., in D meist Reneklode): ***Prunus domestica var. claudiana; eine Pflaumenfrucht.***

Ri|si|pi|si; Ri|si-Pi|si, das; -(s), - [zu ital. risi e pisi (piselli) = Reis mit Erbsen] (Küchenspr.): ***Gericht aus Reis und Erbsen*** (oft als Beilage zu Fleisch).

Rịt|scher, der, -s; **Rịt|schert**, das; -s, kein Pl. [älter: Rütscher; entweder zu schwäbisch Rutsch (= flaches, irdenes Kochgeschirr, in dem derartige Speisen zubereitet wurden) oder zu mundartl. ritschen = Nebenform von rutschen, mhd. rütschen, weil die verwendete Rollgerste „gut rutscht"] (standardsprl., vor allem K und ST): ***Speise aus Rollgerste*** (in D Graupe / Gerstengraupen), ***Hülsenfrüchten und (geselchtem) Fleisch.***

rọ|bo|ten ‹hat› [mhd. robāten = Frondienst leisten; zu tschech. robot = Fronarbeiter; gesamtdt. heute mit der Bed.: schwer arbeiten]: (umgangssprl.): ***Nachbarschaftshilfe leisten.***

Ro|del, die; -, -n, **Ro|del**, der; -s, -(n) [Herk. unklar, das mask. Geschlecht durch Verkürzung von Rodelschlitten] (standardsprl., auch bair.): ***kleiner Schlitten*** ❖ **ro|deln** ‹ist› (standardsprl.): ***mit einer Rodel fahren.***

ro|geln ‹hat› [mhd. rogelen = locker legen, aufschichten] (mundartl.): **1.** ***locker aufschichten*** **2.** ***locker machen*** ❖ **rog|lert, rog|lig, ro|gel** ‹Adj.› [mhd. rogel = locker] (umgangssprl.): **1.** ***gelockert, lose, nicht fest, nicht kompakt*** ❖ **rog|lert werden** (umgangssprl.): ***ins Rutschen kommen; in Bewegung geraten*** **2.** ***aufgeregt, unruhig:*** Da werd' ich gleich roglert.

Röhrl, das; -s, -n [Vkl. von Rohr] (umgangssprl.): **1.** ***kleines Rohr*** **2.** ***Strohhalm, Trinkhalm*** (auch: Strohröhrl) **3.** ***Alkotestgerät*** ❖ **ins Röhrl blasen:** ***einen Alkotest machen*** **4.** ***Schienbein*** ❖ **jemandem über die Röhrln haun:** ***jemandem einen Tritt gegen das Schienbein versetzen*** ❖ **Röhrl|sa|lat**, der; -s, -e (Küchenspr., vor allem in K und in der ST): ***Salat aus Löwen-***

zahnblättern ❖ **Röhrl|ho|se**, die; -, -n (mundartl. auch im Sg. mit -n): *eng anliegende Hose ohne Bügelfalten.*

Roll|bal|ken, der, -s, - (standardsprl.; in D Rollladen): *aufrollbare Jalousie aus Metall bei Geschäften* ❖ **den Rollbalken herunterlassen** (umgangssprl.): **1.** *ein Geschäft am Abend (oder zu Beginn der Mittagspause) von innen schließen* **2.** *sich jeder weiteren Kommunikation entziehen.*

Rös|ter, der; -s, - [zu rösten = etwas längere Zeit ohne Zusatz von Fett oder Wasser erhitzen, sodass es gar wird; gesamtdt. ist die Bed.: Gerät zum Rösten] (Küchenspr.): *im eigenen Saft gedünstete Zwetschken oder Holunderbeeren* (weder ein Kompott, noch ein Mus, noch eine Marmelade).

ru|cheln, rua|cheln ‹hat› [zu mhd. ruochen = sich sorgen, kümmern (mit Einschub von -l-)] (mundartl., abw.; auch bair.): **1.** *übertrieben sparsam sein* **2.** *sich abplagen, überfleißig arbeiten* ❖ **Ruch, Ruach, Rusch, Ruasch**, der; -s, -en, **Ruch|ler, Ruachler**, der; -s, - (mundartl., abw.; auch bair.): **1.** *Geizhals* **2.** *überfleißiger Arbeiter* **3.** *Grobian rücksichtsloser Mann, Rüppel, Grobian* ❖ **Ru|schen, Rua|schen**, die; -, - (mundartl.): *(allzu) lebhaftes Mädchen; junge Frau, die überall dabei sein will.*

rück|wärts ‹Adv.› [gesamtdt. mit der Bed.: nach hinten; der Gebr. von rückwärts, wo eigtl. hinten stehen sollte, dient primär dazu, Zweideudigkeiten zu vermeiden; er gilt standardsprl. als bedenklich, obwohl er in der Alltagskommunikation häufig vorkommt und sogar in Werken großer Schriftsteller zu finden ist] (umgangssprl.): *hinten:* Franz Grillparzer in „Des Meeres und der Liebe Wellen": „Wie wir da knieten, rückwärts ich, du vorn ..." Heimito von Doderer in „Die Strudelhofstiege": „Das Augartenpalais stand rückwärts in einer Art von kulissenhafter Flachheit ..." ❖ **von rück|wärts, nach rück|wärts** ‹Adv.› [gilt standardsprl. ebenfalls als bedenklich] (umgangssprl.): *von hinten, nach hinten:* Franz Grillparzer in „Des Meeres und der Liebe Wellen": „... vorher noch schau mir / querüber hier dem Fußgestell nach rückwärts ..." – „Auch dort von rückwärts / wächst des Volkes Drang ..." Heimito von Doderer in

R

„Die Strudelhofstiege“: .. mit (...) dem seitlich nicht sehr ausgedehnten, aber tief nach rückwärts hineinlaufenden Garten ...“

Rụm|my [ˈrœmi, ˌrʌmi], das; -s, -s [engl. rummy] (standardsprl., in D Rommé): *ein Kartenspiel.*

rụn|kert ⟨Adj.⟩ [vermutlich zu mhd. runke = Runzel; unter Einfluss von Runkelrübe (wegen der Form)] (mundartl.): **1.** *rund, niedlich* **2.** *dick, unförmig* ❖ **rụn|kert und bụn|kert wie ein Haselnusskern / wira Haselnusskern** (mundartl.): *mollig, rundlich.*

Rü̲|scherl, das; -s, -n [Vkl. von Rüsche = Besatz aus geraffter Spitze an einem Kleid; dieses zu franz. ruche, eigtl.: Bienenkorb (nach der Form des Besatzes) zu vulgärlat. rusca = Rinde (Bienenkörbe wurden urspr. aus Rinde gefertigt), aus dem Keltischen] (umgangssprl., jugendsprl.): *Cola mit Weinbrand, Rum oder Whiskey.*

Rụt|scher, der; -s, - [zu rutschen, gesamtdt. mit der Bed.: einzelnes Ausrutschen (umgangssprl.): *kurze Fahrt, kurze Reise, kurzer Ausflug:* einen Rutscher aufs Land machen, auf einen Rutscher vorbeischauen.

S

Så̧ck, der; -s, Säcke, **Sạckl**, das; -s, -n, **Sạ|ckerl**, das; -s, -n, **Sạck|a|le**, das; -s, -n, **Sä̧ck|li**, das; -s, - [ahd. sac; dieses zu lat. saccus, über griechisch sákkos zu assyrisch sakku = Sack, Büßergewand] (standardsprl.): *rechteckiges Verpackungsmaterial aus Papier oder Kunststoff und mit zwei Henkeln versehen* ❖ **Pa|pie̲r|såck**, der; -s, ...säcke (standardsprl.): *Sack aus Papier* ❖ **Så̧ck|tuch**, -s, ...tücher (umgangssprl.): *Taschentuch* ❖ **Sạckl**, das; -s, -n **1.** *kleiner Sack* **2.** *Hodensack* ❖ **Sạcklpicker**, der; -s, - (umgangssprl.): **1.** *jemand, der im Gefängnis Papiersäcke zusammenklebt* **2.** *Zuchthäusler* ❖ **Sạckl|spitz** (umgangssprl.): *Stoß mit der Fußspitze in die Hoden* ❖ **Sạckl|ze|ment** ⟨Ausruf⟩ (umgangssprl.): *Sakrament* (verhüllend für den Fluch).

Sạ̈|ckel, der; -s, - [ahd. seckil; dieses zu lat. sacellus = Geldsäckel, Vkl. von saccus = Sack] (standardsprl., auch süddt.): *Portemonnaie; Kassa* ❖ **in den eigenen Säckel arbeiten / wirtschaften:** *in die eigene Tasche arbeiten / wirtschaften* ❖ **Säckelmeister**, der; -s, -; **Sạ̈|ckel|wart**, -s, ...warte (auch süddt., CH): **1.** *Person, die für die Kassaführung verantwortlich ist* **2.** *Finanzminister.*

Sạckl, das; -s, -n [zu Sakko, das; dieses zu ital. sacco; dieses zu lat. saccus = Sack] (mundartl., scherzh.): *Sakko, Herrenjacke* ❖ **ge|sạckelt** <Adj.> (mundartl.): *gut gekleidet.*

Sa|fa|la̲|di, die; - kein Pl. [zu ital. cervelatta = Hirnwurst, dieses zu cervello = Gehirn, zu lat. cerebellum; vgl. CH Cervelat (eine Wurst, die gegrillt, gebraten oder in Wasser gebrüht wird, außerdem auch für Wurstsalat; vergleichbar mit Knackwurst (in Ö, außer V) und Schübling (in V); abw. Gebrauch des Ausdrucks auch in CH: Cervelatprominenz = unbedeutende Lokalberühmtheiten] (umgangssprl.): **1.** *Zervelatwurst* (heute nicht mehr aus Hirn, entspricht in D einer Schlackwurst) **2.** *Lüge, Unfug, Blödsinn* ❖ **Sa|fa|la̲|di- als 1. Bestandteil** (umgangssprl.): *drückt aus, dass eine Sache minderwertig ist* ❖ **Sa|fa|la̲|di|laden**, der; -s, ...läden: *mieses Geschäftslokal* ❖ **Sa|fa|la̲|di|schmäh**, der; -s, -s: *abgeschmackter, dummer Witz:* bei dem sein Safaladischmäh schlåfn dir di Fiaß ein ❖ **Sa|fa|la̲|di|bru|der**, der; -s, ...brüder; auch: **Sa|fa|la̲|din|ger**, der; -s, -: *unscheinbarer, ärmlicher Mensch.*

Sa|lẹttl, das; -s, -n [ital. saletta = kleiner Saal; zu ital. sala = Saal; zur Verdeutlichung ist das Wort mit einer weiteren Verkleinerungsendung, nämlich -l, versehen worden] (standardsprl., auch bair.): *Pavillon, Laube, Gartenhäuschen.*

S

Sạ̊lz|amt, das; -s, ...ämter ❖ **sich beim Salzamt beschweren** (umgangssprl.): *eine aussichtslose Beschwerde einreichen* (oft als Antwort, um jemanden abzuwimmeln): Dialog aus „Kottan ermittelt – Hartlgasse 16a“: „Ich werde verlången, dass eine åndere Hausmeisterin herkommt!“ – „Beschwern S' Ihna nur – åber beim Sålzamt, Sie Urschl! Mir scheint, då is de Fålsche um'bracht wurn ...“

Sålz|stan|gel, Sålz|stan|gerl, das; -s, -n (standardsprl.): *längliches, mit Salz bestreutes Gebäck* ❖ **Sålz|stan|gel|bu|sen**, der; -s, - (mundartl., abw.): *kleine, spitze Brüste.*

Sand|ler, der; -s, - [zu mhd. seine = langsam, träge; vgl. mundartl. soandeln (= säumig, untätig sein); kein Zusammenhang mit: der Sand] (umgangssprl., vereinzelt auch bair.): **1.** *heruntergekommener, arbeitsscheuer Mensch* **2.** *Obdachloser* ❖ **san|deln** ‹hat› (umgangssprl., Bed. 2 auch bair.): **1.** *statt zu arbeiten, die Zeit vergeuden* **2.** *als Obdachloser leben* ❖ **ganz versandelt sein:** *völlig heruntergekommen sein.*

Sank|tus, der; -, kein Pl. [zu Sanctus = Lobgesang in der Messe (nach dem ersten Wort des Gesangstextes) zu lat. sanctus = heilig] (standardsprl.): *Zustimmung* ❖ **den Sanktus zu etwas geben:** *die Zustimmung zu etwas geben* ❖ **den Sanktus daruntersetzen:** *unterschreiben.*

sau|ber ‹Adj.› [mhd. sūber, sūver, sūfer = rein, schön, hübsch, ahd. sūbar, zu lat. sobrius = nüchtern; gesamtdt. heute mit der Bed.: rein]: **1.** (umgangssprl.; auch süddt., CH): *gut aussehend, schön von der Gestalt:* ein sauberes Madl; ein sauberer Bub **2.** (umgangssprl., auch süddt., CH): *beachtlich, ordentlich:* eine saubere Leistung; eine saubere Geldstrafe; der hat uns aber sauber reingelegt.

Sau|er|åmp|fer, der; -s, - [verdeutlichende Verdoppelung, 2. Bestandteil ahd. ampf(a)ro = Sauerampfer, urspr.: der Saure, der Bittere; Bezeichnung für eine auf Wiesen wachsende Pflanze mit säuerlich schmeckenden Blättern, zur Verdeutlichung wird zusätzlich das Wort sauer vorangestellt] (umgangssprl.): *saurer Wein:* Erwin Steinhauer und Rupert Henning in „Freundschaft" (Szene unter Kärtner Sozialdemokraten): „Des kånnst komplett vergessen, des Gschlåder, wås ihr då saufts in Wien: Blaufränkisch, Blauer Portugieser, Blauer Burgunder ... Ihr saufts jå lei zum Blauwerden. Wås seids'n ihr fia Rote? Saufen den Wein lei, dass sie blau wer'n, die Wiener. Vastehst?" – „Von dem Sauerampfer ziagts da die Pappen z'sammen, dass die Zähnd am Oasch Klavier spün ..."

Schạch|tel|wirt, der; -s, -e [auf den hohen Verpackungsaufwand bei McDonald's anspielend] (jugendsprl., scherzh.): ***McDonald's-Restaurant:*** „Wir waren gestern beim Schachtelwirt und haben uns zwei Happy Meals eingeworfen." (Intern.)

Schạckl, der; -s, -n [zum männl. franz. Vornamen Jacques = Jakob, mit der Koseform bzw. scherzh. Anrede Schackerl; ähnliche Wortbildung und Bed. wie Schani] (umgangssprl., ostösterr.): ***Diener, dienstbare Person:*** ich bin nicht dein Schackl (= bin nicht dein Handlanger, mache nicht jede Drecksarbeit für dich).

Schåff, das; -(e)s, -e [ahd. scaph = Gefäß, urspr. = Ausgehöhltes; verw. mit schaffen] (umgangssprl., auch süddt.): ***offenes wannenartiges Gefäß mit ein oder zwei Griffen*** ❖ **Schạf|fel**, das; -s, -n (umgangssprl., auch süddt.): ***kleines Schaff*** ❖ **schạf|fel-wei|se** 〈Adj.〉 (umgangssprl., auch süddt.): ***in großen Mengen*** ❖ **es schüttet wie aus / mit Schaffeln** (umgangssprl., auch süddt.): ***es regnet sehr stark.***

schåf|fen 〈hat〉 [mehrere Herkunftswörter, die voneinander schwer zu trennen sind; das starke Verb ist heute gesamtdt. mit der Bed.: durch schöpferische Arbeit hervorbringen] **1.** 〈hat〉 (standardsprl. in Westösterr., auch Baden-Württemberg): ***arbeiten:*** Schaffe, schaffe, Hüüsli baue! **2.** 〈hat〉 (standardsprl., auch bair.): ***befehlen, anordnen*** ❖ **ån|schåf|fen** 〈hat〉 [gesamtdt. heute mit der Bed.: etwas erwerben, Prostitution betreiben etc.] (umgangssprl., auch süddt.): ***befehlen, anordnen:*** Georg Danzer in „Ollas leiwand": „Du schåffst an und i parier, / ehrlich woa, i knia fua dir. / Madl weusd so leiwaund bist, / håst an dickn Ansa bei mia."

S

Scha|le[1], mundartl. Aussprache [ˈʃoin], die; -, -n [mhd. schāl(e), ahd. scāla; eng verw. mit Schale = Hülse einer Frucht; gesamtdt. heute mit: Waagschale, Obstschale etc.] (standardsprl.): ***Tasse:*** eine Schale Kaffee / ein Schalerl Kaffee trinken.

Scha|le[2], mundartl. Aussprache [ˈʃoin], die; -, -n [mhd. schal(e), ahd. scala; eng verw. mit Schale = Waagschale, Obstschale, gesamtdt. mit der Bed.: Hülse einer Frucht] (umgangssprl., reg. auch in D):

Bekleidung, Gewand: Helmut Qualtinger in „Der Halbwilde" („Der Wilde mit seiner Maschin'"): „Vor ein poa Monat' geh ich aus mit der Hilde, / ich mit der neuen Schale und sie mit'n Kostüm ..." ❖ **sich scha|len**, mundartl.: **sich schoina** [ˈʃoinɐ] (umgangssprl.): *sich bekleiden* ❖ **g(e)schalnt sein**, mundartl.: **gschoind sein** [ˈgʃoind] (umgangssprl.): *fein gekleidet sein* ❖ **sich in Schale werfen / schmeißen** (umgangssprl., reg. auch in D): *sich fein kleiden* ❖ **in Schale sein** (umgangssprl., reg. auch in D): *fein gekleidet sein.*

Scham, die; -, kein Pl. [mhd. scham(e) = Scham, Schamhaftigkeit, Züchtigkeit; Beschämung, Schmach, Schande; Geschlechtsteile; ahd. scama; weitere Herk. unklar; das Wort ist gesamtdt., genauso wie schämen] ❖ **aus|ge|schamt, aus|g'schamt** 〈Adj.〉 [eigtl.: jemand, der sich nicht mehr schämen kann] (umgangssprl., auch bair.; abw.): **1.** *im (sexuellen) Verhalten gegen die guten Sitten verstoßend, unmoralisch:* „Maschek" in „Beim Gusenbauer" (Andreas Khol im Gespräch mit Wolfgang Schüssel): „Zu unserer Zeit hätt' doch eine (Andrea) Kdolsky, so ein ausg'schamts Luder, keinen Platz in der ÖVP g'funden. Zwei Männer håt die schon verschlissen, zwei Männer, zwei Männer! Wolfgang, stell dir das einmal vor! Diesem wollüstigen Frauenzimmer muss Einhalt geboten werden!" **2.** *das übliche Maß überschreitend:* die Preise sind ausgschamt ❖ **geschamig, gschamig** 〈Adj.〉 (umgangssprl., auch bair.): *schüchtern, verschämt:* Sei nicht so gschamig!

Scha|ni, der; -s, -s 〈männlicher Vorname〉 [Kurzform von Johann, Hans; in Anlehnung an franz. Jean gebildet; ähnliche Wortbildung und Bed. wie Schackl] (umgangssprl., ostösterr.): **1.** *Diener, Hilfskraft, Handlanger:* Ich bin doch nicht dein Schani! **2.** *Schankbursch* ❖ **jemandem den Schani machen**: *für jemanden die Drecksarbeit machen* ❖ **Scha|ni|gar|ten**, der; -s, ...gärten [geht auf den Wiener Kaffeehausbesitzer Johann Jakob „Gianni" Tarone zurück (auch : Taroni, Tarroni), der um 1750 als Erster eine Genehmigung erhalten hat, auf dem Gehsteig Sesseln und Tische aufzustellen; aus Giannis Garten wurde später französisierend der Schanigarten] (standardsprl.): *Gästeplätze, die im Sommer auf dem Gehsteig vor Gasthäu-*

sern eingerichtet werden (meist mit Kübelpflanzen von der Straße abgegrenzt): „Schani, tråg 'n Garten aussi!" (ein in den Medien oft zitierter Spruch, wenn die Schanigärten eröffnet werden und sich ein Gefühl des Sommers einstellt; in Wien dürfen Schanigärten von 1. März bis 15. November in Betrieb sein; offiz. Eröffnung im Laufe des März) ❖ **Bạll|scha|ni**, der; -s, -s (umgangssprl.): *Bub, der verschossene Bälle zurückbringt* (z. B. im Tennis) ❖ **Kra|wạll|scha|ni**, der; -s, -s (umgangssprl.): *Krachmacher:* mein Nachbar ist ein Krawallschani.

Schạ̊nk, die; -, -en, **Schạ̊nk**, der; -s, -en (standardsprl., auch bair.): **1.** *Theke, an der Getränke ausgeschenkt werden* (von dort werden sie vom Kellner zu den Gästen gebracht) **2.** *Raum, in dem sich die Schank befindet* ❖ **Schạ̊nk|bur|sche**, der; -n, -n (standardsprl., auch bair.): *Bursche, der an der Schank arbeitet und Getränke ausschenkt* ❖ **Schạ̊nk|wein**, der; -s, -e (standardsprl., ostösterr.): *offener Wein.*

Scha̲s, der; -es, -e; **Schoas**, der; -, - [mhd. scheiȝ, Nebenform zu mhd. schīȝen = scheißen, schīȝe = Scheiße] (mundartl., derb; auch bair.): **1.** *abgehende Darmblähung;* in D ansonsten: Furz: Andreas Vitasek in „My Generation": „Es gibt Leute, die furzen im Lift. Warum? Kånn ma des wea erklären? Kånn ma net wårten fünf Sekunden? So a Schas kräult ja net auße den gånzen Tåg! Weu 's so leiwånd, weus so kuschelig is? Zerdruck i no' an? Wånn i dånn von der Håckn hamkumm: Mh – då riachts jå scho a bissl nåch mir! Weu der fåhrt den gånzen Tåg ... Vielleicht sågt ma deswegen: einen fåhren låssen." **2.** *Unsinn, Blödsinn* ❖ **ein Schas mit Quasteln** (mundartl., derb): *ein besonderer Unsinn* ❖ **ein Schas im Wald** (mundartl., derb): *ein Nichts* ❖ **Das geht dich einen Schas an!** *Das geht dich überhaupt nichts an!* ❖ **Scha̲s|trom|mel**, die; -, -n (mundartl., derb): **1.** *Bauch* **2.** *Schimpfwort für eine alte Frau* ❖ **Lẹr|cherl|schas**, der; -es, kein Pl. [1. Bestandteil = Vkl. von Lerche (ein Singvogel)] (mundartl., derb): *belanglose, unwichtige Sache* ❖ **das ist ein Lercherlschas** (mundartl., derb): *das ist eine Kleinigkeit, eine Bagatelle* ❖ **scha̲s|augert** ‹Adj.› [2. Bestandteil: Adj. zu Augen] (mundartl.): *fehlsichtig:* Gunkl (Günther Paal) in „Grundsätzliche Betrachtungen": „Es gibt Menschen, die glauben, ich wäre ein Intellektueller – weu i so ausschau. Håt aana kurze Hoar und a Brillen, haaßt's: ‚A Intellektueller!' Åber na! Schasaugert und z' fäu' zum Kampeln ..." ❖ **schoa|sen** 〈hat〉 [zu Schoas] (mundartl., derb, auch bair.): *eine Darmblähung entweichen lassen.*

schät|zo|ma|tiv 〈Adj.〉 [zu schätzen; nach dem Muster von informativ] (umgangssprl.): **1.** *ungefähr* **2.** *vermutlich.*

schau|en 〈hat〉 [ahd. scouwōn = sehen, betrachten, eigtl.: auf etwas aufpassen; bemerken] (standardsprl., auch süddt., CH): **1.** *den Blick schweifen lassen:* er stand da und schaute in den Himmel; sie will nichts kaufen, nur schauen **2.** *zielgerichtet auf die Uhr, aus dem Fenster, durch das Fernglas, unters Bett etc. blicken* **3.** *ein trauriges, erstauntes, überraschtes etc. Gesicht machen* ❖ **er schaut seinem Vater ähnlich:** *er hat eine Ähnlichkeit mit seinem Vater* ❖ **das schaut dir / ihm / ihr ähnlich:** *das ist typisch für dich / ihn / sie* **4.** *Fotos, Filme etc. ansehen, betrachten:* „Schau'n Sie sich das an!" (Floskel, die durch Karl Farkas berühmt geworden ist) **5. nach etwas schauen** (z. B. nach den Eltern, nach dem Kleinkind, nach den Blumen): *nachsehen, ob alles in Ordnung ist und gegebenenfalls sich um sie kümmern, sie betreuen, sie pflegen* **6. auf etwas schauen** (z. B. Ordnung, Sauberkeit, Geld): *auf etwas achten* ❖ **auf|schau|en 1.** (standardsprl., auch süddt., CH): *den Kopf heben und jemanden / etwas ansehen* **2.** (gehoben): *jemanden bewundernd ansehen, verehren:* ein Partner, zu dem du aufschauen kannst ❖ **da schau her; da schaust dich an** (umgangssprl.): *wer hätte das gedacht.*

Schau|fel, die; -, -n ❖ **jemanden auf die Schaufel nehmen** (umgangssprl.): *jemanden verspotten, hänseln* ❖ **(dem Tod) noch einmal von der Schaufel gesprungen sein** (umgangssprl., auch bair.): *(dem Tod) gerade noch entkommen sein, gerade noch einmal davongekommen sein* ❖ **Schau|ferl**, das; -s, -n (umgangssprl.): *kleine Schaufel* ❖ **Schäu|ferl**, das; -s, -n 〈vor allem in nachfolgender Redewendung〉 **ein Schäuferl nachlegen** (umgangssprl.): **1.** *die Anstrengungen erhöhen* **2.** *einen Konflikt noch weiter verschärfen / eskalieren lassen.*

Schaum|rol|le, die; -, -n (Küchenspr.): ***Rolle aus Blätterteig, gefüllt mit einer süßen Creme oder mit Schlagobers.***

scheangeln ⟨hat⟩ [zu frühmundartl. (t)schieggeln, (t)schienggeln, (t)scheankeln = schielen] (mundartl., auch bair.): **1.** ***schielen:*** Maxi Böhm (gemeinsam mit Karl Farkas) in „Föhn“: „... die scheangelt doch so, die Liserl, die schielt so – wenn die vor einem Zuckerlautomaten steht und sie will die Münze reinwerfen bei sauren Drops, kommen immer gebrånnte Mandeln raus, also Silberblick.“ **2.** ***schräg schauen.***

Scheibbs [ein Ort in NÖ] ❖ **zwischen Scheibbs und Ne|bras|ka** (umgangssprl.): ***weltweit, überall*** (mit der Bed.: überhaupt): Oberst Bandner (Wolfram Berger) zu Polycarp Trautmann (Wolfgang Böck) in „Trautmann – Nichts ist so fein gesponnen“: „Du bist die ärgste Mimosen zwischen Scheibbs und Nebraska! Amoi ned recht håben – und schon bist ang’rührt.“

schei|ben ⟨hat⟩ [Nebenform von schieben] (standardsprl.; auch bair.): **1.** ***rollen, schieben*** **2.** ***kegeln*** ❖ **Ke|gel|schei|ben**, das; -s, kein Pl.: ***Kegeln*** ❖ **Schei|berl|spiel**, das; -s, -e (Fußballerspr.): ***Kurzpassspiel auf engem Raum.***

Scheib|tru|he, die; -, -n [zu scheiben; in K und in der ST: Radltruhe] (standardsprl., auch bair., in D verschiedene Begriffe wie Schubkarren, Schiebekarre etc.): ***Truhe mit einem Rad und zwei Griffen für den Transport von Erde, Laub etc.***

Scheit, das; -(e)s, Pl. in Ö, CH und im Süden von D: Scheiter; ansonsten: Scheite [ahd. scīt, eigtl.: = Gespaltenes, Abgetrenntes; verw. mit scheiden] ❖ **Schei|ter|hau|fen**, der; -s, - [früher: Holzstoß für Hexenverbrennungen] (Küchenspr., auch süddt.): ***Auflauf aus zerschnittenen Semmeln oder Weißbrotschnitten, die mit Milch, Eiern, Zucker und Rosinen in der Pfanne gebacken werden.***

schep|pern ⟨hat⟩ [lautmalend; gesamtdt. mit der Bed.: klappern, sich klappernd irgendwohin bewegen] (umgangssprl.): **1.** ***zittern*** **2.** ***Angst haben*** ❖ **scheppern wie ein Kluppensackl**

(= wie ein Sack mit Wäscheklammern): *sehr heftig zittern* ❖ **Schẹp|pern**; die, -, - (umgangssprl.): ***Rassel, Klapper, Tamburin*** ❖ **Schẹp|perl**, das; -s, -n (umgangssprl.): ***Babyrassel:*** Otto Schenk und Helmut Lohner, beide im Kinderwagen, in „Zwei süße Babys": „Håst du noch nie dein Schepperl aus'm Wågen g'schmissen?" – „Lust hätt ich schon, aber ich trau mich nicht." – „Na probier's!" ❖ **ver|schẹp|pern** 〈hat〉 (umgangsprachlich): ***verkaufen, verschleudern:*** Dialog in „Trautmann – Das letzte Hemd hat keine Taschen": Burschi (Simon Schwarz): „Warum fåhrt die Ålte mit dem g'stohlenen Wågen mitten durch'n Pråter?" – Trautmann (Wolfgang Böck): „Gute Fråge. Vielleicht stellts des Auto då irgendwo ein, lackiert's um und verscheppert's dånn."

Sche̲r, der; -(e)s, -e; **Sche̲r|maus**, die; -, ...mäuse [mhd. scher(e), scherer, ahd. skero, zu ahd. skeran = schneiden; genauer Zusammenhang unklar, da das Tier ja die Erde aufwirft und nicht durchschneidet] (mundartl., auch süddt. und CH): ***Maulwurf*** ❖ **Sche̲r|hau|fen**, der; -s, - (mundartl., auch süddt. und CH): ***Maulwurfshügel.***

Schẹr|ben, Schẹrm, der; -s, - (Nebenform zum fem. Scherbe, dieses gesamtdt. für: Stück von einem zerbrochenen Gegenstand): **1.** (standardsprl., auch bair.): ***irdenes Gefäß, Blumentopf*** **2.** (umgangssprl., auch bair.): ***Nachtopf*** **3.** (mundartl., auch bair.): ***altes Weib*** ❖ **den Scherben / Scherm aufhaben** (mundartl., auch bair.): ***in einer misslichen Lage sein.***

Schẹrn|ken, Tschẹrn|ken, der; -s, - [zu mundartl. (t)schieggeln, (t)schienggeln, (t)scheankeln, scheangeln = schielen, schwerfällig oder krumm gehen] (mundartl., auch bair.): **1.** ***grober Nagel an den Sohlen von Bergschuhen*** (der Nagel ist auch an den Sohlenrändern seitlich als Beschlag sichtbar) **2.** ***ein auf diese Weise genagelter Bergschuh.***

Schẹr|zel, Schẹr|zerl, das; -s, -n [Vkl. von Scherz = dicke Brotschnitte, bes. Anfangs- oder Endstück; mhd. scherzel = kleine Schnitte; wie ahd. scurz, scurt, eigtl.: Abgeschnittenes; verw. mit Schurz = grobe Schürze für die Arbeit; vgl. auch neuengl.

short = kurz; die indogerman. Wurzel hat wohl sker gelautet und schneiden bedeutet] (umgangssprl.): **1.** ***Endstück eines Brotlaibes oder Brotweckens:*** Georg Kreisler in „Taubenvergiften“: „Schatz, geh bring das Arsen gschwind her, das tut sich am besten bewährn, streu’s auf ein Grahambrot kreuz über quer, und ins Scherzl, des fressen s’ so gern ...“ **2.** (Fußballerspr., ostösterr.): ***schlecht getroffener Ball*** ❖ **ab|scher|zeln** ‹hat› (umgangssprl.): **1.** ***ein Scherzl abschneiden*** **2.** (Fußballerspr., ostösterr.): ***einen Ball schlecht treffen*** (nicht mittig): den Ball abscherzeln, sodass er ins Out fliegt ❖ **Schul|ter|scher|zel,** das; -s, -n [1. Bestandteil: Fleischstück von der Schulter] (Küchenspr.): **1.** ***Rindfleisch*** (das Schulterscherzel ist ein besonders saftiges Fleisch, es ist in der Mitte von einem bekömmlichen, streifenförmigen Gelee durchzogen) **2.** ***eine Speise aus gesottenem Fleisch vom Schulterscherzel*** (oft in einem großen Suppentopf zusammen mit Markknochen serviert).

Schie|fer, der; -s, - [mhd. schiver(e), schever = Stein-, Holzsplitter, ahd. skiverro, zu einem Verb mit der Bed.: schneiden, spalten; also eigtl.: Abgeschnittenes, Abgespaltenes; gesamtdt. heute als Bezeichnung für eine bestimmte Gesteinsart, geblätterter Stein]: (standardsprl., reg. auch in D): ***kleiner Splitter*** (z. B. aus Holz) ❖ **sich einen Schiefer einziehen** **1.** (standardsprl.): ***sich einen Holzsplitter in die Haut einziehen*** **2.** (umgangssprl.): ***bei einem Unterfangen scheitern und dann einen Nachteil haben:*** „Die ÖVP wird sich einen Schiefer einziehen, sollte sie sich für eine Abschaffung der Neutralität entscheiden.“ (Intern.).

S

Schil|cher, der; -s, - (standardsprl., vor allem weststeir.): ***Roséwein aus der Rebsorte Blauer Wildbacher.***

Schi|na|kel, das; -s, -(n) [ungar. csónak = Boot, Kahn; auch ital. mundartl. (Comersee): ginaccio = Boot] (umgangssprl.): **1.** ***kleines Ruderboot*** **2.** (scherzh.): ***großes Boot*** **3.** (Pl.) (scherzh.): ***breite, ausgetretene Schuhe*** ❖ **Schif|fer|na|kel;** das -s, -(n) [Vermengung von Schinakel und Schiff] (umgangssprl.): Lukas Resetarits in „Vater und Sohn über die Krise“ (Bauchrednernummer): „Du Papa, wås ist eine Krise?“ – „Eine Krise, Burli, is, wenn dås Stååtsschiff schlingert." – „Dås Stååtschiff, wås is 'n des für ein Schiffernakel?" – „Dås Stååtsschiff is des Boot, in dem wås wir alle drinnen sitzen ..."

Schin|deln am Dach! (umgangssprl., auch bair.): *Redewendung, um Gesprächspartner darauf aufmerksam zu machen, dass jemand heimlich mithört.*

schirch, schiech, schiach ⟨Adj.⟩ [mhd. schiech mit den urspr. Bed.: scheu, verzagt, abschreckend, scheußlich; da das Verständnis für den Diphthong -ie- verloren geht, ist oft die lautbezogene Schreibung schiach anzutreffen; als Schriftform bietet sich schirch an (ähnlich wie Lurch zu mhd. luoch)] (umgangssprl., auch bair., reg. auch in D): **1.** *hässlich, abscheulich:* ein schirches Haus; ein schirches Wetter: Maxi Böhm (gemeinsam mit Karl Farkas) in „Föhn": „Die Lisl is schirch, die schaut aus wie der Evangelimann im dritten Akt." ❖ **schirch wie die Nacht / wie der Zins sein** (umgangssprl.): *bes. hässlich sein:* Roland Düringer erklärt im Kabarettprogramm „Düringer ab 4,99", warum man nicht einen Audi, BMW oder Mercedes fahren sollte, sondern einen Dacia Logan: „... mia gengan her und kaufn uns ålle den Dacia Logan! 7.900 Euro! Made in Romania! Schirch wie die Nåcht! Åber uns is' es wurscht. Weu wånnst mit an Dacia zum Eissalon fåhrst und då steigt ane ein: Die wü di'!" **2.** *zornig, wütend:* Wenn du nicht gleich das Zimmer aufräumst, werd' ich schirch! ❖ **Schirch**, der; kein Genitiv, kein Plural: **da geht / kommt einem der Schirch an:** *es erfasst einen das Grauen* ❖ **Schirch|percht**, die; -, -en: *Percht mit furchterregender Maske* (im Gegensatz zu einer Schönpercht).

Schlag, der; -s, kein Pl. (umgangssprl.): *Schlagobers, Schlagrahm, Schlagsahne:* Kaffe mit Schlag, Torte mit Schlag.

schlä|gern ⟨hat⟩ [zu schlagen; dieses zu mhd. slahan] (standardsprl.): *Bäume fällen* ❖ **Schlä|gerung**, die; -, -en (standardsprl.): *das Schlägern von Bäumen* ❖ **schlä|gern, sich** ⟨hat⟩ [zu schlagen; außerdem zu Schlägerei, das gesamtdt. ist] (umgangssprl.): *sich prügeln.*

Schla|mas|sel, das; -s, -n [hebr. masál mit hebr. Verneinungspartikel, also: schelomasal = was nicht Glück ist] (umgangssprl.): ***missliche Lage, verfahrene Situation, Unannehmlichkeit*** ❖ **Schla|mas|tik**, die; -, -en [scherzh. Weiterbildung zu Schlamassel] (umgangssprl., ostösterr.): ***missliche Lage, verfahrene Situation, Unannehmlichkeit***

schlåm|pert 〈Adj.〉 [zu mhd. slampen = schlaff herunterhängen] (umgangssprl.): **1.** ***schlampig, nachlässig*** **2.** ***stark mit Fett durchzogen:*** das Krenfleisch ist mir zu schlampert ❖ **das ist nicht schlampert** (umgangssprl.): ***das ist nicht ohne*** ❖ **ein schlampertes Verhältnis** (umgangssprl.): ***eine sexuelle Beziehung, deren Regeln nicht festgelegt sind; eine offene Beziehung*** ❖ **Schlam|perl**, das; -s, -n (umgangssprl.): ***junge Frau mit schlechtem Ruf*** ❖ **Schlåm|per|tatsch**, der; -(e)s, -e [2. Bestandteil: Tatsch, Datsch = schwerfälliger Mensch] (umgangssprl.): ***schlamperter Mensch*** ❖ **Schlampsack**, der; -s, ...säcke (umgangssprl.): ***schlampiger Mensch.***

Schlan|kel, Schlån|kel, der; -s, -(n) [gehört so wie Schlingel zu schlendern und zu schlenkern; urspr. Bed.: Faulpelz; weitere Herk. unklar] (umgangsprl.): ***Kind oder junger Mann, der zu Streichen aufgelegt ist.***

Schlap|fen, der; -s, -, **Schlap|per**, der; -s, - [zu mhd. slappe = beutelförmig herunterhängender Teil (einer Kopfbedeckung), daneben auch Slarfe = abgetretener Schuh, die aber in T unterschieden werden] (umgangssprl., auch bair.): **1.** ***bequemer Hausschuh*** **2.** (abw., derb): ***Mund:*** den Schlapfen aufreißen / immer offen haben / nicht halten können etc. – Dialog in „MA 2412 – Fasching“: Ing. Engelbert Breitfuß (Roland Düringer): „Diese Uhr då (...) is’ dås Ihre?“ Michael Weber (Alfred Dorfer): „Wås soll ich mit dem hinigen Wecker, i håb eh meine ....“ (Eine Computerstimme sagt die Zeit an.) Breitfuß: „Moment, die spricht!“ Weber: „Passt zu Ihnen, kånn auch nicht den Schlapfen hålten!“ ❖ **Holz|schlap|fen** (umgangssprl.): ***Schlapfen mit Holzsohle*** ❖ **Bå|de|schlap|fen** (umgangssprl.): ***Bådeschuh*** ❖ **Gschlapf|te**, der; ...en, ...en, ein Gschlapfter (Fußballerspr., mundartl.): ***Überheber.***

S

Schlauch, der; -s, Schläuche [mhd. slūch, slouch = Schlangenhaut, Röhre, Schlund, Abgrund; gesamtdt. heute mit den Bed.: biegsame Röhre; langer, schmaler Raum etc.] (mundartl., auch bair.): **1.** *Fuß* (= Bein) (meist Pl.): der Verteidiger ist bekannt dafür, dass er über die Schläuche haut **2.** *Penis* **3.** *langer anstrengender Marsch, schweißtreibende Wanderung* **4.** *langwierige anstrengende Arbeit* ❖ **jemandem den Schlauch geben** (mundartl., derb): *jemanden beschimpfen, jemanden drangsalieren* ❖ **den Schlauch haben** (mundartl., derb): *das Nachsehen haben.*

Schlau|cherl, das, -s, -n [zu schlau] (umgangssprl., auch bair.): *schlauer, raffinierter Mensch.*

Schla|wi|ner, der; -s, - [viell. Wortmischung aus dem Adj. schlau und aus Slawe (bzw. Slowene), urspr. wohl fremdenfeindlich] (umgangssprl., auch bair.): *raffinierter, durchtriebener Kerl, Schlingel, Gauner.*

schlẹ|cken ⟨hat⟩ [mhd. slecken, verw. mit lecken, dieses dominiert im Norden von D] (standardsprl., auch süddt. und CH): **1.** *mit der Zunge über etwas streichen:* der Hund leckt sich die Pfote **2.** *mit der Zunge als Nahrung aufnehmen:* das Kind schleckt Eis; die Katze schleckt Milch **3.** *eine Frau durch Schlecken der Geschlechtsteile sexuell stimulieren, Cunnilingus ausüben* ❖ **ạb|schle|cken** ⟨hat⟩ (standardsprl., auch süddt. und CH): **1.** *durch Schlecken entfernen oder säubern:* den Löffel mit den Resten der Schokolade abschlecken **2.** *mit der Zunge schleckend über etwas entlangfahren* ❖ **Schlẹ|cker**, der; -s, - (standardsprl.): **1.** *Person, die schleckt* **2.** *Zunge* **3.** *Süßigkeit auf einem kleinen Stab zum Abschlecken, Lutscher* ❖ **Schle|cke|rei**, die; -, -en (standardsprl.): *Süßigkeit* ❖ **Schlẹ|cker|pat|zel!** [2. Bestandteil zu Patzen] (Kinderspr.): *ätsch* (Ausruf zum Ausdruck der Schadenfreude und des Spotts, oft verbunden mit einer besonderen Geste, wobei der Sprecher mit einem Zeigefinger über den anderen streicht): ein Schleckerpatzel machen ❖ **Ar|ma|tu|ren|schle|cker**, der; -s, - [weil der Fahrer eines sportlichen Motorrads vornübergebeugt sitzt, sodass sich sein Gesicht in der Nähe der Armaturen befindet] (Bikerspr.): *sportliches Motorrad.*

Schle|gel, Schlö|gel, der; -s, - [mhd. **slegel** = schwerer Hammer, Keule; ahd. **slegil**, zu schlagen; die urspr. Bed. war Werkzeug zum Schlagen und wurde dann wegen der Form auf diesen Teil des Schlachttieres übertragen; in D Keule, wobei sich die Bed. ähnlich entwickelt hat]: (Küchenspr., auch süddt.): ***Schenkel vom Kalb, Reh, Lamm etc.***

schlei|chen ‹schlich, ist geschlichen› [ahd. slīhhan, eigtl.: gleiten] ❖ **sich schleichen** ‹starkes Verb, reflexiv; schlich sich, hat sich geschlichen› (umgangsprachlich): ***verschwinden:*** Reinhard Fendrich in „Weus d' a Herz hast wia a Bergwerk": „Weu a bissl Glück für di' no lång ned reicht / weusd bei mir bleibst, wenn da beste Freund si schleicht ..." ❖ **Schleich dich!** ***Verschwinde!*** ❖ **Schleich**, der, -s, kein Pl. [kurz für Schleichhandel, bes. in den Jahren nach 1945] (histor.): Pirron und Knapp singen in „Das Ländermatch": „Glei' ums Eck in der Hauptallee beim Staa, kriagst an Stehplatz im Schleich fürn Sektor A. / Wüllst an Sitzplåtz beim Marathontoar, muasst zum Buam geh mit de gschnecklerten Hoar ..."

Schlick|krap|ferl, das, -s, -n [1. Bestandteil: steht entweder für Farce oder für ein umgeformtes Schlitt-, das zu gleiten gehört; vgl. Schlitten] (Küchenspr.): ***Suppeneinlage aus Teig, mit faschierter Lunge, faschiertem Fleisch etc. gefüllt.***

schlie|fen ‹schloff, ist geschloffen› [mhd. sliefen, ahd. sliofan; schlüpfen ist eine Intensivbildung zu mhd. sliefen] (standardsprl.): ***(durch-)schlüpfen, sich durchzwängen:*** der Hamster ist aus dem Käfig geschloffen ❖ **Ohren|schlie|fer**, der; -s, - (umgangssprl.): ***Ohrenschlüpfer*** ❖ **Schlie|ferl**, das; -s, -n, **Schliafe**, der; -s, - [Vkl. von Schliefer, dieses eher bair.]: **1.** (umgangssprl., auch süddt.): ***kriecherischer Mensch, Schmeichler*** **2.** (Küchenspr.): ***als Beilage servierte Hörnchennudeln*** ❖ **schlie|fe|risch** ‹Adj.› (umgangssprl.): ***kriecherisch*** ❖ **Schluf, Schluff**, der; -s, -e (standardsprl.): ***enger Durchgang.***

Schlipf|kråpfen, der; -s, - [zu schlüpfen, wohl wegen deren Schlüpfrigkeit] (Küchenspr., vor allem T und K): ***ein Nudelgericht*** (Teigtaschen mit Fülle; ähnlich wie Schlutzkrapfen).

S

Schlurf, der, -s, -e [zu mhd. sliefen, ahd. sliofan; eigtl.: einer, der überall hineinschlüpft; da das Verständnis für den Diphthong -ie- verloren geht, hat sich in der Schriftform Schlurf eingebürgert (ähnlich wie schirch zu mhd. schiech und Lurch zu mhd. luoch)] (histor., abw.): *außerhalb der Gesellschaft stehender Jugendlicher* (vor allem im Nationalsozialismus auf Jugendliche bezogen, die sich heimlich trafen, um Jazzmusik zu hören und deswegen verfolgt wurden; in den 1950er Jahren allg. für Jugendliche, die von den gesellschaftl. Normen abweichen).

Schlutz|kråpfen, der; -s, - [zu Schlutz = dicke, schlüpfrige Masse, was sich wohl auf die Fülle bezieht] (Küchenspr., vor allem T): *ein Nudelgericht* (Teigtaschen mit Fülle, ähnlich wie Schlipfkrapfen).

schma|fu ⟨indeklinables Adj.⟩ [zu franz. je m'en fous = ich mach mir nichts daraus] (umgangssprl., ostösterr.): *schäbig, gemein:* sich schmafu benehmen ❖ **Schma|fu**, der; -s, kein Pl. (umgangssprl., ostösterr.): *Unsinn, Schwachsinn:* einen Schmafu erzählen.

Schmäh, der; -s, -(s) [mhd. smæhe = Beschimpfung; verächtliche Behandlung, zu schmähen, wobei es allmählich zu einer Verbesserung in der Bed. gekommen ist] (standardsprl.): **1.** *Kunstgriff, billiger Trick, Schwindelei, Unwahrheit:* mit einem Schmäh hat er sich die Ersparnisse der alten Frauen ergaunert **2.** *unterhaltsame Redeweise, vor Geist und Witz sprühend:* mit seinem Schmäh ist er der geborene Alleinunterhalter ❖ **einen tiefen Schmäh haben:** *auf primitive Weise Witze machen* ❖ **Das ist kein Schmäh!** *Das ist nicht gelogen!* ❖ **Schmäh-ohne!** *Es stimmt, was ich sage!* ❖ **Schmäh-ohne?** *Wirklich?* ❖ **schmäh|halber, schmäh|halber:** *nur zum Spaß* ❖ **jemanden am Schmäh halten:** *jemandem etwas vormachen* ❖ **Schmäh-tand|ler**, der; -s, -: *unseriöser Mensch, Geschichtenerzähler* ❖ **Schmäh|bru|der**, der; -s, ...brüder: *unseriöser Mann* ❖ **Ågrå|sel-schmäh**, der; -s, -(s): *schlechter Schmäh* ❖ **La|ven|del|schmäh**, der; -s, -(s): *frei Erfundenes* ❖ **Ein|ser|schmäh**, der; -s, -(s): *leicht durchschaubarer Schmäh:* Im Film „Hinterholz 8" will Nina Proll in ihre Wohnung gehen, die neben einer Arztpraxis liegt; die am Gang angestellten Patienten protestieren:

„Bitte, die drängt si vor mit'n Anserschmäh!" ❖ **Ei|sen|bah|ner-sch|mäh**, der; -s, -(s) (Fußballerspr., mundartl.): *den Gegner mit einer Körperfinte aussteigen lassen* ❖ **Häu|sel|schmäh**, der; -s, -(s): *abscheulicher Schmäh* ❖ **Über|schmäh**, der; -s, -(s): *besonderer, übertriebener, durchschaubarer Schmäh* ❖ **Sa|fa|la|di-schmäh**, der; -s, -(s): *abgeschmackter, matter Schmäh* ❖ **(einen) Schmäh führen**: *sich einer unterhaltsamen Redeweise bedienen, durch witzige Bemerkungen die Unterhaltung bestimmen* ❖ **Schmäh|füh|rer**, der; -s, -: *Stimmungskanone* ❖ **der Schmäh rennt**: *eine Pointe jagt die andere* (in einer geselligen Runde) ❖ **jemandem einen Schmäh erzählen**: *jemandem eine Lüge auftischen* ❖ **schmäh|stad** 〈Adj.〉 [2. Bestandteil mit der Bed. -los zum Kartenspielerausdruck skat = ohne Karte in einer bestimmten Farbe; dieses zu ital. scarto = das Verlegen der Karten; die verlegten Karten selbst; zu lat. charta = Papier; Spielkarte] (umgangssprl.): *sprachlos, mit seiner Weisheit am Ende.*

Schmalz, das; -es, kein Pl. [ahd. smalz, zu schmelzen; gesamtdt. heute mit der Bed.: ausgelassenes Fett] (gaunersprl.): *Gefängnisstrafe:* Herwig Seeböck zitiert in „Die große Häfenelegie" einen Mithäftling: „Weu mei erstes Schmalz war a 81er, da hab i grissen zwa Monat." (81er = der damalige § 81: öffentliche Gewalttätigkeit; zwei Monate reißen = zu zwei Monate Haft verurteilt werden.)

Schman|kerl, das; -s, -n [zu mhd. smücken, smucken = in etwas hineindrücken; an sich drücken; Intensivbildung zu schmiegen, (vgl. schmücken, urspr.: sich in ein prächtiges Kleid schmiegen); durch -n-Einschub ist Schmankerl entstanden, urspr.: das Angeschmiegte in der Rein, in der Rein angelegte süße Kruste, die bes. gern gegessen wird; im 18. Jh. als Schmankerlkoch oder Schmänkerlkoch auch eine eigene Speise: Man kocht ein Milchmus, gießt es in eine Rein und wartet, bis es verkrustet; dies macht man mehrere Male; alle Krusten (= Scharren) legt man in eine Schüssel, gibt Butter und Obers dazu und dünstet sie] (standardsprl., auch bair.): **1.** *besonderer Leckerbissen:* sie haben ein Schmankerl nach dem anderen serviert **2.** *Besonderheit:* der Fernsehbeitrag war ein echtes Schmankerl.

S

Schmår|ren, der; -s, - [vermutl. verw. mit Schmer = Fett; gesamtdt. ist die Bed.: unsinnige Äußerung, wertloses Zeug etc. und: einen Schmarren daherreden, das geht dich einen Schmarren an (= überhaupt nichts an) etc.] (Küchenspr., auch süddt.): *in Fett geröstete Speise aus Mehl, Grieß oder Erdäpfeln.*

Schmạt|tes, der; -, - [jidd. schmate, Pl. -eß; zu polnisch szmata = Fetzen, auch: Inflationsgeld] (umgangssprl., bes. ostösterr.): *Trinkgeld:* Karl Farkas und Maxi Böhm in „Rauchfangkehrer 1968“: „Jetzt schau ma, dass ma weiterkommen, dass ma noch an Schmattes einsåmmeln fürs Glückwünschen ...“

schmau|cheln ⟨hat⟩ [Nebenform zu schmauchen; mit -l-Einschub] (umgangssprl.): **1.** *am Mundstück einer Pfeife saugen* **2.** *fellationieren:* „Am Strand in Malibu: Palmen und Cocktails ... und Big Hack läßt sich genüsslich einen schmaucheln ... Welch ein Traum ...“ (Intern.).

schmẹt|tern ⟨hat⟩ [mhd. smetern = klappern, schwatzen] (umgangssprl.): *aufschneiden, lügen:* Schmetter nicht schon wieder! ❖ **jemanden ạn|schmet|tern** (umgangssprl.): *jemanden anschwindeln* ❖ **etwas zu|sạm|men|schmet|tern** (umgangssprl.): *etwas zusammenlügen.*

Schmier, Schmie|re, die; -, kein Pl. [rotwelsch Schmier = Polizei, dieses zu hebr. schemirá = Wacht, Wächter, Bewachung; nicht verw. mit schmieren und Schmiere] (umgangssprl.): **1.** *Polizei:* die Schmier kommt **2.** *Aufpasser, Konfident, Wache* ❖ **(auf) Schmiere stehen** (umgangssprl.): **1.** *Aufpasserdienste leisten* (z. B. bei einem Einbruch) **2.** *auf Wachposten stehen* (z. B. als Polizist einen Verdächtigen observieren) ❖ **Gschmierte**, der; -n, -n; ein Gschmierter (gaunersprl.): *Wachenbeamter, Polizist* ❖ **jemanden åb|schmie|ren** (umgangssprl.): *jemanden genau beobachten; auf jemanden aufpassen, jemanden observieren* (z. B. ein oder zwei Verteidiger auf den gefährlichsten Stürmer der Gegner ansetzen): „Zu zweit schmierts ihn åb, und wenns ihn ned zu zweit åbschmieren könnts, dånn miaßts ihn zu dritt åbschmieren!“ (Hans Krankl in der ORF-Sendung „Das Match“ am 5. 6. 2008).

Schmie|ranski, der; -s, -s [zu schmieren = unsauber schreiben, mit slaw. Endung] (umgangssprl., ostösterr.; abw.): **1.** *jemand, der unsauber und unleserlich schreibt* **2.** *(schlechter) Journalist* ❖ **Schmie|ranski-Team**, das; -s, kein Pl. [im Jahr 1931 hatte der damalige Fußball-Teamchef Hugo Meisl dem Druck der Journalisten nachgegeben und im Wiener Ring-Café einen Zettel mit den Worten „Da habt's euer Schmieranski-Team" hingeworfen; auf dem Zettel stand jene Wunschelf, welche die Journalisten so vehement vom Trainer gefordert hatten – daraus wurde das Wunderteam] (umgangssprl.): *Wunschelf der Journalisten:* „Sind wir nicht alle ein bisschen Fußball-Teamchef? Jeder von uns weiß, wie es bei der EURO 2008 noch ein bisschen besser funktionieren könnte. (...) Wir haben 14 ‚Teamchefs' gefragt, die ihr Geld als Fußball-Journalisten verdienen. Ein ‚Schmieranski-Team' für das Jahr 2008 quasi." (Der österreichische Journalist, 12/2008, 1/2009)

Schmol|le, die; -, -n, **Schmol|len**, der; -, - [neben Schmolle im dt. Sprachraum auch Molle; mhd. smole = kleines Stück vom Brot, mhd. smoln = ein kleines Stück eines Brotes ablösen, verabreichen; gehört zu der Wortsippe mahlen, bei der auch immer wieder Wörter mit s im Anlaut vorkommen] (standardsprl., auch bair.): *das Weiche, das Innere des Brotes* (ohne Rinde).

schna|ckeln, schnag|geln, schna|cket|zen <hat> [ein alter Ausdruck des österr.-bair. Mundartraums, weitere Herk. unklar] (umgangssprl.): **1.** *ein schnalzendes Geräusch verursachen:* mit den Fingern, mit der Zunge schnackeln **2.** *eine rasche Bewegung machen* **3.** *zittern* (von den Knien infolge Angst oder Überanstrengung): mir schnackeln die Knie ❖ **es hat bei ihm geschnackelt** (umgangssprl.): **1.** *er hat es begriffen, verstanden* **2.** *er hat sich plötzlich verliebt* ❖ **Schna|ckerl**, das und der; -s, kein Pl. (umgangssprl.): *Schluckauf* ❖ **Schna|ckerl-sto|ßen**, das, -s, kein Pl. (umgangsprachlich): *Schluckauf* ❖ **Schnack|ler**, der; -s, kein Pl. (umgangssprl.): **1.** *knackendes, schnalzendes Geräusch* **2.** (reg.): *Schluckauf* ❖ **Knie|schnack|ler**, der, -s, - (umgangssprl.): **1.** *Zittern der Knie infolge Angst* **2.** *Zittern der Knie infolge Überanstrengung* (vor allem beim Abstieg von einem Berg) ❖ **Schna|ckerl- als 1. Bestandteil**

S

(umgangssprl.): *drückt in Bildungen mit Substantiven aus, dass es sich um eine kleine, minderwertige Firma oder Organisation handelt:* **Schnạ|ckerl|be|trieb**, der; -s, -e: *kleiner, unbedeutender Betrieb* ❖ **Schnạ|ckerl|ver|ein**, der; -s, -e: *kleiner unbedeutender Verein.*

schnạck|seln ⟨hat⟩ [Weiterbildung zu schnackeln, schnacketzen = einen schnalzenden Laut verursachen, eine rasche Bewegung machen; das Wort breitet sich Richtung Norden aus; es klingt in Ö nicht so derb wie pudern] (umgangssprl.): *koitieren:* Dialog in „Freundschaft": Vater (Erwin Steinhauer): „Alleine wås in der Ära Kreisky für die Sexualität geleistet wurde, des wird jå heut goa net ausgnutzt!" (..) – Sohn (Rupert Henning): „Dås heißt, euer Motto dåmåls bei den jungen Sozialisten wår: ‚Freiheit für Österreich! Wir schnackseln, wås sich bewegt!'?"

Schnå̲|der|hüp|fel, das; -s, -n [1. Bestandteil: zu schnattern; 2. Bestandteil: zu hüpfen] (standardsprl., auch bair.): *vierzeiliges Lied mit lustigem, oft auch anzüglich-spöttischem Inhalt.*

Schnạ̊ll, der; -s, -e [mhd. snal = eine schnelle Bewegung (z. B. mit dem Finger) und der dadurch entstehende Laut] (umgangssprl., westösterr., auch bair.): **1.** *rasche Bewegung, Ruck* **2.** *Knall, Pumperer* ❖ **in einem Schnạ̊ll:** *auf einen Schlag* ❖ **auf Schnạ̊ll und Fạ̊ll:** *auf Knall und Fall.*

Schnạl|le, die; -, -n, **Schnạ̊l|len**, die; -, - [mhd. snalle, zu snal = eine schnelle Bewegung machen; gesamtdt. mit der Bed.: Schließe am Ende eines Gürtels]: **1.** (standardsprl.): *Griff zum Schließen oder Öffnen einer Tür* (in D: Klinke, Drücker) **2.** (Jägerspr.): *äußeres weibliches Geschlechtsteil von Tieren* **3.** (mundartl., derb): *Geschlechtsteil einer Frau* **4.** (mundartl., derb): *Frau* **5.** (mundartl., derb) *Hure* ❖ **Schnạ̊l|len|put|zer**, der; -s, - (umgangssprl.): **1.** *Handelsvertreter* **2.** *jemand, der immer wieder bei einflussreichen Personen vorspricht.*

Schnạ̊l|zer, der; -s, - [zu schnalzen, gesamtdt. mit der Bed.: durch Schnalzen (= Zungenbewegung) hervorgerufenes Geräusch] (umgangssprl.): **1.** *Knall, Krach:* ein Stich ist ein Wålzer, ein

Schas ist ein Schnålzer (Kartenspielerzote) – Wolfgang Ambros singt: „Es lebe der Zentralfriedhof, auf amoi mācht's an Schnoiza, / da Moser singt's Fiakerliad und die Schrammeln spü'n an Woiza." **2.** *Peitschenknall.*

Schnạ̊p|per, der; -s, - [zu mhd. snapper, snepper = Schwätzer, Streiter; außerdem zu mhd. **snappen** = schnappen, wanken, straucheln, einen Straßenraub verüben, schwätzen; nach jemandem schnappen, jemanden angreifen] (mundartl.): **1.** *kurzer, zuschnappender Biss* (z. B. eines Hundes) **2.** *Klappmesser* **3.** *Schnappschloss, Arretiervorrichtung* **4.** *das durch ein Schnappschloss verursachte Geräusch* **5.** *rauflustiger Bursche* **6.** *rascher Atemzug* ❖ **schnạ̊p|pern** ⟨hat⟩ (mundartl.): *vor Kälte zittern.*

schnạp|seln ⟨hat⟩ [zu Schnaps; in D eher schnäpseln oder schnapsen] (umgangssprl.): *Schnaps trinken:* er schnapselt gern.

Schnạ̊p|sen, das; -s, kein Pl. [zu schnappen, das fachsprl. auch in anderen Kartenspielen verwendet wird: mit Trumpf stechen] (Kartenspielerspr.): *ein Kartenspiel;* in D: Sechsundsechzig, aber mit größerer Kartenanzahl ❖ **Schnạ̊p|ser**, der; -s, - (Kartenspielerspr.): **1.** *eine Partie Schnapsen* **2.** *einer, der schnapst* ❖ **Bau|ern|schnåp|sen**, das, -s, kein Pl.: *Schnapsen zu viert* ❖ **schnạ̊p|sen** ⟨hat⟩: *Schnapsen spielen* ❖ **sich etwas aus|schnåp|sen** (umgangssprl.): *etwas (heimlich) vereinbaren.*

Schnau|fer, der; -s, - [zu schnaufen] (umgangssprl.): *Atemzug:* sein letzter Schnaufer ❖ **Schnau|ferl**, das; -s, -n [zu schnaufen im Sinn von: geräuschvoll und schwer atmen)] (umgangssprl.): **1.** *kleines Auto mit wenig PS* **2.** *altersschwaches Auto, Oldtimer* **3.** *alte Lokomotive.*

Schnẹ|cke, die; -, -n, **Schnẹ|cken**, die; -, - (Küchenspr.): *radförmige Mehlspeise* (z. B. Zimtschnecke, Nussschnecke) ❖ **Schnẹck**, der; -s, -en (umgangssprl.): *hübsches reizendes Kind oder Mädchen, auch Bursch:* Sie ist wirklich ein süßer Schneck! ❖ **Schnẹ|cken|che|cker**, der; -s, - [2. Bestandteil: zu engl. to check = testen, überprüfen, im Deutschen bedeutet checken auch: besorgen, beschaffen, organisieren etc.] (jugendsprl.):

junger Mann, der ständig Frauen umwirbt, um Erfahrungen zu sammeln ❖ **Schnẹcken!** (umgangssprl., auch bair.): *Ausruf der Enttäuschung* (wenn etwas, das man erwartet hat, nicht eintritt): ich wollte noch schnell Wurst und Brot fürs Frühstück einkaufen, aber Schnecken, das Geschäft war bereits zu ❖ **Schnẹ|ckerl**, das; -s, -n (standardsprl., auch bair.): **1.** *Haarlocke;* Pl.: *gekräuseltes Haar* **2.** *Spitzname für einen Mann mit gekräuseltem Haar* (z. B. für den Fußballer, Trainer und Kommentator Herbert Prohaska) ❖ **Schnẹ|ckerl|fri|sur**, die; -, -en (standardsprl.): *Frisur mit gekräuselten Haaren.*

Schnee, der: **anno Schnee, im Jahre Schnee** (standardsprl.): *in längst vergangener Zeit* ❖ **aus dem Jahre Schnee** (standardsprl.): *sehr alt.*

schnei|ben ‹schnieb, hat geschnieben; auch schwach: schneibte, hat geschneibt; in übertragenen Bed. immer schwach; das b geht auf das ahd. w zurück› [mhd. snī(w)en, ahd. snīwan, verw. mit Schnee] (mundartl., auch bair.): *schneien:* heute Nacht hat es geschnieben / geschneibt ❖ **he|r|ein|schnei|ben** ‹Partizip 2: hereingeschnieben oder hereingeschneibt; in übertragenen Bed. immer schwach› (mundartl., auch bair.): **1.** ‹hat› *den Schnee hereinwehen:* es hat beim Fenster hereingeschnieben / hereingeschneibt **2.** ‹ist› *unerwartet vorbeikommen:* gestern ist mein Onkel bei der Tür hereingeschneibt ❖ **schnei|berln** ‹hat› (mundartl., auch bair.): *ganz leicht schneien.*

schnei|den ‹schnitt, hat geschnitten› [mhd. snīden, ahd. snīdan; gesamtdt. heute mit der Bed.: mit einem Messer zerteilen, abtrennen, ablösen etc.; ferner: eine Kurve schneiden, ein Gesicht schneiden etc.; ebenfalls gesamtdt.: jemanden schneiden (= links liegen lassen), eine Lehnübersetzung aus dem Englischen: to cut someone] (umgangssprl., scherzh.): *essen* ❖ **ein|schnei|den** ‹schnitt ein, hat eingeschnitten; meist in Verbindung mit einem verstärkenden Adv. wie ordentlich, gewaltig etc.› **2.** *ausgiebig essen:* „Und bei den Ausflügen wird dann auch immer – angeregt durch die frische Luft – ordentlich eingeschnitten: Schnitzel, Gansl, Schweinsbraten ..." (Intern.) **2.** (mundartl., derb): *koitieren:* Hast du sie schon eingeschnitten?

Schnit|te, die; -, -n [mhd. snite, snitte = Schnitt, Hieb, abgeschnittenes Stück; ahd. snita; eine Ableitung zu schneiden; gesamtdt. heute mit den Verw.: eine Schnitte Brot, Speck, Käse etc.]: (standardsprl.): **1.** *flaches Gebäck, das mit einem wabenförmigen Muster versehen ist, gefüllt mit einer Creme aus Haselnüssen* (in D Waffel, gefüllte Waffel; in Ö versteht man unter Waffel eine einzelne rechteckige Bäckerei mit wabenförmigem Muster, ganz ohne Füllung; Waffeln werden beispielsweise zu Eis gereicht): ein Packerl Mannerschnitten; Neapolitanerschnitten **2.** *flacher Kuchen, der im Ganzen auf dem Blech gebacken und dann in Stücke geschnitten wird:* Apfelschnitte, Ribiselschnitte, Topfenschnitte **3.** *Suppeneinlage in Form einer Schnitte Brot, die mit Leber oder mit Milz bestrichen worden ist:* Milzschnitte, Leberschnitte **4.** (mundartl., derb): *Geschlechtsteil einer Frau* **5.** (mundartl., derb, abw.): *Frau* **6.** (umgangssprl.): *fesche Frau.*

Schnitt|lauch, der; -s, kein Pl. [1. Bestandteil zu schneiden; mhd. snit(e)louch, ahd. snitilouh, eigtl.: Lauch, der geschnitten werden kann, weil er nachwächst; gesamtdt. als Bezeichnung für Allium schoenoprasum, eine Pflanze, die geschnitten einer Suppe beigegeben wird oder zum Belegen eines Butterbrotes dient]: **1.** [wegen der ehemals grünen Farbe ihrer Uniformen] (umgangssprl.): *Polizist:* Dialog in „Kottan ermittelt – Wien Mitte“: Alfred Schrammel (Curt Anatol Tichy) entdeckt einen Topf mit einer Hanfpflanze: „Da, Fräul’n Edith ... Indischer Hanf?“ – „Schnittlauch, Herr Inspektor!“ Adolf Kottan: „Inspektor gibt’s kaan!“ **2.** [in Anlehnung an Hohlkopf, weil der Schnittlauch hohl ist] (umgangssprl.): *Dummkopf:* „Wer was anderes behauptet, ist ein Schnittlauch – außen grün, innen hohl, tritt bündelweise auf, wie unsere Kieberer.“ (Intern.) ❖ **Schnitt|ling**, der; -s [Nebenform zu Schnittlauch] (mundartl.): **1.** *Allium schoenoprasum; Schnittlauch* **2.** *Stirnfransen* ❖ **ein Schnittling / Schnittlauch auf jeder Suppe / auf jeder Suppen sein** (umgangssprl.): *sich überall einmischen, sich wichtig machen.*

Schnitz, der; -es, -e [mhd. sni(t)z, zu schneiden] (standardsprl., westösterr., auch süddt. und CH) **1.** *Obstscheibe* **2.** *kleines gedörrtes Obststück* ❖ **Schnit|zel**, das; -s, -: [Vkl. von Schnitz]

S

1. (standardsprl.): *kleines Stück Papier, Holz etc.:* ein Papierschnitzel **2.** (Küchenspr.): *abgeschnittenes Stück vom Fleisch* ❖ **Wie|ner Schnit|zel**, das; -s, -n (Küchenspr.): *paniertes Schnitzel vom Kalb, d. h. in Mehl, Ei und Bröseln gewälztes Stück Kalbfleisch, das in heißem Fett herausgebacken wird:* Im Film „Indien" sagt Heinz Bösel (Josef Hader) zu einem Gastwirt: „Lieber Freund! Wenn Sie schreiben in einer Speisekårten ‚Wiener Schnitzel', dånn muss dås ein Kälbernes sein! Åber bei Ihnen steht ‚Wiener Schnitzel vom Schwein'!" ❖ **Schweins|schnit|zel**, das; -s, -n (Küchenspr.): *paniertes Schnitzel vom Schwein* (meist aus Kaiserteil = Schale) ❖ **Pfåf|fen|schnit|zel**, das; -s, -n: [1. Bestandteil abw. für Pfarrer; das Wort Pfaffenschnitzel zählt zu den ältesten Belegen für Schnitzel in der Küchenspr., es ist bereits zu Zeiten Maria Theresias nachgewiesen; der Begriff spielt offensichtlich darauf an, dass dem Pfarrer als Ehrengast bei einem Essen immer das beste Stück zustand] *Bruststück von Gans oder Ente* ❖ **jemanden abklopfen wie ein Schnitzel** (Fußballerspr., mundartl.): *jemanden immer wieder mit derben oder regelwidrigen Tritten attackieren, jemanden hart angehen.*

schno|feln, schno|ferln <hat> [verw. mit schnüffeln und schnaufen] **1.** *näselnd reden* **2.** *verschnupft sein* **3.** *nachspionieren* ❖ **Schno|ferl**, das; -s, -n (umgangssprl.): *Verziehen des Mundes und Rümpfen der Nase, beleidigtes Gesicht* ❖ **ein Schnoferl machen / ziehen**: *beleidigt dreischauen, schmollen:* Warum machst du jetzt ein Schnoferl? ❖ **Scho|f|ler**, der; -s, -n (umgangssprl.): **1.** *jemand, der mit einem näselnden Tonfall spricht* **2.** *Schnüffler, Spion.*

schnöl|len ⟨hat⟩ [zu mhd. snal = eine schnelle Bewegung und der dadurch entstehende Laut; das Schnöllen diente früher zur Verständigung zwischen den Hirten auf der Alm und den Familien im Dorf; heute ein Volksbrauch] (mundartl., vor allem T): *(mit der Peitsche) knallen:* Bluatschink in „Funka fliaga": „Wenn epper so total verruckt isch, wenn epper so ausgezuckt isch / då muaß es schnölla, muaß es krächa, / då wera wieder Funka fliaga." ❖ **jemandem eine schnöllen**: *jemandem eine Ohrfeige geben.*

Schnur, die; -, Schnüre [mhd. snuor = Schnur, Band, Seil, Haarschnur, Bogenschnur, Zeltschnur; Schnur, woran die Puppenspieler ihre Puppen bewegen etc.; ist an sich gesamtdt., in Ö allerdings auch dort, wo im Norden des Sprachraums Bindfaden oder Seil verwendet wird] ❖ **schnur|sprin|gen** 〈ist schnurgesprungen; meist nur im Infinitiv und im Partizip 2 gebraucht; in D: seilspringen oder seilhüpfen〉 (standardsprl.): *über eine Sprungschnur springen* (als Training für Sportler oder als Kinderspiel) ❖ **Schnur|sprin|gen**, das; -s, kein Pl. (standardsprl.): *das Springen über eine Sprungschnur* (als Training für Sportler oder als Kinderspiel) ❖ **Schnürl**, das; -s, -n [Vkl. von Schnur] (standardsprl., auch bair.): *dünne Schnur:* „String-Tangas aus einem kleinen Stoffstückerl und einem Schnürl." (Intern.) ❖ **Schnürl|re|gen**, der; -s, - (standardsprl., auch bair.): *feiner, lang anhaltender Regen:* der Salzburger Schnürlregen ❖ **Schnürlsamt**, der; -s, (standardsprl.): *geripptes Baumwollgewebe* (in D: Kord, Kordsamt) ❖ **es rennt wie am Schnürl** [urspr. bezogen auf das Beten des Rosenkranzes] (umgangssprl., auch bair.): *es geht ohne Stockungen und Schwierigkeiten, flüssig, völlig reibungslos* ❖ **Schnürl|krap|fen**, der; -s, - (T); **Schnur|krap|fen**, der; -s, - (K): *eine Rolle aus Mürbteig mit diversen Zutaten* (wird mit einer Schnur umwickelt in heißem Fett gebacken).

Scho|ber, der; -s, - [mhd. schober = Schober, Haufen] (standardsprl., auch süddt.): **1.** *geschichteter Heuhaufen* **2.** *Haufen* (bes. in Bergnamen, z. B. Schobergruppe, Hochschober) ❖ **Schö|berl**, das; -s, -n [Vkl. von Schober] (Küchenspr.): *Suppeneinlage aus gesalzenem, gebackenem Biskuitteig* ❖ **scho|bern, auf|scho|bern, auf|schö|bern** [mhd. schoberen, schuberen = zu einem Schober zusammenbringen, aufhäufen; verw. mit schieben] 〈hat〉 (standardsprl., auch süddt.): *zu Schobern aufschichten.*

scho|fel, schofl, schof|lig 〈Adj.〉 [rotwelsch, zu jidd. schophol = gering] (umgangssprl.): *schäbig, erbärmlich, geizig.*

Schoitl, älter: **Schäutl**, der; -s, -n [zu jidd. schótje = Narr] (mundartl.): *Dummkopf, einfältiger Mensch, Narr:* in „Kaisermühlenblues" von Ernst Hinterberger trägt der ÖVP-Bezirksrat den Namen Erwin Schoitl (dargestellt von Peter Fröhlich).

Scho|ko|la|d, Schok|lad, der; kein Genitiv, Pl.: -en; mundartl. Aussprache auch [tʃ-] (standardsprl.: Schokolade, die; -, -n) [zu spanisch chocolate; dieses zu chocolatl = Kakaogetränk (aus Nahuatl, einer mittelamerikanischen Indianerspr.); die mask. Form war früher üblich und hat sich nur in den Mundarten erhalten; vgl. Schiller, Räuber IV, 2: „Was für Kabalen habt ihr angezettelt, mich aus dem Weg zu räumen? ... Mir beim Bartscheren die Gurgel abzuschneiden? Mir im Wein oder im Schokolad zu vergeben?"; zusammen mit Butter, Knödel, Teller und Zwiefel / Zwiebel gehört das Wort zu den auffälligsten Genusabweichungen der Mundart gegenüber dem Standard] (mundartl.): *Schokolade, die.*

Schön|brunn, Schloss Schön|brunn, das, -es: *ehemalige Residenz der Habsburger im Westen Wiens* ❖ **Schön|brun|ner Gelb**, das (standardsprl.): *zwei verschiedene Gelbockertöne, wie sie seit einer Renovierung (1817–1819) am Gebäude zu finden sind* (urspr. war das Schloss in einem hellen Gelbrosa gehalten, dann in Lichtockergelb und später in Graublau) ❖ **Schön|brun|ner Deutsch** (standardsprl.): *vornehmes, leicht genäseltes Deutsch altösterreichischer Prägung* ❖ **schön|brun|ne|risch** ⟨Adj.⟩ (umgangssprl.): *schönbrunnerdeutsch:* schönbrunnerisch reden ❖ **Schönbrunner Stelze** (Küchenspr., neuerer Begriff in Supermärkten): *vordere Stelze* (die kleinere).

Schopf|brå|ten, der; -s, - [1. Bestandteil: zu mhd. schopf = Haar auf dem Kopf; in diesem Fall übetragen auf den Nackenbereich] (Küchenspr.): *Nackenstück vom Schwein* (bair.: Halsgrat; ansonsten in D: Kamm).

schöp|fen ⟨hat⟩ [mhd. scheffen, schepfen, schephen = schaffen, erschaffen, bilden, machen; nicht verw. mit schöpfen = Flüssigkeit entnehmen, das zu Schaff gehört] (umgangssprl., vor allem südösterr.): *hart arbeiten.*

schop|pen ⟨hat⟩ [Intensivbildung zu schieben, gebildet vom Präteritumstamm schob] (standardsprl., auch bair., CH): **1.** *(hinein-)stopfen* **2.** *sich bauschen, einen Wulst bilden* **3.** *gierig essen* **4.** *Gänse mästen.*

Schọps, der; -es, -e [aus einer slaw. Sprache, vgl. tschech. skopec = verschnittener Schafsbock] (umgangssprl., auch Thüringen und Sachsen): *verschnittener Widder, Hammel* ❖ **Schọ̈p|senfleisch**, das (Küchenspr., auch Thüringen und Sachsen): *Hammelfleisch* ❖ **Schọ̈p|sen|schle|gel**, der; -s, - (Küchenspr.): *Schlegel vom Hammel* ❖ **Schọ̈p|ser|ne**, das; -n; ein Schöpsernes, kein Pl. (Küchenspr.): *Hammelfleisch.*

Schọt|te, die; -, kein Pl.; **Schọt|ta**, die; -, kein Pl. [aus einer roman. Sprache; vgl. ital. scotta, dieses aus lat. excocta = das Herausgekochte] (Küchenspr., vor allem V, auch süddt.): *Käsewasser, das nach der ersten Scheidung aus der Käsemasse abfließt* ❖ **Schọt|ten**, der; -s, kein Pl. (Küchenspr., T, K, ST): *Topfen.*

Schra|gen, der; -s, -n [mhd. schrage; verw. mit schräg] (mundartl.): **1.** *Holzgestell, Tapeziertisch, Gerüst für Maler* **2.** *Sägebock* **3.** *Bahre* **4.** *Bettgestell* **5.** *Füße (= Beine)* **6.** (abw.): *hagere, alte Frau.*

Schrạn|ne, die; -, -n, **Schrạn|nen**, die; -, - [mhd. schranne = Bank, Tisch, bes. Fleischbank, Brotbank; Gerichtsbank, Gericht; das Wort bezeichnete urspr. den Ort der Rechtsprechung, ahd. scranna; es vergleicht sich mit ital. scranna = der Richterstuhl, wobei nicht klar ist, ob der ital. Ausdruck aus dem Deutschen entlehnt ist oder umgekehrt; da dieser Ort meist auch sehr zentral lag, entstanden um ihn herum die Getreidemärkte, Fleischbänke und andere Märkte.] (mundartl. auch bair.): **1.** *Markthalle zum Verkauf von Gemüse* (urspr. vor allem Getreide) **2.** *Marktplatz* **3.** *Wochenmarkt:* „Der Schrannenmarkt vor der Andräkirche in Salzburg findet jeden Donnerstag von 5 bis 13 Uhr statt." (Intern.).

Schrau|be, die; -, -n, **Schrau|ben**, der; -s, -, **Schrau|fen**, der; -s, - [mhd. schrūbe, vgl. altfranz. escroue = Mutter] (die mask. Variante gilt als umgangssprl., jene mit -f- als mundartl.): **1.** *hohe Niederlage im Sport:* Schöberl (Ernst Waldbrunn) und Berger (Karl Farkas) in „Römer" (1964): „Fußball ist sehr beliebt, unser Nationalsport, ... ins Ausland ziehen und von dort mit Trophäen heimkommen, mit Trophäen in Form kleiner gewundener Spiralen, sogenannter Schrauben." **2.** *unangenehme Frau* ❖ **Schräu|ferl**, das; -s, -n: *kleine Schraube* ❖ **Schreck|schrauben**, die; -, - (auch mundartl. immer ein Fem.): *die Frau, die aufgrund ihres Äußeren oder ihres Verhaltens als schrecklich empfunden wird:* Dialog in „Kottan ermittelt – Hartlgasse 16a": „A Muad in dem Haus is gnua (= ein Mord in diesem Haus ist genug)" – „Die alte Schreckschraub'n soll si' über die Häuser hau'n (= sie soll verschwinden)." ❖ **Schrau|ben|damp|fer**, der; -s, -: *schreckliche Frau* ❖ **geschraubt daherreden**: *sich einer hochgestochenen Sprache bedienen.*

Schro|fen, Schroffen, der; -s, - [mhd. schroffe, schrove, schrave = rauer zerklüfteter Fels, Felsklippe, Felswand; verw. mit schroff] (standardsprl.): *steiler Fels, steile felsige Klippe* (häufig in Bergnamen und als Name von Berghütten): „Der Wamperte Schrofen ist ein 2520 Meter hoher Berg der Mieminger Kette in Tirol." (Intern.).

Schrund, der; -(e)s, Schründe [Nebenform von Schrunde; dieses zu mhd. schrunde = Riss in der Haut; Scharte des Schwertes; Spalte, Felshöhle; gesamtdt. heute mit der Bed.: Riss in der Haut] (standardsprl., auch CH): *Randspalte eines Gletschers; Abgrund.*

Schub|lad|kas|ten, der; -s, ...kästen (standardsprl., gesamtdt. auch mit der Bed.: Kommode): *Kasten mit Schubladen* ❖ **schub|ladi|sie|ren** ‹hat› (umgangssprl.): *etwas in einer Schublade verschwinden lassen; ein Schriftstück ablegen, ohne es zu erledigen.*

Schüb|ling, Schieb|ling, der; -s, -e [zu schieben; heißt viell. deshalb so, weil das Brät in die Seitlinge hineingestopft wird; in Ö ansonsten Knackwurst, Knacker] (Küchenspr., V, auch CH): *eine Wurst, die gegrillt, gebraten oder in Wasser gebrüht werden kann, außerdem auch für Wurstsalat.*

schup|fen ‹hat› [mhd. schupfen = durch Stoßen in schaukelnde Bewegung bringen, stoßen, schleudern, antreiben, wegdrängen] (standardsprl., auch süddt., CH): **1.** *einen Stoß geben* **2.** *auf* *kleine Distanz werfen* (z. B. einen Ball): dem Kind den Ball zuschupfen ❖ **Ziegel schupfen:** *Ziegel von Mann zu Mann weiterreichen* ❖ **ge|schụpft** ‹Adj.› [eigtl. Partizip 2 von schupfen] (umgangsprachlich): *überspannt, exaltiert, mit unzulänglichen Mitteln einer Modetorheit folgend:* „Der gschupfte Ferdl" heißt ein Lied von Gerhard Bronner ❖ **die Sache ist geschupft:** *die Sache ist positiv erledigt* ❖ **Schụp|ferl**, das; -s, -n [zu schupfen, Bed. 2] (Fußballerspr., mundartl.): *mit dem Rist den Ball anheben* ❖ **Schụpf|nu|deln**, die (Pl.) (Küchenspr.): *gerollte Nudeln aus Kartoffelteig* (sie werden geschupft, d. h. hin und her gewälzt).

Schụp|fen, der, -s, -, **Schụp|fe**, die; -, -n [mhd. schupfe = Schuppen, Scheune] (standardsprl., auch süddt.): *einfacher Holzbau zum Unterstellen von landwirtschaftlichen Geräten.*

Schụ̈p|pel, Schị|pel, der; -s, - [mhd. schübel, schubel, verw. mit Schopf, Schober und schieben] (umgangssprl., auch süddt.): **1.** *loses Bündel von Haaren, Zweigen, Gras etc:* ein Schüppel Haare **2.** *größere Menge:* ein Schüppel Geld: Cornelius Obonya in „Cordoba – Das Rückspiel" (als Mitarbeiter eines Studentenheims zu einer Studentin aus Paderborn): „Nå jå, mir håm jetzt vü Deitsche, an gånzn Schüppl, eigentlich mehr als friahrer (...) Von der Akzeptanz her gibt's då kaane Probleme. Wenn du das nicht zu sehr betonst, von der Språche her, wird das eigentlich ålles gånz normal toleriert, gö!" ❖ **schụ̈p|pel|wei|se** ‹Adj.› (umgangssprl., auch süddt.): *in Schüppeln:* die Haare gehen schüppelweise aus ❖ **schụ̈p|peln** ‹hat; ich schüpple› (umgangssprl., auch süddt.): *beim Haarschopf packen, an den Haaren ziehen* ❖ **Gịft|schüp|pel**, der; -s, -; auch: **Gịft|schüp|perl**, das; -s, -n; (umgangssprl.): **1.** *widerspenstiger Haarschopf; Haare am Hinterkopf, die in die Höhe stehen* **2.** *zu Jähzorn neigender Mensch.*

schu̲s|tern ‹hat›: [zu Schuster; dieses mhd. schuoch-sutære (1. Bestandteil: Schuh; 2. Bestandteil zu lat. sutor = Näher), also eigtl.: jemand, der Schuhe näht; gesamtdt. heute mit der Bed.: als Schuster arbeiten; schlecht und mangelhaft arbeiten] (umgangssprl.): *koitieren.*

S

schụt|zen, schụ|cket|zen ‹hat› [Intensivum zu schucken = mit Schwung werfen, schleudern] (mundartl., auch bair.): *schleudern, schupsen* (einen kleinen Gegenstand, z. B. einen Bleistift).

Schwa|bo, der; -s, -s [eigtl.: Schwabe = kroat. und serb. Bezeichnung für: Deutscher] (umgangssprl., abw.): *Österreicher* (vor allem von Emigranten aus Balkanländern oder aus der Türkei gegenüber Österreichern verwendet; das Gegenstück zu dem Ausdruck Tschusch).

Schwai|ge, die; -, -n [mhd. sweige = Rinderherde, Viehof, Sennerei und dazugehörender Weideplatz; ahd. sweiga; weitere Herk. unklar] (standardsprl., auch bair.): *Sennhütte mit zugehöriger Alm* (auch in Ortsnamen und Familiennamen) ❖ **schwai|gen** ‹hat› (standardsprl., auch bair.): *eine Schwaige bewirtschaften* ❖ **Schwaig|hof**, der; -s, ...höfe (standardsprl., auch bair.): *Bauernhof, auf dem Viehzucht und Milchwirtschaft betrieben wird* ❖ **Schwai|ger**, der; -s, - (standardsprl., auch bair.): *jemand, der einen Schwaighof bewirtschaftet.*

Schwåmm, der; -s, Schwämme; **Schwạm|merl**, das; -s, -n: **1.** (standardsprl., auch bair., aber dort ist Schwammerl nicht Neutr., sondern Mask.: der Schwammerl): *Pilz:* Alf Poier ist für Puls-TV Schwammerln suchen gegangen: „Soda, jetzt war' i fertig mit'n Schwammerlsuachn. Wirklich vü håb i ned gfunden, åber då: zwa Paralsol und zwa Staapülz. Åber die besten Plätz zaag i ned im Fernsehen her, des måch i ned." **2.** (mundartl.) *kleiner Rausch:* Heller und Qualtinger singen in „A Kriagal, a Seidal": „A Spitzal, a Schwipsal, a Räuscherl, a Schwåmm / is unsa tägliches Oabeitsprogramm." **3.** (mundartl.): *Gaspedal:* aufs Schwammerl steigen (= Gas geben) ❖ **wie Schwammerln aus dem Boden schießen** [in D: wie Pilze aus der Erde schießen] (standardsprl.): *rasch in die Höhe wachsen* ❖ **narrische Schwammerln gegessen haben:** *ausgelassen sein* ❖ **Schwạm|merl|bro|cker**, der; -s, - [2. Bestandteil: zu brocken = pflücken, ernten]: **1.** *Pilzsucher* **2.** *kleinkarierter Mensch* ❖ **Heiz|schwạm|merl**, das; -s, -n (umgangssprl.): *Terrassenstrahler.*

schwa̱n|zen ⟨hat⟩ [zu mhd. swanzen = hin und herschwanken; wohl Intensivbildung zu swanken = jemanden ins Schwanken bringen; in Unruhe versetzen; weitere Bed. von mhd. swanzen waren: herumstolzieren, sich tanzartig oder geziert bewegen] (mundartlich, auch bair.): **1.** *ärgern* **2.** *herumstolzieren, sich zur Schau stellen:* er schwanzt herum wie ein Pfau ❖ **sich schwanzen:** *sich ärgern:* es schwanzt mich, dass ich den Film verpasst habe.

Schwå̱rz|bee|re, die (umgangssprl. in T, K, ST, auch süddt.; in T und im Bair. vereinzelt auch Moosbeere, obwohl dieser Name für eine andere Pflanze vorgesehen ist: Vaccinium oxycóccus): *Vaccinium myrtillus; Heidelbeere.*

Schwå̱r|ze, der; -n, -n; ein Schwarzer: **1.** (standardsprl.): *schwarzer Kaffee:* einen kleinen Schwarzen bestellen **2.** (umgangssprl.) *Straßenbahnkontrollor* **3.** (umgangssprl.) *Schiedsrichter* ❖ **schwarze Sau** (Mechanikersprache, historisch): *Puchmoped MV 50.*

Schw<u>ei</u>|gel, der; -s, -n, **Schw<u>ei</u>|gerl**, das; -s, -n [zu mhd. swelgen = schlucken, saufen] (mundartl.): *leichter Rausch:* Heller und Qualtinger singen in „A Kriagal, a Seidal“: „A Spitzal, a Schwipsal, a Räuscherl, a Schweigal, / sonst füh’ ma r uns nimma mehr woi, / håb ich erst das nötige Quantum då drin, / daun merk ich net, wås fia r a Trott’l i bin ...“

Schw<u>ei</u>|ner|ne, das; -n, ein Schweinernes, kein Pl. (umgangssprl., auch süddt.): *Schweinefleisch:* Bitte ein halbes Kilo Schweinernes! – Dialog in „Kottan ermittelt – Nachttankstelle“: „Des kålte Schweinerne, is des guat?“ – „Guat scho, åber aus!“ – „Und dås Gulasch, is’ dås zu empfehlen?“ – „I friss ’s net.“ – „Is’ ’s fett?“ – „Sehr fett!“ – „Dånn nimm i’s.“

Schw<u>ei</u>ns- als erster Bestandteil in Fleischbezeichnungen (vorwiegend mit Fugen-s, nicht mit -e-!): **Schweinsbraten, Schweinsgulasch, Schweinsripperln, Schweinsschnitzel, Schweinsstelze etc.** (statt Schweinebraten etc.) ❖ **Schweins- als erster Bestandteil in Schimpfwörtern** (verstärkend): **Schweinsbeutel, Schweinskrüppel etc.**

S

Schwemme, die; -, -n [mhd. swemme = Pferdeschwemme, zu schwemmen; gesamtdt. mit der Bed.: Teil eines Flusses oder Teichs, wo Pferde ins Wasser getrieben werden (zur Säuberung oder Abkühlung)] **1.** *Schankraum* **2.** *Teil eines Restaurants mit niedrigeren Preisen* **3.** (reg. auch in D): *Verkaufsraum für verbilligte Waren.*

schwindlig 〈Adj.〉 [zu Schwindel = 1. Gefühl, als schwanke der Boden 2. Betrug, Täuschung] (umgangssprl.; gesamtdt. sind die zu 1. gehörenden Bed.: von Schwindel befallen, schwindelerregend; die zu 2 gehörenden Verw. sind zusätzlich in Ö in Gebrauch): *fragwürdig, anrüchig, von zweifelhaftem Ruf:* Diesem schwindligen Händler hätte ich nichts abgekauft!

Schwips, der; -es, -e [zu schwippen = wippen, mit Ablaut von schwappen gebildet; breitet sich gegen Norden aus] (umgangssprl.): *leichter Rausch.*

Schwitz, der, -, kein Pl [zu schwitzen, mundartlich meist Schwitz statt Schweiß] (mundartlich, auch bair.): **1.** *Körperschweiß* **2.** *Beschlag an Fensterscheiben* (Fensterschwitz war früher ein Ausdruck für schlechtes oder abgestandenes Bier).

Schwül [ʃvyː], der; -(e)s [zu schwül; mhd. swilch = schwül, auf ängstliche Weise] (umgangssprl.): *Rausch, der benebelt.*

schwummerlich 〈Adj.〉 [zu mhd. swimmen, swamm, geswummen; eigtl.: wie ein Schwimmer das Gefühl des Schwankens empfinden] (umgangssprl., ostösterr., ansonsten mit anderer Nachsilbe: schwummerig): **1.** *schwindlig, benommen, benebelt:* ein schwummerliches Gefühl **2.** *unbehaglich, von Angst erfüllt:* mir ist schwummerlich zumute / schwummerlich geworden.

Seckl, die, (Pl.) [Vkl. zu Socken] (mundartl., ostösterr.): *Socken* ❖ **er geht mir auf die Seckl**: *er geht mir auf die Nerven.*

Seele, die; -, -n ❖ **arme Seele** (standardsprl., auch süddt.): *Seele einer / eines Verstorbenen im Fegefeuer* ❖ **die arme Seele hat ihre Ruh**: *ein Ziel ist erreicht, man kann zufrieden und* *beruhigt sein* ❖ **meiner Seel** [Verkürzung von: ich schwöre es bei meiner Seele] (umgangssprl., auch süddt.): *Ausruf der Bekräftigung, Beteuerung.*

sei|chen, soa|chen ⟨hat⟩ [mhd. seichen; ahd. seihhen; Kausativum zu seihen, also: rinnen lassen, tröpfeln lassen] (mundartl., auch bair.): *urinieren* ❖ **sei|cheln, soa|cheln** ⟨hat⟩ (mundartl., auch bair.): *nach Urin riechen.*

Sei|del, Sei|tel, Sei|terl, das; -s, -n [mhd. sīdelīn, sīdel; zu lat. situla = Topf, Eimer, Krug] (umgangssprl., ostösterr.; sonst: ein Kleines): **1.** *Biermaß von 0,3 Liter* (es besteht jedoch keine gesetzliche Normierung; vor Einführung des metrischen Systems war 1 Wiener Seidel 0,353681 Liter = 2 Pfiff): Bitte ein Seidel Bier! **2.** *Bierglas von 0,3 Liter* ❖ **Re|pa|ra|tur|sei|del**, das; -s, -n (umgangssprl.) *ein Glas Bier, das die Nachwirkungen eines Rausches mildern soll:* Thomas Maurer in „Die neue Selbständigkeit": „I såg da ehrlich, i könnt jetzt a Reparaturseidel brauchen."

Sei|fe, die; -, n ❖ **auf die Seife steigen** (umgangssprl.): *ausrutschen* (im übertragenen Sinn) ❖ **auf der Seife stehen** (umgangssprl.): *etwas nicht verstehen* (z. B. die Pointe eines Witzes): Georg Danzer in „Schau Schatzi": „... åber Schatzi, und jetzt bist baff, / bei mir stehst a auf der Saaf." ❖ **sich nach der Seife bücken** (mundartl., derb): *Analverkehr zulassen.*

sek|kie|ren ⟨hat⟩ [ital. seccare = ärgern, stören; urspr. trocknen; mit franz. Endung] (standardsprl., abw., auch bair.): *belästigen, quälen, ärgern:* Ludwig Hirsch in „Die Omama": „Oma, pfüadigott, måch's drüben besser, / måch keine Knödeln für die Engerln, sei so gut! / Tu nicht die Heiligen sekkiern, tu nicht den Opa denunziern ..." ❖ **Sek|kie|re|rei**, die; -, -en: *ständige Belästigung* ❖ **Sek|ka|tur**, die; -, -en: *Plage, Belästigung* ❖ **sek|kant** ⟨Adj.⟩ [ital. seccante = lästig]: *peinigend, quälend:* Sei nicht so sekkant!

sel|chen ⟨hat⟩ [ahd. arselchen = dörren] (standardsprl.): *räuchern:* er hat das Fleisch sehr stark geselcht; ein geselchtes Fleisch ❖ **g'selch|ter Åff**: *Dummkopf:* Gerhard Bronner in „Der g'schupfte Ferdl": „Beim letzt'n Ton, då håt er si g'irrt, / worauf der Ferdl sågt: „Dås is ein g'selchter Åff!" ❖ **Sẹlcher**, der; -s, - (standardsprl., histor.): *im alten Wien ein Hersteller und Anbieter von Selchfleisch und Wurst* (im Unterschied zu einem Fleischhauer, der nur Frischfleisch anbietet) ❖ **Sẹlch|fleisch**, das; -es, kein Pl. (Küchenspr., auch bair.): *geräuchertes Fleisch* ❖ **Sẹlch|kar|ree**, das; -s, -s (Küchenspr.): *geräuchertes Rippenstück.*

Sẹm|mel, die; -, -n [mhd. semel(e) = Brot aus Weizenmehl; ahd. semala = fein gemahlenes Weizenmehl; dieses zu lat. simila] (standardsprl., auch bair., daneben außerhalb des Bair. auch reg. in D.; ansonsten in D: Brötchen): *rundes oder längliches Gebäck aus Weizenmehl in vielerlei Ausformung* ❖ **weggehen wie die warmen Semmeln / wie warme Semmeln**: *sich schnell und gut verkaufen lassen; reißenden Absatz finden* ❖ **Sẹm|mel|brö|sel**, das, -s, -(n) (Küchenspr., auch bair.): *kleiner Brocken von geriebenem Weißbrot* ❖ **Sẹm|mel|knö|del**, der; -s, - (Küchenspr., auch bair.): *aus Semmeln zubereiteter Knödel* (im Gegensatz zu Erdäpfelknödel) ❖ **Rẹnn|semẹmel**, die; -, -n (Bikerspr., Autofahrerspr.): **1.** *Rennmotorrad* **2.** *schnelles (kleines) Auto.*

sẹm|pern ‹hat› [Herk. unklar] (umgangssprl., auch bair.): *etwas in aufdringlicher Weise verlangen, insistieren, nörgeln, jammern* ❖ **Sẹm|pe|rer**, der; -s, - (umgangssprl.): *jemand, der sempert.*

Sẹnn, der; -s, -e, **Sẹnner**, der; -s, - [mhd. sennaere, ahd. senno, viell. zu einem keltischen Wort, das Melker bedeutet hat] (standardsprl., auch bair. und CH): *Almhirt, der die Milch zu Butter und Käse verarbeitet* ❖ **sẹn|nen** ‹hat› (standardsprl., auch bair. und CH): *als Senn oder Sennin arbeiten* ❖ **Sen|ne|rei**, die; -, -en (standardsprl., auch bair. und CH): *Alm, auf der die Milch zu Butter und Käse verarbeitet wird.*

sẹn|nern ‹hat› [Herk. unklar] (umgangssprl., vor allem S): *den Speichel aus dem Mund rinnen lassen* ❖ **Sẹn|ner|ling**, der; -s, -e: **1.** *jemand der sennert* **2.** *Speichel, der aus dem Mund fließt* ❖ **Sẹn|ner|bartl**, das; -s, -n [2. Bestandteil: Vkl. von Bart]: *Vorbindelatz für kleine Kinder.*

ser|bisch als Adjektiv zu Speisenbezeichnungen (Küchenspr.): *Hinweis, dass die jeweilige Speise stark gewürzt ist:* Serbische Bohnensuppe, Serbischer Karpfen etc.

sẹr|vus, jugendsprl. Schriftform auch: **zea|was, seas** [aus lat. servus = ich bin dein Diener] (Grußformel, auch bair., doch dort auch zwischen Personen, die per Sie sind): *freundschaftlicher Gruß beim Abschied und zur Begrüßung unter Du-Freunden* ❖ **na servus; servas Gschäft; servas Kaiser** etc.: *Ausruf der Verwunderung und des Entsetzens.*

Sẹs|sel, der; -s, -(n), - ‹in Verbindung mit sitzen und setzen wird die Präposition auf verwendet› [ahd. sezzal; zu sitzen] (standardsprl.): **1.** *ungepolstertes Sitzmöbel für eine Person, es hat eine Rückenlehne und gelegentlich Armlehnen:* sich auf den Sessel setzen, nicht in den Fauteuil; auf dem Sessel sitzen, nicht im Fauteuil **2.** *Amt, Position:* der Sessel ist ihm wichtiger als die Familie **3.** [die arabische Ziffer 4 erinnert in der Schreibschrift an einen Sessel] (umgangssprl., scherzh.): *Schulnote 4* (= genügend): so viele Sesseln haben, dass zum Schulschluss ein Möbelpacker das Zeugnis abholen muss ❖ **Sẹs|sel|rü|cken**, das; -s, kein Pl. [zu Sessel, Bed. 2] (standardsprl., auch CH): *Wechsel in den Führungspositionen* (in Politik oder Wirtschaft) ❖ **Sẹs|sel|kle|ber**, der; -s, - [zu Sessel, Bed. 2] (standardsprl., auch CH): *Politiker, Manager etc., der seine Funktion nicht zurücklegen will* ❖ **Krạn|ken|sessel**, der, -s, -(n); bei einem Kind auch: **Krạn|ken|sesserl**, das, -s, -n (umgangssprl.): **1.** *kränklicher Mensch* **2.** *kranker Mensch.*

S

sie|ben- als erster Bestandteil eines Adjektivs [urspr. bezogen auf das Studium der sieben freien Künste, entstanden in der Antike; im Mittelalter Vorbereitung auf die Studienfächer Theologie, Jurisprudenz, Medizin; die sieben freien Künste bestanden aus dem Trivium (Grammatik, Dialektik / Logik, Rhetorik) und dem Quadrivium (Arithmetik, Geometrie, Musik, Astronomie); auch das von Trivium abgeleitetete Adj. trivial hat erst im Laufe der Zeit eine Bedeutungsverschlechterung erlitten]: *bringt zum Ausdruck, dass eine Eigenschaft in hohem Maß verhanden ist* (heute meist ironisierend und abw.) ❖

sie|ben|gescheit 〈Adj.〉 (umgangssprl.): *besserwisserisch* ❖ **sie|ben|süß**, mundartl. Aussprache [ˈsiemsies] 〈Adj.〉 [auch das gesamtdt. Wort süßlich hat diese Nebenbedeutungen: übertrieben freundlich, geheuchelt liebenswürdig] (umgangssprl.): *übertrieben zuvorkommend, schmeichlerisch.*

Si|mandl, Sie|mandl, das; -s, -n [1. Bestandteil: sie (= Personalpronomen, 3. Person, Einzahl, weiblich) 2. Bestandteil: Vkl. von Mann; also eigtl.: Sie-Mann; im 18. Jh. bildeten sich in Wien Simandlbruderschaften, die hauptsächlich der Belustigung dienten, wobei sich deren Mitglieder als unterdrückte Ehemänner darstellten; in Krems steht ein Simandlbrunnen, die Skulptur zeigt einen Mann, der vor einer Frau kniet; die Erklärung, wonach sieben kleinwüchsige Brüder (= sieben Mandln) die erste Bruderschaft gründeten, dürfte eine später entstandene Legende sein] (umgangssprl., auch bair.): *Ehemann, der sich von seiner Frau beherrschen lässt; Ehemann, der sich gegenüber seiner herrschsüchtigen Frau nicht durchsetzen kann.*

Sim|perl, das; -s, -n [Vkl. von mhd. sumper = geflochtener Korb] (mundartl.; bair. ohne Vkl.: Sumber, Sumper): *flacher, geflochtener Brotkorb* ❖ **jemandem das Simperl vor die Tür stellen** (umgangssprl.): *jemanden vor die Tür setzen.*

si|tu|iert 〈Adj.〉 (standardsprl.): *wohlhabend.*

sit|zen, sich 〈kein Präteritum; hat sich g'sitzt〉 (mundartl., auch süddt. und CH): *sich setzen:* Arik Brauer in „Die Jause": „Jå, då sitz i mi zur Jausen, goa so sicher und so fesch / weil i wüi a Kipferl schmausen / jå des Kipferl is so resch ..." ❖ **nie|der-sit|zen, sich** 〈 kein Präteritum; hat sich niederg'sitzt〉 (mundartl., auch süddt. und CH): *sich niedersetzen.*

Ski|ha|serl, das; -s, -n (umgangssprl., auch süddt., scherzh.): **1.** *junge, hübsche Skiläuferin* **2.** *Anfängerin im Skilaufen.*

Sku|ban|ki, die (Pl.) [tschech. škubánky; zu škubati = rupfen, zupfen; sie werden aus dem Erdäpfelteig herausgezupft] (Küchenspr., ostösterr.): *kleine Nockerln aus Erdäpfeln, Mehl und Butter.*

so|da, so|da|la, so|der|le; scherzh. auch: **So|da|was|ser, So|da mit Him|beer** etc. ⟨Adv.⟩ [mhd. sō und dā] (umgangssprl., auch bair.): **1.** (auffordernd): *also dann:* Soda! Geh'n wir's an! **2.** (abschließend): *das wär's dann, das hätten wir:* Soda, und jetzt machen wir Pause!

So|lẹt|ti®, das; -s, -(s) [zu Sole = Salzbrühe zum Einlegen, verwandt mit Salz; ital. Endung]: *kleines dünnes Salzgepäck* ❖ **wie ein Soletti immer dabei sein** [Weiterentwicklung des Werbeslogans: „Soletti immer dabei"®]: *in alle Entscheidungen involviert sein:* „Die ÖVP ist wie ein Soletti immer dabei!" (Peter Westenthaler, 24. 11. 2007, Parteiaussendung des BZÖ) ❖ **dünn wie ein Soletti** (umgangssprl.): *besonders mager.*

Spạch|tel, die; -, -n [urspr. auf den Süden des Sprachraums beschränkte Nebenform von mhd. spatel = kleine, schmale und flache Schaufel; dieses zu ital. spatula und lat. spatula; später differenziert zu Spachtel = Werkzeug der Handwerker, und zu Spatel = Rührlöffel der Ärzte und Apotheker] (standardsprl., auch gesamtdt.): *kleines Werkzeug zum Auftragen oder Glattstreichen von Mörtel oder Kitt* ❖ **spạch|teln** ⟨hat⟩ **1.** (standardsprl., auch gesamtdt.): *mit einer Spachtel arbeiten* **2.** (umgangssprl., auch bair.): *viel und mit großem Appetit essen; schlingen.*

Spa|gat, der; -(e)s, -e [zu ital. spago = Schnur und der Vkl. spaghetto = dünne Schnur; dieses auch Herkunftswort für Spaghetti] (standardsprl., auch bair.): *feste Schnur* ❖ **Spa|gat|krap|fen**, der; -s, - [Teig wird mit Schnüren auf der halbrunden Form festgebunden, wodurch die typischen Rillen entstehen] (Küchenspr., bes. ST): *eine Mehlspeise aus Mürbteig, meist mit Preiselbeermarmelade.*

S

Spaß, der; -es, Späße; umgangssprl. und mundartl. auch mit verdeutlichender Vorsilbe Ge-: **Gspaß**, der [zu ital. spasso = Zeitvertreib, Vergnügen, trotzdem wird das Wort in Ö fast ausnahmslos mit langem Vokal ausgesprochen, die Schreibung mit ß wird bevorzugt] ❖ **spaß|hal|ber:** *zum Spaß, aus Spaß* ❖ **Spaß-ohne!** *Es ist ernst gemeint, was ich sage!* ❖ **Spaß-ohne?** *Ist das* *ernst gemeint?* ❖ **Spas|sẹttln, Gspas|sẹttln**, die (Pl.) [französisierende Weiterbildung zu Spaß; meist mit kurzem a-Vokal ausgesprochen, Schreibung mit -ss-]: *harmlose Späße, Gaudi* ❖ **Mach keine Spassettln!** *Mach keinen Unfug!* ❖ **Gspa̱ß-la|berln**, die (Pl.) (umgangssprl., scherzh.): *weibliche Brüste.*

spẹch|teln ⟨hat; ich spechtle⟩ [Weiterbildung zu mhd. spēhen = schauen, betrachten (suchend oder kundschaftend)] (umgangssprl.): **1.** *spähen, spionieren* **2.** *sich als Voyeur betätigen:* Dialog in „Kottan ermittelt. Der Geburtstag": „Ist ihr Sohn schon hinten bei der Tür ..." – „Was?" – „Spechteln!" ❖ **Spẹcht|ler**, der; -s, - (umgangssprl.): *Voyeur.*

Spẹck, der; -s, -e [mhd. spec, ahd. spek; gesamtdt. mit der Bed.: zwischen Haut und Muskelschicht liegendes Fettgewebe des Schweins, das durch Selchen haltbar gemacht wird] (westösterr.): *roh eingesalzenes und geräuchertes Stück Fleisch vom Schwein mit Fett und Schwarte:* Bauchspeck, Schopfspeck, Schinkenspeck, Karreespeck.

spe̱i|ben ⟨spieb, hat gespieben⟩ [mhd. spīwen, das auch zu speien wurde] (umgangssprl., auch bair.): **1.** *speiben: sich übergeben, erbrechen:* Bernhard Ludwig in „Anleitung zum Diätwahnsinn": „Bulimie (...) Dås sind die Lieblinge der Wirtschaft (...) Die brauchen drei Mal so vü zum Essen wie jeder åndere. Die gengan scho' mit dem Einkaufswagerl so durch 'n Supermarkt durch und sagen: Heut' speib i des, heut' speib i des (...) Der passt scho' beim Einkaufen drauf auf, dass es si' nåcha guat speiben lässt." **2.** *speiben* (gaunersprl.): *(in einem Polizeiverhör) gestehen* ❖ **speiben wie ein Reiher** [zu Bed. 1; verdeutlichend und verstärkend; der Reiher füttert seine Jungen aus dem Kropf, würgt die Nahrung also heraus; daher auch reihern = sich übergeben]: *heftig erbrechen* ❖ **ausschauen wie ein gspiebenes Ạpfelkoch** [das Gericht mit der Bezeichnung Koch war früher auch ein Brei für Kranke] (mundartl.): *sehr schlecht ausschauen* ❖ **ẹrb|sen|speib|grün** ⟨Adj.⟩ (umgangssprl., scherzh.): *grün wie gespiebene Erbsen* ❖ **Spe̱i|ber|ling**, der; -s, -e: *Speichel, Spucke:* der Speiberling ist ihm aus dem Mund geronnen ❖ **Spe̱ibsackerl**, das; -s, -n (umgangssprl., in D: Kotztüte): *Papiersack für Erbrochenes* (z. B. im Flugzeug) ❖ **Speibtrü|cherl**, das; -s,-n [2. Bestandteil: Vkl. von Truhe; urspr.: Spucknapf] (umgangssprl., auch bair.): *kleines Auto.*

speil|len, sich ⟨hat⟩ [zu Speil = Keil, dieses zu mhd. spīle; verw. mit Spitze] (umgangssprl.): **1.** *sich verklemmen* **2.** *nicht in Einklang zu bringen sein:* im Kalender stehen zwei Termine um 10 Uhr – da speilt sich etwas ❖ **auf|spei|len** ⟨hat⟩: *den Mund / die Augen weit aufmachen.*

speis|z|håm [kurz für: ich wünsche Ihnen gut gespeist zu haben] (mundartl., ostösterr.): *wie Mahlzeit* (kurz für: gesegnete Mahlzeit).

Spen|zer, Spen|ser, der; -s, - [nach dem engl. Grafen Georg John Spencer (1758–1834)] (standardsprl.): *kurze, enge Jacke.*

sper|ren ⟨hat⟩ [ahd. sperran, zu Sparren, also urspr.: mit Sparren versehen] (standardsprl., auch süddt., in D ansonsten: schließen): **1.** *einen Schlüssel in eine bestimmte Stellung bringen, sodass etwas geschlossen ist:* er hat die Tür hinter sich zugesperrt **2.** *etwas für Kunden, Besucher etc. vorübergehend nicht zugänglich machen:* das Geschäft hat seit 12 Uhr gesperrt **3.** *als Sperrmechanismus funktionieren* (von einem Schloss und einem Schlüssel): der eine Schlüssel sperrt, der andere nicht ❖ **Sperr|stun|de**, die; -, -n (standardsprl.): *Zeit, zu der ein Gasthaus, ein Kaffeehaus etc. den Tagesbetrieb beendet:* Kellner: „Sperrstunde! Darf ich abkassieren?“ – Gast: „Wann hat das Lokal eigentlich Sperrstunde?“ ❖ **åb|sper|ren** ⟨hat⟩ (standardsprl., auch süddt.): *ein Zimmer, eine Truhe, einen Schrank etc. durch Sperren unzugänglich machen:* er hat das Zimmer abgesperrt ❖ **auf|sper|ren** ⟨hat⟩ (standardsprl., auch süddt.): *ein Zimmer, eine Truhe, einen Schrank etc. durch Sperren zugänglich machen:* er hat das Zimmer aufgesperrt.

S

Spe|zi, der; -s, -(s) [Kurzform von Spezial] (umgangssprl., auch süddt.): **1.** *enger Freund, Kamerad* **2.** *Mischung aus Cola und Limonade* ❖ **Spezl**, der; -s, -n [Vkl. von Spezi, emotional verstärkend]: *enger Freund, Kamerad.*

spie|ßen, sich ‹hat› [vermengt aus mhd. spiez = Jagdspieß (zu einem erschlossenen german. spreuta) und mhd. spiz = Bratspieß (eine Substantivierung zu spitz); nur die reflexive Form sich spießen ist ein österr. Spezifikum] (standardsprl.): **1.** *sich verklemmen:* die Schublade spießt sich (= lässt sich nicht bewegen); **2.** *klemmen:* in der Schublade spießt sich etwas (= klemmt etwas) **3.** *nicht weitergehen, stocken:* die Verhandlungen spießen sich.

Spitz, der; -es, - [Nebenform zu: die Spitze; Vkl.: Spitzerl, das; verwandt mit angespitzt = leicht betrunken] **1.** (mundartl.): *kleiner Rausch:* Heller und Qualtinger singen in „A Kriagal, a Seidal": „A Spitzal, a Schwipsal, a Räuscherl, a Schweigal / sonst füh' ma uns nimmamehr woi ..." **2.** (Küchenspr.): *(spitz zulaufende) Rindfleischsorte:* Kruspelspitz, Tafelspitz, Kavalierspitz **3.** (mundartl.): *Tritt mit der Schuhspitze ins Gesäß:* jemandem einen Spitz geben **4.** (Fußballerspr., umgangssprl.): *Pass oder Schuss mit der Schuhspitze.*

Spom|pa|na|de(l)n, Spåm|pa|na|de(l)n, die ‹Pl.› [ital. spampanata = Aufschneidereien, urspr.: Weinlesefest im Weingarten mit pantomimischen Vorführungen der Mädchen; zu: spampanare = aufschneiden, prahlen] (umgangssprl.): **1.** *Schwierigkeiten; überflüssiger und zeitraubender Aufwand:* Mach keine Spompanadeln! (= Mach keine Umstände!) **2.** *Widersetzlichkeiten, von der Norm abweichendes Verhalten.*

spra|geln, zer|spra|geln ‹hat› [zu sprägeln = spreizen; ein älterer mundartl. Ausdruck aus Ö und dem Bair.; verw. mit spreilen = splittern] (umgangssprl., vor allem ostösterr.): *spreizen, aufspreizen, spalten, auseinandersprengen:* ich hab die Schreibfeder gespragelt / zerspragelt ❖ **zer|spra|geln, sich** ‹hat› (umgangssprl.): *sich für jemanden / für etwas sehr bemühen, sehr einsetzen; sich für jemanden / für etwas zerreißen:* ich habe mich für ihn zerspragelt, aber er hat es mir nicht gedankt ❖ **ich kann mich nicht zersprageln** (umgangssprl.): *ich kann nicht alles gleichzeitig erledigen, es überfordert mich* ❖ **Sprag|ler**, die (Pl.): *lange Füße (= Beine).*

sprạt|zen 〈hat〉 [Herk. unklar; viell. ablautend zu spritzen] (umgangssprl.): *mit knatterndem Geräusch spritzen, sprühen:* das Holz im offenen Kamin hat gespratzt, wahrscheinlich ist es feucht.

sprẹ|chen 〈sprach, hat gesprochen〉 (dieses Verb hat im österr.-bair. Mundartgebiet in der Alltagskommunikation den Nebensinn des Großsprechens und des affektierten Sprechens, während im Normalfall das Wort reden verwendet wird): **1.** *groß daherreden* **2.** *anständig reden:* **Schön sprechen!** (umgangssprl.): *Kritik, wenn jemand ein derbes Wort verwendet:* Andreas Vitasek in „My Generation“: „Ich håb långe Zeit keine Uhr g'håbt, åber ich håb keine Uhr braucht, es is ma ned åbgången (...) ich håb a gewusst, wo die öffentlichen Uhren stehen ... U-h-r-e-n stehen, schön sprechen ... dås wåren die sogenånnten Würfeluhren ...“

Sprin|gịn|kerl, das; -s, -n [zu Gankerl = Teufel, Tod, lebhaftes Kind; Vokalangleichung von a zu i in Anlehnung an springen] (umgangssprl.): *(allzu) lebhaftes Kind.*

Sprịs|sel, Sprịs|serl, das; -s, -n [mhd. sprīȥe und sprīȥel = Span, Splitter, außerdem mhd. spriuȥen = stützen, spreizen; verw. mit sprießen] (umgangssprl., auch bair.): *waagrechter Stab, Leitersprosse, Sitzstange im Vogelkäfig* ❖ **am Sprisserl sitzen** (umgangssprl.): *am äußersten Rand sitzen und sich dabei unwohl fühlen* ❖ **Sprisse(r)ln brauchen** (umgangssprl.): *so müde sein, dass einem die Augen zufallen.*

S

sprịt|zen 〈hat〉 [entrundet aus mhd. sprützen = spritzen, sprossen]: (standardsprl., Bed. 1 auch süddt., mittelostdt., CH): **1.** *ein alkoholisches Getränk oder einen Fruchtsaft mit Soda-, Mineral- oder Leitungswasser verdünnen* (in Gaststätten mit Sodawasser) **2.** *entlassen, kündigen:* Sie haben ihn gespritzt! **3.** *für eine bestimmte Zeit die Arbeit unterlassen:* Den Nachmittag haben wir gespritzt! **4.** (im Kartenspiel): *kontrieren* ❖ **auf|sprit|zen**: *mit Soda- oder Mineralwasser verdünnen:* den Wein aufspritzen ❖ **gesprịtzt**: **1.** *mit Wasser verdünnt:* ein gespritzter Wein; ein Achtel (Weißwein) gespritzt; ein Apfelsaft gespritzt **2.** *versnobbt* **3.** *geistig leicht gestört* ❖ **ein|ge|spritzt** ⟨Adj.⟩ (umgangssprl.) *beschwipst, angeheitert* ❖ **Ge|spritzt!** (umgangssprl.): *In Ordnung!* ❖ **Ge|spritz|te**, der; -n, -n, ein Gespritzter (standardsprl., auch bair., sonst in D: Weinschorle): *mit Soda- oder Mineralwasser verdünnter Wein* ❖ **Sprit|zer**, der; -s, - (standardsprl.):**1.** *mit Soda- oder Mineralwasser verdünnter Wein* **2.** *kurzer Regenguss* **3.** *unerfahrener junger Mann;* meist: junger Spritzer; in D ansonsten: junger Springer: Mundl Sackbauer (Karl Merkatz) in „Ein echter Wiener – Salz der Erde": „Då kommen so junge Spritzer daher und sågn einem ins Gsicht, dass mir schuld san, dass der Hitler die Juden vergast hat!" ❖ **Som|mer|sprit|zer**, der; -s, -, **Som|mer|ge|sprit|zte**, der; -n, -n; ein Sommergespritzter (standardsprl.): *gespritzter Wein mit höherem Sodawasseranteil, also weniger Alkohol.*

spru|deln ⟨hat⟩ [Weiterbildung zu sprühen; unter Einfluss von prudeln, eine reg. Nebenform von brodeln; gesamtdt. heute mit der Verw.: sprudelnde Quelle etc.] (standardsprl.): *mit dem Sprudler verrühren* (in D: quirlen) ❖ **Spru|dler**, der; -s, - (standardsprl.): *Gerät zum Sprudeln* (in D: Quirl) **2.** (umgangssprl.): *lange Füße (= Beine), einwärts gerichtete Füße (= Beine).*

stad[1] ⟨Adj.⟩ [mhd. stæt(e); verw. mit stet(ig)] (umgangssprl., auch bair.): **1.** *still, ruhig:* Du, sei stad! **2.** *langsam, leise.*

-stad[2] **als 2. Bestandteil** [über ein in der Gaunerspr. belegtes – (g)stard zu dem Kartenspielerausdruck skat = ohne Karte in einer bestimmten Farbe; dieses zu ital. scarto = das Verlegen der Karten; die verlegten Karten selbst; zu lat. charta = Papier, Spielkarte; skat ist verw. mit amtssprachlich skartieren = alte Akten ausscheiden und vernichten, dieses zu ital. scartare] (umgangssprl.): *drückt in Bildungen mit Substantiven aus, dass etwas nicht vorhanden ist:* **håcken|stad**: *arbeitslos* ❖ **schmäh|stad** ⟨Adjektiv; nur prädikativ): *mit seiner Weisheit am Ende, sprachlos:* dann war er schmähstad.

Stå|del, der; -s, -(n) [ahd. stadal, urspr.: Stand(ort)] (standardsprl., auch süddt., CH, dort meist Städel, ansonsten in D: Scheune): *einfaches landwirtschaftliches Gebäude, in dem vor allem*

Heu aufbewahrt wird ❖ **Zie|gel|stå|del**, der; -s [frühere Lehmgrube und Ziegelei, wo Häftlinge als Arbeiter eingesetzt wurden] (umgangssprl.): *gerichtliches Gefangenenhaus in Innsbruck* (die größte Haftanstalt in Westösterreich).

sta|gel|grün, sta|hel|grün <Adj.> [1. Wortbestandteil: mhd. stahel = Stahl; der grünen Farbe des polierten und im Feuer grün angelaufenen Stahls ähnlich] ❖ **etwas liegt jemandem stagelgrün auf** (umgangssprachlich): *etwas macht jemanden wütend:* deine Sekkiererei liegt mir stagelgrün auf.

stal|lie|ren, aus|stal|lieren <hat> [zu ital. scagliare = werfen, schleudern; Vorwürfe machen, schmähen; um die Aussprache zu erleichtern, wechselt der Anlaut von schk- zu scht- (wie skat zu stad); die Vorsilbe aus- dient der Verdeutlichung; diese Variante ist inzwischen die häufigere] (umgangssprl.): *auf übertriebene Weise kritisieren, heftig bekritteln.*

Stam|perl, das; -s, -(n) [gehört vermutl. zur german. Wortfamilie stampōn = stampfen; auf den meist schweren Fuß solcher Gläser bezogen] (standardsprl., auch süddt.): *kleines, massives Glas ohne Stiel für Schnaps oder Likör:* drei Stamperln Schnaps trinken.

stam|pern, ver|stam|pern, weg|stam|pern, heim|stam|pern <hat> [vermutl. ital. stampare = wegdrücken] (umgangssprl., auch bair.): *wegjagen; (ver)scheuchen, wegweisen:* „In Holland ist ein Pfarrer strafversetzt worden, weil er aus Anlass des Fußballweltmeisterschaftsfinales seine Kirche mit Fußbällen und orangen Blumengirlanden dekoriert (...) hatte. Sein Bischof stamperte ihn dafür an einen Ort, ‚wo er nachdenken kann'." (Heute, 20. 7. 2010).

Ståmp|fer, der; -s, - [zu stampfen = mit einem Stoßgerät zerkleinern; gesamtdt. ist Stampfer, ein Werkzeug zum Feststampfen von Erde etc. oder ein Küchengerät zum Zerstampfen von Erdäpfeln etc.] (mundartl., abw.): **1.** *dicke unförmige Beine* **2.** *große Füße* ❖ **-ståmp|fer** (mit einem zusätzlichen 1. Bestandteil, um den abw. Charakter zu verstärken): **Kraut|ståmp|fer, Be|ton-**

ståmp|fer, Ele|fạn|ten|ståmp|fer etc.: *besonders dicke, massige, hässliche Beine.*

Stạndl, das; -s, -n [Vkl. zu Stand = kleine Verkaufsstelle für Blumen, Würstln oder anderes] (umgangssprl., auch bair.): *Verkaufsstand* ❖ **Stạnd|ler**, der; -s, - (umgangssprl., auch bair.): **1.** *Betreiber eines Verkaufsstandes* **2.** *Verkäufer an einem Verkaufsstand* ❖ **Pụnsch|standl**, das; -s, -n (umgangssprl.): *Verkaufsstand für Punsch* (zu Weihnachten): „Wånn i net Fußballspieler worden wär, hätt's wåhrscheinlich nur g'reicht zum Punschstandl – um Punsch auszuschenken." (Herbert Prohaska in „Live" am 19. 11. 2010).

Stạn|ge, die; -, -n, **Stån|gen**, die; -, - [ahd. stanga, verw. mit stechen] (Fußballerspr.): *die senkrechten Pfosten eines Fußballtores;* in D nur: Pfosten ❖ **Stạngl|pass**, der; -es, ...pässe: [1. Bestandteil: Vkl. von Stange (= Torpfosten) 2. Bestandteil: engl. pass = Zuspiel, Ballabgabe] (Fußballerspr.): *flacher Querpass aus der Nähe der Cornerfahne zur Mitte hin, also Richtung Stange* ❖ **Stangl|brụnn|ner**, der; -s, kein Pl.: [eigtl.: Wasser aus der Brunnenstange = Brunnenwasser] (mundartl.): *Leitungswasser* (im Gegensatz zu Mineralwasser).

Sta|nịt|zel, das; -s, - [ältere Varianten: Starnitze(l), Skarnitze(l), Scharnitze(l) etc.; wohl eine Vermischung von triestinisch scartoccio mit lat. charta cornuta; dieses zu cartotius = aus Papier; vgl. slowen. škrniceljj] (standardsprl., ost- und südösterr., bair.: Stranitze oder Stranitzen; in D ansonsten: Tüte): **1.** *spitzes Papiersackerl* **2.** *trichterförmiges Gebäck aus Waffelteig für Speiseeis:* „Endlich ist die Eiszeit da! Wiens beliebteste Stanitzel-Dealer im ‚Österreich'-Test." (Österreich, 8. 6. 2010).

stạn|zen ⟨hat⟩ [Herk. unklar; vermutl. verw. mit stoßen; gesamtdt. heute mit der Bed.: maschinell in eine bestimmte Form pressen; etwas in ein Material prägen] (mundartl., auch süddt.): **1.** (auch: **fortstanzen, wegstanzen, heimstanzen**): *wegjagen, vertreiben:* jemanden mit Fußtritten fortstanzen, sich fortstanzen (= sich eilig davonmachen) **2.** *kündigen:* sie haben ihn zum Jahresende gestanzt **3.** *stehlen:* jemandem das Geldbörsel stanzen.

stau|ben ⟨hat⟩ [zu ahd. stoub = Staub; verw. mit stieben] **1.** *mit Mehl bestreuen* **2.** *überholen, überflügeln:* den Golf GT hamma gstaubt ❖ **das staubt mir bei den Ohrwascheln außi:** *das ist besonders trocken* (zum Beispiel eine schlecht gemachte oder alte Mehlspeise) ❖ **Staub|zu|cker**, der; -s, - (standardsprl.; in D: Puderzucker): *staubfein gemahlener Zucker* ❖ **Stau|bi|ge**, der; -n, -n; ein Staubiger [zu staubig, weil das Getränk trüb ist] (umgangssprl.): *schon fast zur Gänze vergorener Traubensaft, knapp bevor er zum Wein wird* (zwischen Sturm und Wein angesiedelt) ❖ **ein|stau|ben:** *etwas Pulvriges verteilen.*

Steffl, der; -s, kein Pl. (umgangssprl.): **1.** *Koseform für Stefan* ❖ **2.** *Wiener Stephansdom:* STS in „Fürstenfeld“: „... und der Steffl, der schaut åba auf des oame Steirerkind.“

Stei|ge[1], die; -, -n [mhd. steige = steile Straße, steile Anhöhe, zu mhd. stīgen = steigen, aufsteigen; besteigen, ersteigen] (standardsprl., auch süddt.): *steile Fahrstraße.*

Stei|ge[2], die; -, -n [wohl Übertragung aus einer Nebenform von Stiege; urspr. Bed.: Leiter] (standardsprl., auch süddt.): *flache Lattenkiste* (in der Obst, Gemüse etc. transportiert und zum Verkauf angeboten werden).

Stei|ge[3], die; -, -n [mhd. stīge = Stiege; zu einer Wurzel, die zu Wörtern mit der Bed. Zusammendrängen, Getümmel etc. führt] (standardsprl.): *Käfig für Hühner, Vögel etc.*

Stein von innen sehen [in Stein an der Donau, einem Ortsteil von Krems, befindet sich eine Vollzugsanstalt (= Gefängnis des judikativen Strafvollzugs, in D: Justizvollzugsanstalt, in der Schweiz: Strafanstalt), Stein gilt im Wiener Raum als Synonym für Gefängnis; in der ST hat Karlau eine ähnliche Bed., in OÖ Garsten; dort daher: Karlau / Garsten von Innen sehen] (umgangssprl.): *im Gefängnis sitzen:* Georg Danzer in „Geh in Oarsch“: „Schau, i håb a Messer eing’steckt / mir is’ ’s wurscht – wånn i di’ stich – / ob i wieder amoi Staa / fia a poa’ Joa’ von Innen siech.“ ❖ **Wer nichts riskiert, kommt nie nach Stein / Karlau / Garsten!** *Sei nicht so feig! Riskier doch was!*

(im Casino, beim Kartenspiel etc.) ❖ **da sitzen hundert Jahre Stein:** *diese Leute gehören zur Unterwelt* ❖ **Stein|hau|sen** (gaunersprl., scherzh.): *Vollzugsanstalt Stein.*

Stẹll|wå|gen, der; -s ...wägen [eigtl.: Gestellwagen; zu stellen = anhalten; ein Pferdefuhrwerk, das durch Winken angehalten werden konnte] (histor.): *Pferdefuhrwerk als öffentliches Verkehrsmittel* ❖ **jemandem mit dem Stellwagen ins Gesicht fahren** (umgangssprl.): *jemanden ganz grob anfahren.*

Stẹl|ze, die; -, -n [mhd. stelze, ahd. stelza = Holzbein, Krücke; gesamtdt. mit der Verw.: auf Stelzen gehen etc., außerdem als Vogelname] (Küchenspr.): **1.** *Unterschenkel vom Schwein, Kalb oder Lamm* **2.** *kurz für Schweinsstelze.*

Stẹrz, der; -es, -e [zu mundartl. sterzen = fest, steif sein] (Küchenspr., auch süddt.): *Speise aus einem mit Maismehl oder Grieß zubereiteten Teig, der in Fett gebacken oder in heißem Wasser gekocht wird* (ein Standardgericht der bäuerlichen Küche): Erdäpfelsterz, Heidensterz, Polentasterz, Türkensterz etc.

stẹs|sen, stọ̈s|sen ‹kein Präteritum, hat gstessen› [Nebenform von stoßen] (mundartl.): **1.** *Geld einmahnen:* du musst ihn stessen, sonst wartest ewig auf das Geld **2.** *stehlen:* jemandem das Geldbörsel stessen ❖ **derstẹs|sen, sich; derstọ̈s|sen, sich** (mundartl.): **1.** *durch einen Stoß zu Schaden kommen* **2.** *stürzen* **3.** *tödlich verunglücken* ❖ **abistessen** (mundartl.): *rasch hinuntertrinken* ❖ **Stẹs|ser, Stọ̈s|ser**, der; -s, - (mundartl.): **1.** *Stoß, Rempler* **2.** *Zylinderhut (der Fiaker) mit schmaler, flacher Krempe* **3.** *Sperber* (ein Raubvogel).

Stie|ge, die; -, -n [ahd. stiega, zu steigen; in D nur für einen steilen und engen Auf- oder Abgang, ansonsten Treppe; in der österr. Alltagssprache dominiert Stiege, Treppe klingt hochgestochen; hingegen ist auf Schildern der Ausdruck Treppe häufiger als Stiege: „Arzt eine Treppe höher!"]: (standardsprl.): **1.** *stufenförmiger Auf- oder Abgang jeder Art* **2.** [vor allem in Wien haben größere Wohnhausanlagen nur eine Hausnummer, wodurch es notwendig ist, die einzelnen Eingänge nach Stiegen zu unterscheiden] (standardsprl.): *Teil einer größeren Wohnhausanlage:* Wolfgang Ambros in „Blume aus dem Gemeindebau“: „I mecht von dir nur amoi a Lächeln kriagn, / du schönste Frau von der Vierer-Stiag’n.“ ❖ **Fẹst|stie|ge**, die; -, -n [zu Stiege, Bed. 1] (standardsprl.): *prunkvoll gestalteter Aufgang in einem historischen Gebäude* ❖ **der Wein ist auf der Kellerstiege gewachsen** (umgangssprl.): *der Wein ist gepantscht.*

stier ⟨Adj.⟩ [wohl zu mhd. sterre = starr, steif] (umgangssprl.): *ohne Geld, mittellos, pleite.*

stie|ren ⟨hat⟩ [zu mhd. stürn = stochern, stacheln, antreiben; verw. mit stören] (standardsprl., auch bair.): **1.** *stochern, stöbern, herumsuchen* **2.** *zuwider sein:* Bei diesem Schlechtwetter können wir keinen Ausflug machen – das stiert mich ganz gewaltig! ❖ **ạb|stie|ren:** *jemandem auf hinterhältige Art Geld abnehmen* (z. B. einem Betrunkenen das Geld aus der Hosentasche ziehen) ❖ **stie|reln, stierln** [zu stieren mit -l-Einschub zur Intensivierung] (umgangssprl.): *durchstöbern:* jemand hat in meiner Lade gestier(e)lt ❖ **he|r|ụm|stie|reln, he|r|ụm|stierln** [zu stieren mit herum, ebenfalls zur Intensivierung] (umgangssprl.): **1.** *herumstochern:* im Feuer herumstier(e)ln **2.** *durchstöbern:* in den Unterlagen herumstier(e)ln *3. einem Sachverhalt genau nachgehen:* der Aufdecker hat so lange herumgestier(e)lt, bis alles ans Licht gekommen ist ❖ **Stier|ler**, der; -s, - (standardsprl.): **1.** *jemand, der im Essen herumstochert; jemand, der beim Essen wählerisch ist* **2.** *jemand, der vermutlichen Ungereimtheiten beharrlich nachgeht* ❖ **Mịst|stier|ler**, der; -s, - (standardsprl.): *jemand, der im Müll nach Essensresten oder nach Verwertbarem sucht.*

Stịf|terl, das; -s, -n [Vkl. von Stift (= an einem Ende zugespitztes Stück aus Metall; auch: jüngster Lehrling, kleiner Bub)] (standardsprl.): *kleine Weinflasche* (meist 0,25 Liter oder 0,35 Liter).

stọ|cken ⟨hat bzw. ist⟩ [urspr. = fest, dickflüssig werden, gerinnen, eigtl.: steif wie ein Stock werden; gesamtdt. sind: jemandem stockt der Atem; das Gespräch stockt; der Verkehr stockt etc.] (standardsprl., auch süddt. und CH): *gerinnen, dick-*

flüssig werden (auch sauer werden von Milch): gestockte Milch.

Stọ|ckerl, das; -s, -n [Vkl. von Stock] (standardsprl., auch bair., in D ansonsten Hocker): **1.** *Sitzgelegenheit ohne Lehne* **2.** *Siegerpodest:* am Stockerl stehen = unter den ersten drei platziert sein ❖ **Stọ|ckerl|platz**, der; -es; ...plätze (standardsprl.): *1., 2. oder 3. Platz* ❖ **Stọ|ckerl|po|po**, der; -s, -s, **Stọ|ckerl|arsch**, der; -es, ...ärsche (umgangssprl.): *weit herausragendes Gesäß* ❖ **etwas haut jemanden vom Stockerl:** *jemanden sehr erstaunen, begeistern* (oft in Negation): Du hast einen Vierer im Lotto? Das haut mich nicht vom Stockerl! ❖ **vom Stockerl fallen:** *völlig überrascht, verblüfft sein.*

Stöckl, das; -s, -n [Vkl. von Stock] (standardsprl., auch bair.): *Nebengebäude* (bes. von Schlössern).

Stọp|pel, Stọp|sel, der; -s, -n [Vkl. von Stopfen] (standardsprl., ostösterr.; in D: Stöpsel): *Flaschenverschluss aus Kork oder Kunststoff* ❖ **Stọp|pel|zie|her**, der; -s, - (standardsprl., ostösterr.): *Korkenzieher* ❖ **Stọp|pel|geld**, das; -es, -er (standardsprl., ostösterr.): *Entgelt für das Öffnen und Ausschenken von Wein, der ins Lokal mitgebracht wird* (nach voheriger Vereinbarung).

Sto̲|sup|pe, die; -, -n [zu mhd. stowen = stocken; volksetymologisch mit dem Verb stoßen in Verbindung gebracht, daher auch vereinzelt Stoßsuppe] (Küchenspr.): *Suppe aus gestockter saurer Milch.*

stra̲hn ⟨hat bzw. ist⟩ [mundartl. Form von streuen; zu mhd. ströu(we)n, ahd. strewen, strouwen] (mundartl.): **1.** ⟨hat⟩ *streuen:* sie haben gstraht; es ist gstraht **2.** ⟨hat⟩ *stürzen, hinfallen:* es hat eam gstraht ❖ **a̲u̲f|strahn** ⟨hat bzw. ist⟩ (mundartl.): *Sand streuen:* sie haben aufgstraht; es ist aufgstraht (bei Glatteis) ❖ **hi̲n|strahn, he̲r|strahn** ⟨hat⟩ (mundartl.): *stürzen, der Länge nach hinfallen: es hat ihn hingstraht* ❖ **ạn|g'straht** ⟨Adj.; eigentlich Partizip 2 zu anstrahn⟩ (mundartl.): **1.** *leicht alkoholisiert, angeheitert:* „Es wår net aufg'straht und i wår ång'straht, / då hat's mi herg'straht åls wie net gscheit." (Text eines Liedes von Hans Hauenstein und Ferry Wunsch) **2.** ***nicht recht bei Verstand, verrückt*** ❖ **drü|ber|strahn** (mundartl.): ***darüberstreuen*** ❖ **zum Drüberstrahn:** ***als genussvoller Abschluss*** ❖ **Reis strahn** (mundartl.): ***sich ängstigen.***

strạmp|fen ⟨hat⟩ [gängige Nebenform von stampfen] (umgangssprl., auch bair.): **1.** ***mit den Füßen aufstampfen*** **2.** ***protestieren, Einwendungen machen:*** er hat gestrampft, als ihm mitgeteilt wurde, dass er nicht befördert wird ❖ **Gstrạmpf|te,** der; -n, -n, ein Gstrampfter (Volkskunde): ***ein Tanz, bei dem mit den Füßen aufgestampft wird.***

Strạn|kerl, das; -s, -n, mundartl. Aussprache. Sg. [ˌʃtrankəle], Pl. [ˌʃtrankəlan] [zu slow. strok (= Hülse, Schote), dieses zu frühslow. strank = Bohnenschote] (standardsprl., vor allem K): ***Phaseolus vulgaris; grüne Bohne*** (in Schotenform).

Strau|be, die; -, -n; **Strau|ben,** die; -, - [mhd. strūbe = das Sträuben; eine Art Backwerk, Spritzkrapfen; außerdem mhd. strūben = starren, rau emporstehen (von Federn); eigtl.: Backwerk mit rauer Oberfläche] (Küchenspr., auch bair.): ***Schmalzgebäck mit unregelmäßiger, rauer Oberfläche, da man den Teig ins heiße Schmalz tropfen lässt.***

Strau|chen, Strau|ken, die; -, - [mhd. strūche = Katarrh; vermutl. slawischen Ursprungs, vgl. tschech. strouha = Wasserrinne] (mundartl.): ***Schnupfen, Husten.***

stra|wạn|zen, stra|bạn|zen, he|r|ụm|stra|wan|zen ⟨hat⟩ [viell. Dehnform von mhd. stranzen = müßig gehen; auch Ableitung von ital. stravaganza = Extravaganz wird in Erwägung gezogen] (umgangssprl., auch bair.): ***sich herumtreiben, vagabundieren*** ❖ **Stra|wạn|zer, Stra|bạn|zer,** der; -s, - (umgangssprl., auch bair.): ***jemand, der strawanzt.***

Streit|han|sel, der; -s, -n [2. Bestandteil: Koseform zu Hans und Johann; ev. auch ein verballhorntes -hahn (das Herkunftswort wäre dann Streithahn)] (umgangssprl., auch süddt.): ***streitsüchtiger Mensch.***

Strịz|zi, Strie|zi, der; -s, -s [Herkunft nicht ganz klar, entweder aus tschech. strýc = Onkel (verhüllend für Zuhälter) oder spöttische Koseform zu Striezel mit Vokalverkürzung unter Einfluss von von ital. strizzare = auspressen; das Wort hat früher in der Schreibung Strizi soviel wie Modegeck, Dandy bedeutet, später dann Lausbub, arbeitsscheuer Bursch und Zuhälter] (auch süddt. und CH): **1.** *liebenswürdiger, frecher Bub:* Na, du kleiner Strizzi! **2.** *leichtsinniger, arbeitsscheuer Bursch* **3.** *Zuhälter* ❖ **Strịz|zi|au|to**, das; -s, -s: *Ami-Schlitten:* Roland Düringer in 4WD: „Der nächste Ami, den i dånn ghåbt håb (...) und då håt's immer g'haaßn, des san die Strizziautos ... Håb i ma 'dåcht: Na guat, Strizzi, des werd i eh ned, des bring i nie zsåmm' – hab i wenigstens die Strizziautos daham steh'."

Stru|del, der; -s, -(n) [ahd. stredan = wallen; die Speise heißt vermutl. deshalb so, weil sich beim Durchschneiden ein schneckenförmiges Muster ergibt, das wie ein Wasserwirbel aussieht; gesamtdt. ist die Bed. Wasserwirbel]: (Küchenspr., auch süddt.): *Speise aus dünn auseinandergezogenem Teig, der mit Äpfeln, Marillen, Zwetschken, Mohn oder Topfen, aber auch mit Fleisch, Kraut, Bohnen oder Spinat als Fülle belegt und dann zusammengerollt und gebacken wird* ❖ **Ạp|fel|stru|del**, der; -s, - (Küchenspr.): *Strudel mit einer Fülle aus Äpfeln, Bröseln, Rosinen, Zimt etc.* ❖ **Mịl|li|rahm|stru|del**, der; -s, -; eigtl.: **Mịlch|rahm|stru|del**, der; -s, - (Küchenspr.): *Strudel mit Topfenfülle, übergossen mit Vanillesauce* ❖ **Lụn|gen|stru|del**, der; -s, - (Küchenspr.): *kleiner Strudel mit faschiertem Fleisch als Suppeneinlage* ❖ **jemanden ạn|stru|deln** (umgangssprl.): *jemanden mit sinnlosem Gerede, Gesang, Musik etc. belästigen* ❖ **sich ạb|stru|deln** (umgangssprl.): *sich abmühen* ❖ **sich ziehen wie ein Stru|del|teig** (umgangssprl.): *lange dauern.*

stụ|cken ⟨hat⟩ [ev. zu Stück im Sinn von stückweise lernen: denkbar ist auch eine Nebenform von stocken] (umgangssprl., auch süddt.): *fleißig lernen, angestrengt studieren.*

stụp|fen ⟨hat⟩ [mhd. stupfen = stechend stoßen, stacheln, antreiben, wegstoßen] (mundartl., auch süddt. und CH): *leicht ansto-*

ßen, antippen, antupfen ❖ **Stụp|fer**, der; -s, - (mundartl., auch süddt. und CH): **1.** *leichtes Anstoßen* **2.** *Dorn, Stachel.*

Stụpp, das; -s, -e, **Stụpp**, die; -, - [ahd. stubbi, stuppi steht neben ahd. stoub; aus ersterem ist Stupp geworden, aus letzterem Staub] (mundartl., auch bair.): *Streupulver, Puder* ❖ **stụp|pen, ein-stup|pen** ⟨hat⟩ (mundartl.): *etwas Pulvriges auf einen Körperteil streuen, einpudern:* eine Wunde (ein-)stuppen.

Stụrm, der; -s, Stürme [ahd. sturm, vermutl. zu stören; gesamtdt. heute mit der Bed.: starker Wind] (standardsprl.): *stürmisch gärender Most, der später zum Staubigen, dann zum Wein wird.*

su|dern ⟨hat⟩ [Verbalbildung zu Sud, also urspr.: leise wallend sieden; Sudel (= Schmutz) ist im Bedeutungsumfang nicht enthalten] (umgangssprl.): *ständig jammern, nörgeln, sich bemitleiden* ❖ **ạn|su|dern** ⟨hat⟩ (umgangssprl.): *anjammern* ❖ **ạn|gesudert** ⟨Adj.⟩ (umgangssprl.): *sich selbst bemitleidend:* „Alonso fährt angesudert hinter dem Renault her." (Alexander Wurz in einer ORF-Sportübertragung am 15. 11. 2010) ❖ **Ge|su|de|re**, das; -s, kein Pl. (umgangssprl.): *das Sudern:* „Alfred Gusenbauer hatte am Montag, anscheinend ohne die ihn mitfilmende Kamera zu bemerken, zu seiner Staatssekretärin Heidrun Silhavy gemeint: ‚Und dås wird heute wås Ordentliches in Donawitz oder dås übliche Gesudere?'" (Die Presse vom 7. 3. 2008) ❖ **Su|de|rei**, die; -, -en (umgangssprchlich): *andauerndes Sudern* ❖ **Su|de|rạnt**, der; -en, -en: *ein Mann, der ständig jammert, nörgelt.*

S

Sụlz, die; -, -n, auch: **Sụlz**, das; -es, -e [ahd. sulza, sulcia = Salzwasser, Gallert; verw. mit Salz)] (Küchenspr., auch süddt. und CH; in D ansonsten: Sülze, die): *Fleisch, Fisch oder Gemüse in Gelatine / Aspik* ❖ **sụl|zen** ⟨hat; du sulzst⟩ (standardsprl.): *Sulz zubereiten, in Apsik einlegen* ❖ **sụl|zig** ⟨Adj.⟩ (standardsprl.): *weich wie Gelee oder Gallert* ❖ **Sụlz|schnee**, der; -s, kein Pl. (standardsprl.): *infolge Tauwetters weich werdender Altschnee* ❖ **Sụlz|fü|ße**, die (Pl.) (mundartl.): *angeschwollene Füße* ❖ **Sụlz|ler**, die (Pl.) (mundartl., abw.): *unförmige Beine* ❖ **Sụlz|kopf**, der; -(e)s, ...köpfe (mundartl.): *dummer Schwätzer.*

Sum|per, der; -s, - [mhd. sumber = Geflecht, Korb, Bienenkorb, Handtrommel, Pauke] (mundartl.): **1.** (auch bair.): *Holzgefäß, geflochtener Korb, Bienenkorb* **2.** *Banause, Spießer* ❖ **sumpern** ⟨hat⟩ [mhd. sumbern = die Handtrommel schlagen] (mundartl.): *langsam arbeiten* ❖ **ver|sum|pern** ⟨ist⟩ (mundartl.): *geistig träge werden:* er ist völlig versumpert ❖ **da|hin|sum|pern** ⟨ist⟩ (mundartl.): **1.** *Zeit vergeuden* **2.** *langsam verblöden.*

sum|sen ⟨hat⟩ (standardsprl., westösterr.; vor allem T): **1.** *ständig kritisieren, nörgeln* **2.** *langsam arbeiten, trödeln* ❖ **Sum|ser**, der; -s, - (umgangssprl., westösterr.; vor allem T): *jemand, der fortwährend sumst.*

sünd|teu|er ⟨Adj.⟩ (umgangssprl.): *sehr teuer.*

Sur, die; -, -en [zu mhd. siur = sauer] **1.** (standardsprl., in D: Pökel): *Salzlake, in der Fleisch eingelegt wird, um es haltbar zu machen oder den Geschmack zu verbessern* **2.** (mundartlich, vor allem T): *Jauche* ❖ **suren** ⟨hat bzw. ist⟩ (standardsprl., in D: pökeln): *Fleisch mit einer Sur behandeln* (anschließend ev. selchen): er hat das Fleisch gesurt; das Fleisch ist gesurt ❖ **Sur|fleisch**, das; -es, kein Pl. (standardsprl.; in D: Pökelfleisch): *Fleisch, das gesurt worden ist* ❖ **gebackenes Surschnitzel**, -s, -n (Küchenspr.): *gebackenes Schnitzel aus Surfleisch.*

T

Wörter, die nicht unter T zu finden sind, könnten unter D stehen.

ta|chi|nie|ren ⟨hat⟩ [Herk. unklar; viell. besteht ein Zusammenhang mit rotwelsch Tarchener (= Bettelbetrüger)] (umgangssprl.): *sich von der Arbeit drücken, untätig sein, faulenzen* ❖ **Ta|chi|nie|rer**, der; -s, - (umgangssprl.): *Faulenzer, Drückeberger* ❖ **Ta|chi|ni|tis, Ta|chi|no|se haben** [der Wortstamm wird mit Endungen aus der Medizin versehen, wodurch der Eindruck einer Krankheit entsteht] (umgangssprl.): *faul sein:* „Zwei Drittel der Krankenstände, um die es hier geht, sind einzig durch chronische Tachinitis begründet." (Intern.).

Tå|fel|spitz, der; -es, -e [2. Bestandteil: weil das Fleischstück spitz zuläuft] (Küchenspr.): **1.** ***Rindfleisch von der Hüfte*** (der Tafelspitz ist ein besonders mageres Fleisch, er ist an seinem schmalen Fettranderl zu erkennen) **2.** ***eine Speise aus gesottenem Fleisch vom Tafelspitz*** (oft in einem großen Suppentopf zusammen mit Markknochen serviert).

Ta|ferl|klas|se, die; -, -n [1. Bestandteil: Vkl. von Tafel; gemeint ist eine kleine Schiefertafel, auf die früher Schulanfänger geschrieben haben] (umgangssprl.): ***erste Volksschulklasse*** ❖ **Ta|ferl|klass|ler, Tå|fel|kråt|zer, Tå|fel|kratz|ler**, der; -s, - (umgangssprl.): ***Schüler der ersten Klasse Volksschule, Schulanfänger.***

tai|gat|zen, toa|gat|zen, ⟨hat⟩ [wird nach der Lehrmeinung von jidd. de'aga(h) = Sorge abgeleitet; als Herkunftswort kommt auch mhd. tagen in Frage, das schon damals unterhandeln und verhandeln bedeutet hat (vgl. das Gericht tagt); die Endung -atzen drückt eine Intensivierung oder eine Wiederholung aus; die Variante mit -ai- wohl unter Einfluss des Jiddischen] (umgangssprl.): ***etwas bereden, etwas ausverhandeln.***

tạn|deln, tặn|deln ⟨hat⟩ [zu mhd. tanten = spielen, Possen reißen, außerdem mhd. tant = Tand, Possen, leeres Geschwätz; weitere Herk. unklar] (mundartl., auch bair.): ***herumspielen, die Zeit vertrödeln*** ❖ **Tạnd|ler**, der; -s, - (mundartl., auch bair.): **1.** ***Altwarenhändler*** **2.** ***jemand, der die Zeit vertrödelt*** ❖ **Tạn|del|markt**, der; -s, ...märkte (mundartl., auch bair.): ***Flohmarkt.***

Ta|rọck, das; -s, kein Pl. [ital. tarocco; das Spiel ist ital. Ursprungs und hat sich in der Habsburgermonarchie stark ausgebreitet; das Wort könnte arabische Wurzeln haben] (Kartenspiel): **1.** ***in verschiedenen Formen gespieltes Kartenspiel zu viert, zu dritt oder zu zweit*** **2.** [meist: Tarock, das; -s, - oder -e; daneben auch fem.: Tarock, die; -, - (Spielkartenfarben sind in Ö traditionell fem.: die Herz, die Karo, die Pik, die Treff)]: ***eine der zum Tarockspiel gehörenden Trumpfkarten mit römischen Ziffern*** ❖ **ta|ro|ckie|ren, ta|rọ|cken** ⟨hat⟩ ***Tarock spielen*** ❖ **nåch|ta|ro|ckie|ren, nåch|ta|ro|cken** ⟨hat⟩ **1.** (Kartenspielerspr.): ***dem Partner Tarock nachbringen, wenn dieser zuvor***

Tarock angezeigt (ausgespielt) hat **2.** (Kartenspielerspr., abw.; als Substantiv auch bair.: Nachtarock): *nachträglich den Spielverlauf analysieren* **3.** (umgangssprl., abw.): *etwas, das bereits vereinbart wurde, erneut zur Diskussion stellen.*

Tạ|scherl, das; -s, -n [Vkl. von Tasche]: **1.** (umgangssprl.) *kleine Handtasche* **2.** (Küchenspr.): *gefüllte Teigtasche:* Blunzentascherl, Grammeltascherl, Kletzentascherl, Lekvartascherl, Powidltascherl ❖ **Tạschl**, das; -s, -n [Vkl. von Tasche] (umgangssprl.): **1.** *Handtasche* **2.** *Geldtasche* ❖ **Tạschl|zie|her**, der; -s, - [jemand, der Passanten die Geldtasche herauszieht] (umgangssprl.): *Taschendieb.*

tạ̊t|schen, tạt|scheln, tạt|schkerln ⟨hat⟩ [lautmalend, mit verschiedenen Varianten in der Endung] (mundartl.): **1.** *tätscheln, liebkosen* **2.** *plump betasten* **3.** *ein Kind auf den Hintern schlagen.*

Tạtsch|kerl, das; -s, -n [zu Tascherl mit tschech. -k-Einschub]: **1.** (umgangssprl.): *leichter, liebevoller Schlag* **2.** (Küchenspr.): *gefüllte Teigtasche:* Lekvartatschkerl, Powidltatschkerl.

Tạt|zel|wurm, Tạz|zel|wurm, der; -s, ...würmer [zu Tatzel = Vkl. von Tatze; also im Volksglauben die Vorstellung eines Wurms (= einer Schlange) mit Tatzen] **1.** (Volkskunde): *Drache, Lindwurm* **2.** (umgangssprl., ostösterr.): *Gelenkbus.*

tau|send Ro|sen (Redewendung, umgangssprl., ostösterr.): *sei's drum, völlig egal, pfeif drauf:* Kurt Sowinetz in „I wer blad": „Friss die Hälfte, sågt sie, des wär' gscheit, / I brauch eh, sågt sie, a neichs Kleid." / – „Håb mi gern, sågt er, tausnd Rosn, / i kauf mia a greßre Hosn."

Tee|but|ter, die [die Firma Schärdinger hat im 19. Jh. eine Teekanne als Markenzeichen verwendet] (standardsprl.): *Butter der höchsten Güteklasse.*

tei|geln, ta|geln [zu Teig, also eigtl.: mit Teig beschmieren; dieses zu mhd. teic, ahd. teig, german. daiga; das Wort betakeln hat denselben Wortursprung] ⟨hat⟩ (mundartl.): *schmieren,* *herumschmieren:* Schreib ordentlich, teigl nicht so herum! ❖ **ạn|tei|geln, ạn|ta|geln** ⟨hat⟩ (mundartl.): ***beschmieren, unleserlich schreiben*** ❖ **Teig|lert**, das; -s, kein Pl. (mundartl.): ***Schmiererei, schwer lesbare Schrift.***

Tẹl|ler, das; -s, - (standardsprl.: Teller, der; -s, -) [mhd. teller, teler, telier; zu altfranz. tailleor = Vorlegeteller, auf dem das Fleisch zerteilt wird; dieses zu altfranz. tailler = zerschneiden, letztlich zu lat. taliare = spalten, schneiden; das sächl. Geschlecht geht auf ein älteres tällirprett = Schneidbrett zurück; das Wort Teller war noch im Mittelalter ein Neutr.; es gehört zusammen mit Butter, Knödel, Schokolad(e) und Zwiefel / Zwiebel zu den auffälligsten Genusabweichungen des Standards gegenüber der Mundart] (mundartl., auch bair.): ***Teller,*** der ❖ **Tẹl|lerfleiṣch**, das; -es, kein Pl. (Küchenspr.; in Bayern ausschließlich Rindfleisch und nicht in der Suppe serviert): ***gekochtes und in Stücke geschnittenes Rind- oder Schweinefleisch, das in der Suppe mit Fadennudeln serviert wird.***

Tẹ|schek, der; -s, -s [nach der Lehrmeinung von ungar. tessék (= bitte sehr) abgeleitet; da aber die Ungarn – verglichen mit anderen Völkern der Monarchie – in Österreich nicht zu den Benachteiligten gezählt haben, steht die Ableitung auf wackligen Füßen; ob ein Zusammenhang zu dem älteren Mundartausdruck teschen (= mühsam etwas Schweres tragen) besteht, ist nicht erwiesen; auch tschech. Wurzeln sind möglich)] (umgangssprl., ostösterr.): ***der Benachteiligte, der Ausgenützte*** ❖ In „Trautmann – 71 Tage“ soll Burschi Dolezal (Simon Schwarz) klären, ob das Opfer eine Waffe besessen hat. Als er auch noch die Anruflisten von zwei ausländischen Telefonnummern recherchieren soll, meint er: „Ich glaub jå wirklich, dass ich für ålle då herin der Teschek bin!“

T

Tịn|nef, der; -s, kein Pl. [jidd. tinnef = Schmutz] (umgangssprl., ostösterr., abw.): **1.** ***wertloses Zeug, überflüssiger Kram, Plunder:*** Dieses Bluse ist zwar billig, aber ein Tinnef! ❖ **einen Tinnef haben:** ***nichts haben*** ❖ **ich håb einen Tinnef und du håst einen Schmårren:** ***wir haben beide nichts*** **2.** ***Unsinn:*** Red keinen Tinnef!

Tịp|pel, Dịp|pel, mundartl. [ˈdʏwə, dipl], der; -s, -n [mhd. tübel = Pflock, Zapfen, Nagel, Stössel] **1.** (umgangssprl., auch süddt.): *Dübel; Zapfen aus Kunststoff, mit dessen Hilfe eine Schraube in der Wand fest verankert werden kann* **2.** (umgangssprl.): *Beule; Anschwellung durch Schlag, Stoß, Gelsenstich etc.* **3.** (mundartl.): *schlimmer Mensch:* so ein blöder Dippel **4.** (mundartl.): *leichter Rausch* ❖ **Gel|sen|tip|pel**, der; -s, -n (umgangssprl.): *Anschwellung durch den Stich einer Gelse:* Helmut Qualtinger in „Der Herr Karl“: „... i håb s’ a bissel ein’kocht ... Gebüsch is eh überall. De Donauauen sind jå wunderschön ... Nextn Tåg håb i Gelsentippeln g’håbt ... fråge nicht ...“ ❖ **Tịp|pel|wå|gen, Dü̱|bel|wå|gen**, der; -s, ...wägen [aufgrund der früheren zwei Blaulichter, die an zwei Beulen erinnert haben] (Polizeijargon): *Streifen- oder Funkwagen der Polizei* ❖ **Dịp|pel|baum**, der; -s, ...bäume [zu Tippel Bed. 1] (standardsprl.): *Tragbalken für Zimmerdecken* ❖ **tịp|peln** ⟨ist bzw. hat⟩ [zu mhd. tübeln] (umgangssprl.) **1.** ⟨ist⟩ *mühselig zu Fuß gehen* **2.** ⟨hat⟩ *trinken, sich betrinken* **3.** ⟨hat⟩ *ein Kartenspiel spielen* ❖ **Tịp|pler**, der; -s, -: **1.** *Herumstreuner, Sandler, Bettler* **2.** *(leidenschaftlicher) Kartenspieler* **3.** *Trinker* ❖ **Tịp|pel|bru|der**, der; -s, ...brüder: *Sandler, Landstreicher* ❖ **Bi̱e̱r|tip|pler**, der; -s, -: *gewohnheitsmäßiger Biertrinker* ❖ **Mọst|tip|pler**, der; -s, -: *gewohnheitsmäßiger Mosttrinker.*

tisch|ke|ri̱e̱|ren ⟨hat⟩ [mittellat. discurrere = plaudern, zu lat. discurrere = auseinanderlaufen, sich zerstreuen] (mundartl. in K, S, ST, T): *plaudern.*

Tịtsch|kerl, das; -s, -n [Weiterbildung zu lautmalenden Wörtern wie Titsch = kurzer, leichter Schlag, mit tschech. -k-Einschub; viell. Einfluss von tschech. tyčka = Stange, Latte] (umgangssprl.): **1.** *zylindrisches, an beiden Enden kegelförmig zugespitztes Holz, das mit einem Lineal in die Luft geschleudert wird* (Bubenspiel) **2.** *Penis* **3.** (gaunersprl.): *Messer* **4.** *Bajonett* ❖ **tịtsch|kerln** ⟨hat⟩ (umgangssprl.): **1.** *Titschkerl spielen* **2.** *koitieren.*

To̱|bel, der; -s, -(n) [mhd. tobel = Waldschlucht; weitere Herk. unklar, ev. aus dem Lat.] (standardsprl., auch süddt. und CH): **1.** *enge, bewaldete Schlucht* **2.** *Bodensenke.*

Tọ|cker, Docker, der; -s, - [Herk. unklar; Verwandtschaft mit furlanisch tuc (= Schlag, Prügel) eher fraglich] (mundartl., K, ST, T): ***dummer, einfältiger Mensch.***

Tọp|fen, der; -s, kein Pl. [vermutl. von Topf (= Gefäß) nach der Form] (standardsprl.; auch bair.; außer Westösterreich: dort Zieger): **1.** ***cremige Masse aus saurer Milch;*** in D ansonsten: Quark **2.** (umgangssprl.): ***Unsinn:*** einen Topfen zusammenreden ❖ **Tọp|fen|tor|te**, die; -, -n (Küchenspr.): ***Torte aus Topfen;*** in D: Käsekuchen ❖ **Tọp|fenkolatsche**, die, -, -n (Küchenspr.): ***mit Topfen gefüllte Kolatsche*** ❖ **Tọp|fenstrudel**, der; -s, - (Küchenspr.): ***Strudel mit Topfenfülle*** ❖ **Tọp|fen|ne|ger**, der; -s, - (umgangssprl., scherzh.): ***blasser Mensch*** (im Gegensatz zu einem Braungebrannten).

Tọrg|gel, Tọrkel, die, -, -n [zu lat. torquere = drehen, pressen] (standardsprl., SüdT, V): ***Traubenpresse*** ❖ **törg|ge|len, tör|ke|len** ⟨nur Infinitiv und substantiviert⟩ (standardsprl., SüdT, V): ***zur Weinlesezeit eine Wanderung unternehmen und dabei Weinkeller (oder Gaststätten) aufsuchen*** (meist werden dort Maroni, Speck etc. angeboten); wir werden morgen törggelen gehen; jetzt ist Zeit zum Törggelen.

Tra|gerl, das; -s, -n [Vkl. von Trage; dieses zu tragen] **1.** (umgangssprl., ohne V): ***Traggestell für Babys*** **2.** (umgangssprl., ohne V, auch bair.): ***gekammerter Kasten für 20 Flaschen Bier*** **3.** (umgangssprl., ohne V, auch bair.): ***faltbarer Flaschenkarton für 6 Flaschen Bier:*** ein Sechsertragerl Bier **4.** (mundartl.): ***Last, Mühe, Unbill (im Leben):*** er hat schon sein Tragerl **5.** (Sportlerspr., ohne Westösterr.): ***hohe Niederlage, Debakel:*** ein Fünfertragerl (= 5 Verlusttore) **6.** (gaunersprl., vor allem ostösterr.): ***Vorstrafen.***

trạt|zen, trạ̈t|zen ⟨hat⟩ [Nebenform von trotzen] (umgangssprl., auch süddt.): ***necken.***

traum|ha|pert, tram|ha|pert [2. Bestandteil: mundartl. häup(t)echt = häuptig] ⟨Adj.⟩ (mundartl.): ***unkonzentriert, verschlafen, benommen.***

Trau|mi|net, der; -s, -s [Substantiv zu (ich) traue mich nicht] (umgangssprl.): *Feigling.*

trẹn|zen ⟨hat⟩ [zu mhd. trehenen, trahenen = weinen; vgl. mhd. trene = Träne, Tropfen] **1.** (standardsprl., auch bair.): *speicheln* (von Hunden) **2.** (standardsprl., auch bair.): *Speichel, Getränke oder Essen aus dem Mund fließen lassen* **3.** (mundartl., auch bair.): *weinen, raunzen* **4.** (mundartl., auch bair.): *bei der Arbeit trödeln* ❖ **ån|tren|zen** ⟨hat⟩(umgangssprl.): *mit herausfließendem Speichel oder mit Essen etwas beschmutzen:* im Film „Muttertag – Die härtere Komödie" will der Opa (Roland Düringer) die Hülle eines Liegekissens herunternehmen; da sagt sein Sohn (Reinhard Nowak): „Nein, die Hülle bleibt oben (..) du trenzt sowieso immer ålles ån." ❖ **ån|tren|zen, sich** (umgangssprl.): *sich mit herausfließendem Speichel oder Essen beschmutzen* **2.** *weinen, raunzen* ❖ **Trẹnzer**, der; -s -, **Trẹn|zer|ling**, der; -s, -e (mundartl.): **1.** *jemand, der trenzt* **2.** *Speichel, der aus dem Mund fließt:* Dialog in „Kaisermühlenblues – Immer die Asiaten": Frau Koziber (Brigitte Swoboda) sagt zum Herrn Kudrnak (Walter Langer): „G'säuselt und g'låcht håm S', wie so a junger Schulbua bei seiner ersten großen Liebe. Wie Sie auf die Brust von der Tiroler Tant' g'schaut håm, då is Ihnen jå direkt der Trenzer runtergrunnan ..." ❖ **Trẹnz|bartl, Trẹnz|bar-terl**, das; -s, -n [2. Bestandteil: Vkl. von Bart] (umgangssprl.): *Vorbindelatz für kleine Kinder* ❖ **Trẹnz|han|gerl**, das; -s, -n [2. Bestandteil: zu hängen] (umgangssprl.): *Vorbindelatz für kleine Kinder.*

Trẹp|pel|weg, der; -s, -e [zu trappeln = in kleinen Schritten traben; in D: Treidelweg] (standardsprl., auch bair.): *Weg entlang eines Flusses* (wo Schiffe von Pferden flussaufwärts gezogen wurden).

tri|scha|cken, tri|schạ|cken ⟨hat⟩ [zu tschech. držák = Stiel] (umgangssprl.): *verprügeln* ❖ **Tri|scha|cken, Tri|schạ|cken**, das; -s, kein Pl.: Spielansage im Tarock. v ❖ **Tri|scha|cken**, das; -s, kein Pl., **Tri|scha|cker**, der; -s, kein Pl.: *Spiel im Tarock, wenn kein Spieler eine Ansage gemacht hat* (es gewinnt jener Spieler, der die wenigsten Punkte hat; wie Ramsch im Kartenspiel Skat).

Tropf|teig, der; -es, -e (Küchenspr.): *flüssiger Teig, der tröpfchenweise als Einlage in eine kochende Suppe gegeben wird* ❖ **Ein|ge|tropf|te**, das, -n, kein Pl.; ein Eingetropftes (Küchenspr.): *Suppeneinlage aus Tropfteig* ❖ **Tropf|teig|sup|pe, Ein|tropf-sup|pe**, die; -, -n (Küchenspr.): *Suppe mit Eingetropftem.*

Trot|toir [drotoˈaːr], das; -s, -e und -s (standardsprl., auch CH und bair.): *Gehsteig:* Reinhard Fendrich in „Nix is fix": „Heut' bist ein Star, / vielleicht morgen liegst schon am Trottoir ..."

Trut|sche, die; -, -n, **Trut|schen**, die; -, - [vermutl. zu Trude unter Einfluss von mhd. trutschel = kokette Gebärde und trûte = Geliebte] (umgangssprl., abw., auch bair.): *dumme, eingebildete Frau:* Gerd Bacher hat weibliche Angestellte des ORF als „Trutschen, Pritschen und Mentscher" bezeichnet, die „ihre Prüfungen besser im Bett als im Büro machen" (vielfach in den Medien zitiert, außerdem in der 159. Sitzung des Nationalrats, stenograf. Protokoll vom 1. 12. 1969). ❖ **Trut|scherl**, das; -s, -n (umgangssprl., abw., auch bair.): *einfältiges Mädchen.*

Tscha|ko, der; -s, -s [ungar. csákó = Husarenhut, helmartiger Hut; früher als Bezeichnung für eine Kopfbedeckung im Heer und bei der Polizei und mit dieser Bed. gesamtdt.] (umgangssprl.): *spitz zulaufende Kopfbedeckung* (z. B. scherzhafter Hut aus Zeitungspapier).

tscha|li [aus jidd. challa (= Opferkuchenteig, der am Abend vor dem Sabbat von der Hausfrau gebacken und als chále zeremoniell ins Feuer geworfen wird); daraus entwickelt sich die Bed.: verloren, verschwunden (während tschari ja urspr. zerbrochen bedeutet hat)] (mundartl.): *verloren, verschwunden, weg.*

T

Tschap|perl, Tschåp|perl, das; -s, -n, **Tschåp|per|le**, das; -s, ...lan [Vkl. von Tschappel = naiver, bemitleidenswerter Mensch; vgl. tirol. tschapern = nachlässig und langsam arbeiten] (umgangssprl., auch bair.): **1.** *Kind:* ein liebes kleines Tschapperl **2.** (abw.): *unbeholfener, naiver Mensch:* Leopold Bachmayer (Hans Moser) im Film „Der Herr Kanzleirat": „Tschåpperl? Wie soll ich Ihnen das erklären? Das is a ... a Påtscherl, so a

Dummerl, ned? So ein naives Dingerl halt ...“ ❖ **Tschạp|perlwås|ser**, das; -s, kein Pl. (umgangssprl.): *alkoholfreies Getränk* (z. B. Limonade, Sodawasser, Mineralwasser) ❖ **Tschạp|perlsa|lat**, der; -s, -e (umgangssprl.): **1.** *erster Salat im Frühjahr* **2.** *Bummerlsalat, Vogerlsalat (= Feldsalat)* ❖ **Tschạp|perlspar|gel**, der; -s, -(n) (umgangssprl.): *junger Spargel.*

tscha̲|ri, tscha̲|dri [aus westösterr. (t)schädern (= zerspringen, zerbrechen) und tschäderig, schätterig (= klirrend, scheppernd, gebrechlich, hinfällig); die Ableitung von tschech. čary (= Hexerei, Zauberei) ist wohl verfehlt; in Ostösterr. eher tschari, in Westösterr. eher tschadri; das Wort ist heute gleichbedeutend mit tschali, hat aber andere Wurzeln] (mundartl.): *verloren, verschwunden, weg* ❖ **etwas ist tschari gegangen**: *etwas ist verloren gegangen, etwas ist weg.*

Tschä̲|sen, Tsche̲|sen, die; -, - [zu franz. chaise = Sessel, chaise de post = Postwagen etc.] (umgangssprl.): **1.** *klappriges Auto* **2.** *alte, gebrechliche Frau.*

tschẹ|chern ‹hat› [aus dem Jidd. entnommener Rotwelschausdruck schecher (= berauschendes Getränk) und jidd. schochar (= trinken, sich berauschen), woraus sich die wechselnden Formen Tschecherl / Tschocherl erklären lassen; tsch- im Anlaut ist verstärkend)] (umgangssprl., vor allem ostösterr.): **1.** *viel Alkohol trinken; saufen* **2.** *sich abmühen, hart arbeiten* ❖ **Tschẹ|cherl, Tschọ|cherl**, das; -s, -n: *kleines Kaffeehaus, kleines Gasthaus:* Roland Neuwirth in „Åber du bist mei Kittlfålt'n“: „Die Tritt san glei zuagschneibt, / der Schnee treibt im Kraas, / dass kaana vom ånderen wås siecht oder waaß ... / A poa håm si wo in an Tschecherl verkräult ...“ ❖ **Tschọch**, der; -s, kein Pl.: *große Mühe, Anstrengung; schwere Arbeit* ❖ **Tschẹ|che|rer**, der; -s, -: *schwere Arbeit* ❖ **Tschẹ|che|rạnt**, der; -en, -en: *Trinker, Alkoholiker.*

Tschẹ|ka|buff, der; -s, -s [Herkunft unbekannt] (umgangssprl.): *Kniestoß in den unteren Bereich des Oberschenkels* (ist nicht nur schmerzhaft, sondern führt auch dazu, dass dem Angegriffenen die Muskeln versagen und er zu Boden stürzt): Roland Düringer in „Die Benzinbrüder“: „Hâmma ihn glei g’nommen, den Gschissenen, in den Schwitzkâsten ... Nâsenreiberl ... Tschekabuff ..., a Spaß ... âlso für uns.“

tschẹn|t|schen ⟨hat⟩ [vermutl. aus ladinisch tschantschar (= reden, sprechen) und tschantscha (= Gerücht, Gerede, Geschwätz)] (umgangssprl., vor allem K): *raunzen, nörgeln* ❖ **Tschẹn|t|sche**, der, -n, -n: *Raunzer, Nörgler:* „... Pröll (...), der vom Macher zum Tschentschen wird ...“ (Landeshauptmann Gerhard Dörfler über Landeshauptmann Erwin Pröll, Der Standard, 8. 11. 2010) ❖ **Tschẹn|t|schen**, die, -, -: *Raunzerin, Nörglerin* ❖ **Tschen|t|scherei**, die; -, -en: *Nörgelei.*

Tschịck, Tschịgg, der; -s, - [von friulanisch cic (gesprochen wie Tschick) mit der Bed. Splitter, Zigarettenstummel; urspr. nur für den Zigarettenrest und abw. für Zigarette, jetzt salopp für Zigarette allgemein] (umgangssprl.): *Zigarette:* Georg Danzer in „Der Tschick“: „... des hâb i dem Tschick hoit voraus, / is mei Leben nur mehr Tschick, / dämpf i mi söba aus.“ ❖ **Tụssi|tschick**, der; -s, - (umgangssprl., abw.): *Slim-Zigarette:* Dialog in „Komm süßer Tod): Gross (Bernd Michael Lade) gibt Angelika (Nina Proll) Feuer und sagt: „Ziehen, nicht blasen! Es heißt ja Ziehgarette!“ (...) Angelika gibt Gross eine ihrer dünnen Zigaretten: „Ziehen, Piefke! Ned blâsen!“ – Gross: „Tussitschick (...)“ (Er greift ihr an die Brust.) – Angelika: „Gib die Hând weg!“ (Gross reagiert nicht.) Angelika: „Dann hâlt i mi a wo ân. (...) Ziehen oder blâsen? Sâg feig!“ ❖ **tschị|cken** ⟨hat⟩: *rauchen* ❖ **angsoffen wie ein Häuseltschick** [eigtl.: wie ein vollgesogener Zigarettenstummel in einer Klomuschel oder in einem Pissoir]: *völlig betrunken.*

tschin-bụm-krach ⟨indeklinabel⟩ (umgangssprl.): *lautmalend für eine plötzliche Lärmentwicklung* ❖ **Tschin|bụm- als 1. Wortbestandteil:** *drückt aus, dass etwas als laut, nieveaulos, minderwertig etc. empfunden wird:* **Tschin|bụm|musik:** *bassbetonte, rythmische Popmusik* (vor allem aus Sicht jener, die ländliche Volksmusik lieben) ❖ **Tschin|bụm|film:** *meist niveauloser Western oder Film, in dem viel geschossen wird* ❖ **Tschin|bụm-ro|man:** *niveauloser Roman mit vielen Knalleffekten.*

Tschịn|da|ras|sa|bụm, das ⟨indeklinabel⟩ (umgangssprl., abw.): *lärmende (Militär-)Musik mit großer Trommel und Becken.*

tschi̲|nå|geln ⟨hat⟩ [Herk. unklar, entweder zu mhd. schin (= Schiene, Metallstreifen) und nagelen (= nageln) oder zu rotwelsch schinagole = Karren] (umgangssprl., ostösterr.): *manuell schwer arbeiten:* „Aus dem Radio klingen Sommerlieder / und wir können tschinågeln, malochen / keiner findet das zum Låchen ... (Intern.) ❖ **Tschi|nå̲g|ler**, der; -s, - (umgangssprl., ostösterr.): *Schwerarbeiter.*

Tschi|nẹl|le, die; -, -n, **Tschi|nẹl|len**, die; -, - [ital. cinelli (Pl.) = (kleines) Becken] (standardsprl., auch süddt.): **1.** *Schlaginstrument aus zwei tellerförmigen Messingscheiben; Becken:* André Heller singt in „Mei potschats Lebn": „Wånn mei Herz so schlågt wia zwa Tschinellen, / hearst, dånn mechat i gern Rösser stehln, / i mecht ma ånschaun, wo der liabe Herrgott wohnt ... " **2.** *Ohrfeige.*

tschịn|kert ⟨Adj.⟩ [Herk. unklar; viell. zu mundartl. tschiegen = schief und unsicher gehen] (mundartl., west- und südösterr.): *schwach, krank.*

tschịnk|we ⟨Adj.⟩ [wohl verw. mit tschinkert, ein Zusammenhang mit ital. cinque = fünf ist unwahrscheinlich] (mundartl., ostösterr.): *wertlos, schlecht:* „Die Ideen der Kummerln sind ja oft nicht so schlecht. Den Weg, den ihre Führer eingeschlagen haben, der war tschinkwe." (Intern.) ❖ **Tschịnk|we**, der; -s, kein Pl. (mundartl.): *wertloses Zeug.*

Tschọch, der; -s, kein Pl. [vermutl. zu tschechern gehörend] (umgangssprl.): *große Mühe, Anstrengung; schwere Arbeit.*

tschụ|cken ⟨ist⟩ [mhd. schucken = sich schnell bewegen; Nebenform zu mhd. schocken = in schwingender, schaukelnder Bewegung sein, sich im Tanz wiegen; (mit Anlautverstärkung von sch zu tsch, wie in Ö üblich)] (mundartl.): *sich schnell bewegen, rennen* ❖ **Tschụck**, der, -s, -s (mundartl.): *schneller, unerwarteter Schlag* (vor allem aufs Aug): Wüst an Tschuck aufs Guck?

Tschu̲|ri, der; -, kein Pl. [von romanes (= zigeunersprl.) djuuri = Suppe; gaunersprl. mit der Bed. Sekret, Ausfluss] (mundartl.): **1.** *Sperma des Mannes* **2.** *Blut einer menstruierenden Frau* ❖ **Tschu̲|ri|fet|zen**, -s, -: *Tuch zum Reinigen der Geschlechtsorgane nach dem Geschlechtsverkehr:* Georg Danzer in „Die Ballade vom versteckten Tschurifetzen“: „Wås is a Tschurifetzen? / Ålso ohne ihr Gefühl zu verletzen, / des is a Tüachl, bitte sehr, / wås ma nimmt nåch dem Geschlechtsverkehr.“

Tschụr|t|sche, die; -, -n, **Tschụr|t|schen**, die; -, - [Herkunft im Detail unklar; die zahlreichen mundartl. Varianten lassen sich unter einer nicht belegten Grundform zürse vereinigen, daneben Zischge aus slowen. šiška] (umgangssprl., westösterr. und südösterr.): *Tannenzapfen, Fichtenzapfen, Föhrenzapfen* ❖ **Tschụr|t|schen|geist**, der; -s, kein Pl.: *ein Schnaps.*

tschü̲s, auch: **tschụ̈ss** ‹Grußformel zur Verabschiedung› [älter: atschüs, Nebenform von norddt. adjüs, zu span. adióš, dieses zu lat. ad deum (= zu Gott; gottbefohlen), verw. mit adé und adieu; tschüs breitet sich zurzeit gegen Süden aus und ist in Ö unter Jugendlichen bereits häufig in Gebrauch; typisch für den Sprachgebrauch in Ö ist die Vokaldehnung und die Einschränkung auf Du-Freundschaften] (umgangssprl.): *auf Wiedersehen* (ein Abschiedsgruß; in Ö nur auf Du-Basis, in D auch auf Sie-Basis) ❖ **ver|tschụ̈s|sen, sich** [dieses Verb, zurückgehend auf tschüs, ist österr. Herkunft und wird in D als fremd empfunden] (umgangssprl.): **1.** *sich entfernen, verschwinden:* sich in den Urlaub vertschüssen **2.** *aus einem Amt ausscheiden, zurücktreten (meist in Form einer Aufforderung):* „Der FP-Regierungsmannschaft stellt Haider die Rute ins Fenster: ‚Wenn es ganz schlecht ausgeht und die FPÖ aus der Regierung fliegt, erwarte ich, dass sich die Verantwortlichen vertschüssen.‘“ (Die Presse, 12. 8. 2002).

Tschu̲sch, der; -en, -en [entgegen der Lehrmeinung nicht von serbokroatisch čuješ? (= hörst du?) abzuleiten, sondern von serbokroatisch ćuš, das früher in Bosnien-Herzogowina von Treibern als Ausruf verwendet worden war, um Lasttiere anzutreiben; die Treiber wurden Tschuschen oder Tschutschen genannt;

T

erst später Bedeutungsverschlechterung] (umgangssprl., abw.): ***Ausländer*** (vor allem vom Balkan oder aus der Türkei).

Tụ|chent, mundartl. Aussprache [ˈduxənd, ˈduxed] die; -, -en [vermutl. zu tschech. duchenka mit Endungswechsel] (standardsprl., auch bair.- mundartl.): ***mit Federn gefüllte Bettdecke*** (in D meist: Federbett): „Es ist tatsächlich unfair, von den Herren und Damen unserer Regierung die gekonnte Bewältigung der aktuen Probleme zu erwarten. Dass sie das überfordert, wissen sie sicher selbst, wenn sie, vermutlich albträumend, in der Nacht unter der Tuchent liegen." (André Heller in: Profil, 33, 16. 8. 2010) ❖ **etwas unter der Tuchent halten**: ***danach trachten, dass etwas im Verborgenen bleibt.***

tụl|li, dụl|li <indeklinables Adjektv> [urspr. ein jauchzender Ausruf, daneben früher auch dullatzen = jauchzen] (mundartl.): ***sehr gut, hervorragend, ausgezeichnet:*** a dulli gstöds Madl (= ein gut gebautes Mädchen). ❖ **ein tulli g'stellts Maderl** (mundartl.): ***ein gut gebautes Mädchen*** (zu Gestell = körperliche Gestalt, Körperbau).

Tụmp|fel, der; -s, -(n) [zu mhd. tümpf = Pfütze; außerdem mhd. tümpfel = tiefe Stelle im Wasser, Strudel; ahd. tumpfilo; verw. mit Tümpel, gehört zu der Sippe rund um die Wörter tief und taufen; die Stelle, wo bei Passau der Inn in die Donau mündet, wurde Tümpfel genannt] (mundartl., vor allem OÖ; auch bair.): **1.** ***kleiner, sumpfiger Teich*** **2.** ***tiefe Stelle im Wasser*** ❖ **tụmp|feln** <hat> (mundartl., vor allem OÖ; auch bair.): ***unter das Wasser tauchen:*** war das Brot zu klein, wurde der Bäcker getümpfelt (Intern.); die Jugendlichen rutschten um die Wette, Wasserschlachten wurden veranstaltet, und wer nicht schnell genug war, wurde getümpfelt ... (Intern.).

tụp|fen <hat> [ahd. tupfan, dieses zu tief; heutige Bed. unter dem Einfluss von stupfen; gesamtdt. sind: den Schweiß von der Stirn tupfen, jemandem auf den Arm tupfen etc.] (umgangssprl.): ***koitieren.*** ❖ **Tụp|fer**, der; -s, - [gesamtdt. mit der Bed.: farbiger Punkt, Wattebausch, Mullbinde] (umgangssprachlich): ***Koitus.***

Tụ̈r|ken, der; -s - [aus: türkischer Weizen, Türkenkorn; geht auf die irrtümliche Vorstellung zurück, dass der Mais aus Indien stammt („türkisch“ war früher ein Synonym für „asiatisch“); das tatsächliche Herkunftsgebiet, die Westindischen Inseln, wurden mit Indien verwechselt] (umgangssprl., westösterr., südösterr.; ansonsten: Kukuruz): *Mais, Maiskolben* ❖ **Tụ̈r|ken|koch**, das; -s, kein Pl.: *Maisbrei* ❖ **Tụ̈r|ken|riebel**, der; -s, - (vor allem V): *Brei aus Maisgrieß* ❖ **Tụ̈r|ken|riebler**, der; -s, - (vor allem T): *eine Art Sterz aus Maisgrieß* ❖ **Tụ̈r|ken|sterz**, der; -es, -e (vor allem ST): *schmarrenähnliches Gericht.*

Tụ̈r|ki|sche, der; -n, -n; ein Türkischer (standardsprl.): *im Kupferkännchen zubereiteter Mocca.*

Tụt|te, Dụt|te, die; -, -n [ahd. tutta, Lallwort der Kinderspr.] (umgangssprl.; in D eher Titte): **1.** *Milchorgan bei Säugetieren, Zitze:* die Ferkel saugen an den Tutten **2.** *weibliche Brust* ❖ **Tụt|tel, Tụttl, Dụt|tel, Dụttl**, die; -, -n (umgangssprl., auch bair.): **1.** *Milchorgan bei Säugetieren* **2.** *weibliche Brust* ❖ **Kuh|tut|teln, Hạ̈n|ge|tut|teln, Knie|schuss|tut|teln**, die, (Pl.) (umgangssprl., abw.): *große Brüste:* Franzi Vejvoda (Alexander Waechter) in „Ein echter Wiener – Die Karrieren“: „Då dårf die Figur höchstens 35 sein, weil sunst kann s’ ihre Kuhtutteln net herzeigen!“ ❖ **Tụt|tel|fee**, die; -, -n (umgangssprl.): *vollbusige Frau, Sexbombe* ❖ **Tụt|tel|kra|xen**, die; -, - [2. Bestandteil Krax(en) = Traggestell] (mundartl., scherzh.): *Büstenhalter* ❖ **Tụt|tel|gschirr**, das; -s, -e [2. Bestandteil Geschirr = Riemenzeug, mit dem Zugtiere vor den Wagen gespannt werden] (mundartl., scherzh.): *Büstenhalter* ❖ **Tụt|tel|zipf**, der; -(e)s, -e [mhd. zipf = spitzes Ende] (mundartl.): *Brustwarze* ❖ **Tụt|tel|she|riff**, der; -s, -s (umgangsspr., abw.): *Polizistin* ❖ **Strå|ßen|tut|tel, As|phạlt|tut|tel**, die; -, -n (Mechanikerspr., scherzh.): *VW-Käfer*: Roland Düringer in „Die Benzinbrüder“ (wird von seinem Vater überraschend von der Schule abgeholt): „Nå, håb i mi hint eineg’setzt (...) bin gethront (...) in unserm erbsenspeibgrünen 59er-Käfer. Nå, dånn håb is scho ghört, die gånze Klass’: ‚Hitlerbuckl, Strååßentuttel, Kugelporsche ...‘ Pfah, wieso holt mi der åb?“ ❖ **Tụt|tel|bo|xer**, der; -s, -, **Tụt|tel|bär**, der; -en,

T

-en [weil die Boxermotoren links und rechts, also seitlich, am Motorrad angebracht sind] (Bikerspr., scherzh.): ***BMW-Motorrad mit Boxermotor*** (R-Reihe) ❖ **auf|tut|teln** ‹hat› (Mechanikerspr.): ***bei einem BMW-Motorrad einen Zylinderkopf aufsetzen*** ❖ **tutt|lert** ‹Adj.› (umgangssprl.): ***vollbusig.***

U

Über|fuhr, die; -, -en (standardsprl.): ***Fähre:*** mit der Überfuhr den Fluss überqueren ❖ **die Überfuhr versäumen / verpassen: 1.** ***zu spät dran sein*** **2.** ***etwas so lange hinauszögern, bis es nicht mehr realisierbar ist*** **3.** ***den Zeitpunkt zum Heiraten verpassen.***

über|happs, über|haps ‹Adv.› [zu überhaupt in der früheren Bed.: Kleinigkeiten nicht beachtend; wobei der 2. Bestandteil verkürzt und zur Verdeutlichung mit der adverbialen Endung -s versehen wird (wie flugs, elends, vergebens etc.; in Ö außerdem: durchgehends, durchwegs, öfters, weiters)] (umgangssprl., auch bair.): **1.** ***ungefähr, annäherungsweise, überschlagsmäßig:*** er hat die Zahlen in der Eile nur überhapps zusammenrechnen können **2.** ***überstürzt:*** „Wenn ein abgebrühter Banker wie er überhapps demissioniert, muss es handfeste Gründe geben." (Michael Nikbakhsh in Profil, 8. 9. 2007).

über|knö|cheln, sich ‹hat› (standardsprl.): ***den Fuß verstauchen.***

über|stan|dig ‹Adj.› [Ableitung von Bestand; zu dem landwirtschaftl. Begriff überständig: Bestände an Bäumen, die das Alter ihrer Haubarkeit überschritten haben; ferner: noch nicht gemäht (trotz ausreichender Reife, genügenden Wachstums)] (mundartl.): ***den Zeitpunkt des Heiratens verpasst haben:*** sie haben eine Tochter und einen Sohn, beide sind schon überstandig.

Über|wurf, der; -s, ...würfe [gesamtdt. mit der Bed.: loser Umhang] (standardsprl., auch CH): ***Decke, die als Zierde über Betten gelegt wird.***

über|zwerch ‹Adv.› [mhd. übertwerch, 2. Bestandteil: twerch = quer] (umgangssprl., auch süddt.): **1.** ***quer; über Kreuz:*** die Beine überzwerch legen **2.** ***durcheinander, kreuz und quer*** **3.** ***verschroben.***

um|ma, um|me [eigtl. ein mundartl. umher; als Vorsilbe mit zahlreichen Verben kombinierbar, mit der Bewegungsrichtung: herüber auf diese Seite, wo der Sprechers ist; oft wird zwischen umma und ummi nicht mehr unterschieden, umme wird zur Einheitsform für beides] (mundartl.): ***herüber:*** Kummts / kimmts / kemmts halt umma zu uns auf'd Nacht!

um|mi, um|me [eigtl. ein mundartl. umhin; als Vorsilbe mit zahlreichen Verben kombinierbar, mit der Bewegungsrichtung: hinüber auf die andere Seite, wo der Sprechers nicht ist; oft wird zwischen ummi und umma nicht mehr unterschieden, umme wird zur Einheitsform für beides] (mundartl.): ***hinüber:*** Gehts ihr ummi zu de Nachbarn?

Um|stands|mei|er, der; -s, - [zu der Wendung: Umstände machen = eine wichtige Sache durch unnötige Einwände hinauszögern] (umgangssprl.): ***umständlicher, kleinkarierter Mensch.***

Un|gustl, der; -s, -n [vermutl. Weiterbildung zu ungustiös in Anlehnung an Gustl = Kurzform für August] (umgangssprl., ostösterr.): ***abstoßender Mann:*** „Ungustln leben gefährlicher. Feindselige, streitsüchtige Menschen haben häufiger dickere Gefäßwände – ein Risikofaktor für Atherosklerose." (Kurier, 2. 10. 2010)

Un|ter|läu|fel, der; -s, -n [urspr.: untergeordneter Läufer, Fußknecht] (umgangssprl., abw.): ***Person in untergeordneter Stellung.***

un|ter|spickt ‹Adj.› [zu mhd. spicken = Fleisch vor dem Braten mit Speckstreifen versehen; verw. mit Speck]: **1.** (Küchenspr.): ***mit Fett durchzogen*** (von Fleisch) **2.** (umgangssprl., abw.): ***mollig*** (von Menschen): sie war etwas unterspickt; ein unterspickts Madl.

U

uras|sen ⟨hat⟩ [1. Bestandteil: Vorsilbe ur- mit der seltenen Bed.: bis zum Ende, vollständig; 2. Bestandteil: essen; mhd. urezzen = vollständig zu Ende essen, ausessen, zu essen aufhören aus Überdruss daran, Essbares wählerisch übriglassen] (mundartl.): **1.** *verschwenderisch mit dem Essen umgehen* **2.** *Ressourcen vergeuden* ❖ **Urass**, der; -, kein Pl. **1.** *wählerischer Übermut beim Essen* **2.** *übriggelassene Speisen.*

V

Va|nil|le|cremesauce, die; -, -n (Küchenspr.): *Sauce aus Eiern, Milch, Zucker, Stärke, Vanilleschote* (für süße Mehlspeisen).

Va|nil|le|rost|bra|ten, der; -s, - [Knoblauch hieß in der älteren Mundart Vanilli] (Küchenspr.): *Rostbraten mit Knoblauch.*

ver|ges|sen ⟨vergaß, hat vergessen; auf etwas vergessen⟩ [die Besonderheit liegt in der Verw. des Verbs mit der Präposition auf, was nur in Ö und im Süddt. üblich ist] (auch süddt., ansonsten ohne Präposition): **auf etwas vergessen**: *nicht daran denken:* auf den Namenstag der Tante vergessen.

ver|go|geln, sich ⟨hat⟩ [zu gogeln = flattern, sich hin und her bewegen; Entwicklung der Bed. unter Einfluss von gaukeln; Gogelspiel war früher eine Nebenform von Gaukelspiel] (umgangssprl.): *sich vertun, sich verschätzen.*

Ver|hå|ckerte, das; -n, kein Pl.; ein Verhåckertes, ein Verhåckerts [Kollektivbildung zu verhacken] (Küchenspr., vor allem K und ST): *Brotaufstrich aus fein gehacktem Speck* (= geräuchertem Schweinefleisch).

Ver|län|ger|te, der; -n, -n, ein Verlängerter (standardsprl., aber schon in Bayern nicht mehr in Gebrauch, weshalb sich Michael Mittermeier in seinem Kabarettprogramm „Safari" über den Ausdruck lustig macht): *schwacher Espresso* (mit doppelter Menge Wasser zubereitet).

ver|wọr|da|gelt, ver|wọr|da|kelt [zu verhönäckeln, also zu Hohn; oder zu mhd. verwohrt = verwirkt, schlecht gemacht, Partizip 2 von verwürken = verwirken, kombiniert mit teigeln (mundartl.: dageln), auf misslungenes Gebäck bezogen] 〈Adj.〉 (mundartl., ostösterr.): ***verunstaltet, windschief.***

Vier|terl, das; -s, -n, **Viertele**, das; -s, -n [Vkl. von Viertel, womit ein emotionaler Bezug ausgedrückt wird; ahd. fiorteil = der vierte Teil] (umgangssprl.): ***ein Viertelliter*** (als Bestellmenge für Wein im Gasthaus, beim Heurigen etc.): Herr Ober! Bitte noch ein Vierterl Weiß (= Weißwein)!

vịf 〈Adj.〉 [franz. vif, dieses zu lat. vivus = lebendig] (umgangssprl., auch CH): ***aufgeweckt, wendig, rührig*** ❖ **Vịf|zack**, der; -s, -s (umgangssprl.): ***regsamer, gescheiter Mensch.***

Vịn(t)sch|gerl, das; -s, -n [zu Vinschgau, Südtirol] (standardsprl.): ***rundes Brotgebäck aus Roggenmehl.***

Vo|gel|haus, das ❖ **es zieht wie in einem Vogelhaus** (umgangssprl.): ***es zieht stark, es herrscht ein starker Luftzug.***

Vo|gerl|sa|lat, der; -s, -e [1. Bestandteil: Vkl. von Vogel; der Vogerlsalat heißt in D Feldsalat, in der Schweiz Nüsslisalat; daneben viele reg. Bez.] (Küchenspr.): ***Valerianella locusta/olitoria, eine Salatpflanze.***

Vọlks|fest, das ❖ **es wår mir ein Volksfest** (umgangssprl., ostösterr.): ***es war mir ein großes Vergnügen*** (Floskel zur Verabschiedung nach einem geselligen Treffen).

Vor|fuß, der; -es, ...füße (umgangssprl., auch bair.; in D ansonsten Fuß): ***Körperteil von den Zehen bis zur Ferse.***

Vor|säß, das; -es, -e [2. Bestandteil Säß = Sitz im allgemeinen Sinn, hier: Hauptsitz in den Alpen, d. h. wo Obdach für Menschen und Vieh sind] (standardsprl., V): ***Voralpenweide, die im Frühling und im Herbst vorübergehend bewirtschaftet wird*** (für das Vorsäß im Frühling auch: **Mai|säß, Mai|en|säß**).

Wa|be, die, -, -n, **Wå|ben**, die, -, - [viell. zu tschech. bába = alte Frau in Anlehnung an die mundartl. Form von Barbara] (mundartl.): ***alte Frau, Großmutter*** ❖ **Wa|berl|tan|te**, die; -, -n, **Wa|berltant**, die; -, -n (mundartl., ostösterr.): ***bemitleidenswerte Frau:*** Erwin Steinhauer in „Freundschaft": „Ideologiediskussionen kånnst mit der Waberltant' führen ..." (= hör auf damit, es bringt nichts).

wạ|cheln, wạch|teln ‹hat› [verw. mit wehen] (umgangssprl., auch bair.): ***winken, fächeln, wehen*** ❖ **Wạch|ler, Wạcht|ler**, der; -s, - (umgangssprl.): ***Person, die in der Sauna einen Aufguss durchführt und das Saunahandtuch in der Luft kreisen lässt*** ❖ **Out|wach|ler, Out|wacht|ler**, der; -s, - (Fußballerspr., scherzh.): ***Schiedsrichterassistent*** (früher: Linienrichter).

Wåhn|sinn, der ❖ **a Wåhn|sinn nor|mal / a Wauhn|sinn nor|mal** [legendäre Redensart des Boxers Hans Orsolics; der Spruch ist bei Sportfans Teil der Alltagssprache geworden] (umgangssprl.): ***eigentlich ein Wahnsinn:*** „Des muaß i a glei ausprobieren ... a Zahnderl weniger bringt wieviel Drehmoment? Greift des vielleicht ins Motormanagment eine? A Wahnsinn normal!" (Internet)

Wạm|me, die; -, -n; **Wạ|mpe**, die; -, -n; **Wạ̊m|pen**, der; -, - [zu mhd. wamme, wambe, wampe = Bauch; bereits german., mit der Ursprungsbed. Mutterleib; in der Standardspr. verwendet man Wamme eher bei Tieren und Wampe eher bei Menschen; Wampe auch in D] (standardsprl.): ***Bauch*** ❖ **Wạm|merl**, das; -s, -(n) [Vkl. von Wamme] (Küchenspr., auch süddt.): ***Bauchfleisch vom Kalb, Rind oder Schwein; Hautfalte am Rinderhals*** ❖ **wạ̊m|pert** ‹Adj.› (mundartl., auch süddt., abw.): ***dickbäuchig; beleibt:*** er ist ein bisserl wampert ❖ **Wạ̊m|perte**, der; -n, -n, ein Wamperter (mundartl., auch süddt., abw.): ***dickbäuchiger Mann:*** Dialog in „Ein echter Wiener – Keine Ruh hat man": Mundl Sackbauer (Karl Merkatz): „Der Wamperte führt si ja auf, des geht auf ka Kuahaut!" – Kurt Blahovec (Götz Kauffmann): „Red ned mit mir per Wamperter!"

wạnn [mhd. wanne, wenne, ahd. hwanne, hwenne, in Ö nicht nur temporal, sondern auch konditional; es steht also in der Alltagssprache wann, wo eigtl. wenn zu erwarten wäre] (umgangssprl.): *wenn:* wann's wahr is (= wenn es stimmt); wann i's gewusst hätt (= wenn ich es gewusst hätte).

Wạp|pler, der; -s, - [zu wappeln, sich schwankend bewegen, im wörtlichen Sinn ein Schmetterling] (umgangssprl.): *untüchtiger, tollpatschiger Mann, der nicht ernst genommen wird* ❖ **Ba|sis|wapp|ler**, der; -s, - [geht auf den Kabarettisten Thomas Maurer zurück; dieser verfasste 1994 die Texte für eine TV-Wahlwerbung der Grünen, wobei er den Spitzenkandidaten selbstironische Worte ins Drehbuch schrieb; Neo-Sozialsprecher Karl Öllinger stellte sich in dem TV-Werbespot mit folgenden Worten vor: „Ich bin der anonyme, grüne Basiswappler!"] (umgangssprl.) **1.** *(abw.) einer, der nicht angehört wird und die Parteilinie umsetzen muss* **2.** *streitbarer Vertreter der Basis, (stellt die Parteilinie in Frage, eckt an)* ❖ **Be|zịrks|wapp|ler**, der; -s, - (umgangssprachl., W): *kleiner Bezirksfunktionär.*

Wạ̈|sche, die; -, -n ⟨zählt zu jenen seltenen Fällen, wo ein Feminina mundartl. im Sg. kein -n annehmen kann; also nicht: die Wäschen⟩ [ahd. wesca; zu waschen] (gesamtdt. sind die Bed.: Textilien, die gewaschen werden; Kleidungsstücke, die man am Körper trägt; jemandem an die Wäsche gehen = jemanden tätlich angreifen; sich jemandem nähern, um Geschlechtsverkehr zu haben; ferner: Waschen von Wäsche) ❖ **da haut es einen aus der Wäsch** (umgangssprl.): *da verschlägt es einem die Sprache* ❖ **blöd aus der Wäsch schauen** (umgangssprl.): *dumm dreinschauen* ❖ **Schwimm um die Wäsch!** (umgangssprl., scherzh.): *Hol die Mäntel aus der Garderobe!* ❖ **ihm geht / donnert ein Achtl in die Wäsch** (mundartl., derb): *er ist hellauf begeistert* (wie ein Orgasmus): „Mir ist ein Achtl in die Wäsch gedonnert, als ich das neue Motorrad gesehen hab." (Intern.) ❖ **jemanden waschen** [zu einer Nebenbed. von waschen: jemandem etwas Schmerzhaftes, Unangenehmes zufügen (ausgehend von dem Reiben, das mit dem Waschen verbunden ist)] (umgangssprl.): *jemanden verprügeln* ❖ **jemandem eine waschen** (umgangssprl.): *jemandem eine Ohrfeige* *geben* ❖ **volle Wạsch** ⟨adverbial⟩ [vermutl. zu österr. Seglerjargon: volle Wäsche = alle Segel ohne Reff gesetzt; Bed. 3 ev. in Anlehnung an: jemanden waschen = jemandem etwas Schmerzhaftes zufügen]: **1.** (umgangssprl.): *mit ganzer Kraft:* das Auto hat volle Wäsch beschleunigt **2.** *auf volle Lautstärke:* den CD-Player volle Wäsch aufdrehen **3.** (umgangssprl.): *mit voller Wucht* (wobei der Aufprall schmerzhaft ist): mit voller Wäsch in die Leitschienen – Falco in „Wiener Blut": „Der Peter und der Rote hab'n dem Kas aane geb'n, / eahm håt's wie Hauptfett aufg'stellt, / volle Wäsch in d' Wånd, / wår des scheen." **4.** (jugendsprl.): *besonders, total:* „Ich würde mich volle Wäsch freun, wenn ihr mir so viele Einträge wie möglich hinterlassts!" (Intern.) – „Leider hab ich volle Wäsch verschlafen ..." (Intern.) ❖ **Wạ|schel**, der; -s, -n [Substantivierung zu waschen, (das Wort Ohrwaschel leitet sich nicht von waschen, sondern von wacheln ab)] (umgangssprl.): **1.** *Drahtschwamm zum Reinigen von Geschirr* **2.** *ungeschickter, dummer Mensch* ❖ **Ba̲|de|waschl**, der; -s, -n (umgangssprl., auch bair., aber dort scherzh. oder abw. für Friseur): *Bademeister; Aufseher in einem öffentlichen Bad* ❖ **wạ|schel|nåss** ⟨Adj.⟩ (umgangssprl.): *völlig durchnässt* ❖ **Wå̩|scher**, der; -s, - [zu waschen mit der Nebenbed.: plump einhergehen] (mundartl.): **1.** *große, starke Person:* so ein Wascher von einem Mann **2.** *großes Tier* **3.** *große Hände:* er hat richtige Wascher.

Wạ|schel, das; -s, -n [Substantivierung zu wacheln] (umgangssprl.): *Ohrwaschel* ❖ **kein Waschel rühren:** *kein Anzeichen geben, etwas gehört zu haben; auf ein Anliegen nicht reagieren.*

Wa̲|sen|meis|ter, der; -s, - [zu Wasen mit der Bed. Schindanger (die Berufe Henker und Wasenmeister wurden früher von ein und derselben Person ausgeübt)] (standardsprl., süddt. und CH; ansonsten: Abdecker): *jemand, der Tierkadaver beseitigt und verwertet:* wenn dein Hund weiterhin so lästig ist, bring ich ihn zum Wasenmeister (scherzh.).

Wa̲|serl, das; -s, -n [Vkl. von Waise = Kind das einen oder beide Elterteile verloren hat] (umgangssprl.): *unbeholfener, ängstlicher Mensch.*

Wa̲t|sche, die; -, -n, **Wa̲t|schen**, die; -, - [entweder zu mhd. ōrwetzelīn oder ein einfaches Schallwort)] (umgangssprl., auch süddt.): *Ohrfeige:* Mundl Sackbauer (Karl Merkatz) in „Ein echter Wiener – Salz der Erde“: „Wenn i amål so mit mein Våter gredt hätt, der hätt ma a Watschen gebn, dass mir 14 Tåg der Schädel g’wåckelt hätt.“ ❖ **Re|to̲u̲r|wa|tsche**, die; -, -n; **Re|to̲u̲r|wat|schen**, die; -, - (umgangssprl.): *eine ausgeteilte Ohrfeige, nachdem man selbst eine Ohrfeige bekommen hat* ❖ **eine g’sunde Wa̲t|schen: 1.** *eine gerechtfertigte Ohrfeige, um jemanden auf den richtigen Weg zu bringen* **2.** *eine schmerzhafte, aber lehrreiche Erfahrung:* „Vielleicht war das Mailand-Abenteuer so gesehen eine – auch wenn es ein schrecklicher Ausdruck ist – ‚g’sunde Watsch’n‘ für Arnautovic“ (Laola1.at, 5. 1. 2010) ❖ **am Wa̲|tschen|baum rütteln** (umgangssprl., auch bair.): *einen Anlass für eine Ohrfeige geben* ❖ **Gleich fällt der Watschenbaum um!** (umgangssprl. auch bair.): *Gleich gibt es Ohrfeigen!* ❖ **Wa̲t|schen|ge|sicht**, das; -s, -er (umgangssprl., auch bair.): *freches, dummes Gesicht* ❖ **Wa̲t|schen|kadi**, der; -(s), -s (umgangssprl., scherzh.): *Bezirksrichter* ❖ **Wa̲t|schen-mann**, der, -s, ...männer (umgangssprl., Bed. 2 auch bair.): **1.** *Kraftmesser in Form einer zu ohrfeigenden Figur im Wiener Prater* **2.** *Prügelknabe, Sündenbock* ❖ **Wa̲t|schen|tanz**, der; -es, ...tänze: **1.** *Volkstanz, ähnlich dem Schuhplatteln, mit vorgetäuschten Ohrfeigen* **2.** *heftige Auseinandersetzung mit gegenseitigen Beschuldigungen* ❖ **dem Dreck eine Watschen geben** (umgangssprl., auch bair.): *etwas Unangenehmes noch peinlicher, unlösbarer machen* ❖ **wa̲t|schen** 〈hat〉 (umgangssprl., auch bair.): *ohrfeigen* ❖ **ạb|wat|schen** 〈hat〉 (umgangssprl., auch bair.): *kräftig ohrfeigen.*

Wạt|ten, das; -s, kein Pl. [zu ital. battere = schlagen, klopfen; die Dolomiten-Ladiner sagen noch heute zu diesem Kartenspiel battadù] (Kartenspielerspr., auch bair.): *ein Kartenspiel* ❖ **Wạt|ter**, der; -s, -: *einer, der Watten spielt* ❖ **wạt|ten** 〈hat〉: *Watten spielen.*

W

Wẹ|cken, der; -s, - [zu mhd. wecke, wegge = Keil, keilförmiges Backwerk] (standardsprl., auch süddt.): *Brot in länglicher Form (im Gegensatz zum runden Laib), meist 1 kg schwer* ❖ **Sạnd|wich-**

we|cken, der; -s, - (standardsprl.): längliches Weißbrot, bes. für belegte Brote (dicker als ein Baguette) ❖ **Wẹ|ckerl**, das; -s, -n (standardsprl., auch süddt.): *kleines, längliches Brotgebäck.*

We|del, der; -s, - [mhd. wedel, wadel, ahd. wadal, wedil; urspr.: das Hin- und Hergehende; gesamtdt. heute mit: Staubwedel, Palmwedel etc.] (umgangssprl.): *nicht ernst zu nehmender Mensch, Tölpel.*

Weh[1], das; -s, -s [mhd. wē = Wehe, Schmerz, Leid, Krankheit, Geburtswehen; ahd. wah, wē; urspr. wohl ein Schmerzensschrei; gesamtdt. mit der Bed. Kummer; vgl.: mit Ach und Weh] (umgangssprl., auch bair.): **1.** *körperlicher Schmerz* (vor allem als 2. Bestandteil in **Bauchweh, Halsweh, Kopfweh, Schädelweh etc.**) ❖ **wech** 〈Adj.〉 (mundartl.): **1.** *schmerzend:* a wechs Kreuz **2.** *unglücklich verlaufend:* a weche G'schicht **3.** *reparaturbedürftig:* das Werkl is ziemlich wech.

Weh[2], der, das; -s, -s [Weiterbildung zu Weh] (mundartl.) *bemitleidenswerter Mensch, Ausgenützter:* die Worried Men Skiffle Group in „I bin a Weh": „Wånns a Weh brauchts, ruafts mi ån ..." ❖ **Du bist a schöner Weh / a schönes Weh** (mundartl.): *Du bist ein rechter Feigling!*

Weib, das; -(e)s, -er [mhd. wīp, wīb = Weib im Gegensatz zu Mann und zu Jungfrau, also Frau, die bereits einen Geschlechtsverkehr gehabt hat; daher auch: Ehefrau; Herk. unklar, das sächl. Geschlecht gibt Rätsel auf; viell. zu einem Herkunftswort, das Mutterleib bedeutet hat; Weib wird standardsprl. von Frau verdrängt, das eine Femininbildung zu einem Vorläuferwort von Herr ist: fraw-jōn = Herrin] (umgangssprl. und mundartl. noch recht häufig, auch bair.; die abw. Bed. ist relativ jung) **1.** *Ehefrau* **2.** (abw.) *Frau mit fragwürdigem Charakter* ❖ **Wei|berleut**, das (mundartl., auch bair., nicht immer abw.): *Weibsperson, Weibsstück*: eine Feindschaft unter zwei Männern nur wegen einem Weiberleut ❖ **Wei|ber|leu|t, Wei|ber|leu|te**, die (mundartl.): *die Frauen in ihrer Gesamtheit:* Weiberleut haben einen Sinn für Geschmacksfragen ❖ **Weibs|bild**, das; -s, -er [mhd. wībes bilde, urspr. = Gestalt einer Frau]: **1.** (umgangssprl., auch bair.; nicht abw.): ***Frau*** (meist mit Betonung der weiblichen Gestalt): ein richtiges Weibsbild **2.** (abw.): ***Frau mit fragwürdigem Charakter*** ❖ **Weibl**, das; -s, -n, **Weiǀberl**, das; -s, -n [Vkl. von Weib] (umgangssprl., auch bair.): **1.** ***kleine (alte) Frau*** **2.** [in Anspielung auf die Geschlechtsteile von Frau und Mann; fachsprachl. Ausdrücke]: ***Ösenteil des Haftels, Matrize des Druckknopfes, Steckdose einer Kupplung*** (das Gegenstück heißt Mandl, Manderl) ❖ **Weiǀbeǀrer**, der; -s, - (mundartl., auch bair.): ***Mann, der ständig Frauen umwirbt.***

Weimǀber, die; -, - [mhd. wīnber, wīnbere = Weinbeere; zur Erleichterung der Aussprache wird vor b das n zu m] (mundartl.): ***Weinbeere, Weintraube*** ❖ **Weimǀberl**, das; -s, -n [Vkl. von Weimber; mhd. wīnber hat nicht nur die frischen, sondern auch die getrockneten Trauben bezeichnet] (mundartl.; auch bair.): **1.** ***Weintraube:*** 's Weimberl zeitigt, aa wånns in Brunn hängt (= die Weintraube reift, auch wenn es feucht ist und keine Sonne scheint) **2.** ***Rosine*** ❖ **einǀweimǀberln** ⟨hat⟩ [zu Weimberl, Bed. 2; Rosinen war früher eine teure Importware; sie werden u. a. bei der Zubereitung eines Strudels verwendet] (umgangssprl.): ***mit kleinen Gefälligkeiten einschmeicheln:*** sie will sich bei ihm einweimberln ❖ **Händ von de Butten, san Weimber drin!** [zu Weimber; hier: geerntete Trauben in einer Butte = hölzernes Gefäß, in dem die geernteten Trauben abtransportiert werden] (mundartl.): ***Lass gefälligst diese Frau in Ruhe!***

Weinǀbeiǀßer, der; -s, -: **1.** [der Lebkuchen wird gern zum Wein gegessen] (Küchenspr.): ***mit weißer Glasur überzogener Lebkuchen*** **2.** [professionelle Verkoster machen kauende Bewegungen, um die Aromen besser wahrzunehmen] (standardsprl.): ***Weinkenner.***

Weinǀderl, das; -s, -n [Vkl. von Wein mit Sprosskonsonant d zwischen dem Wortstamm und der Verkleinerungsendung wie in Dirndl und Hendl; die Vkl. drückt den emotionalen Bezug aus] (umgangssprachl.): im „Kufsteinlied" heißt es: „Es gibt so vieles, bei uns in Tirol / ein gutes Weinderl aus Südtirol. / Und mancher wünscht sich, 's möcht immer so sein / bei einem Madel und 'nem Glasel Wein."

Wein|hau|er, der; -s, - (standardsprl.; wird zurzeit vom Wort Winzer verdrängt): *Inhaber eines Weinbaubetriebs.*

Wei|sel, der; -s, kein Pl. [zu mhd. wīʒen = verweisen, strafen; wohl vermengt mit wīsen = weisen, belehren] (umgangssprl.): *Abbruch einer Beziehung, Hinauswurf* ❖ **jemandem den Weisel geben** (umgangssprl., ostösterr.): **1.** *jemandem mitteilen, dass die Beziehung beendet ist, sich von jemandem trennen* **2.** *jemanden kündigen oder entlassen* **2. den Weisel kriegen** (umgangssprl., ostösterr.): **1.** *erfahren, dass die Bezeihung beendet ist* **2.** *gekündigt oder entlassen werden.*

Wei|set, Wei|sert, das; -s, kein Pl., **Weis|geld**, das; -s, -er [zu weisen 〈hat〉 mit der Bed.: zur Hochzeit oder Taufe ein Geschenk bringen] (mundartl.): **1.** *Hochzeitsgeschenk* **2.** *Taufgeschenk.*

Weit|ling [-dl-], der; -s, -e [mhd. wītinc, wītlinc zu wīt = weit]: *große Schüssel, Rührschüssel, Teigschüssel.*

We|li, der; -s, kein Pl.; **We|li**, die; -, kein Pl. [zu ital. belli = Schöne, was auch, entgegen der Schreibung mit einem l, die Aussprache mit kurzem e-Vokal erklärt] (Kartenspielerspr.): *Spielkarte im Watten, Perlaggen und Bieten, eigtl. der Schell-Sechser.*

Wer|kel, das; -s, -(n) [verselbständigte Vkl. von Werk] (umgangssprl., auch bair.): **1.** *Spielwerk, Leierkasten, Drehorgel* **2.** *alter, kaum mehr funktionierender Mechanismus:* Wer wird das Werkl Staat wieder in Schwung bringen? ❖ **Wer|kel|mann**, der; -s, ...männer [zu Werkel, Bed. 1]: *Leierkastenmann* ❖ **Wer|kel|ei**, die; -, -en: *mühselige Arbeit* ❖ **-werk als 2. Bestandteil** (umgangssprl.): *gibt in manchen Zusammensetzungen einem Ausdruck eine negative Bed. oder verstärkt diese:* **Gassl|werk**, das, -s, kein Pl.: *winkelige Gassen* ❖ **Graf|fel|werk**: *nutzloses Zeug* ❖ **Win|kel|werk**: *winkeliger Ortsteil* ❖ **werkeln** 〈hat〉: **1.** *arbeiten* **2.** *sich mühen, abplagen* ❖ **aus|wer|keln** 〈hat〉: *durch häufigen Gebrauch so abnützen, dass es die Festigkeit verliert:* wenn du mit dem Schloss nicht vorsichtig umgehst, wirst du es auswerkeln ❖ **aus|ge|wer|kelt** 〈Adj., eigtl. Partizip 2〉:

durch häufigen Gebrauch und infolge Abnützung ganz ohne Festigkeit: ein ausgewerkeltes Türschloss.

wẹt|zen ‹hat› [zu ahd. hwezzen = scharf machen, z. B. die Sense mit einem Stein; gesamtdt. mit der Bed.: schärfen; rennen]: ***koitieren:*** Georg Danzer in „Die Ballade vom versteckten Tschurifetzen": „Stått saugen tuat sie lieber wetzen / deswegen brauch i den Tschurifetzen."

wia|da|wöll (wie der will) ‹Adv.› [mhd. wie und da welle; das Wort und ist in diesem Fall gebraucht im Sinn von: wie auch immer; welle ist nicht eine Form des Substantivs Wille, sondern gehört zu wollen; eigtl.: wie es da immer auch sein wolle] (mundartl.): ***wie auch immer, wie nur, gar sehr:*** Hubert von Goisern und die Alpinkatzen singen in „Koa Hiatamadl": „... de meist'n Menscha håm a Gstöll, / zaundürr und måger wiadawöll ..." (= die meisten Mädchen haben eine Figur, / zaundürr und mager wie nur) ❖ **wås|da|wöll (wås der will), wea|da|wöll (wer der will)** (mundartl.): ***was / wer auch immer:*** „Und wer håt ma's verüblt, / wånn i wåsdawöll tua? / Bin a fescher, a gsunder, / a lustiger Bua ..." (aus dem Lied: „Und a lustiger Bua").

Wịch|serl, das; -s, -n [von wichsen = Schuhe mit Wachs bestreichen, unruhig hin und herfahren, onanieren; gesamtdt. mit diesen drei Bed.] (umgangssprl.): ***Kosewort für lebhaftes Kind*** (bes. Mädchen).

Wịch|tig|må|cher, der; -s, - (standardsprl., abw.; in D: Wichtigtuer): ***jemand, der sich besonders wichtig nimmt.***

Wị|ckel, der; -s, -n (umgangssprl.): **1.** ***Streit:*** Dialog in „Kaisermühlenblues – Kein Baum wächst in den Himmel" zwischen Burschi Leitner (Lukas Resetarits) und der Ehefrau von Schoitl, eine Deutsche (Elfi Eschke): Frau Schoitl: „Ich bin von zuhause weg (...)" – Leitner: „Håm s' Wickeln ghåbt daham?" – „Wickeln?" – „Wickeln ... Zores ... Konflikte mit dem Herrn Gemahl." – „Über meine Ehe red ich nicht so gerne." **2.** ***Schlägerei:*** Georg Danzer in „Geh in Oarsch": „I fång nie an Wickel ån, / åba i waach a kaan aus ..."

Wie|ner, die; -, kein Pl., (ostösterr.): *eine Art Aufschnittwurst:* 10 Deka Wiener einkaufen ❖ **Wie|ner|le**, das; -s, - (westösterr., sonst: Frankfurter Würstel): *aus Schweine- und Rindfleisch hergestellte, leicht geräucherte Brühwurst.*

Wie|se, die; -, -n, **Wie|sen**, die; -, - ❖ **(für jemanden) eine g'mahte Wiesen sein; (für jemanden) eine gemähte Wiese sein** [urspr. nur österr. und bair., daher hier meist die mundartl. beeinflusste Schreibung: g'mahte Wies'n; schon seit dem 16. Jh. gegen Norden ausbreitend, dort mit standardsprl. Lautung und Schreibung: jemandem eine gemähte Wiese sein] (umgangssprl.): *(für jemanden) kein Problem mehr sein* ❖ **wie|serl|rut|schen** ‹ist; meist nur Infinitiv und Partizip 2› [1. Bestandteil: Vkl. von Wiese] (umgangssprl.): *laienhaft Ski fahren, einen flachen Hang hinunterrutschen:* die Kinder gehen heute wieserlrutschen.

Wi|gl|wå|gl [vigl'vɒːgl], der; -s, - [wortspielerisch mit Ablaut i-a; ev. in Anlehnung an wackeln] (umgangsprachlich): *Unsicherheit; schwankende Haltung vor einem Entschluss* ❖ **im Wiglwågl sein**: *unentschlossen sein, schwanken, zaudern:* Karl Farkas und Maxi Böhm in „Die Unfallversicherung": „Weshålb sind Sie hier? Sie wollen sich bei uns versichern låssen?" – „Nein." – „Weshålb sind Sie dånn gekommen?" – „Wegen der Versicherung. Ich bin noch im Wiglwågl. Ich weiß nicht: Soll ich, soll ich nicht ..."

wil|deln, he|r|um|wil|deln ‹hat› [zu wild] (umgangssprl.): *sich wild und ausgelassen benehmen* (vor allem von Kindern).

Wim|merl, das; -s, -n [Vkl. von Wimmer = Knorren im Holz, Auswuchs an einem Baum; von dort auf die menschl. Haut übertragen] (umgangssprl., auch bair.): **1.** *Eiterbläschen, Pickel* **2.** [nach der Form; eigtl.: wie ein riesiges Wimmerl] (umgangssprl.): *kleine Tasche für Wanderer, Radfahrer und Skiläufer* (wird an einem Gurt um die Taille getragen).

Wind|bä|cke|rei, die; -, -en (Küchenspr.): *ein Schaumgebäck, Meringe, eine Bäckerei aus Windmasse.*

wi|scheln, wie|scheln, wi|scherln, wie|scherln [lautmalend, urspr. nur Kinderspr.] (umgangssprl., auch bair.): ***urinieren:*** Viktor Gernot in dem Simpl-Programm „Gefühlsecht" (gemeinsam mit Michael Niavarani), den Besuch einer Toilette auf einer Autobahnraststätte beschreibend: „Ein Tischerl verstellt mir den Weg. Auf dem Tischerl ein Dessertteller mit Münzen drauf. Daneben ein Schild: Toilettenbenützung 30 Cent. Åb Salzburg kostet es 50 Cent. Fürs Wischerln! Dås ist modernes Raubrittertum!"

wör|teln ⟨hat⟩ (mundartl.): ***sich auf einen Wortwechsel einlassen, wortreich streiten.***

Wort|spen|de, die; -, -n (standardsprl.): ***Wortmeldung, öffentliche Äußerung.***

Wuch|tel, die; -, -n [Nebenform zu Buchtel; tschech. buchta; da es in unserem Sprachgebrauch kein stimmhaftes b gibt, wird im Anlaut das b zu w; zahlreiche Nebenbedeutungen, wobei der Vergleich mit der dicken Form der Süßspeise hergestellt wird; in D ansonsten: Dampfnudel]: **1.** (Küchenspr., teilweise auch bair.): ***eine Süßspeise aus Germteig, gefüllt mit Powidel oder Marmelade*** **2.** (mundatlich, abw.): ***dicke Frau*** **3.** (mundartl.): ***große Brust*** **4.** (Fußballerspr., mundartl.): ***Fußball*** **5.** (mundartl.): ***Ohrfeige*** **6.** (umgangssprl.): ***Patronentasche*** **7.** (umgangssprl.): ***Scherz, Pointe:*** „Brachialwuchteln, die sitzen": Titel einer Filmkritik zu „Kottan ermittelt – Rien ne va plus" auf orf.at am 1. 12. 2010 **7.** ***Patronentasche*** ❖ **eine Wuchtel drucken:** ***einen (billigen) Scherz machen*** ❖ **Wuch|teldrucker,** der; -s, -: ***Scherzbold:*** Attwenger und Texta singen in „(so schnö kaunst goa ned) schaun": „Schnö wüsd di vadruckn, de Suppn soi wer aundas schluckn, de Wuchtldrucka hintam Ruckn / Kaust as ned bessa, daun loss bessa heit nu bleim / es is goa ned ois woa, wos in da Zeidung schreim."

W

wur|len, wurln ⟨hat, es wurlt; von⟩ [eigtl. wurreln, eine Intensivbildung zu mhd. wurren, woraus sich auch das Adj. wirr entwickelt hat] (umgangssprl., auch bair.) **1.** ***wimmeln:*** Andreas Vitasek in „My Generation": „Auf einmal håt's gewurlt im Theater von

Polizisten, åber ned die Wega, sondern die Mistelbåcher ...“ **2.** *kribbeln* ❖ **wụr|lert** ‹Adj.› (mundartl.) **1.** *wimmelnd, durcheinander kriechend* **2.** *schwindelig* **3.** *sexuell erregt* ❖ **Wur|le|rei**, die; -, -en (mundartl.): *Gewimmel* ❖ **Ge|wụrl, Ge|wụr|le**, das; -s, kein Pl. (umgangssprl., auch süddt.): *Gedränge, Gewimmel.*

Wụrs|tel, Wursch|tel, der; -s, - (standardsprl., auch bair.): Hanswurst.

Wụ̈rs|tel, Wụ̈rsch|tel, das; -s, - (Küchenspr.): *kleine Wurst* ❖ **Wụ̈rs|tel|stand**, der; -s, ...stände (standardsprl.): *Stand, wo Würstel und Getränke angeboten werden.*

Wụr|zel|werk, das; -s [gesamtdt. mit der Bed.: Gesamtheit der Wurzeln einer Pflanze] (Küchenspr.): *Gemüse für die Zubereitung einer Suppe.*

Wụr|zen, die; -, - [Nebenform zu standardsprl.: die Wurz] (mundartl., auch bair.): **1.** *große Wurzel* **2.** *Mensch, der sich ausnützen lässt* **3.** *kratzbürstige Frau* ❖ **Zwi|der|wur|zen**, die; -, - (mundartl., auch bair.): *Spielverderber, mürrischer Mensch:* er ist eine Zwiderwurzen ❖ **Lạch|wur|zen**, die; -, - (mundartl., auch bair.): *jemand, der viel lacht; jemand, der leicht zum Lachen zu bringen ist* ❖ **wụr|zen** ‹hat› [zu Wurzen in der Bed. 2] (umgangssprl., auch bair.): *ausnützen, ausbeuten* ❖ **Wur|ze|rei**, die; -, -en (mundartl., auch bair.): *Ausbeuterei:* „Es ist zu hoffen, dass die Besucher der EURO von den Fremdenverkehrsbetrieben nicht gewurzt werden, denn jedwede Wurzerei würde dem Lande großen Schaden zufügen.“ (Intern.).

Wu|zel, der; -s, -(n) [zum Wortstamm Butz gehörend, mit variiertem Anlaut; dieses zu mhd. butze = Kobold] (umgangssprl.): **1.** *zu einem Ballen oder Ähnlichem Zusammengedrehtes* (oft in Zusammensetzungen: **Drẹckwuzel, Radierwuzel, Nasenwuzel** etc.) **2.** *dicke unsaubere Person* (oft verdeutlichend mit dem Adj. dick: ein dicker Wuzel) **3.** *Schreckgespenst* ❖ **Wu|zerl**, das; -s, -n (umgangssprl.): **1.** *Schmutzröllchen* **2.** (abw.) *kleine dicke Person* **3.** (abw.) *dickes Kind* **4.** *liebes, herziges Kind* ❖ **wu|zerl|dick** ‹Adj.›: *rundlich, dicklich* ❖

wu|zeln ⟨hat, ich wuzle⟩ (standardsprl., auch bair.): **1.** *drehen, wickeln, rollen:* Erdäpfelnudeln wuzeln; Zigaretten wuzeln **2.** (umgangssprl., auch bair.): *Tischfußball spielen* ❖ **über|wu|zelt** ⟨Adj.⟩ (umgangssprl.): *verbraucht und vom Leben gezeichnet* ❖ **wu|zeln, sich:** *sich drängen: sich durch den Eingang in die Halle wuzeln* ❖ **dụrch|wu|zeln, sich:** *sich durchdrängen, sich durchzwängen* ❖ **zer|wu|zeln, sich:** *sich vor Lachen schütteln* ❖ **herụm|wu|zeln, sich (um etwas):** *sich um etwas herumwickeln:* „Bei uns verschwind't man doch nur von der politischen Bildfläche, wenn man mit zwei bis drei Haxen im Kriminal steht oder sich mit einem Auto um einen Baum herumwuzelt." („Bei Faymann" – Die Polit-Puppen-Show aus dem Rabenhof-Theater) ❖ **Ge|wu|zel|te**, die; -n, -n (umgangssprl., auch bair.): *selbst gedrehte Zigarette* ❖ **Wu|zel|tisch**, der, -es, -e (umgangssprl.): *kastenförmiger Tisch für Tischfußball* ❖ **Wuz|ler**, der, -s, -: **1.** *Tisch für Tischfußball* **2.** *jemand, der Tischfußball spielt* **3.** (Handballerspr.): *Wurf mit Drall* ❖ **Ra|wu|zel**, der, -s, -n [1. Bestandteil: rau] (umgangssprl.) **1.** *getrockneter Nasenschleim* **2.** (abw., oft verdeutlichend mit dem Adj. schwarz): *dunkelhäutiger Mensch:* ein schwarzer Rawuzel ❖ **wu|zi|klein** ⟨Adj.⟩ *kleinwinzig* ❖ **kra|wu|zi|ka|pu|zi** ⟨sprachspielerischer Ausruf des Pezi-Bären aus der ältesten Fernseh-Kasperl-Puppenbühne „Kasperl & Pezi" – wird seit 1957 vom ORF ausgestrahlt⟩ [Wortbildung vermutl. auch in Anlehnung an krawutisch = erbost, zornig] (Kinderspr.): *Ausruf des Zornes, der Wut, auch des Erstaunens.*

Z

Zạ̊p|fen, der; -s, - [mhd. zapfe, ahd. zapfo; weitere Herk. unklar; gesamtdt. sind heute: Tannenzapfen, Eiszapfen etc.]: **1.** (umgangssprl.): *starker Frost:* es hat einen Zapfen (= es ist sehr kalt) **2.** (Küchenspr.): *mageres Rindfleisch* (unter dem Hüferschwanzl) **3.** (mundartl.): *(kleiner) Rausch* **4.** (mundartl.): *Penis* **5.** (umgangssprl.): *Kerl;* meist: ein fescher Zapfen: Dialog aus „Trautmann – Wer heikel ist, bleibt übrig": „So soll er ausschauen, ångeblich ..." (Trautmann zeigt ein Foto) –

„Ein fescher Zåpfen." – „Åber so an kenn ma ned. Leider." – „Åber wenn er då bei der Tür einekamert, täten S' eam schon aufhålten, Frau Blauensteiner?"

zaun|dụrr ⟨Adj.⟩ (umgangssprl.): *sehr dünn, sehr mager* (von Menschen).

Zä|zen, Zäzn, die; -, - [Herk. unklar; viell. zum Vornamen Cäcilia oder zu ital. zezza, sezza = die Letzte, die Schwächste; der Ausdruck kann heute auch gegenüber Männern gebraucht werden] (mundartl.): *überempfindliche, ängstliche, wählerische Person:* Mundl Sackbauer (Karl Merkatz) in „Ein echter Wiener – Gegensätze": „Du bist net so a Zäzen wie die Hanni und des tepperte Nudelaug, die wås kaane Kinder wollen ..." (...) „Wås? Der Trottel will net? Jede ånständige Frau håt zwaa Kinder, weil a aanziger, der wird ja verzogen."

Ze|ger, Zö|ger, Zẹ|cker, Zẹg|ger, der; -s, - [zu dem Verb zecken, einem alten Wort für ziehen; die Form Zecker vor allem südösterr. und westösterr.] (mundartl., auch bair.): **1.** *sackähnliche Tragtasche aus Stroh oder Bast* **2.** *Handkorb aus Drahtgeflecht:* „Göttlich finde ich vor allem, wie grottenhässlich die angepriesene Handtasche ausschaut (...) Die Unförmigkeit dieses Dings erinnert mich daran, dass man früher komische Handtaschen einen Zeger genannt hat." (Eva Deissen in Heute, 30. 6. 2010) ❖ **Floh|ze|ger**, der; -s, - (mundartl., abw.): *kleine Handtasche.*

Zeit ❖ **alle heiligen Zeiten** [eigtl.: nur zu den kirchlichen Feiertagen] (standardsprl.; auch süddt.): *sehr selten.*

zei|ti|gen ⟨hat⟩ [mhd. zītigen = reifen; gesamtdt. mit der Bed.: nach sich ziehen] (mundartl.): *reif werden* (von Obst): die Äpfel zeitigen ❖ **zei|tig** ⟨Adj.⟩ [mhd. zītig = zur rechten Zeit geschehend; reif, ahd. zītec] (gesamtdt. mit der Bed.: frühzeitig) ❖ (mundartl.): *reif:* die Äpfel sind schon zeitig.

Zẹl|ler, der; -s, kein Pl. [gekürzt aus Zellerie; zu Sellerie] (umgangssprl.): *Apium graveolens var. rapaceum; Sellerie.*

Zẹl|ten, der; -s, - [mhd. zelte = flaches Backwerk, Kuchen, Fladen, ahd. zelto, eigtl.: flach Ausgebreitetes; keine Verwandtschaft mit: das Zelt] **1.** (Küchenspr., auch süddt.): ***kleiner flacher Kuchen, bes. Lebkuchen*** **2.** (Küchenspr., vor allem T) ***Früchtebrot*** ❖ **Leb|zel|ten**, der; -s, - (Küchenspr., auch bair.): ***Lebkuchen*** ❖ **Leb|zel|ter**, der; -s, - (standardsprl., auch bair.): ***Lebkuchenbäcker*** (offizielle Bezeichnung: Lebzelter und Wachszieher) ❖ **Leb|zel|terei**, die; -, -en (standardsprl., auch bair.): ***Betrieb, der Lebkuchen herstellt*** ❖ **leb|zel|tern** ‹Adj.› (standardsprl., auch bair.): ***aus Lebkuchen:*** lebzelterne Nikoläuse.

zer|krie|gen, sich ‹hat› [zu Krieg] (standardsprl., auch bair.): ***sich zerstreiten.***

zer|lẹm|pert ‹Adj.› [eigtl. Partizip 2 zu älterem lempern = verderben, zerbrechen, verfallen] (mundartlich): ***verdorben, zerbrochen, verfallen.***

zer|må̩tsch|kern, zer|må̩ntsch|kern, zer|må̩tsch|gern, zer-må̩ntsch|gern ‹hat› [wohl zu Matsch, aber vermengt mit zermanschen] (mundartl.): ***zu einer breiigen Masse zerdrücken, zerstampfen:*** Dialog im Film „Der Knochenmann“ zwischen Brenner (Josef Hader) und Birgit (Birgit Minichmayr): „Wieso wird des so zgmånschkert?“ – „Futter.“ – „Und wer frißt sowas?“ – „Jå, d’ Hendln. Dafia kriagn ma die frischen billiger.“ – „Årg!“ – „Jå. A ewiger Kreislauf ...“ – „... åber der Kreislauf der Natur is’ des net! (...) Des is jå wie bei de Kannibalen ...“

zer|nẹpft ‹Adj.› [eigtl. Partizip 2 von zernepfen: so aussehen, wie wenn man gerade morgens aufwacht; zu mhd. nafzen = schlummern] (umgangssprl., ostösterr.): ***zerzaust; unansehnlich, verwahrlost, in Unordnung geraten.***

zẹt|teln ‹hat› [Herk. unklar; angeblich verhüllend aus dem Anfangsbuchstaben des Wortes Zungenkuss (also z, buchstabiert als zet) entstanden, was auf eine jugendsprachl., Herk. schließen ließe; ev. auch zu einem älteren zetteln = streuen, etwas tropfenweise fallen lassen, das allerdings mit der Bed. küssen nicht belegt] (umgangssprl., ostösterr.): ***Zungenküsse***

geben: die beiden haben miteinander gezettelt; „An die Szene, als Erich Honecker und Leonid Breschnew vor den Augen der Weltöffentlichkeit zettelten wie zwei Backfische, erinnert sich noch jeder." Christoph Winder in der Kolumne „Da muss man durch", Standard, 4./5. 12. 2010.

Zeug, das; -s, -; **Zeugl**, **Zeu|gerl**, das; -s, -n (umgangssprl., auch bair.): **1.** [Wegfall des 1. Bestandteils] ***Schlagzeug*** **2.** [ebenfalls Wegfall des 1. Bestandteils]: ***Fuhrwerkszeug, Wagen eines Fiakers samt Pferden:*** Alexander Girardi singt im „Fiakerlied": „I führ zwa harbe Råpp'n, / mein Zeug, des steht am Gråben ..." (Graben = Einkaufsstraße in der Wiener Innenstadt)".

Zi|be|be, die; -, -n [ital. zibibbo, dieses zu arabisch zibīb = Rosine] (standardsprl., auch süddt.): ***große Rosine.***

Zie|che[1], die; -, -n; **Ziach**, die; -, -en, **Zia|chen**, die; -, - [Verkürzung: nur 1. Bestandteil des Kompositums, 2. Bestandteil (Harmonika) fällt weg] (mundartl., auch bair.): **1.** ***Ziehharmonika*** **2.** ***Knopfziehharmonika.***

Zie|che[2], die; -, -n; **Ziach**, die; -, -en, **Zia|chen**, die; -, -[ahd. ziohhe, ziehhe; dieses zu vulgärlat. theca = Hülle, Decke] (umgangssprl., auch bair.): **1.** ***Tuchentüberzug, Polsterüberzug*** **2.** ***Bettdecke, Oberbett.***

Zie|gel, der; -s, - [ahd. ziegal, diese zu lat. tegula, zu: tegere = (be-) decken; gesamtdt. sind: Ziegelstein und Dachziegel] (mundartl.) **1.** (abw.): ***Frau, Mädchen*** **2.** ***Rausch*** **3.** ***starke Zigarette*** **4.** ***Koitus*** **5.** ***Sex zwischen drei Personen*** ❖ **Ziegel schupfen** ‹hat› (umgangssprl.): **1.** ***Ziegel weiterreichen*** (am Bau) **2.** (abw.): ***(als Hilfsarbeiter) am Bau arbeiten*** ❖ **Zie|gel|schup|fer**, der; -s, - (abw.): ***Hilfsarbeiter am Bau*** ❖ **auf|zie|geln** ‹hat›: **1.** (Mechanikerspr.): ***auffrisieren, tunen*** (ein Auto, Moped etc.) **2.** (EDV-Sprache): ***aufrüsten*** (einen Computer oder Ähnliches) **3.** (umgangssprl.): ***aufwerten*** (allgemein): „In der vorigen Profil-Kolumne versprach ich, ein Produkt zu nennen, das Österreichs Sommertourismus aufziegeln wird." (Helmut A. Gansterer, Profil, 31. 7. 2010).

Zie|ger, Zi|ger, der; -s, - [ahd. ziger, Herk. unklar] (standardsprl., westösterr.; in der Ostschweiz: Ziger): **1.** *gewürzter Topfen* **2.** *Kräuterkäse aus Topfen.*

Zil|le, die; -, -n [mhd. zülle, zulle = Flussschiff, entlehnt aus einer slaw. Sprache; vgl. sorbisch coln, slowen. čoln, tschech. člun]: **1.** (standardsprl., auch Thüringen und Sachsen): *flacher Lastkahn für die Flussschifffahrt* **2.** (standardsprl.): *kleiner, flacher Kahn:* Rettungszille.

Zins, der; -es, -en [mhd. und ahd. zins = Abgabe, Tribut, Pachtzins, Mietzins; dieses zu lat. census; gesamtdt. sind: Kreditzinsen, Sparzinsen etc.] (standardsprl., auch süddt. und CH): *Miete* (für eine Wohnung, für ein Büro etc.) ❖ **Zins|haus**, das (standardsprl., auch süddt.): *Mietshaus.*

Zipf, der -(e)s, -e [mhd. zipf = spitzes Ende, verw. mit Zapfen, Zopf]: **1.** *Eck eines Tuches, eines Polsters etc.* **2.** (standardsprl., abw.): *langweilige männliche Person; jemand, der nichts unternehmen will:* ein fader Zipf **3.** (umgangssprl., T): *Brotanschnitt, Scherzel* **4.** *eine kleine Menge von etwas:* ein Zipf Bier **5.** *Prüfung* ❖ **Nach|zipf** (umgangssprl.): *Nachprüfung* ❖ **Zip|fel**, der, -s, -, **Zip|ferl**, das; -s, -n (umgangssprl.): **1.** *Eck eines Tuches, eines Polsters etc.* „Die kleine Grete, lieb und nett / liegt fröhlich in dem Kinderbett. / Dås Spielzeug ist ihr viel zu bunt, / sie nimmt den Polsterzipfel in 'n Mund ..."(„Zipfl eini, Zipf außi", 1. Strophe) **2.** *Penis:* „Das Gretchen nun båld 17 ist, / dås schöne Lied sie nie vergisst. / Inzwischen sie erfåhren håt, / wo da Franzl seinen Zipfel hat ..." („Zipfl eini, Zipf außi", 2. Strophe) ❖ **Zip|fel|hau|be**, die; -, -n (standardsprl.): *Wollhaube, die in einen langen Zipf ausläuft* ❖ **Zip|fel|bob**®, der; -s, -s (standardsprl.): *Minibob* (Rodelgerät, das ein Tiroler 1970 in Kitzbühel nach dem Muster einer Kohleschaufel erfunden hat) ❖ **zip|fen** ⟨hat⟩: [eigtl.: Zipfe bilden] (standardsprl.): *unrichtig fallen, ungleichmäßig herunterhängen* (von Kleidungsstücken) ❖ **zip|feln** ⟨hat⟩ [gesamtdt. ist: einen zipfeligen Saum haben] (umgangssprl.): **1.** *kleinlich, pedantisch handeln* **2.** *in kleinen Bissen essen, in kleinen Schlucken trinken.*

Zị|tzerl, das; -s, -n [viell. verselbständigte Vkl. von Zitze oder zu ital. zizzola = Kleinigkeit] (mundartl.): **1.** *etwas sehr Kleines, eine kleine Menge* **2.** *Zaunkönig* (ein Vogel) ❖ **zị|tzeln** ⟨hat⟩ (mundartl., auch bair.): *etwas kleinweise tun, genau arbeiten* ❖ **zị|tzerl|wei|se, zị|zerl|weis** ⟨Adv.⟩ (umgangssprl., auch bair.): *nach und nach; ratenweise.*

zniacht ⟨Adj.⟩ [mhd. **ze nicht** = zu nicht(s), eigtl.: zunichte gemacht] ⟨Adjektiv⟩ (mundartl.): **1.** *wertlos* **2.** *schwach, ausgezehrt:* a zniachts Mandl **3.** *herabgekommen:* a zniachts Mensch ❖ **Zniacht**, der; -s, -e, **Zniachtl**, **Zniach|terl**, das; -s, -n (mundartlich): **1.** *schwacher, kraftloser Mensch* **2.** *herabgekommener Mensch.*

Zọ|ckel, Tschọ|ckel, der; -s, - [ital. zoccolo = Holzschuh] (umgangssprl., südösterr. und westösterr.): *Schuh mit Holzsohle.*

Zo|res, die (Pl.) [jidd. zores (Pl.) = Sorgen, zu hebr. zạrạ = Kummer: in D heute auch im Sg. und mit etwas anderer Bed.] (umgangssprl.): *Sorgen, Kummer, Ärger.*

zu Fleiß ⟨Adv.⟩ (standardsprl., bair.: mit Fleiß): *absichtlich* (um jemanden zu ärgern): das hat er mir zu Fleiß getan.

Zụ|cker|bä|cker, der; -s, - (umgangssprl., auch süddt.): *Konditor* ❖ **Zụ|cker|bä|cke|rei**, die; -, -en (umgangssprl., auch süddt.): *Konditorei.*

Zụ|ckerl, das; -s, -n [Vkl. von Zucker] (standardsprl., auch bair.): **1.** *Bonbon* **2.** *etwas ganz Besonderes, verlockendes Angebot, zusätzliche Leistung, Bonus* **3.** (Jargon der Drogenszene): *LSD* ❖ **Wahl|zu|ckerl**, das; -s, -n (standardsprl.): *Wahlgeschenk.*

zu|dre|hen ⟨hat⟩ (Kartenspielerspr.): *beim Schnapsen die oberste Karte des Talons umdrehen, womit eine Talonsperre verhängt ist:* Im Film „Indien“ sagt Heinz Bösel (Josef Hader) zu Kurt Fellner (Alfred Dorfer): „Herr Fellner, drah ma zua? Drah ma zua? Wås? Klår drah ma zua! Ass! Zehner! Vierz’ger. Hörn S’! Wo håmma Schnåpsen g’lernt? Bei der Caritas?“ – Wolfgang

Ambros singt in „I drah zua“: „Immer muaß i mit euch Kårten spüln ... I drah zua, weul i båld gnua håb ...“

Zu|ge|he|rin, die; -, -nen, **Zu|geh|frau**, die; -, -en [zu zugehen; gemeint ist: regelmäßig in einen Haushalt kommen, ohne dort eine Unterkunft zu haben] (standardsprl., westösterr., auch süddt.): *regelmäßig kommende Putzfrau.*

Zu|ge|reis|te, Zua|gras|te, der; -n-, -n; ein Zugereister, ein Zuagraster (umgangssprl.): *Fremder, Nichteinheimischer, neu Zugezogener.*

zum + substantivierter Infinitiv [zum: Präposition + Artikel = zu dem] (umgangssprl., auch bair.): *zu + Infinitiv:* Was gibt es zum Essen? (statt standardsprl.: Was gibt es zu essen?) (In der gesprochenen Sprache steht die Zusammenziehung aus Präposition und Artikel oft auch nach der trennbaren Vorsilbe: Er hat uns nichts drein zum Reden.)

Zump|ferl, das; -s, -n [Vkl. von Zumpf = Penis; zu mhd. zump(f), verw. mit Zipfel] (umgangssprl.): *Penis* ❖ Andreas Vitasek in „My Generation“: „Ich verstehe mich mit schwulen Kollegen wirklich gut, die schwulen Kollegen sind mir beim Arsch lieber als die Machokollegen, weil die Machokollegen wollen eh nur immer Zumpferln vergleichen ...“

Zund, der, -s, - [zu einem gaunersprl. zünden = anzeigen, verraten; mhd. zunt, zundes = Brennstoff; verw. mit zünden] (gaunersprl.): **1.** *Wink, Verrat* (eines Polizeikonfidenten): Im Film „Willkommen in Wien“ erklärt der „Einbrecherkönig von Wien“ einem Deutschen, warum der Wiener Kieberer Albert Schuh (Wolfgang Böck) auf Kontakte zur Unterwelt so großen Wert legt: „Ålles Bagage (...) Åber ohne denan eanare Zund könnt da Schuh einpåcken.“ – „Zund?“ – „Nåjå, ohne dass die dem Schuh an Tipp gaberten, wer wo dealt, wer wo haaße Wåre håt ... Die Zund, die brauchst als Kieberer.“ **2.** [früher auch: Zünd'r, der] *Verräter, Polizeikonfident* ❖ **der Polizei einen Zund geben:** *der Polizei einen vertraulichen Hinweis geben.*

zün|deln <hat; ich zündle> [zu zünden mit -l-Einschub] **1.** (standardsprl., auch CH, süddt. und norddt., nicht ostdt.): ***unvorsichtig mit dem Feuer umgehen, mit brennbarem Material spielen*** **2.** (standardsprl., auch CH und bair.): ***absichtlich einen Brand verursachen, ein Feuer legen*** **3.** (standardsprl.): ***einen Konflikt schüren*** ❖ **Zünd|ler**, der; -s, -: **1.** (standardsprl., auch süddt.): ***unvorsichtig mit Feuer spielendes Kind*** **2.** (standardsprl., auch bair.): ***Brandstifter*** **3.** (standardsprl.): ***jemand, der einen Konflikt schürt:*** „Der gefährlichste Zündler der Welt. Nordkoreas Diktator macht Armee kampfbereit (...)" (Aufmacher im Kurier vom 26. 5. 2010).

Zün|der, der; -s, - [zu zünden; gesamtdt. mit der Verw.: Sprengstoffzünder]: (standardsprl.) <nur Pl.>: ***Zündhölzer, Streichhölzer.***

zup|fen, sich, ver|zup|fen, sich <hat> (umgangssprl., auch bair.): ***sich (heimlich) entfernen*** ❖ **Zupf dich! Verzupf dich!** (umgangssprl., auch bair.): ***Verschwinde!*** Im Fernsehfilm „Piefke Saga" von Felix Mitterer gibt sich ein Deutscher als Tiroler aus und will an einer Ortsversammlung teilnehmen. Joe (Tobias Moretti) lässt ihn nicht in den Saal und sagt: „Verschwind, du Flåchlåndtiroler! Zupf di!" Worauf der Deutsche fragt: „Zupf di?" – und sich damit erst recht als Flachlandtiroler entlarft.

zu|rück|le|gen <hat> [gesamtdt. mit der Bed.: an den früheren Platz legen] (standardsprl.): ***eine Funktion, ein Amt etc. niederlegen, aufgeben.***

Zu|spei|se, die; -, -n (umgangssprl.): ***Beilage*** (zu Fleisch oder Fisch als Hauptmahlzeit): es gibt Erbsenreis als Zuspeise.

zu|wa, zu|we [eigtl. ein mundartl. zuher, wo standarsprl. herzu steht, doch ist das Verständnis für die Schriftform zuher verloren gegangen; als Vorsilbe mit zahlreichen Verben kombinierbar, wobei die Bewegungsrichtung zum Sprecher und von der Seite ist; oft wird zwischen zuwi (= hinzu) und zuwa (= herzu) nicht mehr unterschieden, zuwe wird zur Einheitsform für beides] (mundartl.): ***herzu, heran:*** Ruck zuwa! (= Rück näher heran!); Hubert von Goisern in „Spåt": „... drah'n ma's Liacht scheen långsam å / deck di' zua, leg di' zuawa / und schlåf ma ein." ❖ **zu|wa|wam|sen** ⟨hat⟩: *sich dazusetzen, heranrücken* ❖ **zu|wa-haun** ⟨hat⟩ (= herzuhauen): *sich zu einer Gruppe dazusetzen:* Hau di zuwa! (= Setz dich her!) ❖ **zu|wa|kräu(l)n** ⟨hat⟩ (= herzukräueln): *(sexuell) belästigen, bedrängen:* Schau, er gräu(l)t ihr zuwa!

Zu|waa|ge, die; -, -n [nach der früher gehandhabten Praxis, dass beim Kauf von Fleisch auch Knochen dazugelegt und mitgewogen werden; heute nur noch mit übertragener Bed.] (umgangssprl., auch bair.): *unvermeidliche Begleiterscheinung.*

zu|wi, zu|we [eigtl. ein mundartl. zuhin, wo standardsprl. hinzu steht, doch ist das Verständnis für die Schriftform zuhin verloren gegangen; als Vorsilbe mit zahlreichen Verben der Bewegung kombinierbar, wobei die Bewegungsrichtung vom Sprecher weg und von der Seite ist; oft wird zwischen zuwi (= hinzu) und zuwa (= herzu) nicht mehr unterschieden, zuwe wird zur Einheitsform für beides] (umgangssprl.): *hinzu* ❖ **zu|wi|steigen** ⟨ist⟩: *unangenehm werden, aufsässig werden:* Dem werd i zuwisteign! – Schau, wie er ihr zuwisteigt! (= wie er anlassig wird) ❖ **zu|wi|beis|sen** ⟨hat⟩: *dazubeissen* (z. B. bei einer Weinverkostung): Wir brauchen dringend was zum Zuwibeissen! ❖ **zu|wi|beu|teln** ⟨hat⟩: *jemandem eine unangenehme Sache anhängen:* Da hat er mir wieder was Schirchs zuwibeutelt! ❖ **Zu|wi|zah|rer**, der; -s, - [ein Gerät, das ein entferntes Objekt vergrößert]: *Feldstecher, Fernglas.*

zu|zeln, zut|zeln ⟨hat; ich zuzle⟩ [lautmalend]: **1.** (standardsprl., ost- und südösterr., ansonsten lispeln): *Zischlaute fehlerhaft aussprechen, indem die Zunge an die oberen Vorderzähne stößt* **2.** (umgangssprl., auch bair.): *lutschen, saugen* ❖ **Zu|zel|fleck**, der; -s, -(e): *Lutschfleck; im Liebesspielt durch Saugen entstandene blutunterlaufene Stelle auf der Haut* ❖ **Zu|zler, Zut|zler**, der; -s, - ⟨zu Bed. 1⟩ (standardsprl., auch bair.): *jemand, der zuzelt* ❖ **Zutz**, der; -, -, **Zut|zel, Zu|zel**, der; -s, -n [zu zuzeln, 2. Bed.] (umgangssprl., ost- und südösterr.): *Plastikscheibe mit Gummiaufsatz, um Säuglinge zu beruhigen* ❖ **sich etwas aus den Fingern zuzeln** (standardsprl., auch bair.): *etwas frei erfinden.*

zwạngs|be|glü|cken ⟨hat⟩ (standardsprl., auch CH): *jemandem eine fragwürdige Vergünstigung zukommen lassen, der er sich nicht entziehen kann* ❖ **Zwạngs|be|glü|ckung**, die; -, -en (standardsprl., auch CH): *das Zwangsbeglücken.*

zwå̲zeln, zwạ̊tzeln ⟨ist⟩ [Herkunft unklar] (mundartl., auch bair.): **1.** *mit kleinen Schritten gehen* (von einem Kind, das noch nicht sicher gehen kann) *2. mühsam gehen, daherzappeln wie ein Kind* ❖ **Zwå̲zler, Zwạ̊tzler**, der; -s, -, **Zwå̲zerl, Zwạ̊tzerl**, das; -s, -n (mundartl., auch bair.): *kleines Kind, das noch nicht sicher gehen kann.*

Zwẹck, der; -s, -e [mhd. zwec = Nagel, Bolzen] (standardsprl.): *starker Nagel, Schuhnagel* ❖ **Zweck(er)l, Zwack(er)l, Zwuck(er)l, Zwauk(er)l**, das; -s, -n (umgangssprl.): *kleines Kind, kleines niedliches Wesen.*

Zwẹtsch|ke, die; -, -n [spätmhd. tzwetzschken, zwetsch(g)en zu spätlat. damascena (Pl.) = Pflaumen aus Damaskus, zu griech. Damaskēná = die damaskische (Frucht); Syrien hat in der Antike als Heimat dieser Obstart gegolten] (standardsprl., süddt. und CH Zwetschge, ansonsten in D: Zwetsche, Quetsche etc.): *ein Kernobst* (in Ö umgangssprl. auch der Oberbegriff für (a) die länglichen und süßsauren Zwetschken, (b) die runden, süßen Pflaumen, (c) die meist gelben Ringlotten (in D: Reneclauden) (d) die Kriecherln etc.; in D und fachsprachlich gilt Pflaume als Oberbegriff) ❖ **Zwẹtsch|ke|ne**, der; -n; -n, ein Zwetschkener: (umgangssprl.): *Obstbrand aus Zwetschken* ❖ **Zwẹtsch|ken-fleck**, der; -s, -en (Küchenspr.): *dünne und flache Süßspeise mit Zwetschken,* bair.: Zwetschgendatschi ❖ **Zwẹtsch|ken-rös|ter**, der; -s - (Küchenspr.): *gedünstete Zwetschken* (also kein Mus, kein Kompott und auch keine Marmelade, wie oft zu lesen ist; die Zwetschken werden entkernt, halbiert und mit ganz wenig Zucker sowie Zimt und Nelken geröstet, bis sie Saft lassen) ❖ **Mein lieber Freund und Zwetschkenröster!** [Diskussionsmarker am Beginn eines Redebeitrags, um Aufmerksamkeit zu wecken; keine inhaltliche Bed.]: (umgangssprl., scherzh.): *Hör zu! Pass auf!* ❖ **Zwẹtsch|ken|kram|pus**, der; -, ...pusse (standardsprl.): **1.** *aus gedörrten Zwetschken her-*

gestellte Figur des Krampus **2.** *alter, runzeliger Mann* ❖ **Zwẹtsch|ken|mandl**, das; -s, -n (umgangssprl., auch bair.): *aus gedörrten Zwetschken hergestellte Figur, die mit Stäbchen zusammengesetzt ist* **2.** *kleiner, schwächlicher Mann:* Vitus Egger (Kurt Weinzierl) in „Ein echter Wiener – Auf und ab“: Weilst du a Zwetschkenmandl bisch'! A richtiges Zwetschkenmandl! Weilst kan Kern hasch'!“ ❖ **Zwẹtsch|ken|glasl**, das; -s, -n (Polizeijargon): *Blaulicht* ❖ **Zwẹtsch|kerl**, das; -s, -n (umgangssprl.): **1.** *kleine Zwetschke* **2.** *kleines, hilfloses Kind* **3.** *etwas zu klein Geratenes* ❖ **seine / die sieben Zwetschken einpacken** (umgangssprl.): **1.** *verschwinden:* Pack deine sieben Zwetschken ein und geh! **2.** *der Welt adieu sagen, sterben:* „Erst wann's aus wird sein / mit aner Musi und an Wein, / dann pack ma die sieben Zwetschken ein, / ehnder ned.“ (Wienerlied). ❖ **seine sieben Zwetschken nicht beisammen haben** ‹nur in Verbindung mit einem Possessivpronomen› (umgangssprachich): *nicht ganz bei Sinnen sein:* „Jemand, der (...) auf dutzenden Seiten darüber schreibt, dass ihm die Droge dazu diente, konzentrierter und effizienter arbeiten zu können, um im gleichen Atemzug der Weltjugend ein mahnendes ‚Don't try this at home!' nachzurufen, hat aber seine sieben Zwetschken definitiv nicht beisammen.“ (Der Standard, 5. 11. 2010 über Keith Richards) ❖ **die zwei Zwetschken** ‹nur in Verbindung mit einem Possesivpronomen› (umgangssprl.): *das Gesäß:* Setz dich jetzt endlich auf deine zwei Zwetschken und gib a Ruh!

Zwi̱|ckel|tåg, der; -s, -e [1. Bestandteil Zwickel: dreieckiger Einsatz in einem Kleidungsstück, Verbindungsstück in der Architektur] (standardsprl., vor allem OÖ und S; daneben in Ö auch: Fenstertag): *der Freitag oder der Montag zwischen einem Feiertag und dem Wochenende;* (wird oft zu einem viertägigen Kurzurlaub genützt, wobei nur ein einziger Urlaubstag in Anspruch genommen werden muss); in D: Brückentag, in SüdT nach ital. Muster: Ponte.

zwi̱|cken ‹hat› [Intensivbildung zu ahd. zwīgōn = ausreißen, rupfen, pflücken, zu: zwīg = Zweig, später Anlehnung an Zweck = Reißnagel]: **1.** (standardsprl., auch süddt.): *leicht kneifen:* jemanden in die Wange zwicken; die Hose zwickt im Schritt;

der Ischias zwickt ihn; als er älter wurde, begann es ihn überall zu zwicken (= bekam er alle möglichen kleineren Beschwerden) ❖ **ihr Gewissen zwickt sie ein wenig**: *sie hat Gewissensbisse* **2.** (standardsprl.): *einen Fahrschein lochen, entwerten:* die Fahrkarte vom Schaffner zwicken lassen **3.** (standardsprl., reg. auch in D): *(mit einer Klammer) befestigen:* die Socken mit einer Wäscheklammer auf die Leine zwicken ❖ **Zwi|cker**, der; -s, - (standardsprl.): *Brille ohne Bügel, die auf die Nase geklemmt wird; Kneifer* ❖ **Zwi|ckerl**, das; -s, -n: *Gerät zum Schneiden der Nägel* ❖ **Zwi|cker|bus|se(r)l**, das; -s, -n, **Zwi|cker|bus|si**, das; -(s), -(s): (umgangssprl.): *jemandem einen Kuss geben und ihn dabei liebevoll in die Wange kneifen:* Ernst Waldbrunn, in der Rolle eines Gondoliere in Venedig, erzählt Karl Farkas in der Doppelconference „Gondoliere": „Då håb ich eine Fuhre gehåbt, då håb ich zwei Herren aus Wien aufgenommen (...), ein gewisser Klaus [Bundeskanzler Josef Klaus, ÖVP] und ein gewisser Pittermann [Vizekanzler Bruno Pittermann, SPÖ], håben eine Gondel gemeinsam gemietet (...), die wåren miteinander zärtlich (...) Zwickerbussi (...)" – „Und dånn?" – „Dånn bin ich aufg'wacht." ❖ **åb|zwi|cken** ⟨hat⟩ (standardsprl.): *abschneiden, kürzen:* den herunterhängenden Ast abzwicken ❖ **Ab|gezwick|te, Åzwickte** [ˌɒːdsviktə], der; ...ten, ...ten; ein Abgezwickter, (mundartl., abw.): *kleiner Mensch:* Im Simpl-Programm „Gefühlsecht" conferieren Michael Niavarani und Viktor Gernot über political correctness: „Jede Pointe rettet meine Seele!" – „Wenn du auf die Bühne gehst und sågst: Der Schüssel (Wolfgang Schüssel, Bundeskanzler von 2000–2007) is ein Åzwickta ..." – „Ich håb' ned gsagt: Åzwickta ... Zwergenkönig!" – „... rettest du damit deine Seele?"

zwi|der ⟨Adj.⟩ [zu towedder, das im Mittelalter aus dem Norden in den Süden gewandert ist und unterschiedl. Bed. angenommen hat; typisch für Ö und für das Bair. ist der attributive Gebrauch (ein zwiderer Mensch, eine zwidere Sache); gesamtdt. ist das Adv. zuwider = eine starke Abneigung hervorrufend (diese Person / diese Sache ist mir zuwider.] (umgangssprl.): **1.** *lästig, widerwärtig, übellaunig:* ein zwiderer Kerl, eine zwidere Sache: Kurt Sowinetz in „Alle Menschen san ma zwider": „Alle Menschen san ma zwider / i mecht's in die Goschen haun ...".

2. *unangenehm, peinlich:* es ist mir zwider, dass ich kein Geld eingesteckt habe ❖ **Zwi|der|wur|zen**, die; -, -, **Zwi|der|wurz**, die; -en-, -en; auch: der (wenn es sich um eine männl. Person handelt) (mundartl., auch bair.): *Spielverderber, mürrischer Mensch* ❖ **an|zwi|dern** ‹hat› (umgangssprl.) **1.** *mit einer Sache konfrontiert sein, die starke Abneigung hervorruft:* das schlechte Wetter zwidert mich an **2.** *sich jemandem gegenüber mürrisch verhalten:* Du brauchst mich nicht dauernd anzwidern! ❖ **an|ge|zwi|dert** ‹Adj., eigtl. Partizip 2 von anzwidern› (umgangssprl.): *mürrisch:* diese angezwiderten Leut verbreiten eine schlechte Stimmung.

Zwie|fel, der; -s, -(n) (standardsprl.: Zwiebel, die; -, -n) [mhd. zwibolle, ahd. zwibollo, zwivolle, zwifel; zu ital. cipolla, das letztlich eine Vkl. von lat. cepa = Zwiebel ist; die fem. Form in der Standardspr. ist eine volksetymologische Umdeutung, wie wenn das Wort eine völlig andere Herkunft hätte, nämlich: zweifache Bolle; zusammen mit Butter, Knödel, Schokolad(e) und Teller gehört es zu den auffälligsten Genusabweichungen des Standards von der Mundart] (mundartl.): *Zwiebel, die* ❖ **Zwie|fel|hap|pel**, das; -s, -n (mundartl.): *eine einzelne Zwiebel.*

zwi|get|zen, zwi|git|zen, qui|get|zen, qui|git|zen ‹hat› [von mhd. quingen = quietschen; Verben auf -etzn sind als Intensivbildungen in den Mundarten recht häufig] (mundartl.): *quietschen, knirschen* (z. B. der Schnee unter den Füßen).

Zwu|tsch|kerl, das; -s, -n [vermutl. zu älterem Zwuck, Zwuckerl = kleines Stück, kleiner Mensch] (umgangssprl.): **1.** *kleines Kind* **2.** *kleine, schwächliche Person* **3.** *eine im Wachstum zurückgebliebene Frucht* **4.** *zu klein geratene Sache.*

Z

Ausdrücke aus dem Bereich des österreichischen Amtsdeutsch und aus diversen Fachsprachen (mit zahlreichen Begriffen, die Sie bei einem Österreichurlaub hoffentlich niemals brauchen werden)

åb|gän|gig 〈Adj.〉 (amtssprachl.): *vermisst.*

Åb|gän|gig|keits|ån|zei|ge, die; -, -n (amtssprachl.): *Vermisstenmeldung.*

Åb-Hof-Ver|kauf, der; -s, ...käufe (Landwirtschaft): *Verkauf landwirtschaftlicher Produkte direkt am Bauernhof.*

Åll|fål|liges 〈indeklinabel〉 (in D: Verschiedenes): *letzter Tagesordnungspunkt.*

Ån|gå|be, die; -, -n [zu angeben; gesamtdt. sind: Auskunft, Prahlerei etc.] (Finanzen): *Anzahlung*: eine Angabe leisten ❖ **be|ån|gå|ben**: *eine Anzahlung leisten.*

ån|ge|lo|ben 〈hat〉 [gesamtdt. ist: jemandem Treue angeloben = versprechen] (Rechtssprache): *feierlich vereidigen:* die Bundesregierung wird vom Bundespräsidenten angelobt.

Ån|rai|ner, der; -s, -: [zu Rain = unbebauter schmaler Streifen Land, als Grenze zwischen Äckern; in D: Anlieger] (Straßenverkehr): *Grundstücksnachbar:* Zufahrt nur für Anrainerverkehr!

ån|su|chen 〈hat〉 (amtssprachl.): *beantragen* (eine behördl. Genehmigung, eine staatl. Förderung etc.) ❖ **Ån|su|cher**, der; -s, - (amtssprachl.): *Antragsteller.*

aus|fol|gen 〈hat〉 [zu einer alten Bed. von folgen, und zwar: folgen lassen, zuteilen] (amtssprachl.): *aushändigen, übergeben* ❖ **Aus|fol|gung**, die; -, -en (amtssprachl.): das Ausfolgen, Ausgefolgtwerden ❖ **Aus|fol|ge|schein**, der; -s, -e (amtssprachl.): *Bestätigung, dass etwas ausgefolgt wurde.*

Auto|bahn|kno|ten, der; -s, - (Verkehr; in D.: Autobahndreieck; Autobahnkreuz ist in D häufig, in Ö selten): *Einmündung einer Autobahn in eine andere.*

Auto|speng|ler, Kfz-Spengler, Ka|ros|se|rie|spen|gler, der, -s, - [2. Wortbestandteil: zu mhd. spengel(īn) = kleine Spange; weil Spengler ursprgl.

Spangen und Beschläge angefertigt haben; in D heißt dieser Beruf Karosserieschlosser] (KFZ-Mechaniker): *Handwerker, der Blechschäden an Autos repariert.*

Auto|stra|ße, die; -, -n (Verkehr): *kreuzungsfreie Schnellstraße.*

Avi|so, das; -s, -s [ital. avviso, aus altfranz. ce m'est a vis = das ist meine Ansicht; in D direkt aus dem Franz. entlehnt: Avis, der oder das] (amtssprachl.): *Ankündigung einer Nachricht, einer Paketsendung etc.*

be|he|ben ‹behob, hat behoben› [mhd. beheben mit der rechtlichen Nebenbed.: erhalten, erwerben; gesamtdt. ist heute: eine Panne beheben] (Finanzen): **1.** *von der Bank, von einem Konto Geld abheben* **2.** *Post abholen* ❖ **Be|he|bung**, die; -, -en: *das Beheben* ❖ **Be|he|bungs|frist**, die; -, -en: *Frist zur Behebung einer Postsendung* ❖ **Be|he|bungs|quit|tung**, die; -, -en: *Quittung für eine abgehobene Geldsumme oder abgeholte Postsendung.*

be|tre|ten ‹starkes Verb; betrat; hat betreten› [mhd. betreten: antreffen, erreichen, überfallen, ergreifen; gesamtdt. ist heute: in ein Zimmer eintreten] (amtssprachl.; auch CH): *ertappen, ergreifen:* jemanden bei einer strafbaren Handlung betreten ❖ **Be|tre|tung**, die; -, -en: *Ertapptwerden, Ergriffenwerden:* im Falle der Betretung ist eine Geldstrafe von 100 Euro zu zahlen.

Chef|arzt, der; -s, ...ärzte (Medizin): *Vertrauensarzt einer Behörde.*

Dach|glei|che, die; -, -n (Bauwesen; in D: Richtfest, in der CH: Aufrichte): *Fertigstellung eines Rohbaus samt Errichtung des Dachstuhls* ❖ **Dach|glei|chen|fei|er, Glei|chen|fei|er**, die; -, -n (Bauwesen): *Fest bei der Dachgleiche.*

De|ka, das, der; -(s), -(s); Kurzform von **De|ka|gramm**, das; -s, -e [griech. déka = zehn] (amtssprachl.; abgekürzt dag (früher dkg): *10 Gramm:* im Supermarkt 15 Deka (= 150 Gramm) Wurst einkaufen.

di|ri|mie|ren ‹hat› [lat. dirimere = (unter)scheiden] (amtssprachl.): *bei Stimmengleichheit entscheiden.*

ein|he|ben 〈hob ein, hat eingehoben〉 (amtssprachl., auch süddt.; gesamtdt. mit der Bed.: eine Tür einhängen): *kassieren, einziehen* (eine Gebühr, eine Steuer etc.) ❖ **Ein|hebung**, die; -, -en (Amtsspr. auch süddt.): *das Einheben* (einer Gebühr, einer Steuern etc.) ❖ **Ein|he|bungs|ter|min**, der; -s, -e (amtssprachl., auch süddt.): *Zahlungstermin.*

Ein|lauf|stel|le, die; -, -n (amtssprachl.): *Stelle für den Posteingang in Behörden.*

Ein|mal|er|låg, der; -s, kein Pl. (Finanzen): *Zahlung in einem Gesamtbetrag (im Gegensatz zur Zahlung in Teilbeträgen).*

Ein|ver|nah|me, die; -, -n [2. Bestandteil: mhd. nāme, nām, ahd. nāma = gewaltsames Nehmen] (amtssprachl., auch CH): *Verhör, Vernehmung vor Gericht* ❖ **ein|ver|neh|men** 〈vernahm ein, hat einvernommen〉 (amtssprachl., auch CH): *verhören, vernehmen:* die Beschuldigten werden demnächst einvernommen.

Er|låg|schein, der; -s, -e (amtssprachl., Finanzen): *Zahlschein.*

er|stre|cken 〈hat〉 [mhd. erstrecken = (sich) ausstrecken, aber auch: zeitlich verlängern, hinausschieben; diese Bed. hat sich in Ö erhalten; gesamtdt. ist heute: sich räumlich ausdehen] (amtssprachl.): *eine Frist verlängern, einen Termin hinausschieben* ❖ **Er|stre|ckung**, die; -, -en [gesamtdt. ist heute: das räumliche Sicherstrecken] (amtssprachl.): *das Erstrecken einer Frist.*

Exe|ku|ti|on, die; -, -en [zu lat. ex(s)ecutio = Ausführung einer Anordnung, Vollstreckung; diese ältere Bed. hat sich in Ö erhalten, und zwar im Sinn von Pfändung; die Bed. Hinrichtung ist gesamtdt. und wesentlich jünger] (amtssprachl.): *Pfändung* ❖ **exe|ku|tie|ren** 〈hat〉 (amtssprachl.): *pfänden* ❖ **Exe|ku|tor**, der; -s, Exekutoren (amtssprachl.): *Gerichtsvollzieher.*

Exe|ku|ti|ve, die; -, -n [zu Exekution in der urspünglichen Bed.: ausführende Gewalt; in diesem Sinn ist heute gesamtdt. die Bed.: vollziehende, vollstreckende Gewalt im Staat; abweichend dazu hat das Wort in Ö zusätzlich auch eine eingeschränkte Bed.] (amtssprachl.): *Polizei:* die Exekutive setzt zu Ferienbeginn auf verstärkte Radarkontrollen.

Fol|ge|ton|horn, das, -s, ...hörner [Horn mit zwei verschiedenen Tonhöhen; in D: Martinshorn]: *Zweitonhorn von Polizei, Rettung und Feuerwehr.*

Fuß|gän|ger|über|gång, der; -s, ...gänge; auch: **Fuß|ge|her-über|gång** sowie **Schutzweg**, der; -es, -e (Verkehr; teilweise auch in D; dort: Fußgängerüberweg): *Zebrastreifen.*

Gar|çon|niè|re [garsɔ'ni̯e:ə, garsɔn'i̯e:ə], die; -, -n [franz. garçonnière = Mädchenzimmer, auch: Wohnung eines Junggesellen oder einer unverheirateten Frau] (Immobilienbranche): *Einzimmerwohnung.*

Ge|mein|de|åmt, das; -s, ...ämter (amtssprachl.): *Amt und Gebäude der Gemeindeverwaltung.*

Jour|nal|dienst, der; -(e)s, kein Pl. (amtssprachl.): *Dienst außerhalb der Amtszeit (für dringende Fälle)*

Kol|por|teur [...'tø:ɐ̯], der; -s, -e [franz. colporteur = Hausierer] (Zeitungswesen): *Zeitungsausträger.*

kon|kur|ren|zie|ren ‹hat› [vom Substantiv Konkurrenz abgeleitet, dieses zu konkurrieren; zu lat. concurrere = zusammenlaufen, feindlich zusammenstoßen, zu currere = laufen, rennen; das direkt aus dem Lat. abgeleitete Verb konkurrieren ist gesamtdt.] (Wirtschaft, auch süddt. und CH): *jemandem / einer Sache Konkurrenz machen* ❖ **Kon-kur|ren|zie|rung**, die; -, -en (auch süddt. und CH): *das Konkurrenzieren.*

Kon|su|ma|ti|on, die; -, -en [zu lat. consumere, consumptum, zu lat. sumere = zu sich nehmen] (Gastronomie, auch CH): *das, was man in einem Lokal isst und trinkt oder gegessen und getrunken hat:* Eintritt und Konsumation haben zusammengerechnet 75 Euro ausgemacht ❖ **Kon-su|ma|ti|ons|gut|schein**, der; -s, -e (Gastronomie, auch CH): *Gutschein für ein Menü* (meist inklusive Getränk) ❖ **Kon|su|ma|ti|ons|zwang**, der; -(e)s, ...zwänge (Gastronomie, auch CH): *Verpflichtung, etwas zu konsumieren.*

Leit|schie|ne, die; -, n [aus der Eisenbahntechnik, dort: Schiene innerhalb der Fahrschiene zum Schutz gegen

Entgleisen; entspricht dem gesamtdt. Wort Leitplanke] (Straßenverkehr): *Vorrichtung aus Stahl oder Beton, die von der Fahrbahn abkommende Fahrzeuge aufhalten soll.*

Lẹn|ker, der; -s, - [zu lenken; gesamtdt. mit den Bed.: Lenkrad, Lenkstange] (Straßenverkehr; in Ö und in der CH auch ohne Genitivattribut): *jemand, der ein Fahrzeug lenkt:* der Lenker war betrunken ❖ **Al|ko|len|ker**, der; -s, - (Straßenverkehr): *alkoholisierter Fahrer* ❖ **Tạ|xi|len|ker**, der; -s, - (Straßenverkehr): *Taxifahrer.*

lu|kri̲e̲|ren <hat> [lat. lucrari = einen Gewinn erzielen, gewinnen; gesamtdt. ist das Adj. lukrativ] (Finanzen): *gewinnen, einen Gewinn realisieren.*

Mez|za|ni̲n, der; -s, -e [ital. mezzanino, zu mezzano = mittlerer, dieses zu lat. medius; in D mit anderer Bed.: niedriges Zwischengeschoß, auch unmittelbar unter dem Dach] (standardsprl.): *Zwischengeschoß oberhalb vom Parterre und unterhalb des ersten Stocks* (vor allem in älteren Bürgerhäusern in den Großstädten; hat zur Folge, dass jenes Stockwerk, das als erster Stock bezeichnet wird, de facto die dritte Ebene ist).

Mịt|tạgs|sper|re, die; -, -n (Gewerbe): *Schließung eines Geschäfts oder Büros während der Mittagspause.*

Mụ|schel, die; -, -n [mhd. muschel, ahd. muscula, dieses zu lat. musculus = Mäuschen; wohl nach der Ähnlichkeit mit der Form einer Maus; gesamtdt. sind: Meerestier; Hörmuschel, Sprechmuschel]: *Becken* (im sanitären Bereich): Waschmuschel (= Waschbecken), Klomuschel (= Toilettenbecken).

Na̲ch|rang|stra|ße, die; -, -n (amtssprachl., in D: Straße ohne Vorfahrt): *Straße ohne Vorrang.*

Na̲ch|sai|son, die; -, -en (Fremdenverkehr, auch süddt.): *Zeitabschnitt nach der Hauptsaison.*

nạch|ti|gen <hat> [zum Substantiv Nacht; gesamtdt. mit der Bed.: die Nacht auf einer Parkbank verbringen] (Fremdenverkehr): *übernachten* (z. B. in einem Hotel, in einer

Pension) ❖ **Nächtigung**, die; -, -en (Fremdenverkehr): *Übernachtung.*

Nationale, das; -s, kein Pl. (amtssprachl.): *den Namen, die Geburtsdaten, den Wohnsitz einer Person aufnehmen (z. B. bei einer Diebstahlsanzeige).*

Organmandat, Organstrafmandat, das; -s, -e, **Organmandatsstrafe**, die; -, -n (amtssprachl.): *direkt beim Polizisten zu zahlende Polizeistrafe (ohne Anzeige).*

Parteienverkehr, der; -s, kein Pl. (Amtsspr.): *Zeit, zu der ein Amt geöffnet ist.*

Parterre [parˈtɛr, paˈtɛr], das; -s, -s [franz. parterre] (auch reg. in D): **1.** *Erdgeschoss:* eine Wohnung im Parterre (hat zur Folge, dass jenes Stockwerk, das als erster Stock bezeichnet wird, de facto die zweite Ebene ist) **2.** *eine Gruppe von Sitzreihen zu ebener Erde im Theater* ❖ **Parterrewohnung**, die; -, -en: *Wohnung zu ebener Erde* ❖ **parterre** 〈Adj.〉: **1.** *ebenerdig:* parterre wohnen **2.** (umgangssprachl.): *völlig erschöpft, niedergeschlagen.*

Polizeikommissariat, das; -s, -e (seit der Umbenennung von Kommissariat in Inspektion nur noch veraltet und umgangssprl.): *Polizeiinspektion.*

Rettung, die; -, -en [mhd. rettigunge, rettunge: Rettung, Hilfe; gesamtdt. mit der Bed.: das Retten, das Gerettetwerden]: **1.** *Rettungsdienst:* die Rettung rufen **2.** *Rettungswagen:* mit der Rettung ins Spital gebracht werden ❖ **Flugrettung**, die; -, -en: Rettungsdienst mittels Flugzeug.

retour 〈Adv.〉 [franz. retour = Rückkehr, zu: retourner = retournieren] (Verkehr, auch CH): *zurück* ❖ **Retourfahrkarte**, die (Verkehr): *Fahrkarte für eine Hin- und Rückfahrt.*

Rollfähre, die; -, -n [1. Bestandteil: Rolle, auf der das Spannseil liegt] (Verkehr): *motorlose Fähre, die an einem über den Fluss gespannten Seil befestigt ist und durch die Strömung betrieben wird.*

saldieren 〈hat〉 [ital. saldare = zahlen, zu: saldo = fest, dieses zu lat. solidus = dicht, ganz, fest, vollständig; gesamtdt. sind: einen Saldo berechnen;

ein Konto abschließen oder auflösen): (Finanzen): *die Bezahlung einer Rechnung mit Unterschrift oder Paraphe bestätigen.*

Tra|fịk, die; -, -en [franz. trafic und ital. traffico = Handel, Verkehr] (Handel): *Geschäft, das Zeitungen und Tabakwaren anbietet* ❖ **Tra|fikạnt**, der; -en, -en (Handel): *Inhaber einer Trafik.*

ta|xa|ti̱v ⟨Adj.⟩ [zu lat. taxare = einschätzen; dieses ein Frequentativum zu tangere = berühren] (Rechtssprache): *vollständig, erschöpfend:* eine taxative Aufzählung.

Tạx|ler, der; -s, - [zu Taxi, dieses zu franz. taximètre = Fahrzeug mit Preisanzeiger; daraus ist auch Taxameter (= Preisanzeiger) entstanden] (Verkehr): *Taxifahrer.*

Um|fa̱h|rungs|strå|ße, die; -, -n (Verkehr, auch CH; in D: Umgehungsstraße): *Straße, die um einen Ortskern herumführt.*

ur|gi̱e̱|ren ⟨hat⟩ [lat. urgere = bedrängen, hart zusetzen, mit Eifer betreiben] (Rechtssprache): *wegen der Erledigung eines Gesuchs nachfragen; um die Erledigung dringend ersuchen* ❖ **Ur|gẹnz**, die; -, -en [mittellat. urgentia]: *Einmahnung, Hinweis auf die Dringlichkeit.*

U̱r|laubs|sper|re, die; -, -n [in D mit der Bed.: Verbot, einen Urlaub zu nehmen] (standardsprl.): *vorübergehende Schließung eines Unternehmens wegen eines Betriebsurlaubs.*

Vo̱r|rạng|strạ|ße, die; -, -n (amtssprachl., in D: Vorfahrtstraße): *Straße mit Vorrang.*

Vo̱r|sai|son, die; -, -en, (Fremdenverkehr, auch süddt.): *Zeitabschnitt, der der touristischen Hauptsaison vorausgeht.*

Wạch|mann, der; -s, ...männer (amtssprachl.): *Polizist im Wach- oder Streifendienst.*

Wạch|stu|be, die; -, -n: (amtssprachl.): *Dienstzimmer der Polizei, kleine Polizeistation.*

Wa̱hl|ạrzt, der; -s, ...ärzte, (Medizin): *Arzt ohne Kassenvertrag.*

Zọll|wạ|che, die; -, kein Pl. (amtssprachl.): *Behörde für den Grenzschutz.*

Tipps für Hobbysprachforscher

Wer sich mit der Sprache beschäftigt und selbst forschen will, kann sich heutzutage mit geringem Aufwand nützliche Arbeitsmittel beschaffen. Ein Muss und sozusagen die Grundausstattung sind das „Österreichische Wörterbuch" und Jakob Ebners „Wie sagt man in Österreich?".

Natürlich geht es zunächst um die Abgrenzungen zwischen den Sprachgepflogenheiten in Österreich und in Deutschland. Diese sind nahezu lückenlos im „Variantenwörterbuch des Deutschen" von Ulrich Ammon dokumentiert. Unser Buch „Das österreichische Deutsch. Wie wir uns von unserem großen Nachbarn unterscheiden" behandelt dieses Thema ebenfalls, aber beispielhaft und populärwissenschaftlich aufbereitet – es ist kein Wörterbuch, sondern ein vierfärbig illustriertes Lesebuch.

Weil wir gerade bei der Entwicklungsgeschichte der Wörter sind: Wer darüber besser Bescheid wissen will, greift zum „Kluge" – zum „Etymologischen Wörterbuch der deutschen Sprache." Dort findet man alle wichtigen Hinweise zur Geschichte der Wörter. Wer will, kann anschließend die Spuren selbst weiterverfolgen: im „Mittelhochdeutschen Taschenwörterbuch" von Matthias Lexer und im „Althochdeutschen Wörterbuch" von Rudolf Schützeichel. Diese Nachschlagwerke sind ideal für jene, die sich auch irgendwann einmal mit der historischen Entwicklung der deutschen Sprache und mit den Lautverschiebungen befasst haben.

Nicht vergessen wollen wir die Recherche im Internet. Das Wörterbuch von Jakob und Wilhelm Grimm, es trägt zurecht den ehrfurchtsvollen Titel „Das deutsche Wörterbuch", ist online vom Server der Universität Trier abrufbar.

► http://urts55.uni-trier.de:8080/Projekte/DWB

Von dort führt auch ein Pfad zu einem „Wörterbuchnetz", es enthält unter anderem das berühmte Wörterbuch von Johann Christoph Adelung sowie diverse regionale Mundartwörterbücher, zum Beispiel ein rheinisches, ein pfälzisches und ein elsässisches Wörterbuch. Egal wie alt sie sind, die Bücher sind von Wissenschaftern erstellt worden, die über ein großes Fachwissen verfügt haben. Und sie erlauben einen Blick in die Vergangenheit der Sprache. Auch das erwähnte „Mittelhochdeutsche Wörterbuch" von Matthias Lexer samt Nachtrag ist dort zu finden.

Wie vielfältig die sprachlichen Ausformungen innerhalb des deutschen Sprachraums sind, zeigt ein Projekt der Universität Augsburg. Es wird von Univ.-Prof. Dr. Stephan Elspaß betreut. Seit 2003 wird in Internetumfragen erhoben, welche Ausdrücke in den einzelnen Regionen umgangssprachlich in Verwendung sind. Auch Sie, liebe Leserin, lieber Leser, können mitmachen! Die Ergebnisse werden in regelmäßigen Abständen in Form von Sprachlandkarten auf der Website der Universität veröffentlicht. So entsteht ein „Atlas der deutschen Alltagssprache".

► http://www.uni-augsburg.de/alltagssprache

Geht es um Mundartliches, sollte man sich in erster Linie das hervorragende und durchaus erschwingliche Hauptwerk von Ludwig Zehetner besorgen. Es trägt den Titel: „Bairisches Deutsch. Lexikon der deutschen Sprache in Altbayern". Die größten Teile Österreichs und Bayerns zählen ja zu einem gemeinsamen Mundartgebiet. Dabei konnte ich eines feststellen: Wenn man den Eindruck hat, auf einen typischen Ausdruck der eigenen Mundart gestoßen zu sein und anschließend genauer recherchiert, dann stellt sich oft heraus, dass das Wort auch in Klagenfurt, in Innsbruck, in München und anderswo in Gebrauch ist – vielleicht mit leicht veränderter Lautform oder etwas anderer Bedeutung, aber es ist dasselbe Wort. Das sind eben die gemeinsamen Sprachwurzeln der Österreicher und der Baiern.

Genau: Baiern mit i und nicht mit y. Die Sprachforscher unterscheiden nämlich zwischen dem Freistaat Bayern einerseits und dem bairischen Sprachgebiet andererseits. Nicht alles, was in Bayern vom Standarddeutschen abweicht, ist bairisch – es kann auch schwäbisch oder ostfränkisch sein.

Weil wir gerade beim Bairischen sind: Es wurde von Andreas Schmeller im 19. Jahrhundert hervorragend dokumentiert – sein gigantisches Wörterbuch ist als Nachdruck in vier Bänden lieferbar. Eine Art Ergänzungsband stammt von Theodor Unger: „Der steirische Wortschatz". Auch im Nachdruck dieses Werks findet man viele Wörter, die nicht nur steirisch sind, sondern in ganz Österreich Geltung haben. Von gleichem Rang ist das „Wörterbuch der Tiroler Mundart" von Josef Schatz.

Kaum erschwinglich für den Laien sind die großen wissenschaftlichen Aufarbeitungen unserer Zeit: das „Wörterbuch der bairischen Mundarten in Österreich", herausgegeben von der Akademie der Wissenschaften in Wien, und ein ähnliches Projekt, herausgegeben von der Kommission für Mundartforschung bei der Bayerischen Akademie der Wissenschaften. Wer die früheren Lieferungen nachkaufen will, muss tief in die Tasche greifen. Da lohnt sich der Weg in eine große Bibliothek, um gezielt nachzuschlagen.

Viele engagierte Laien haben zur Mundart ihrer eigenen Region entweder ein Buch herausgegeben oder eine Website eingerichtet – über Suchmaschinen sind sie leicht zu finden. Diese Sammlungen sind von unterschiedlicher Qualität, aber in den meisten Fällen eine wertvolle Hilfe für die Wissenschaft. Manche Projekte sind so gestaltet, dass jeder Nutzer ganz nach Belieben Wörter einsenden kann. Oft kann er auch die bereits vorhandenen Wörter kommentieren, das heißt: die Sprachinteressierten treten miteinander in einen Dialog. Das größte Projekt auf diesem Gebiet ist sogar überregional.

► http://www.ostarrichi.org/

Vor einiger Zeit hat sich auch ein österreichischer Sprachwissenschafter dieser Methode bedient. Die Ergebnisse seiner Umfragen sind in Kreisdiagrammen dargestellt und zeigen regionale Verteilungen innerhalb Österreichs. Leider ist dieses Projekt inzwischen nicht mehr aktiv, aber die Ergebnisse können noch abgerufen werden.

► http://oewb.retti.info/

Zu guter Letzt möchte ich Ihnen zwei Bücher von Heinz-Dieter Pohl empfehlen: sein „Kleines Kärntner Wörterbuch“ und sein Buch „Von Apfelstrudel bis Zwetschkenröster. Kleines Handbuch der österreichischen Küchensprache“. Die regionalen Bezeichnungen kulinarischer Spezialitäten sind ja ein Refugium der Mundarten und geben manchmal sogar Aufschluss darüber, wie eine Speise zubereitet wird.

Damit ist wohl alles gesagt, was von Nutzen sein kann. Eine ausführliche und umfangreiche Liste der relevanten Literatur finden Sie auf der zu diesem Buch gehörenden Website:

► http://www.das-oesterreichische-deutsch.at/

Viel Spaß bei der Beschäftigung mit unserer Sprache!

Abkürzungen

abw.: abwertend
Adj.: Adjektiv
Adv.: Adverb
ahd.: althochdeutsch
ähnl.: ähnlich
amtssprl.: amtssprachlich
bair.: bairisch
Bed.: Bedeutung(en)
bes.: besonders
eigtl.: eigentlich
franz.: französisch
germ.: germanisch
griech.: altgriechisch
hebr.: hebräisch
Herk.: Herkunft
indogerm.: indogermanisch
Intern.: Internetbeleg
ital.: italienisch
jidd.: jiddisch
jugendsprl.: jugendsprachlich
kroat.: kroatisch
lat.: lateinisch
mhd.: mittelhochdeutsch
mundartl.: mundartlich
ostmitteldt.: ostmitteldeutsch
ostösterr.: ostösterreichisch
Pl.: Plural
poln.: polnisch
reg.: regional
scherzh.: scherzhaft
serb.: serbisch
Sg.: Singular
slowak.: slowakisch
slowen.: slowenisch
standardsprl.: standardsprachlich
süddt.: süddeutsch
südösterr.: südösterreichisch
tschech.: tschechisch
umgangssprl.: umgangssprachlich
ungar.: ungarisch
urspr..: ursprünglich
westmitteldt.: westmitteldeutsch
westösterr.: westösterreichisch
verw.: verwandt
Verw.: Verwendung
viell.: vielleicht
Vkl.: Verkleinerung,
Verkleinerungsendung

Abkürzungen für Länder:
Ö (Österreich), D (Deutschland), CH (Schweiz)
Abkürzungen für Bundesländer:
B (Burgenland), K (Kärnten), NÖ (Niederösterreich), S (Salzburg), ST (Steiermark), OÖ (Oberösterreich), T (Tirol), V (Vorarlberg), W (Wien).

Die Bundesländer wurden wie folgt zusammengefasst:
ostösterr.: ostösterreichisch (B, W, NÖ, Teile von OÖ, Teile von ST)
südösterr.: südösterreichisch (K, OstT, Teile der ST)
westösterr.: westösterreichisch (V, T, Teile von S)

Abkürzungen für Tageszeitungen:
SN = Salzburger Nachrichten, OÖN = Oberösterreichische Nachrichten, VN = Vorarlberger Nachrichten TT = Tiroler Tageszeitung, WZ = Wiener Zeitung; die Namen der anderen Tageszeitungen und Magazine wurden nicht abgekürzt.

Wir verwenden bei einigen Stichwörtern in eckigen Klammern das Internationale Phonetische Alphabet (IPA), z. B.: [ˈɒːdrad], [ˈɒːkragln], [aʒi̯oˈtaːʃ].

Details unter http://de.wikipedia.org/wiki/IPA und Österreichische Wörterbuch, 41. Auflage, Seite 927 bis 970.

Quellenverzeichnis

Die Drehbuchautoren bzw. die Text- und Musikautoren wurden nach bestem Wissen und gewissen recherchiert – auf div. Internetseiten und auf den DVDs bzw. auf den Tonträgern. Dennoch kann für die Richtigkeit keine Haftung übernommen werden. In manchen Fällen sind die Angaben widersprüchlich. Im Fall einer Aufführung empfiehlt sich eine Kontaktaufnahme mit den Organisationen, die für das Urheberrecht und für die Verwertung zuständig sind. Hinweise auf Fehler bzw. Ergänzungen werden in einer Neuauflage dieses Buches berücksichtigt. Die Seitenangaben dienen zum Auffinden des jeweiligen Wortes in diesem Buch.

Serien

Die Piefke-Saga: Buch: Felix Mitterer, Regie: Wlfried Dotzel, Felix Mitterer (Werner Masten: Episode 4), alle 4 Teile auf 2 DVDs, ARD-Video: Seite 80: Fetzen, Seite 312: zupfen/Zupf dich!

Echt fett: ORF-Comedyformat nach einer Idee von Oliver Baier mit Robert Palfrader, Alex Scheurer, Max Schmiedl und Angelika Niedetzky (2003 bis 2007): Seite 63: DKT; Seite 80: fett.

Ein echter Wiener geht nicht unter: Buch: Ernst Hinterberger, Folge 1 bis 13, Regie: Rudolf Schwabenitzky, Folge 14 bis 16: Regie: Rudolf Jusits, Folge 17 bis 24: Regie: Kurt Ockermüller. Wir danken Kurt Ockermüller, dass er uns seine umfangreiche Datenbank mit Zitaten aus der TV-Serie zur Verfügung gestellt hat. Eine wertvolle Hilfe war auch das Buch: Kurt Ockermüller: „Ein echter Wiener geht nicht unter", Verlag Amalthea, Wien 2010. Die Folgen 1 bis 13 sind bei Ariola BMG im Vertrieb von Sony Music Entertainment lieferbar, die Folgen 14 bis 24 im Vertrieb von Rebeat Digital, Tulln. Die DVD mit den letzten zwei Folgen enthält auch Drehmaterial aus den 1970er Jahren und Kommentare des Regisseurs und des Kameramanns. Titelübersicht der einzelnen Folgen: 1. Salz der Erde, 2. Der Urlaub, 3. Die Wohnung, 4. Abgründe, 5. Der Besuch, 6. Das Haus, 7. Die Renovierung, 8. Unterwelt, 9. Erbschaft, 10. Der Hausabbruch, 11. Stille Nacht, 12. Jahreswende, 13. Großvater, 14. Enkel, 15. Unfall, 16. Urlaubsfreuden, 17. Lauter Zores, 18. Veränderungen, 19. Gegensätze, 20. Die Karrieren, 21. Auf und ab, 22. Mtte des Lebens, 23. Keine Ruh hat man, 24. Alles anders. Seite 33: barabern; Seite 35: Beamtenforellen, Seite 50: Brunzer/Bettbrunzer; Seite 60: deppert; Seite 61: Depscher; Seite 63: Dolm; Seite 68: Eck/Bruader ums Eck; Seite 108: Goschen; Seite 115: Gstätten; Seite 124: Hammerln; Seite 131: Heiliges Land; Seite 164: Kübel/im Scherzkübel übernachten; Seite 165: Kummerl; Seite 190: Nudelaug; Seite 199: päule gehen; Seite 205: Pimperl-/Pimperlverein; Seite 266: spritzen/junger Spritzer; Seite 289: Tutte/Kuhtutteln); Seite 294: Wamme/wampert); Seite 297: Watschen; Seite 306: Zäzen; Seite 314: Zwetschke/Zwetschkenmandl.

Kaisermühlenblues: Buch: Ernst Hinterberger, 1992/93 (12 Folgen, Regie: Reinhard Schwabenitzky), 1995 (10 Folgen, Regie: Harald Sicheritz), 1996 (10 Folgen, Regie: Harald Sicheritz), 1997 (12 Folgen, Regie: Erhard Riedlsperger), 1997 (10 Folgen, Regie: Erhard Riedlsperger), 1999 (10 Folgen, Regie: Erhard Riedlsperger), alle Folgen auf 17 DVDs bei Hoanzl: Seite 22: andrucken; Seite 34: Bauxerl; Seite 37: Benzinkutscher; Seite 51: Bua/Peitscherlbua; Seite 90: Frosch; Seite 95: Gagerln; Seite 113: geschissen/das Geschissene auswendig haben; Seite 106: Glasscherbenbongo; Seite 111: Grätzel; Seite 127: Haube/Haubenlokal/Haubenrestaurant; Seite 143: Jetti-Tante; Seite 160: Kraut/jemanden im Kraut lassen; Seite 188: niederlegen; Seite 301: Wickel.

Kottan ermittelt: Buch: Helmut Zenker, Regie: Peter Patzak, Gesamtausgabe: lieferbar bei Hoanzl: Seite 56/57: Coloniakübel; Seite 126: Haube; Seite 136: Höh; Seite 136: Holler; Seite 140/141: Inspektor; Seite 165: kusch; Seite 111: Pracker; Seite 227: Salzamt; Seite 247: Schnittlauch; Seite 252: Schreckschrauben; Seite 255: Schweinere; Seite 262: spechteln.

MA 2412: Die ganze Wahrheit, Idee: Alfred Dorfer, Roland Düringer, Harald Sicheritz, Regie: Harald Sicheritz, alle 34 Folgen auf 7 DVDs bei Hoanzl: Seite 46: braten; Seite 102: gescheit/Herr Gscheit; Seite 164: Kübel/Scherzkübel; Seite 237: Schlapfen.

Polt. Der Gendarmerieinspektor aus dem Weinviertel: Buch: Alfred Komarek, Regie: Julian R. Pölsler, alle 4 Filme auf DVD bei Hoanzl, ORF-Edition: Seite 84: Flitschen.

Trautmann: Buch: Ernst Hinterberger, Regie im Pilotfilm: Harald Sicheritz, alle weiteren Folgen: Thomas Roth:
Seite 19: Achter; Seite 23: anlassig; Seite 40: Binkel; Seite 41: Blashütten; Seite 48/49: brocken; Seite 56: Christkindl; Seite 61: depschen/zerdepschen; Seite 82/83: flach/Frischgflachter; Seite 95: Galerie; Seite 132: Hendl/Hendlfanger; Seite 137: Holler; Seite 138/139: Hutschen; Seite 150: Kieberer; Seite 152: Kiniglhas; Seite 170: Leiberl; Seite 173/174: Lutschker; Seite 174: machen; Seite 213: pudern; Seite 233: Scheibbs und Nebraska; Seite 234: scheppern/verscheppern; Seite 279: Teschek; Seite 305/306: Zapfen.
Wir sind Kaiser: Idee: Ully Aris/Wilfried Reichel, Regie: Wilfried Reichel, alle 4 Staffeln auf DVD bei Hoanzl:
Seite 22: alsdann; Seite 40: bisserl; Seite 111: grappeln/abgrappeln; Seite 144: Kaiser; Seite 188: Netsch; Seite 221: repassierlich.
ORF-Silversteraudienz 31. 12. 2010: Seite 163: Krispindel.

Einzelne Filme

Aufschneider – Das pralle Leben zwischen Leichen, Buch: Josef Hader, David Schalko, Regie: David Schalko, auf DVD bei Hoanzl:
Seite 28: auskommen.
Brenner-Romane (verfilmt)
Alle drei Filme auf DVD bei Hoanzl, Der österr. Film, Edition der Standard:
Einleitungssatz: Seite 197: passieren.
Komm, süßer Tod: Buch: Wolf Haas et. al., Regie: Wolfgang Murnberger:
Seite 27: geht sich aus; Seite 88: durchgfretten; Seite 205: Piefke; Seite 285: Tussitschick.
Silentium: Buch: Wolf Haas et. al., Regie: Wolfgang Murnberger:
Seite 169/170: Leberkäse.
Der Knochenmann: Buch: Wolf Haas et. al., Regie: Wolfgang Murnberger:
Seite 307: zermatschkern/zermantschkern.
Der schwarze Löwe – Ein kleines Fußballwunder inmitten großer Menschlichkeit: Buch: Uli Brée, Rupert Henning, Regie: Wolfgang Murnberger, auf DVD bei Hoanzl:
Seite 90: Frucht.
Freispiel: Buch: Harald Sicheritz, Alfred Dorfer, Regie: Harald Sicheritz, auf DVD bei Hoanzl, Der österr. Film, Edition der Standard, 164:
Seite 140: Inländertaxi.
Hinterholz 8: Buch: Roland Düringer, Harald Sicheritz, Regie: Harald Sicheritz, auf DVD bei Hoanzl, Der österr. Film, Edition Der Standard, 3:
Seite 64: drahn/Aufdrahte; Seite 240/241: Schmäh/Anserschmäh.
Indien – Der Film: Buch: Paul Harather, Josef Hader, Alfred Dorfer, Regie: Paul Harather, auf DVD bei Hoanzl, Der österr. Film, Edition Der Standard, 7:
Seite 46: Braten/Bratlfetten; Seite 195: Pappen; Seite 247/248: Schnitzel; Seite 310: zudrehen.
Muttertag – Die härtere Komödie: Buch: Sicheritz, Düringer, Dorfer, Berecz, Regie: Harlad Sicheritz, auf DVD bei Hoanzl, Der österr. Film, Edition Der Standard, 42:
Seite 28: ausgreifen; Seite 138; Hugo; Seite 213: Pudl di net auf, Hustinettenbär; Seite 282: trenzen.
Poppitz: Buch: Roland Düringer, Regie: Harald Sicheritz, auf DVD bei Hoanzl, Der österr. Film, Edition Der Standard, 116:
Seite 31: bachen; Seite 87: Fotze/Fotzen; Seite 168: läppern; Seite 220/212: reißen/Bankl reißen.
Willkommen in Wien: Buch: Katarina Bali/Nikolaus Leytner, Regie: Nikolaus Leytner:
Seite 311: Zund.

Kabarett

Peter Alexander
Parodie: Hans Moser bei Papst Pius XII: Seite 38: Betthupferl; Seite 103: gespitzt; Seite 124: Handkuss.
Roland Düringer
Benzinbrüder, DVD bei Hoanzl: Seite 24: jemandem eine anschieben; Seite 28: ausgreifen; Seite 125: happen; Seite 139: Hutzeln/verhutzelt; Seite 284/285: Tschekabuff; Seite 289: Tutte/Straßentuttel.
Düringer ab 4,99, DVD bei Hoanzl: Seite 236: schirch wie die Nacht.
4WD: Seite 274: Strizzi, Strizziauto.
Karl Farkas & Ernst Waldbrunn
Schau'n Sie sich das an. 1957-65, DVD bei Hoanzl, Kurier-Edition: Best of Kabarett, 12.
Seite 232: schauen/schau'n Sie sich das an.
Schau'n Sie sich das an. 1965-71, DVD bei Hoanzl, Kurier-Edition: Best of Kabarett, 13.
Seite 19: Achter; Seite 40: Binkel; Seite 45: brandeln/es brandelt; Seite 49: bröseln/sich zerbröseln; Seite 101: Gelse; Seite 125: hantig; Seite 233: scheangeln; Seite 236: schirch; Seite 242: Schmattes; Seite 302: Wigwl-Wagel.
Das Beste von Ernst Waldbrunn, DVD bei Hoanzl, Kurier-Edition, Best of Kabarett, 45:
Seite 251: Schraube/Schraufen.
Karl Farkas und Ernst Waldbrun: Gondoliere: Seite 55: Busserl/Zwickerbussi; Seite 316: zwicken/Zwickerbussi.
Grissemann & Stermann
Harte Hasen, DVD bei

Hoanzl, Kurier-Edition: Best of Kabarett, 08:
Seite 141: irreregulär (Einspielung des Interviews mit H. Krankl).
Wollt ihr das totale Sieb?! DVD bei Hoanzl, Kurier-Edition: Best of Kabarett, 49:
Seite 114: Gspusi; Seite 135: hinich.
Otto Grünmandl
Der Einmannstammtisch, Politisch bin ich vielleicht ein Trottel, aber privat kenn ich mich aus; DVD bei Hoanzl, Kurier-Edition: Best of Kabarett 14.
Seite 117: Guster und Ohrfeigen sind verschieden.
Gunkl (Günther Paal)
Grundsätzliche Betrachtungen, DVD bei Hoanzl, Kurier-Edition: Best of Kabarett, 25:
Seite 82: flach; Seite 183: Mopetten; Seite 231/232: Schas/schasaugert.
Gunkl (Günther Paal): Glück – eine Vermutung, DVD bei Hoanzl, Kurier-Edition: Best of Kabarett, 68:
Seite 42: bloßhapert.
Josef Hader
Privat, DVD bei Hoanzl, Kurier-Edition: Best of Kabarett, 40:
Seite 123: halt.
Georg Kreisler
Tauben vergiften (Kreisler/Kreisler): Seite 235: Scherzel.
Bernhard Ludwig
Anleitung zum Diätwahnsinn, DVD bei Hoanzl, Kurier-Edition: Best of Kabarett, 53:
Seite 262: speiben.
Anleitung zur sexuellen Unzufriedenheit, Kurier-Edition: Best of Kabarett, 21:
Seite 83: fladern; Seite 200: pecken/wegpecken.
Maschek (Seite 178: Erläuterung des Namens der Gruppe)
Bei Faymann – Die Polit-Puppenshow aus dem Rabenhoftheater, DVD bei Hoanzl:
Seite 305: sich herumwuzeln.
Beim Gusenbauer – Die Polit-Puppenshow aus dem Rabenhoftheater, DVD bei Hoanzl, Kurier-Edition: Best of Kabarett, 38:
Seite 109: Pelzgoschen; Seite 230: ausgschamt.
Thomas Maurer
Die neue Selbständigkeit, DVD bei Hoanzl, Kurier-Edition: Best of Kabarett, 12:
Seite 257: Reparaturseidel.
Michael Niavarani
Encyclopedia Niavarani, DVD bei Hoanzl:
Seite 180: Maut.
Gefühlsecht (mit Viktor Gernot), DVD bei Hoanzl:
Seite 27: auflegen; Seite 49: Bröckerln; Seite 57: conferieren; Seite 110: Grant; Seite 203: Pfrnak; Seite 303: wischerln; Seite 316: zwicken/Abgezwickte.
Cornelius Obonya
Cordoba – Das Rückspiel, Buch: Florian Scheuber, Rupert Henning, Rabenhof-Theater, auf DVD bei Hoanzl: Seite 253: Schüppel.
Alf Poier
(Puls-TV): Seite 254: Schwamm, Schwammerl.
Helmut Qualtinger/ Gerhard Bronner
Der Herr Karl, DVD bei Hoanzl, Kurier-Editon, Best of Kabarett, 41:
Seite 17: nichts abgegangen; Seite 18: abigstessen; Seite 39: Billeteur; Seite: 43: Blunzen; Seite 61: der-/derzählen); Seite 134: Hetz; Seite 150: keppeln; Seite 169: Lavoir; Seite 196: Parte; Seite 222: Ribisel/Ribiselwein; Seite 280: Tippel, Gelsentippel.
Qualtinger/Merz/Bronner: Hackl vor'm Kreuz/Dachl über'm Kopf, DVD bei Hoanzl, Kurier-Editon, Best of Kabarett, 1.
Der Papa wird's schon richten (G. Bronner/G. Bronner): Seite 25: applanieren; Seite 223: richten.
Der gschupfte Ferdl (G. Bronner/G. Bronner):
Seite 62: desperat; Seite 68: eh; Seite 78: Feitel; Seite 103: geschupft; Seite 207: pleno titulo/p. t., Seite 252: schupfen; 257/258: selchen/g'selchter Aff.
Der Halbwilde/Der Wilde mit der Maschin (G. Bronner/G. Bronner): Seite 230: Schale.
Travnicek (H. Qualtinger/G.Bronner): Seite 30: Autometzker; Seite 103: geschert.
Lukas Resetarits
25 Jahre Kabarett, auf DVD bei Hoanzl: Seite 33/34: Batterie; Seite 108: Gogel; Seite 105: der Gigel und der Gogel; Seite 141: Irxe; Seite 160: Krowot; Seite 201: Percht/Schirchpercht; Seite 210: powidl
XXII, auf DVD bei Hoanzl: Seite 52: Budel; Seite 235/235: Schinakel/Schiffernakel.
Otto Schenk
Die besten Fernsehsketche, DVD bei Hoanzl.
Zwei süße Babys (mit Helmut Lohner): Seite 233/234: scheppern/Schepperl.
Herwig Seeböck
Die große Häfenelegie, auf DVD bei Hoanzl, Kurier-Edition: Best of Kabarett, 5:
Seite 83: fladern; Seite 180/181: meier gehen/meier machen; Seite 185: mülli gehen/mühle gehen; Seite 222: Rettich; Seite 241: Schmalz.
Steinhauer & Henning
Freundschaft; von Rupert Henning und Florian Scheuba, DVD bei Hoanzl, Kurier-Edition: Best of Kabarett, 49:
Seite 89: Freunderl/Freunderlwirtschaft; Seite 200: pecken; Seite 228: Sauerampfer; Seite 244: schnackseln; Seite 294: Wabe/Waberltante.
Erwin Steinhauer & Lukas Resetarits (Kabarett Keif)
Tu Felix Austria ... auf DVD bei Hoanzl, Kurier-Edition: Best of Kabarett, 19:
Seite 120: Hadern/ein Bund Hadern.

Andreas Vitasek
My Generation, DVD bei Hoanzl, Kurier-Edition: Best of Kabarett, 37: Seite 38: Beutel; Seite 120: hackeln; Seite 182/183: Mistelbacher; Seite 195: panieren/Anserpanier; Seite 230: Schas; Seite 265: schön sprechen; Seite 303/304: wurlen/wurln; Seite 311: Zumpferl.
Doppelgänger, DVD bei Hoanzl, Kurier-Edition: Best of Kabarett, 63: Seite 93: Futschlecker.

Liedermacher und Schlagersänger

Alkbottle
Wir trinken auf Rapid (Roman Gregory/Chris Zitta, Marco Billiani, Chris Breier): Seite 142/143: Jausengegner.
Wolfgang Ambros
A Gulasch und a Seidl Bier (mit G. Danzer): (Danzer/Danzer), 1975: Seite 116 (Gulasch).
Baba – und foi ned (Ambros/Prokopetz), 1976: Seite 30: baba.
Blume aus dem Gemeindebau (Ambros/Prokopetz), 1977: Seite 127/128: hauen/sich einehauen; Seite 170/171: Stiege.
Es lebe der Zentralfriedhof (Ambros/Prokopetz), 1975, Seite 244/245: Schnalzer.
Heite drah i mi ham (Danzer/Danzer/), 1975: Seite 64: drahn/sich hamdrahn.
I bin nur a Pompfinewra (Ambros/Prokopetz), 1972, Seite 209: Pompfüneberer.
I drah zua (Ambros/Hausner/Vane), 1974; Seite 202/203: Pfitschigogerln; Seite 310: zudrehen.
Lokalverbot (Koller/Prokopetz), 1981: Seite 46: braten.
Schifoan (Ambros/Ambros), 1976: Seite 171: leinwand.
Zwickts mi (Ambros/Hausner/Vane), 1975: Seite 57: daheim/wo samma daham; Seite 159: kräulen/in den Arsch kräulen.

Attwenger
Texta ft. Attwenger (Attwenger), 2007: (So schnö kaust gor net) schaun!: Seite 303: Wuchtldrucker.
Rahm (Attwenger/Attwenger), 1982: Seite 145: Kampl.
Ulli Bäer
Der Durscht (U. Bäer/U. Bäer), (1981), Seite 45: Brand.
Maria Bill
I mecht landen (Christian Kolonoivts/Maria Bill), (1984): Seite 124: Hansl.
Reinhold Bilgeri & Michael Köhlmeier
Füdlafetischist (Bilgeri/Bilgeri), Seite 90: Füdla.
Bluatschink
Bluama in da Scherba (Toni Knittel/Toni Knittel), (2002), Seite 173: lugen.
Lisa (Toni Knittel), (1995), Seite 219: rehren.
Funka fliaga (Toni Knittel, Peter Kaufmann, Bernie Penzias), (1995): Seite 74: eppes/epper, Seite 248: schnöllen.
Arik Brauer
Die Jause (A. Brauer/Claudio Alzner), (1971), Seite 151: Kipferl; Seite 260: sitzen, sich.
Horst Chmela
Ana hat imma des Bummerl (Horst Chmela/Horst Chmela): Seite 53: Bummerl.
Peter Cornelius
Fleckerlteppich (P. Cornelius/P. Cornelius), (1974), Seite 84: Fleck/Fleckerlteppich.
I bin reif für die Insel, (P. Cornelius/P. Cornelius), (1982): Seite 148/149: Kasten/Postkastl.
Du entschuldige, i kenn di (P. Cornelius/Michael Cretu) (1980): Seite 187: Narrenkastl.
Georg Danzer
A Gulasch und a Seidl Bier (mit W. Ambros), (Danzer/Danzer) 1975: Seite 116: Gulasch.
Der Tschick (Danzer/Napravik), 1972: Seite 285: Tschick.
Die Ballade vom versteckten Tschurifetzen (Danzer/Danzer), 2001: Seite 173: Lurch; Seite 287: Tschuri; Seite 301: wetzen.
Fett wie ein Radierer (Danzer/Danzer), 1972: Seite 80: fett; Seite 190: fett; Seite 191: Öl; Seite 217: Radierer.
Geh in Oarsch (Danzer/Danzer), 1978, Seite 269: Stein von Innen sehen; Seite 301: Wickel.
Hupf in Gatsch (Danzer/Danzer), 1976: Seite 25: Armutschkerl; Seite 98: Gatsch/Hupf in Gatsch ...; Seite 116: Gulasch.
I bin a Kniera (Danzer/Danzer), 1978: Seite 154: Knierer; Seite 159/160: Arschkräuler.
Ich bin ein Negrant, Madame (Danzer/Danzer), (1983): Seite 187: neger/Negerant.
Jo da foi wird imma glora (Danzer/Danzer), 1975: Seite 76: Fahrer.
Jö schau (Danzer/Danzer), 1975: Seite 186: nackert/Nackerte.
Olles leiwaund (Danzer/Danzer), 1975: Seite 229: schaffen/anschaffen.
Schau Schatzi (Danzer/Danzer), 1975: Seite 257: Seife.
Strandbrunzer-Tango (Danzer/Danzer), 2001: Seite 50: brunzen.
EAV (Erste allgemeine Verunsicherung)
Ba-Ba Banküberfall (Spitzer/Eberhartinger/Breit/Holm/Schönberger): Seite 213: Puffen.
Märchenprinz (Spitzer/Eberhartinger/Breit/Holm/Schönberger): Seite 136: Hobel/Nobelhobel.
Falco
Wiener Blut (Falco/Rob Bolland/Ferdi Bolland), 1988, Seite 148: Kas; Seite 295/296: Wäsche/volle Wäsch.
Reinhard Fendrich
Es lebe der Sport, (Fendrich/Fendrich), 1982,

Kurt Sowinetz
Alle Menschen san ma zwider (Ludwig van Beethoven/Wolfgang Teuschl), 1972, Seite 77: fäulen; Seite 193: Packl/Packlrass; Seite 198: Patschen/die Patschen strecken; Seite 216: Quiqui; Seite 316: zwider.
I wer blad (Trude Marzik/Kurt Sowinetz): Seite 278: tausend Rosen.
STS
Fürstenfeld (Schiffkowitz/Jandrsits), 1984; Seite 269: Steffl.
Irgendwann bleib i dann durt (Gert Steinbäcker), 1985: Seite 57: daheim; Seite 210: pracken.
Wilfried
Ziwui, ziwui: (Wilfried Scheutz/Harald Neuwirth), 1974: Seite 78: Feim/Foam.
Worried Men Skiffle Group
I bin a Weh (Wolfgang Ambros/Hans Günther Hausner/Veronika Vane): 1975, Seite 298: Weh.

Verschiedene Interpreten

A lustige Eicht (Anton David/Franz Stelzhamer): Seite 70: Eicht.
A Schneeflockerl und a Ruaßflankerl (Hans Lang/Erich Meder): Seite 83: Flankerl.
Erst wann's aus wird sein (Franz Prager/Hans von Frankowski): Seite 69: ehender, Seite 315: Zwetschken.
Es war net aufg'straht: (Hans Hauenstein/Ferry Wunsch): Seite 272: strahn.
Es wird scho glei dumper (Trad.): Seite 67: dumper.
Fiakerlied (G. Pick und H. Dorner/G. Pick und H. Lakits): Seite 308: Zeug/Zeugl.
Halt a weng, beit a weng (Trad.): Seite 36: beiten
Kufsteinlied (Karl Ganzer/Karl Ganzer): Seite 299: Weinderl.
Schön ist so ein Ringelspiel: (Hermann Leopoldi/Peter Herz): Seite 31 (Zitat zu bagschierlich), Ringelspiel.
Und a lustiger Bua (Trad.): wasdawöll: Seite 301.
Zipfl eini, Zipf aussi (Trad., Arr. Ewald Muenzer): Seite 309: Zipf/Zipfel.
Zwischen Salzburg und Bad Ischl (Heinz Musil/Albin Ronnert): Seite 201: pfauchen.
Zwoa Brettln, a g'führiger Schnee (Otto Sirl/Otto Sirl): Seite 48: Brettl.

Personenlexikon

Die nachfolgend genannten Personen haben ein Wort oder eine Wendung populär gemacht oder der Vergessenheit entrissen. In den meisten Fällen waren sie nicht die Erfinder, sondern haben dem Ausdruck lediglich eine mediale Präsenz verschafft. So hat beispielsweise Eva Deissen, die leider so früh verstorbene großartige Journalistin, im Sommer 2010 das Wort „Karottenballett" in ihrer „Heute"-Kolumne verwendet. Wie eine Archivrecherche gezeigt hat, war es das erste Mal, dass dieser Ausdruck in einer Zeitung oder in einem Magazin vorgekommen ist. Wenn man weiter recherchiert, stellt sich allerdings heraus, dass es im Internet ältere Belege gibt. Christoph Winder hat das „Karottenballett" bereits 2005 in seinem Internetprojekt „Winders Wörterbuch zur Gegenwart" zur Diskussion gestellt – in diesem Projekt geht es um Neologismen und um Auswüchse der Werbesprache: http://derstandard.at/winderswoerterbuch

Auch in anderen Fällen haben unsere Recherchen Interessantes zu Tage gefördert. Der Ausdruck „Basiswappler" wird ja meist mit dem Namen Karl Öllinger in Verbindung gebracht. Das ist schon richtig, denn Öllinger hat sich 1994 in einem TV-Werbespot als „Basiswappler" bezeichnet. Erfinder dieses Kompositums war jedoch nicht Karl Öllinger, sondern der Kabarettist Thomas Maurer. Eindeutig auf Hans Krankl zurückzuführen ist das Wort „irreregulär". Bei dieser Neuschöpfung handelt es sich schlicht und einfach um eine sprachliche Fehlleistung – vergleichbar mit Giovanni Trapattonis Versprecher: „Ich habe fertig." Es hat den Anschein, dass gerade Fußballtrainer in Phasen höchster Erregung für solche Sprachschübe anfällig sind.

Armin Assinger: Seite 78: feigeln.
Gerd Bacher: Seiten 211, 283 und 181: Trutschen, Pritschen und Mentscher.
Georg Danzer: Seite 287: Tschuri.
Eva Deissen: Seite 147: Karottenballett.
Düringer & Dorfer: Seite 213: sich aufpudeln wie der Hustinettenbär.
Alfred Gusenbauer: Seite 275: Gesudere.
Ernst Hinterberger: Seite 190: Nudelaug.
Rudolf Hornegg: Seite 182: Mischkulanz.
Herbert Hufnagl: Seite 126: Hättiwari.
Kasperl und Pezi: Seite 161: krawuzikapuzi.
Hans Krankl: Seite 141: irreregulär.
Ferdinand „Ferry" Maier: Seite 109: Hände falten, Goschen halten.
Hans Moser: Seite 161: etwas krowotisch tragen.
Thomas Maurer/Karl Öllinger: Seite 295: Basiswappler.
Hans Orsolics: Seite 294: a Wahnsinn normal.
Anton Pfeffer: Seite 104: hoch wern ma's nimma g'winnan.
Toni Polster: Seite 107/108: Blitzgneißer (ironisch).
Julius Raab: Seite 35: Beamtenforelle.

Robert Sedlaczek
Wenn ist nicht würdelos
Rot-weiß-rote Markierungen durch das Dickicht der Sprache
Unter Mitarbeit von Melita Sedlaczek
Verlag Carl Ueberreuter
200 Seiten, 14,3 × 21,5 cm
EUR 19.95 / SFr 30.50
ISBN 978-3-8000-7463-1

Merksprüche wie „Wenn ist würdelos“ oder „Wer brauchen ohne zu gebraucht ...“ schwirren noch in unseren Köpfen herum, sind aber nicht mehr gültig. Die Sprache ändert sich, und mit ihr ändern sich auch ihre Regeln.
Robert Sedlaczek beleuchtet Streitfälle der Rechtschreibung, der Grammatik und der Stilistik aus österreichischer Sicht: Was gilt noch, was ist überholt? Wo können wir als Österreicher durch das Dickicht der Sprache einen eigenständigen Weg einschlagen und wo nicht? Der Autor zeigt humorvoll auf, wo manche Journalisten kapitale Fehler machen, und er erläutert, wie diese Fehler vermieden werden können. Außerdem stehen auch Floskeln der mündlichen Kommunikation am Prüfstand: von „bis zur Vergasung“ über „ich bin ganz bei Ihnen“ bis „wie die Faust aufs Aug“. Er versteht sich nicht als Sprachpolizist, sondern als Sprachbeobachter in einem Kontinuum des Wandels.

Robert Sedlaczek
Kleines Handbuch der bedrohten Wörter Österreichs
Unter Mitarbeit von Melita Sedlaczek
Verlag Carl Ueberreuter
128 Seiten, 12,5 × 18 cm
EUR 9.95 / SFr 15.90
ISBN 978-3-8000-7320-7

Die österreichische Sprache lebt. Täglich prasseln Neuschöpfungen auf uns herein. Gleichzeitig geraten andere Wörter in Vergessenheit, siechen dahin, sterben aus. Dieses kleine Handbuch soll ein Wegweiser durch die sprachlichen Veränderungen unserer Zeit sein.
Es ist aber nicht nur ein Lexikon, sondern auch ein Appell, jene Wörter unter einen kulturellen Artenschutz zu stellen, die durch Ausdrücke aus Norddeutschland oder aus dem englischen Sprachraum gefährdet sind.